U0793669

发现者旅行指南

江苏（第2版）

北京·旅游教育出版社

目录

CONTENTS

地图目录

专题目录

手绘
江 苏

▶ 徐州

著名帝王之乡，两汉文化的发源地，素有“五省通衢”之称。

▶ 淮安

运河沿线“四大都市”之一，也是江淮流域古文化发源地之一。

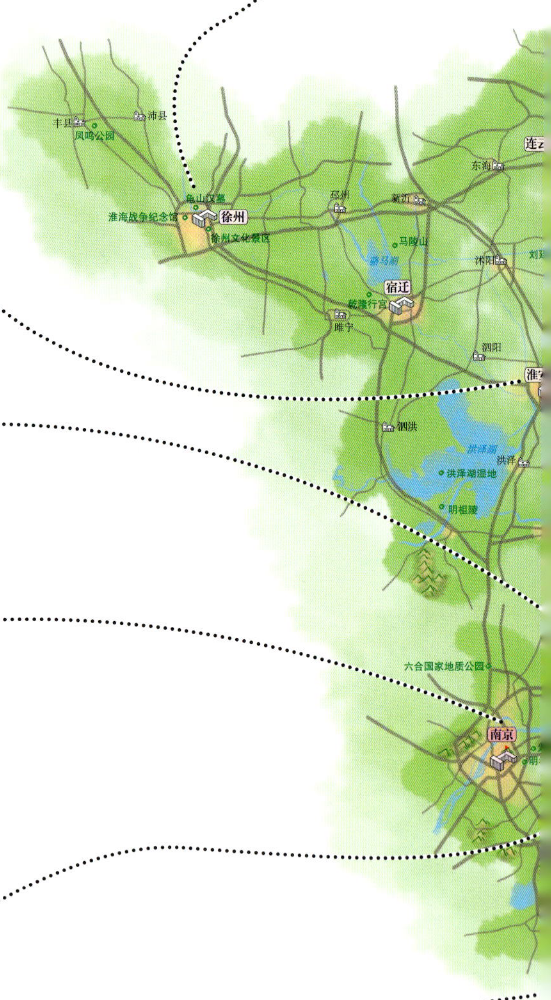

▶ 扬州

中国首批历史文化名城，景色秀美，有“淮左名都，竹西佳处”之称。

▶ 南京

三国东吴、东晋、南朝的宋、齐、梁、陈均相继在此建都，有“六朝古都”之称。

▶ 镇江

吴文化的重要发祥地，长江和京杭运河在此交汇，素有“天下第一江山”的美誉。

▶ 常州

长江文明和吴文化的发源地之一，也是南朝齐梁故里。

江苏古城

▶ 泰州

兼容吴楚越之韵，有“水陆要津，咽喉据郡”“儒风之盛，夙冠淮南”之誉。

▶ 如皋古城

通扬运河、如海运河、如泰运河、焦港等主要河流纵横全境，是世界六大长寿乡之一。

▶ 南通

因“出产”高考状元最多、奥运冠军最多而被称为“状元城”。

▶ 常熟

吴文化发祥地之一，被誉为“江南福地”，人称“十里青山半入城”。

▶ 无锡

中国民族工业和乡镇工业的摇篮以及苏南模式的发祥地。

▶ 苏州

吴文化的发祥地，园林景观独特，被誉为“中国园林之城”“人间天堂”“东方威尼斯”。

▶ 宜兴

素有“陶的古都，洞的世界，茶的绿洲，竹的海洋”之称，是紫砂壶原产地。

手绘
江 苏

▶ 何园

被誉为“晚清第一园”，位于扬州徐凝门街，又名寄啸山庄，是清乾隆年间双槐园的旧址。

▶ 个园

是扬州历史最悠久、保存最完整、最具艺术价值的古典园林，以竹石取胜。

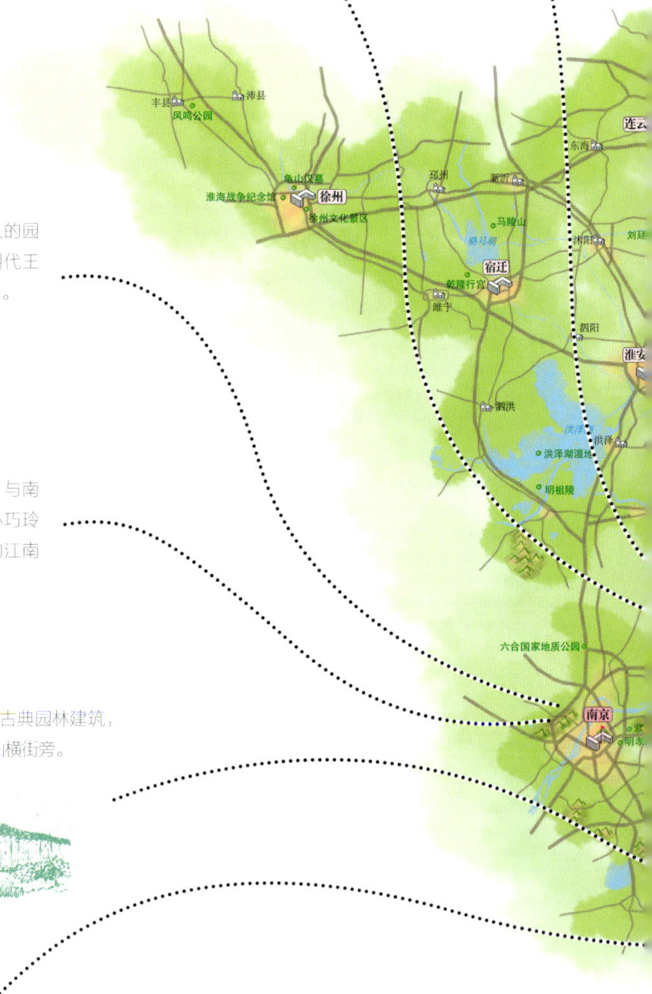

▶ 瞻园

南京现存历史最久的园林，也是唯一开放的明代王府，江南四大名园之一。

▶ 煦园

煦园也称西花园，与南京总统府连为一体，小巧玲珑，是一座别具特色的江南古典园林。

▶ 寄畅园

始建于明代的汉族古典园林建筑，位于无锡惠山东麓的惠山横街旁。

▶ 怡园

苏州建造最晚的园林，是清初赵进美的别墅，吸收了诸园所长，如复廊、鸳鸯厅、假山、石舫等。

▶ 网师园

典型宅园合一的私家园林，堪称中国园林以少胜多的典范。

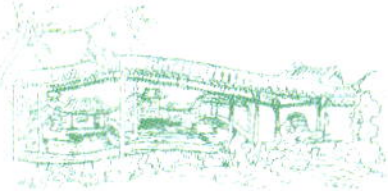

江苏园林

▶ 艺圃

是位于苏州的建于明嘉靖年间的汉族古典园林建筑，颇具明代艺术特色。

▶ 退思园

古镇同里最有名的私家园林，是江南古镇唯一的世界文化遗产。

▶ 耦园

黄石假山众多，有南北驳岸码头，尽显姑苏“人家尽枕河”的特色。

▶ 留园

中国四大名园之一，以七百余米曲廊相连，是苏州建筑数量最多的园林。

▶ 拙政园

中国四大名园之首，苏州现存最大的古典园林，以水见长，花木为胜。

▶ 沧浪亭

文人苏舜钦的私人花园，假山、花墙、碑石为园中三胜，是苏州最古老的园林。

▶ 狮子林

苏州四大名园之一，素有“假山王国”之誉。

▶ 环秀山庄

假山堆叠奇巧，突出了汉族园林建筑中雄、奇、险、幽、秀、旷的特点。

手绘
江 苏

▶ 霸王别姬

原名龙凤烩，相传是虞姬设计。“龙凤烩”即“龙凤宴”中的主要大件，现以鳖、鸡取代龟、雉。

▶ 文楼汤包

馅心由汤制成，包大皮薄而不破，口张汤满而不溢，肥厚鲜美。

▶ 鼋汁狗肉

“狗肉之乡”沛县最有名的特色食品，呈酱红色，色泽鲜亮，味美醇香，肉质韧而不挺，烂而不腻。

▶ 盱眙龙虾

味道独特，口味麻、辣、鲜、香，余香不绝。

▶ 清炖蟹粉狮子头

扬州名菜，肥嫩异常，蟹粉鲜香，青菜酥烂清口，食后清香满口，齿颊留香。

▶ 扬州炒饭

又名扬州蛋炒饭，相传源自隋朝越国公杨素爱吃的碎金饭，即蛋炒饭。

▶ 三套鸭

扬州和高邮地区的传统名菜，家鸭肥嫩，野鸭喷香，菜鸽细酥。

▶ 盐水鸭

南京著名特产，又叫桂花鸭、金陵盐水鸭，中秋前后桂花盛开时制作的盐水鸭色味最佳。

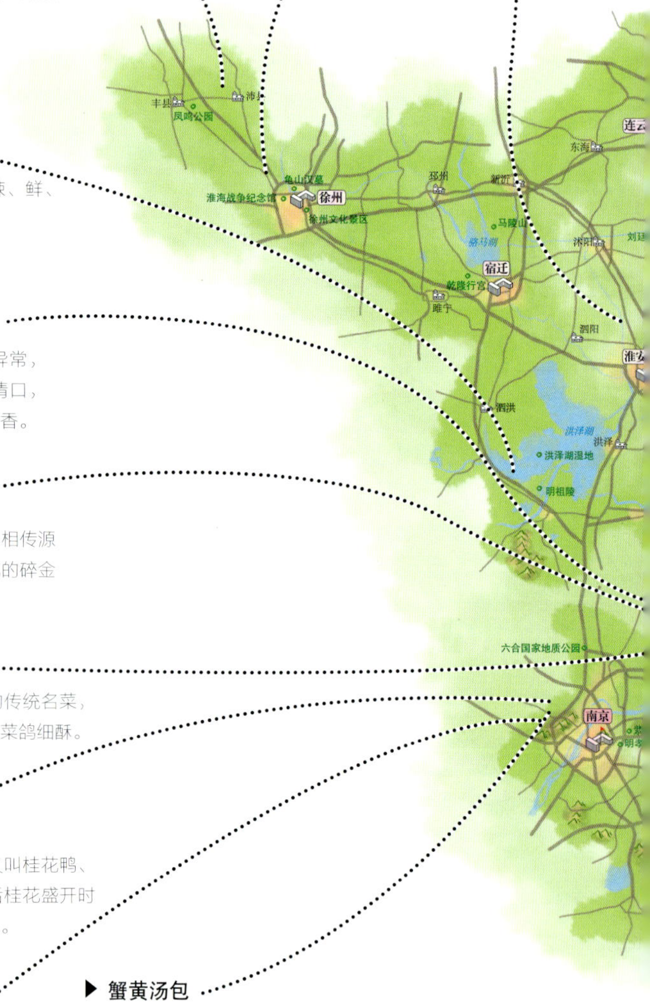

▶ 鸭血粉丝汤

南京著名风味小吃，由鸭血、鸭肠、鸭肝等加入鸭汤和粉丝制成。

▶ 蟹黄汤包

中华六大名点之一，稠而不油，油而不腻，皮薄如纸，汤多味美。

江苏美食

▶ **淮扬菜**

中国四大菜系之一，被誉为“东南第一佳味，天下之至美”，口味清淡微甜。

▶ **文思豆腐**

扬州地区汉族传统名菜，软嫩清醇，入口即化，是老人、儿童选择的上好菜肴。

▶ **拆烩鲢鱼头**

江苏地区汉族传统名菜，以鲢鱼头为主要材料，烹饪以烩菜为主，口味属于咸鲜味。

▶ **烫干丝**

扬州和泰州传统小吃，早茶名点之一，色泽素雅，软嫩异常。

▶ **松鼠桂鱼**

在炸好的犹如“松鼠”的鳜鱼上浇上热气腾腾的卤汁，便吱吱“叫”起来。

▶ **天目湖砂锅鱼头**

选用天目湖水体中天然生养的大花鲢鱼头作原料，纯天然天目湖水为汤基。

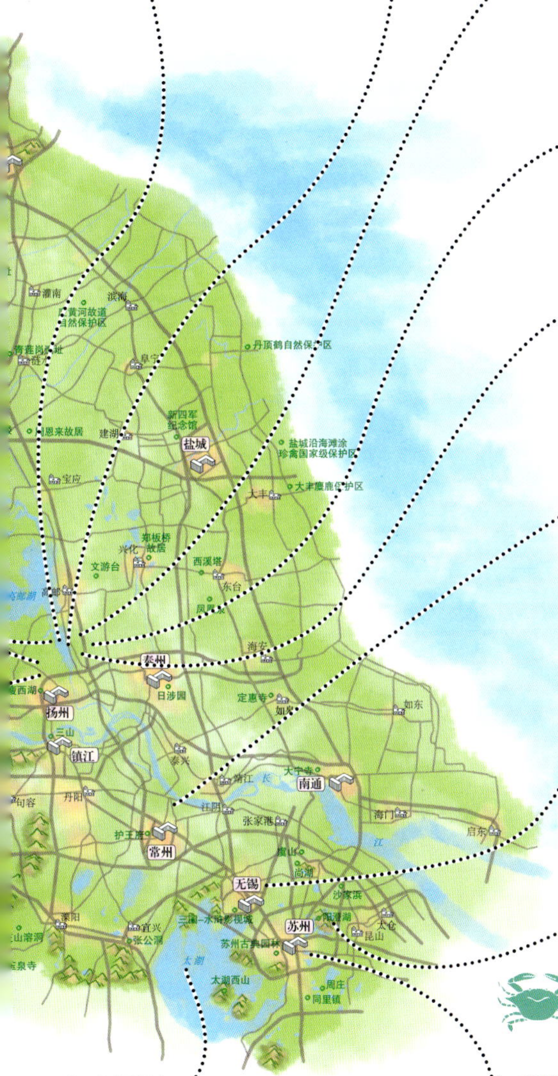

▶ **无锡小笼包**

无锡传统名点，具有夹起不破皮，翻身不漏底，一吮满口卤，味鲜不油腻等特色。

▶ **阳澄湖清水大闸蟹**

有“蟹中之王”的美称，外形特征是青背、白肚、黄毛、金爪、体壮，烧熟后显纯红。

▶ **太湖银鱼**

细嫩透明，色泽如银，因而得名，清康熙时被列为贡品。

▶ **苏菜**

主要以金陵菜、淮扬菜、苏锡菜、徐海菜等地方菜组成，以淮扬菜为主体。

手绘江苏

▶ 徐州剪纸

分布于邳州、新沂、沛县等地，可分为装饰剪纸（窗花、顶棚花、盆花、枕花、帐花、灯花等）、绣花纹样（鞋花样）、特种剪纸等。

▶ 扬州玉雕

扬州民间雕刻艺术之一，是中国玉雕工艺的一大流派。

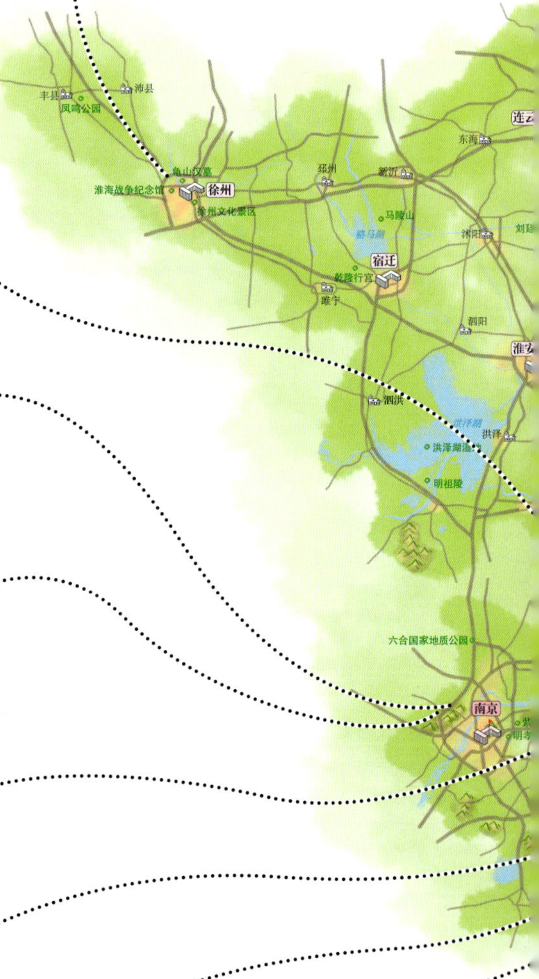

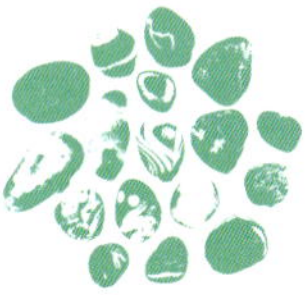

▶ 雨花石

四大观赏石之一，主产地在毗邻南京的六合、仪征（原属于六合地区，现隶属扬州）一带。

▶ 金陵折扇

南京著名的传统手工制品之一，有竹制折扇、绢宫扇、骨扇等。

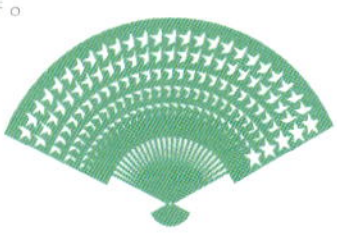

▶ 金山灯彩

镇江灯彩久负盛名，是历史悠久的传统工艺品。

▶ 大红袍

产于宜兴丁山赵庄山、黄石黄岩心。此泥红艳夺目，气质高雅，为濒临绝灭之极品朱泥。

▶ 宜兴紫砂

汉族特有的手工制造陶土工艺品，制作原料为紫砂泥。

▶ 梳篦

一种古老的中国传统手工艺品，也是常州的三大非物质文化遗产之一。

江苏风物

▶ 东海水晶

连云港市东海县是中国的“水晶之乡”。这里水晶以白色为主。

▶ 太湖珍珠

人工培育的淡水珍珠，色泽纯净，自然亮丽，享有“无锡太湖珍珠天下第一”的美称。

▶ 惠山泥人

无锡传统工艺美术品之一，无锡三大著名特产之一。

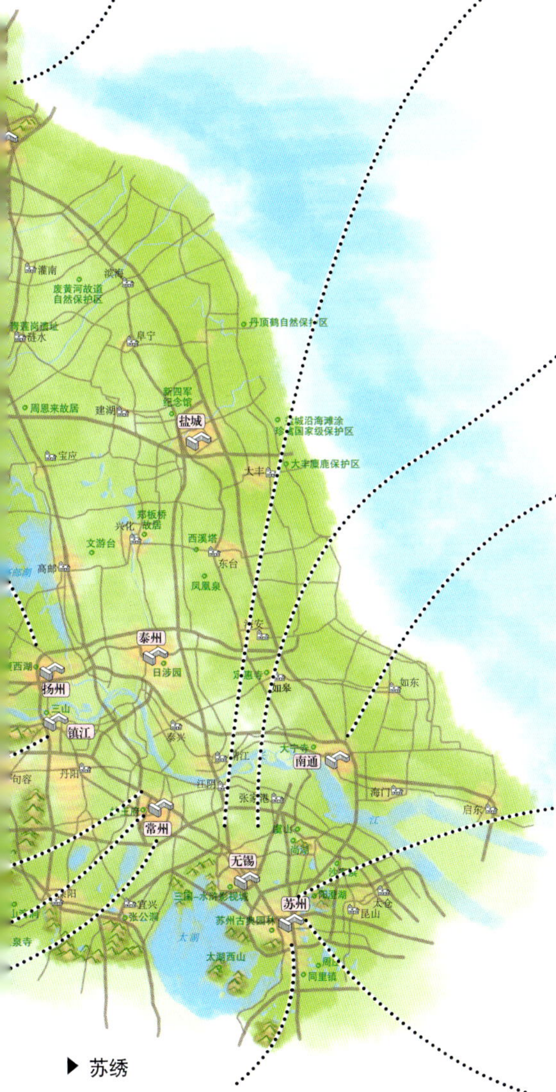

▶ 红木雕刻

南通红木雕刻具有结构精巧、木纹清晰、做工精致的特点。

▶ 桃花坞木版年画

因曾集中在苏州桃花坞一带生产而得名，是中国五大民间木版年画之一。

▶ 檀香扇

汉族特色手工艺品，是苏州的一大特产，用檀香木制成的各式折扇和其他形状的扇。

▶ 苏绣

以苏州刺绣研究所高新区镇湖镇（现改为街道）的刺绣最为有名，发源地在苏州吴县一带。

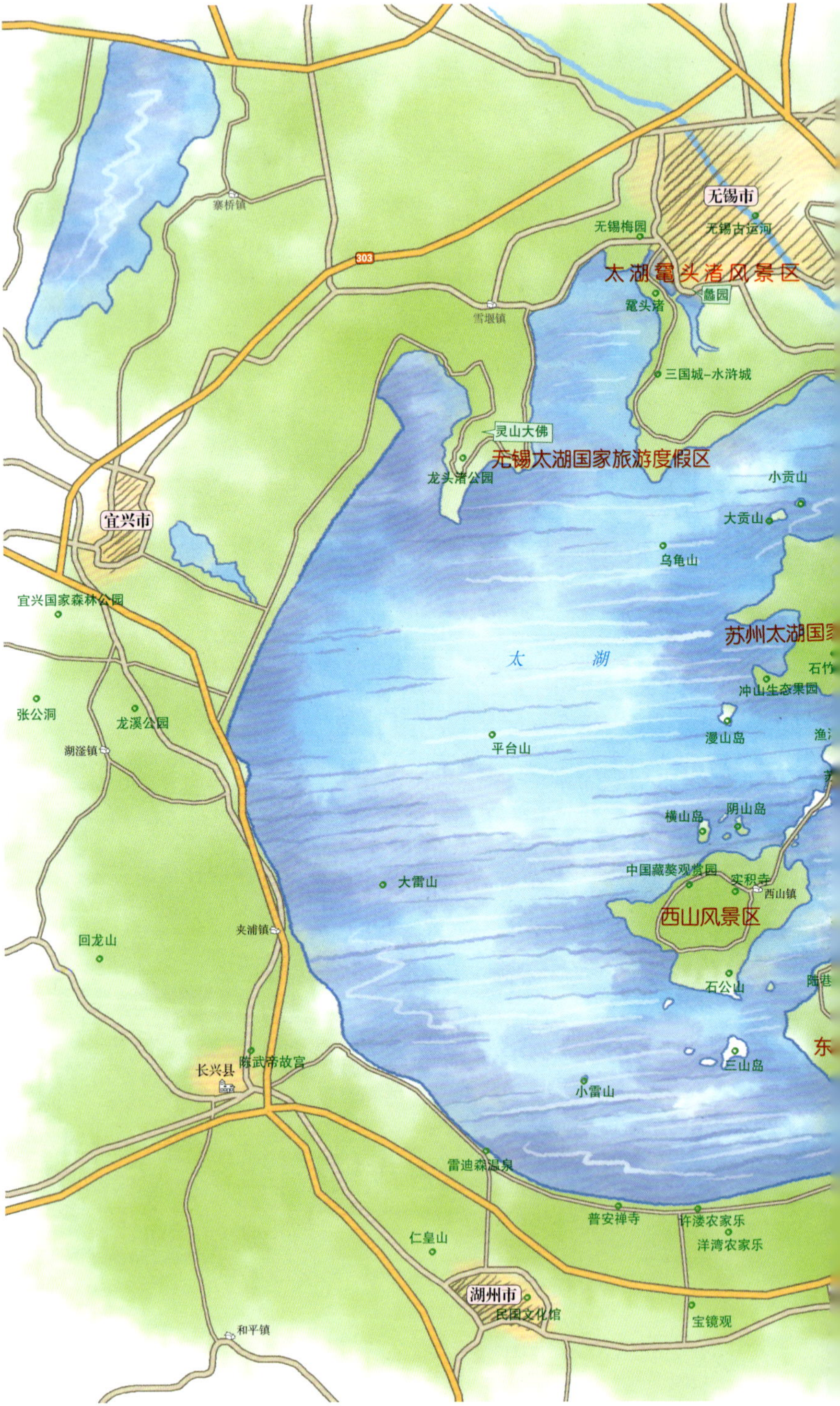

无锡市
无锡古运河
无锡梅园
303
太湖鼋头渚风景区
蠡园
鼋头渚
雪堰镇
寨桥镇
三国城-水浒城
灵山大佛
无锡太湖国家旅游度假区
龙头渚公园
小贡山
大贡山
宜兴市
乌龟山
宜兴国家森林公园
太　湖
冲山生态果园
张公洞
龙溪公园
漫山岛
湖㳇镇
平台山
横山岛
阴山岛
中国藏獒观赏园
实积寺
大雷山
西山镇
西山风景区
夹浦镇
回龙山
石公山
三山岛
长兴县
陈武帝故宫
小雷山
雷迪森温泉
普安禅寺
许溇农家乐
洋湾农家乐
仁皇山
湖州市
民国文化馆
宝镜观
和平镇

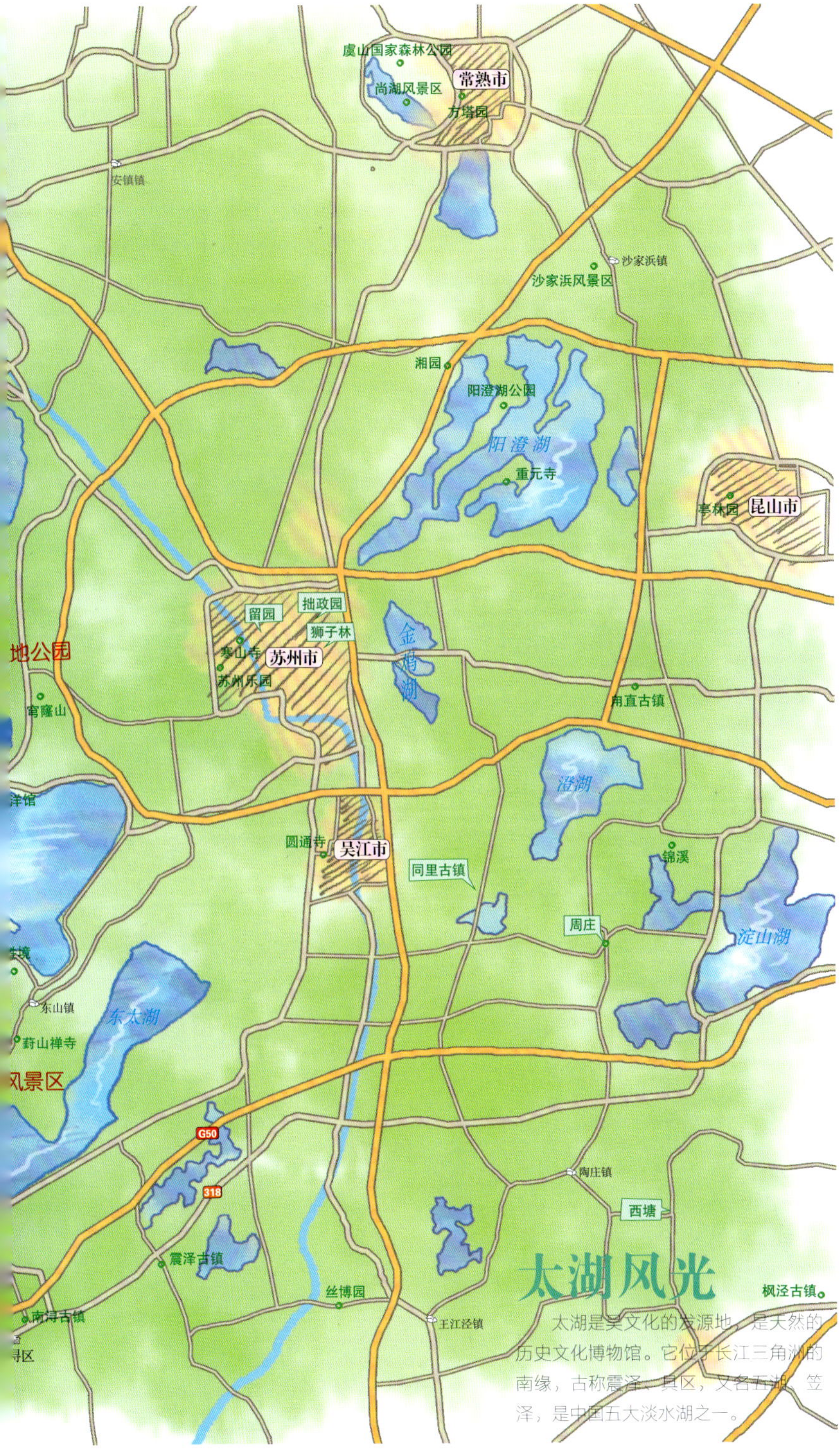

太湖风光

太湖是吴文化的发源地，是天然的历史文化博物馆。它位于长江三角洲的南缘，古称震泽、具区，又名五湖、笠泽，是中国五大淡水湖之一。

长
长江观音景区
南京农
六朝古墓
幕府东路
康茂才
墓石刻
大桥公园
江
三江学院
南地园宾馆
浦口
公园
大家乐
酒店
南京西站
南京北站
阅江楼
大
桥
南
路
红山森林
动物园
南京长途
汽车站
南京站
渡江纪念碑
金帆大酒店
闻鸡亭
览胜楼
虹桥饭店
潜
名人岛
法云寺遗址
南京饭店
玄武湖风景区
玄武门洲
花卉园
宝船厂遗址
樱洲
洲
玄武门
信息学院
香泽园大酒店
三藏塔
南京工
程学院
鸡鸣寺
江
东
北
路
中青大厦
江苏省政府
鼓楼
大钟亭
南京市政府
华荟大厦
河海大学
南京
大学
东南
大学
外国语学校
南京油运医院
省人民医院
裕国宾馆
总统府
医科大学
侵华日军南京大屠
杀遇难同胞纪念馆
中山东路
朝天宫
八一医院
新金
建邺医院
净觉寺
扬
子
江
大
道
状元楼酒店
建筑职工大学
江
东
中
路
瞻园
江南贡院
夫子庙
凤凰台遗址
奥林匹克
体育中心
中华门
南京汽车南站
大报寺遗址
南京秦淮
社区大学
西堤国际
应天大街
南京南站
金梦都宾馆
玻璃窑遗址
雨花东路
软件大道
奥体大街
新城科技大厦
凤台南路
河西大街
邓愈墓
雨花台
烈士纪念馆
菊花台
公园
雨花台中学
明基医院
省邮电专科学校
江
山
大
街
南京雨花软件园
绕城公路
南京南站

南京城区

中国药科大学
太平山公园
栖霞大道
省虹煤炭职工医院
绕城公路
312国道
省红十字医疗服务中心
南京师范大学仙林校区
中医研究所
朝阳山
南京伊村饭店
玄武大道
南京长途汽车东站
航空烈士墓
索菲特钟山高尔夫酒店
平顶山
绕城公路
徐达墓
紫金山天文台
金山宾馆
钟山风景区
中山陵
藏经楼
灵谷塔
明孝陵
音乐台
邓演达墓
无梁殿
范鸿仙墓
海底世界
四方城
王安石故居
南京体育学院
沪宁高速
钟山学院
月牙湖公园
南京农业大学
中山门大街
紫金宾馆
农业大学
中山医院
南京理工大学
神乐观
光华门站
绕城公路
七桥瓮
南京支线

手绘江苏

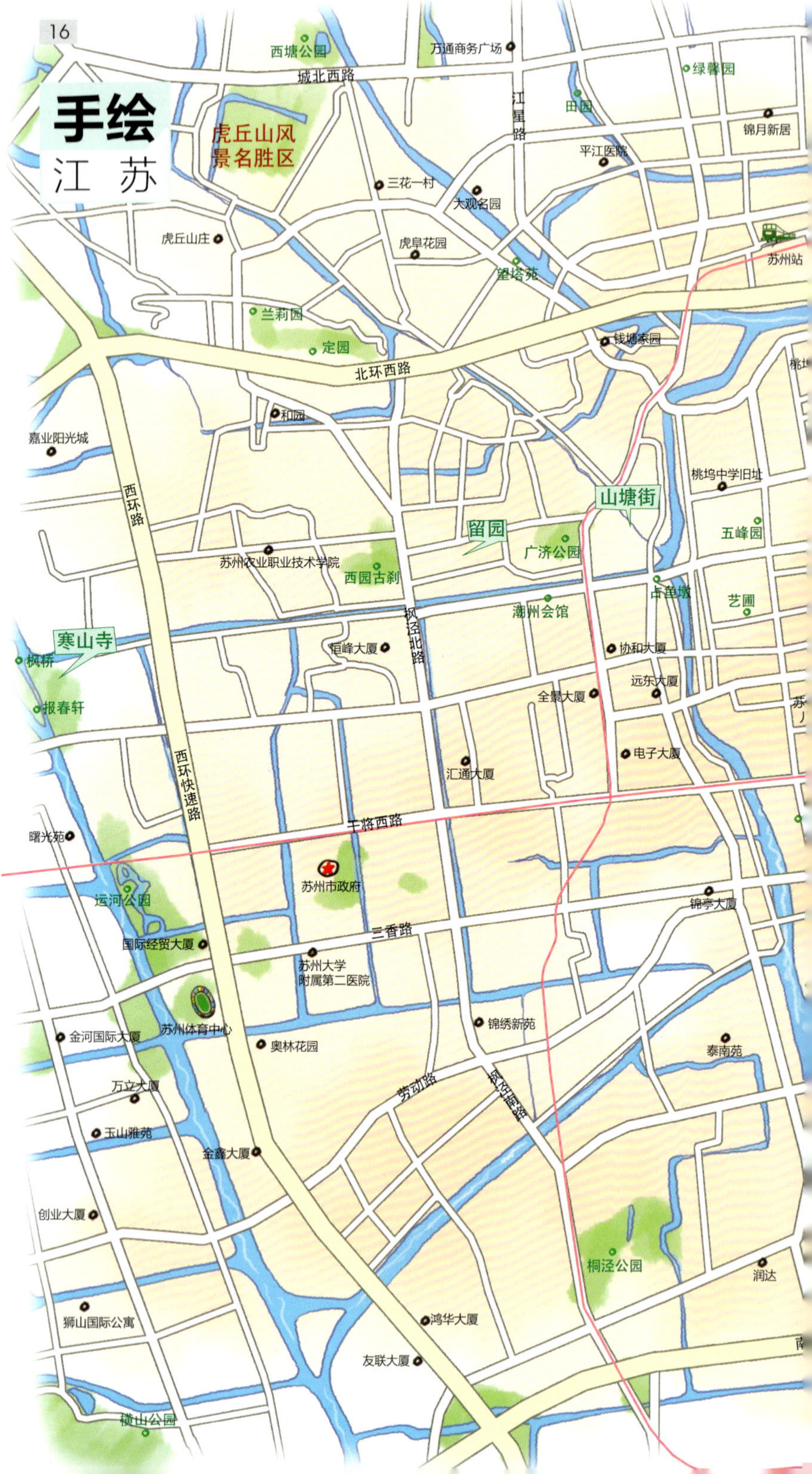
西塘公园
万通商务广场
城北西路
绿馨园
田园
江星路
锦月新居
虎丘山风景名胜区
平江医院
三花一村
大观名园
虎丘山庄
虎阜花园
苏州站
望塔苑
兰莉园
定园
钱塘家园
北环西路
和园
嘉业阳光城
桃坞中学旧址
西环路
山塘街
留园
五峰园
广济公园
苏州农业职业技术学院
西园古刹
占鱼墩
艺圃
潮州会馆
枫泾北路
寒山寺
枫桥
恒峰大厦
协和大厦
远东大厦
全景大厦
报春轩
电子大厦
汇通大厦
西环快速路
干将西路
曙光苑
苏州市政府
运河公园
锦亭大厦
三香路
国际经贸大厦
苏州大学附属第二医院
苏州体育中心
锦绣新苑
金河国际大厦
奥林花园
泰南苑
万立大厦
劳动路
玉山雅苑
金鑫大厦
创业大厦
桐泾公园
润达
狮山国际公寓
鸿华大厦
友联大厦
横山公园

苏州城区

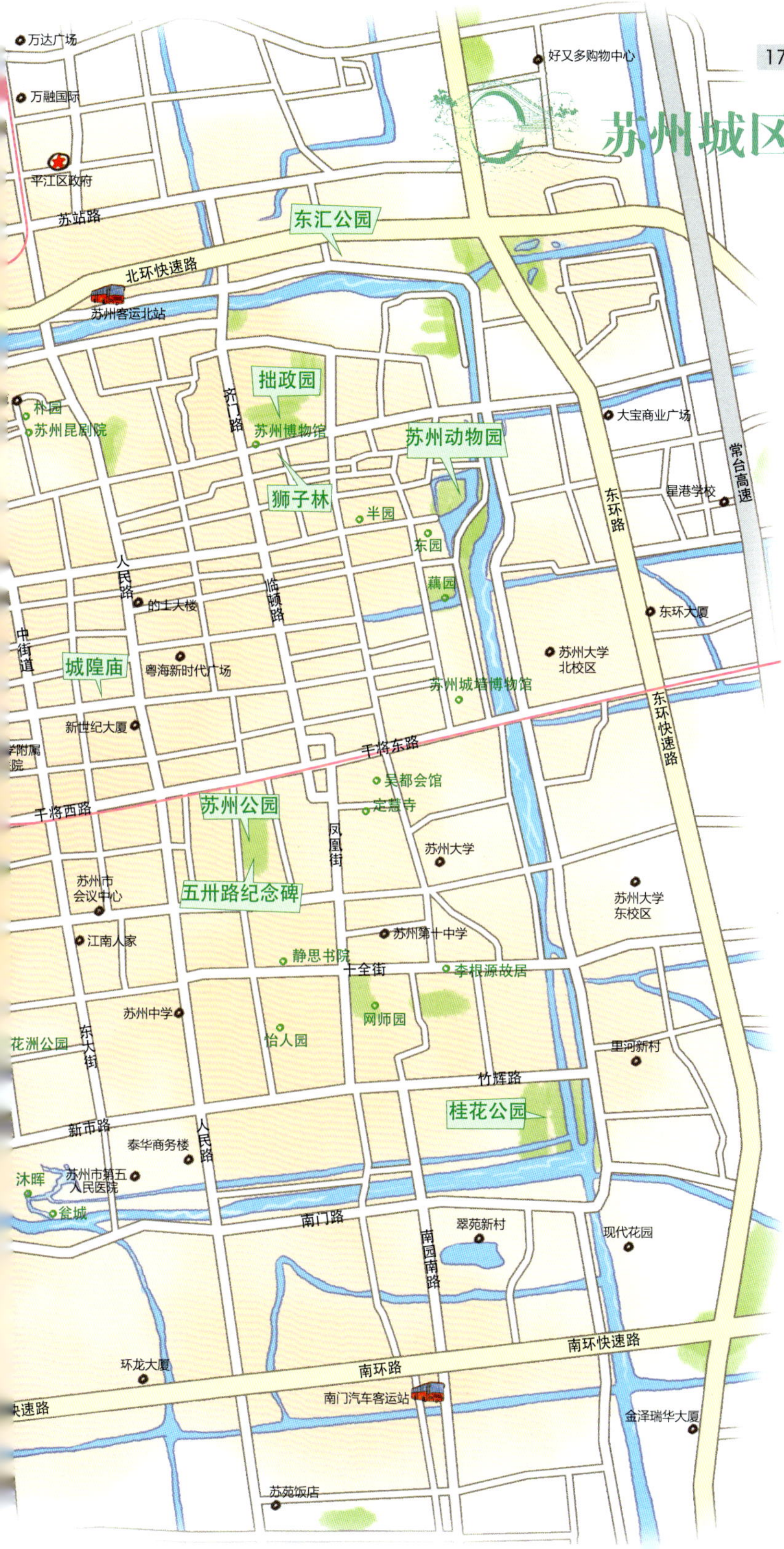
万达广场
万融国际
平江区政府
苏站路
东汇公园
北环快速路
苏州客运北站
好又多购物中心
拙政园
齐门路
苏州博物馆
苏州动物园
狮子林
半园
东园
藕园
朴园
苏州昆剧院
大宝商业广场
常台高速
东环路
星港学校
人民路
的士大楼
临顿路
东环大厦
中街道
城隍庙
粤海新时代广场
苏州大学北校区
苏州城墙博物馆
新世纪大厦
干将东路
东环快速路
吴都会馆
定慧寺
干将西路
苏州公园
凤凰街
苏州大学
苏州市会议中心
五卅路纪念碑
苏州大学东校区
江南人家
苏州第十中学
静思书院
十全街
李根源故居
苏州中学
网师园
花洲公园
东大街
怡人园
里河新村
竹辉路
桂花公园
新市路
泰华商务楼
人民路
沐晖
苏州市第五人民医院
盆城
南门路
翠苑新村
南园南路
现代花园
南环快速路
环龙大厦
南环路
南门汽车客运站
快速路
金泽瑞华大厦
苏苑饭店

摄影
江苏

六朝古都沐风雨

“六朝金粉地，金陵帝王州”。南京，这个承载了六朝兴衰与历史烟云的六朝古都，贮藏了满腔故事和对生命的热爱。秦淮河畔桨声灯影里的舫船交错，古城墙下金陵城昔日的辉煌，玄武湖边清新淡雅的桂花香气，都是南京成长的印记。

苏州园林

甲江南

苏州素来以山水秀丽、园林典雅而闻名天下。苏州的园林，刻满了时光的痕迹，也刻满了时局的平静和动荡。拙政园和留园的无限风韵，寒山寺、虎丘沉淀的美丽传说，油纸伞下的吴侬软语，都足以让人领略真正的江南风情。

烟花三月下扬州

扬州素有“竹西佳处，淮左名都”的美誉。这座城市，像极了温柔如水的姑娘，面容清爽，诗意绵绵。三月的扬州烟雨蒙蒙，稀有的琼花正在肆意绽放。泛舟水上，心中不由漾起温暖又清新的感觉。

无锡水乡无限美

无锡自古就是鱼米之乡，它地处太湖之滨，京杭大运河也从其中穿过，是在江南蒙蒙烟雨中孕育出的一颗璀璨明珠。秀美的风景、富饶的物产，孕育了无锡的过往和现在。糯软的锡剧唱腔、空灵的灵山佛音、优美的二泉映月曲调，都在默默展示着无锡的深刻意蕴。

江南古镇有人家

地处江南的江苏是一个被古镇环绕的佳地，周庄古镇、同里古镇、用直古镇、锦溪古镇……无一不是这风雅之地的柔媚风骨。它们端着素雅的身段，散落在江苏的各个角落，岁岁年年，静默如斯。古镇是一幅活着的时空画卷，展卷细品，便能捕捉到江南水乡的点点滴滴。

楚汉风韵初孕育

徐州是彭祖文化、两汉文化的发源地，也是徐文化的集大成者。这个古时被称为彭城的地方，已有6000多年文明史，是江苏境内最早出现的城邑。“佳处未易识，当有来者知”，徜徉在徐州文化的丰富遗存中，恍如重新走入了那段风云突变的历史。

印象江苏

江南古镇

周庄

看小桥流水，听船桨吱呀，一声吴歌响起，周庄的美就这样徐徐展开，作为一座江南水乡古镇，周庄的美使它拥有着“中国第一水乡”的美誉。

同里

素有“东方小威尼斯”之誉的同里，风景优美，因水成园，家家连水，户户通舟，构成层次错落有致的优美画卷。

邵伯

具有1600多年历史的邵伯古镇，处处都散发着浓郁的“历史芳香”，老街上有一条南北三里长的古条石街，街两边现存明清古宅20多处。

甪直

甪直古镇有着2500年的文明历史，以水多、桥多、巷多、名人多而著称，“水巷小桥多，人家尽枕河”就是甪直浓厚水乡气息的真实写照。

黄桥

黄桥古镇建于北宋神宗元丰年间，是一座具有悠久历史的千年古镇和具有丰厚底蕴的文化名镇。

溱潼

溱潼古镇四面环水，环境宜人，“莫道江南花似锦，溱潼水国胜江南”，这是一位诗人对溱潼古镇的赞美。

印象江苏

江南风物

油纸伞

油纸伞是汉族传统工艺品之一，现已传至亚洲各地如日本、朝鲜、越南、泰国、老挝等地，并在各地发展出具有当地特色的油纸伞。

桃花坞年画

桃花坞年画因曾集中在苏州城内桃花坞一带生产而得名，与河南朱仙镇、天津杨柳青、山东潍坊杨家埠、四川锦竹的木版年画，并称为中国五大民间木版年画。

惠山泥人

惠山泥人是江苏无锡汉族传统工艺美术品之一，以造型饱满，线条流畅，色彩鲜艳，形态简练而蜚声中外。

紫砂壶

紫砂壶是中国一种传统的品茗工具，产自江苏宜兴，好茶者认为用紫砂壶泡茶，茶味隽永醇厚，芳香四溢，故而备受喜爱。

碧螺春

碧螺春属于绿茶类，产于苏州市的太湖洞庭山上，它芽多、嫩香、汤清、味醇，是中国的十大名茶之一。

雨花石

雨花石是一种天然玛瑙石，也称文石，观赏石，幸运石，主要产于南京市六合区及仪征市月塘一带，是南京著名的特产。

印象
江 苏

江苏园林

日涉园

日涉园为明朝万历年间陈所蕴修建的私人住宅园林，园名取自陶渊明《归去来辞》中的“园日涉以成趣”之语意。

瞻园

是南京现存历史最久的一座园林，面积约两万平方米，共有大小景点二十余处，布局典雅精致，有宏伟壮观的明清古建筑群。

留园

为中国大型古典私家园林，以建筑艺术精湛著称，厅堂宏敞华丽，庭院富有变化，有“不出城郭而获山林之趣”。

寄畅园

是一处始建于明代的汉族古典园林建筑，依靠惠山山势巧妙借景，又引惠山泉水成为园中水景，拥有假山池塘、亭台长廊等园林景观。

个园

园名源于“竹”字——月映竹成千个字。园内有竹石兰桂，景甚美；除竹外，最负盛名者为四季假山，以石垒成四季之景，徜徉其间即遍历春夏秋冬。

拙政园

拙政园是苏州存在的最大的古典园林，全园以水为中心，山水萦绕，厅榭精美，花木繁茂，具有浓郁的江南汉族水乡特色。

印象 江苏

江苏老街

苏州平江路

是非常美好的一条古道，800年来，平江路依旧保留着它河路并行的格局、肌理和长度，小桥流水、粉墙黛瓦，显示出疏朗淡雅的风格。

南京夫子庙

是以夫子庙为中心、庙市街景合一的秦淮河风光景区，集文化、旅游、购物、服务等功能于一身，是来南京游玩的首选之处。

苏州山塘街

山塘街历史悠久，它始建于唐代宝历年间，至今已有一千一百余年。据传说乃是唐代大诗人白居易所建，山塘街一直被誉为“姑苏第一名街”。

南京高淳老街

高淳老街位于南京市高淳区淳溪镇，自宋朝正式建立街市，至今已有900余年的历史，被誉为“金陵第二夫子庙”。

扬州东关街

东关街是扬州城里最具有代表性的一条历史老街，不仅是扬州水陆交通要道，而且是商业、手工业和宗教文化中心。

无锡惠山老街

惠山老街上依旧保持着明清江南民居老屋的风貌，经销惠山泥人的店铺林立，还有惠山泥人博物馆。

印象
江 苏

江苏特色

云锦

江苏南京的云锦是中国优秀传统文化的杰出代表，因其绚丽多姿，美如天上云霞而得名，至今已有1580年历史。

昆曲

昆曲是中国最古老的剧种之一，糅合了唱念做打、舞蹈及武术的表演艺术，素有“百戏之母”的雅称。

评弹

评弹又称苏州评弹、说书或南词，是苏州评话和弹词的总称。是一门古老、优美的汉族说唱艺术。

苏绣

苏绣是中国四大名绣之一，以其表现手法细腻，逼真而闻名。苏绣的发源地在苏州吴县一带，早在二千多年前的春秋时期，吴国已将刺绣用于服饰。

鱼米之乡

江苏，自古便是富饶之地、鱼米之乡。人们传诵的“近炊香稻识红莲”“桃花流水鳜鱼肥”“夜市卖菱藕，春船载绮罗”的诗句，就是历代诗人对江苏物产富足的赞美和讴歌。

苏菜

苏菜是中国汉族八大菜系之一，主要以金陵菜、淮扬菜、苏锡菜、徐海菜等地方菜组成。苏菜擅长炖、焖、蒸、炒，重视调汤，保持菜的原汁，风味清鲜，浓而不腻。

自驾 江苏

线路 1

苏东南
历史名城之旅

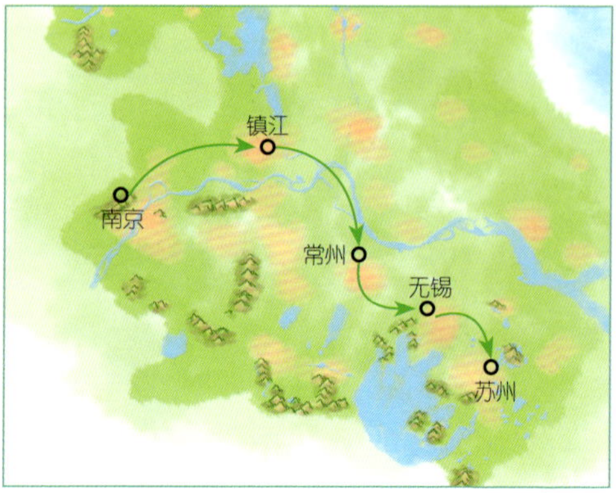

南京 中山陵

镇江 镇江三山

常州 中华恐龙园

无锡 鼋头渚

苏州 周庄

此条线路从南京出发，向江苏东南部行驶，一路经过镇江、常州、无锡等地，可观吴越古城之风光，访遍苏南之美景，钟山、鼋头渚、周庄等美丽风景都囊括在其中。

第一站 南京。第一天前往钟山风景区，拜谒中山陵，访灵谷寺、明孝陵；晚上去夫子庙一带赏夜景吃美食。第二日上午游玄武湖，下午前往南京大屠杀遇难同胞纪念馆内悼念英灵。第三日爬栖霞山，观秀美风景。

第二站 镇江。沿 G312 向东行驶抵达镇江，先游览金山，探访山上的金山寺、天下第一泉等景观，而后前往景色秀美的焦山和北固山。第二日上午游览西津渡古街，寻幽访古，下午游览镇江博物馆，感受镇江的历史文化。

第三站 常州。沿沪蓉高速向东南行驶抵达常州市，第一天游玩中华恐龙园，体验刺激的高空游乐项目。第二天上午拜访天宁寺，下午游红梅公园及常州博物馆，感受常州历史的厚重。

第四站 无锡。沿沪蓉高速前往无锡，第一天游玩鼋头渚，坐游船感受太湖的烟波浩渺。第二天游览灵山大佛，在巨大的佛像之下感受信仰的力量。

第五站 苏州。沿沪宁高速、京沪高速驶向苏州，第一天游拙政园，在叠石理水，移步换景中感受江南园林的独特魅力。第二天游虎丘，登名山，访剑池。第三天前往“江南第一水乡”周庄古镇，在那粉墙黛瓦、小桥流水之中感受水乡的清幽与唯美。

线路 2

苏中部
精彩寻秘之旅

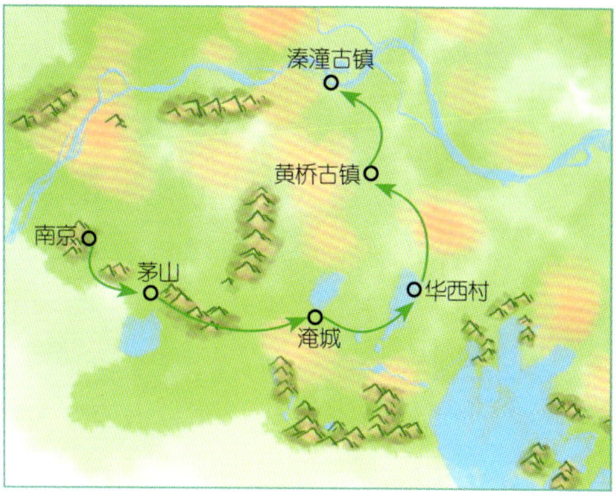

南京 夫子庙

茅山 茅山

淹城 淹城春秋乐园

华西村 华西村

黄桥 黄桥古镇

溱潼 溱潼古镇

这条线路从南京出发，先前往镇江句容的茅山，到那青山绿水之间感受道教文化，然后前往常州，游览淹城春秋乐园及华西村的风采，而后前往黄桥古镇，在古镇长街之中感受那份惬意与舒适，最后前往溱潼古镇看江南鱼米之乡的秀丽风采。

第一站 南京。先游玩玄武湖，感受秀美的湖畔风光，接下来前往雨花台仿古建筑悼念革命烈士，然后游玩秦淮河风光带，前往周围的夫子庙、江南贡院以及秀美的瞻园。

第二站 茅山。驾车向东南前往茅山游玩，茅山是道教上清派的发源地，被道家称为“上清宗坛”，山上峰峦叠嶂，云雾缭绕，绿树蔽山，物华天宝。

第三站 淹城。沿着S38前往常州游玩淹城春秋乐园，这是国内首家春秋文化主题梦幻乐园，在其中可以感受到春秋文化的历史风采。

第四站 华西村。沿着常合高速向东行驶，前往华西村游览，华西村号称“天下第一村”，闻名中外，一排排整齐的别墅会给人留下深刻的印象。

第五站 黄桥。沿着京沪高速向南抵达黄桥古镇。黄桥是一座具有悠久历史的千年古镇和具有丰厚底蕴的文化名镇，历史悠久，人文荟萃，十分值得探幽访古。

第六站 溱潼。顺着盐靖高速一路向北抵达溱潼，古镇上河港交织、气候湿润，在那里可以拜访长街古巷，品尝溱湖簖蟹的美味。

自驾 江苏

线路 3

苏南部
感受大运河之旅

苏州 周庄

这条线路我们沿着大运河的脉络展开，访古代漕运的中转站，感受漕运文化的历史与故事。首先从苏州出发，一路向北，游览周庄、灵山大佛、瘦西湖等景点，感受江南水乡及园林的独特魅力。

第一站 苏州。第一天在苏州先游玩水乡周庄，访全福讲寺、沈厅、双桥等景点，感受周庄的古朴静美。第二天游玩拙政园，领略楼阁亭台间枝繁叶茂、花木掩映的意境。第三天游览狮子林和山塘街，山塘街两侧皆是粉墙黛瓦的老房子，有着典型的苏州老城风貌。

无锡 灵山大佛

第二站 无锡。沿京沪高速向北前往无锡，先游玩无锡的灵山大佛，它坐落于无锡太湖边的小灵山上，是世界上最高的佛祖青铜立像，规模宏大，十分壮观。之后前往蠡园，泛舟湖上，遥忆当年范蠡西施湖上泛舟的过往。

扬州 瘦西湖

第三站 扬州。驾车向北前往扬州市，先游玩瘦西湖，观赏蜿蜒曲折的湖水以及两岸绿意盎然的翠景；之后游玩文昌阁、东关街等景点，在东关街上可以品美食赏古建。第二天游览个园、何园，进一步领略江南园林的玲珑秀美。第三天游览大明寺、扬州双博馆等地。

淮安 漕运总督府

第四站 淮安。沿着 G2 前往淮安市，游览漕运总督府，这是明、清两代统管全国漕运事务的漕运总督的官署建筑群，规模宏大，保存完好，布局严谨。之后可游览周恩来故居、明祖陵、铁山寺森林公园等地。

线路 4

苏东部
魅力东海岸之旅

这条线路沿着江苏的东部海岸地区游览，那里有自然的湿地景观，可以欣赏到许多珍禽飞鸟，能够与珍稀的动植物做亲密的接触，也能更加亲近大自然。

第一站 苏州。先游玩被称为“吴中第一名胜”的虎丘。第二天游玩苏州园林，留园、沧浪亭、网师园等不容错过。第三天游览同里古镇，感受江南水乡。

第二站 南通。沿常台高速、沈海高速行驶前往南通，先游览狼山风景区，狼山上树木葱郁、景色清幽。第二天游览濠河风景区，可在护城河畔绿地闲庭信步，也可以坐游船赏濠河夜色。

第三站 如皋。沿着沈海高速前往如皋，先游览水绘园，它是如皋的必游景点，园内景色清幽秀美。之后可以游览定慧禅寺、红十四军公园等地。

第四站 大丰。沿着 S49—G25 向北前往大丰，游览麋鹿自然保护区，感受湿地、草滩的自然秀美，并可观赏悠闲可爱的麋鹿以及许多美丽的珍禽飞鸟。

第五站 盐城。先游玩大纵湖，大纵湖自古为盐城名胜，有着宁静致远的意境和恬淡秀美的风光。之后可以游览新四军纪念馆、水街、世纪公园等地。

第六站 射阳。游览丹顶鹤自然保护区，在那里可欣赏到许多珍贵的自然动植物，尤其是美丽的丹顶鹤，它们在芦苇丛中嬉戏啄食姿态优美，另外还可以看到许多野鸭、大雁。

解读 江苏

地 理

鼋头渚

面积和区划

江苏省简称苏，地处华东，为东部沿海省份。它地处美丽富饶的长江三角洲，东临黄海，背靠山东省，西邻安徽省，南与浙江省接壤，东南与上海市相连。江苏临海，海岸线长954千米，全省总面积约10万平方千米。

全省现辖南京、无锡、徐州、常州、苏州、南通、连云港、淮安、盐城、扬州、镇江、泰州、宿迁13个地级市，省会南京。并拥有南京、苏州、扬州、镇江、常熟、徐州、淮安区（淮安）、南通、无锡、宜兴、泰州、高邮12个国家历史文化名城，数量之多居全国之首。

人口和民族

截至2018年年末，江苏省常住人口8050万人，比上年末增加约21万人。但2000年以来，总人口持续低速增长，人口密度增加速度放缓。

江苏是少数民族散居省区，有少数民族人口70多万，回族人口最多，其中有半数聚居在省会南京。扬州高邮下辖的菱塘回族乡是全省唯一的民族乡。其他万人以上的少数民族有苗族、蒙古族、满族、土家族，分布在全省各地。

太湖黄昏

地形

江苏省地处华北平原、长江中下游平原以及长江三角洲的结合地带，全省境内地势低平，绝大部分地区海拔在50米以下。地势相对较高的丘陵、山地只占全省总面积的14%，集中分布在西南和北部。

江苏省水乡特色明显，平原占全省面积的70%，水域面积占17%，湖泊众多，拥有中国第三大淡水湖太湖以及第四大淡水湖洪泽湖。另外，境内长江、淮河、京杭运河、淮沭河、串场河、灌河、盐河、通榆运河、灌溉总渠和通扬运河密布，特别是长江以南的太湖平原以及长江以北的里下河平原，大大小小的河流形成蛛网状，分布极为稠密，是名副其实的“鱼米之乡”。

气候

江苏省处于亚热带向暖温带过渡地带，气候具有明显的季风特征，大致以“淮河—苏北灌溉总渠”一线为界，以南属亚热带湿润季风气候，以北属暖温带湿润季风气候。整体上全省气候温和，四季分明。

受东亚热带季风进退的影响，江苏夏季降水集中，冬季降水稀少，春末夏初有梅雨，夏秋之交多台风雨。

江苏平均气温由东北向西南逐渐增高。最冷月为1月份，等温线与纬度平行，由南向北递减，7、8月份为最热月，等温线与海岸线平行，温度由沿海向内陆增加。

河湖密布，温柔水乡

黄金水道江苏段

长江江苏段干流全长433千米，西起南京江宁区铜井镇，流经镇江、扬州、泰州、常州、无锡、苏州境内，东至南通。主要支流有秦淮河、滁河和淮河入江水道。

为了开发这条水道的航运价值，2004年江苏海事局宣布长江江苏段全面实现海轮

太湖日暮

夜航，从此，长江江苏段航道内，夜间船舶流量已经占船舶总流量的45%，夜间海轮流量占整个海轮流量的50%。现在每天长江江苏段上的船舶货运量相当于6条沪宁铁路与4条沪宁高速公路的总和。夜航等于又加开了一个“长江江苏段航道”。

2006年底，长江江苏段成为现代化的“国际海港区”，长江的潜能得到进一步开发的同时，沿江城市也得以更好发展。

太湖美，美在太湖水

江苏境内的太湖是中国第三大淡水湖。

太湖是怎么形成的，目前主要有两种说法：一种说法认为是由长江、钱塘江下游泥沙封淤古海湾而成；另一种说法是近一万年前陨石撞击形成，所以古人称太湖为震泽。

万里京杭大运河纵贯太湖流域北部和东部各支流港汊。太湖绝大部分水量向东经江苏众多湖泊的调蓄，进黄浦江后注入长江。太湖周围如众星捧月般分布着淀泖湖群、阳澄湖群、洮滆湖群等大小湖泊，流域内江、河、溪、渎纵横交织，组成了庞大的灌溉系统和内河水运网，形成了极富特色的“江南水乡”。

另外，太湖中岛屿众多，其中以西洞庭山最大。东岸、北岸有洞庭东山、灵岩山、惠山、马迹山等低丘，山水相连，风景秀丽，是著名的风景旅游胜地。

千里沃野，辽阔苏北

淮河江苏段

淮河介于长江和黄河之间，是中国七大河流之一，它西起豫鄂边境桐柏山、伏牛山，流经黄淮平原，最终注入黄海。淮河和中国西部的秦岭也构成了中国东部地区的一条大致南北分界线。

淮河流域内以平原为主，还有为数众多、星罗棋布的湖泊、洼地，江苏处于淮河水系的下游部分，洪泽湖是淮河流域最大的泄洪蓄水湖泊，位于苏北淮安和宿迁境内。

历史上，黄河多次决口，夺淮入海。直到明清才形成较稳定的河道。1938年抗日战争时期，国民党当局为阻止日军西进，在河南郑州附近的花园口炸开黄河南堤，黄河主流自颍河入淮，黄河泛滥成灾达9年之久，淮河北岸支流遭到普遍破坏。

20世纪90年代，由于多座城市工业废水的排放，淮河水污染极为严重。国家制定相关政策法规进行坚决治理后，淮河治理相关工作逐步走向正轨。

鱼虾成群的洪泽湖

洪泽湖是中国第四大淡水湖，主要位于淮安市和宿迁市境内。历史上的洪泽湖并没有我们今天在地图上看到的这么大。黄河夺淮入海后，淮河失去入海水道，在盱眙以东蓄水，于是，原来的小湖扩大为洪泽湖。

自明清以来，洪泽湖的湖水全凭洪泽湖大堤作为屏障，形成“悬湖”。湖底高出东部苏北平原4~8米。湖水平均深3~4米，最大深度5米，总面积2069平方千米。湖水主要来源于淮河、濉河、汴河和安河等河流，其中以淮河为主。

洪泽湖内生物资源丰富，有近百种鱼类，虾蟹产量也远近驰名，湖南侧的盱眙县

洪泽湖

有“龙虾之都”的美誉；另外，湖中芦苇遍布，莲藕、芡实、菱角等都颇为丰富。

人文江苏大运河

大运河江苏段由中运河、里运河和江南运河组成，纵贯江苏南北718千米，为南水北调的东线通道。

中运河北起山东台儿庄（一说韩庄），南止淮安市的杨庄淮阴船闸，全长190多千米，是江苏北部的通航、排洪和灌溉河道；里运河，北起淮阴船闸接中运河，南下扬州六圩入长江，共168千米；江南运河，于镇江谏壁入长江处开始一直到苏浙边境，全长208千米，为太湖地区通航、排洪和灌溉的主要河道。

大运河在江苏省境内流经了徐州、宿

淮河的没落

淮河本来属于一条独流入海的河流，拥有自己的入海水道。但由于淮河流域水系地貌的原因，历史上黄河中下游河道多次侵占淮河的入海河道，使得原本成形的淮河水系出现紊乱。

黄河夺淮指的是黄河在1194年至1855年间以淮河的河道作出海口一事，淮河流域的豫东、皖北、苏北和鲁西南地区成了黄河洪水经常泛滥的地区。后淮河因入海通道被黄河淤废，被迫从洪泽湖以下的三河改流入江。

淮安枢纽

为更好地治理泄洪排涝，江苏省淮安市建立了淮安枢纽工程，为治理水患、南水北调做出了极大的贡献。

淮安水利枢纽工程的运用，能够灌溉、排涝、泄洪、通航、发电，形成综合型效益。这里是水的编组站，江淮之水在这里重新分配后，可东下，可西行，可北上，可南去，涝可排，旱可灌。

京杭大运河

苏北灌溉总渠

淮河入海海道

枢纽主要建筑物有入海水道穿京杭运河立交地涵以及古盐河与清安河穿堤涵洞、渠北闸和入海水道北堤跨淮扬公路立交旱闸。

把长江、淮河、大运河、灌溉总渠、洪泽湖、白马湖、高邮湖等水系连成一片，实现跨湖泊调度，远距离输水，达到多方位受益。

桥头堡。由东南大学设计的两座桥头堡，7层，高33米，底座为浅灰色花岗岩贴面古城墙，上部则为江淮古民居青色屋檐，融古风和现代技术为一体。

迁、淮安、扬州、镇江、常州、无锡、苏州8个市区，其中镇江是长江和大运河的交汇处。运河的开通，使苏州水多粮丰，苏州也因此有了“苏湖熟，天下足”的雅号。

大运河自北而南，贯通了江苏境内的淮河和长江水系以及一系列湖泊，从华北平原直达长江三角洲，地形平坦，河湖交织，沃野千里，自古是中国主要粮、棉、油、蚕桑、麻产区。这里人口稠密，农业集约化程度高，生产潜力大。到了近代，京津、津浦、沪宁、沪杭铁路以及京津城际高铁和相关公路网相继修建；沿线各地工业以及乡镇企业先后兴起，特别是苏南一带，城镇密集，为中国最富裕的地方之一。

何处是江南

“江南好，风景旧曾谙”，这耳熟能详的诗句让人们认识了江南。都说江南好，那么江南具体指的是哪里呢？江南，字面上看指的是江的南面，也就是长江中下游南岸的地区。广义的江南，指湖北宜昌以东，长江中下游以南，南岭以北的广大地区。

夫子庙秦淮河

在中国古代文人眼里，江南的范围要小得多，也就是所谓文化意义上的江南，指的是江苏南部和浙北、皖南、赣东北地区。自东晋中原士族衣冠南渡、中华政权定都金陵起，江南地区便取代中原地区成为中国经济文化最发达的核心地带。另外，江南素以文化教育繁盛著称。位于秦淮河的夫子庙是纪念孔子的庙宇，夫子庙建筑群中的江南贡院在古代为科举考试的考场，是江南科举文化的象征。江南有许多著名的书院。重要的有白鹿洞书院、象山书院、丽泽书院、东林书院、明道书院、茅山书院等。

江苏的自然景观

国家级自然保护区

盐城沿海滩涂珍禽国家级自然保护区
泗洪洪泽湖湿地国家级自然保护区
中华麋鹿园

国家地质公园

苏州太湖西山国家地质公园
南京江宁汤山方山国家地质公园
南京六合国家地质公园
连云港花果山地质公园

国家森林公园

虞山国家森林公园
上方山国家森林公园
徐州环城国家森林公园
宜兴国家森林公园
宜兴龙背山国家森林公园
惠山—青山国家森林公园
东吴国家森林公园
云台山国家森林公园
盱眙第一山国家森林公园
镇江南山国家森林公园
镇江宝华山国家森林公园
西山国家森林公园
南京紫金山国家森林公园
铁山寺国家森林公园
大阳山国家森林公园
游子山国家森林公园
老山国家森林公园

历 史

出土的犁

江南古陆，先吴古国

从夏朝一直到春秋战国时期，江苏大地上小国林立，其中比较著名的有苏北的大彭国、徐国以及苏南的吴国。

商代末年，中国西北地区周族的首领古公檀父（周太王）长子泰伯、次子仲雍，为让王位于三弟季历，千里迢迢从陕西岐山来到江南，在梅里（今无锡锡山梅村）建立“勾吴”小国。后周灭商，因泰伯无子，周武王追封仲雍五世孙周章为吴君，建吴国。春秋中叶吴王寿梦上台后，注意向先进的中原诸国学习，吴国逐渐强大。公元前506年，寿梦之孙吴王阖闾迁都吴（今苏州）。阖闾是一个很有作为的国君，实施了一系列改革措施，如重用人才、扩建都城、振军经武等，使吴国国力逐渐强大。

吴国经济发展很快。水稻种植成为社会生产的主要部门，粮食储存充足。农业生产工具主要是青铜器，有犁、铧、铲、镰、锄等种类。吴国靠江临海，造船业也非常发达，常州武进淹城遗址中曾出土过的约11米的独木舟，是西周遗物。

夫差在位初期，励精图治，大败勾践，报了父仇，并使吴国达到鼎盛。可是到后期，他自恃功高，沉迷美色，不顾人民困苦，穷兵黩武，屡次北上与齐晋争锋。后黄池之会，越国乘虚而入，大败吴军，吴国从此一蹶不振，九年后，即公元前473年，勾践灭吴，夫差自缢。这个在苏南大地上前后统治了600多年的先吴古国就此退出了历史舞台。

永嘉之乱，衣冠南渡

西晋末年，中原地区战乱不停。周边部族内徙建立割据政权，酿成永嘉之乱，建兴四年（316年）匈奴王刘曜攻陷长安，俘虏晋愍帝，西晋灭亡。

中央朝廷受到威胁后，东晋建武元年（317年）晋元帝司马

历史大事记

远古时期

约5万年前，江苏宿迁泗洪县境内已有人类活动。

母系氏族公社时，江苏境内居民开始种植水稻。

先秦时期

公元前11世纪末，周太王长子泰伯、次子仲雍让王位于三弟季历，定居梅里(今无锡锡山区梅村镇)。

周灭商后，周武王追封仲雍五世孙周章为吴君，建吴国。

公元前514年，吴王阖闾命伍子胥在苏州建吴国都城阖闾大城。

春秋时，吴国青铜器的冶炼和锻造闻名遐迩。吴王夫差特辟冶城于今南京朝天宫铸造宝剑。

公元前473年，越王勾践灭吴，范蠡在今南京中华门外筑越城。

睿准备到南方的建康（今南京）建都，任王导为丞相军咨祭酒。王导依赖南渡的北方士族，团结江东豪强，协助司马睿建立了东晋政权。

在当时，“衣冠”指的是晋朝的士大夫贵族们，他们一般身着宽大的衣服，峨冠博带，风度翩翩。随晋王室南迁的大多是巨家商贾，官宦士绅，其中以琅琊王氏、陈郡谢氏、汝南袁氏、兰陵萧氏，合称“王、谢、袁、萧”四氏最为庞大。王、谢两氏最早追随晋王室进入江南，因而也进入了东晋权力中枢。

“四大家族”南下江南后，在江南落地生根，同时也带来了先进的中原文明。晋朝首都迁至江东建康（今南京），自此史称东晋，这是中国首都迁至江南的开始。

唐宋以后，东南地区逐渐成为天下财赋聚集、士大夫云集之地，中国的经济文化重心也从“开封—长安”东西轴线彻底移向江南地区，最终落在“杭州—苏州”南北轴线上。全国政治、经济、文化重心齐聚江南。

吴韵汉风，光华璀璨

“好一朵美丽的茉莉花……”2010年上海世博会世博江苏周活动在江苏民歌《茉莉花》的优美旋律中拉开序幕，随后连续五天上演的音乐舞蹈，以唯美的演出效果和梦幻场景，再现江南水乡的秀丽婉约、苏北大地的豪迈大气，神韵倾倒世博园。

楚汉相争

楚汉相争，即汉元年（公元前206年）至汉五年（公元前202年初），西楚霸王项羽、汉王刘邦两大政治军事集团为争夺政权而进行的一场大规模战争。楚汉之争历时3年之久，战地辽阔，规模巨大，用兵韬略丰富，最终以项羽败亡，刘邦建立西汉王朝而告终。

大事年表

公元前209年
爆发中国历史上第一次农民起义，在陈胜、吴广牺牲后，由项羽和刘邦继续领导农民起义军反抗暴秦。

公元前207年
项羽以少胜多，在巨鹿大败秦军主力。

公元前206年
刘邦率领的起义军攻占咸阳，秦朝被农民革命力量所推翻，楚汉战争也正式爆发。

公元前205年
刘、项激战，相持不下，双方暂时议和，保持“中分天下”的局面。

公元前203年
楚、汉重新开战。刘邦集合众将将项羽重重包围于垓下，最终项羽溃败，在乌江拔剑自刎。

公元前202年
楚汉之争以刘邦的胜利而结束，重新归于统一的中国建立了西汉王朝。

魏晋南北朝

229年，吴王孙权建吴国，定都南京，此后东晋、宋、齐、梁、陈先后定都，南京成六朝古都。

280年，西晋灭吴，南京改名建邺，后改为建康。

317年，司马睿建东晋，定都建康（今南京）。

隋唐宋元

610年，京杭大运河开通，推动了运河沿岸楚州（淮安）、江都（扬州）、京口、吴郡（苏州）等地工商业的繁荣。

1035年，苏州人范仲淹建立文庙、创办府学。此后，苏州长期文风鼎盛，文人雅士辈出。

宋、元之间，松江府黄道婆从海南岛学来种植棉和纺纱织布技术，在苏州、松江一带广为传播。

明清时期

1368年，朱元璋建明朝，定都南京，其死后葬于南京明孝陵。

1645年，清军攻扬州，史可法率兵死守，壮烈牺牲，史称“扬州十日保卫战”。

人物档案

项羽

个人背景：西楚霸王、军事家

出生日期：公元前232年

逝世日期：公元前202年

相关事件：鸿门宴、会稽起义、霸王别姬

成就：巨鹿之战消灭秦军主力，推翻秦朝

项羽

刘邦

个人背景：汉王、皇帝

出生日期：公元前256年

逝世日期：公元前195年四月二十五（6月1日）

主要成就：斩白蛇起义，建立汉朝

其他成就：反抗暴政、推翻秦朝、楚汉之争取得胜利、建立汉朝、保护汉文化

刘邦

霸王别姬

楚汉相争结束之前，楚王项羽屯兵垓下，被汉王军队重重包围，又逢四面楚歌，军心涣散。霸王大势已去，唯有虞姬和乌骓马不离不弃，最后虞姬拔剑自刎，忠守霸王，霸王因觉“无颜再见江东父老”，亦自刎而死，一代枭雄就此陨落，而虞姬对霸王不离不弃的情谊被后世广为传唱。

明清时期

1667年，清朝设江苏巡抚衙门，苏州成省会，直到1912年。

1842年，清政府在鸦片战争中战败，被迫与英签订中国近代史上第一个不平等条约《南京条约》。

1853年，太平军占领南京，改名天京，正式建立与清政府对峙的农民政权。

1858年，第二次鸦片战争中签订的《天津条约》中，江苏省的南京、镇江被辟为通商口岸，外国军舰和船只可以在长江各通商口岸自由航行，外国侵略势力深入中国内地。

近现代

1912年，孙中山在南京就任中华民国临时大总统，成立中华民国，定都南京。

1927年，国民大革命北伐军攻破南京，4月18日蒋介石在南京建立“国民政府”，与汪精卫的武汉国民政府相对抗。

南京城市风光

江苏南北差异比较明显，苏南和苏北的风情各有不同。苏南主要以苏州为代表，属吴文化圈范围，吴侬软语、苏州评弹以及昆曲都是最典型的文化表现形式；而苏北主要以徐州为代表，这里是汉王刘邦的故里，语言和人文环境与苏南有着很大的差别。

另外，还要说到省会南京，南京既不属苏南，更不属苏北，它拥有自己独特的气质。从三国的吴国开始近400年间，连续有六个朝代(吴、东晋、宋、齐、梁、陈)在南京建都，后人称南京为“六朝古都”，丰厚的历史造就了它不一样的魅力，南京就如同一颗璀璨的明珠一样散发着迷人的光芒。

江苏历史名人

从古至今，江苏历史上名人辈出，灿若繁星。政治家有刘邦、项羽、周恩来等，文学家有范仲淹、施耐庵、吴承恩等，书画家有顾恺之、唐伯虎、郑板桥、徐悲鸿等，思想家有顾炎武等，科学家有茅以升、钱伟长等，以及地理学家徐霞客和近代民族工业先驱张謇等。

项羽（前232—前202）：名籍，字羽，秦下相（今江苏宿迁）人。中国古代著名军事家、战略家、起义领袖，人称西楚霸王。项羽在江东崛起，曾举兵反秦，一统天下。后来不敌刘邦，兵败垓下，于乌江边自刎。

刘邦（前256—前195）：字季，沛郡丰邑（今江苏徐州）人。汉朝开国皇帝。楚汉战争中战胜项羽，建立汉朝，定都洛阳，后迁都长安。

顾恺之（348—409）：字长康，晋陵无锡人。顾恺之博学有才气，工诗赋、书法，尤善绘画。精于人像、佛像、禽兽、山水等，时人称之为“三绝”：画绝、文绝和痴绝。

范仲淹(989—1052)：字希文，苏州吴县（今江苏吴中区）人。北宋著名的政治家、思想家和文学家。他为政清廉，体恤民情，力主改革，屡遭奸佞诬谤，数度被贬。

施耐庵（1296—1371）：名子安，字彦端，号耐庵。兴化白驹场（今江苏兴化）人。元末明初小说家。中国四大名著之一、长篇古典小说《水浒传》是其代表作。

唐伯虎（1470—1523）：名寅，号桃花庵主，江苏苏州人。明代画家、文学家。他玩世不恭而又才华横溢，诗文擅名，与祝允明、文徵明、徐祯卿并称“江南四大才子”。

吴承恩（约1500—约1582）：字汝忠，号射阳山人。淮安府山阳县（今江苏淮安市淮安区）人。明朝时期小说家，留有著名神话

近现代

1937年12月，日军攻陷南京，制造惨绝人寰的“南京大屠杀”。

1938年，中国军队组织徐州会战，取得台儿庄大捷。

1945年，日本战败投降，9月9日中国战区日本的投降仪式在南京举行。

1948年11月，以徐州为中心，三大战役的淮海战役打响。

1949年4月，中国人民解放军发动渡江战役，23日占领南京，南京解放。6月2日，江苏全境解放。

1984年，国家开放14个沿海港口城市，江苏省的南通、连云港是其中两个。

1985年以后，国家把长江三角洲作为沿海经济开放区，直到现在，江苏长三角一带仍是中国经济最发达的一带。

2014年夏季，南京成功举办第二届青奥会。

作品《西游记》。

徐霞客（1587—1641）：名弘祖，字振之，号霞客，江苏江阴人。明朝地理学家、旅行家和文学家。他历经30年考察写出《徐霞客游记》。

顾炎武（1613—1682）：本名继坤，改名绛，字忠清，号亭林。江苏昆山人。明末清初著名思想家、史学家、语言学家。著名的“天下兴亡，匹夫有责”便出自其口。

郑板桥（1693—1766）：名燮，字克柔，江苏兴化人。“扬州八怪”的主要代表之一，是以“诗书画”三绝闻名于世的书画家、文学家。

张謇(1853—1926)：字季直，号啬庵，江苏海门人，清末状元。中国近代实业家、政治家、教育家。中国棉纺织领域早期的开拓者，为中国纺织工业的发展壮大做出了重要贡献。

叶圣陶（1894—1988）：原名叶绍钧，字秉臣，江苏苏州人。著名作家、教育家、文学出版家和社会活动家。主要代表作有《隔膜》《线下》《倪焕之》《稻草人》等。

徐悲鸿（1895—1953）：原名寿康，江苏宜兴人。中国现代美术的奠基者之一，杰出的画家和美术教育家，《六骏图》是其代表作。

茅以升(1896—1989)：字唐臣，江苏镇江人。土木工程学家、桥梁专家、工程教育家。20世纪30年代，他主持设计并组织修建了钱塘江公路铁路两用大桥，成为中国铁路桥梁史上的一个里程碑。

朱自清（1898—1948）：原名自华，号秋实，改名自清，生于江苏东海。现代著名散文家、诗人、学者、民主战士。其散文朴素缜密，清隽沉郁、语言洗练，文笔清丽，是中国现代散文艺术风格的奠基者。

周恩来（1898—1976）：字翔宇，生于江苏淮安。马克思列宁主义者，无产阶级革命家、政治家、军事家、外交家，中国共产党和中华人民共和国的主要领导人。

钱锺书（1910—1998）：原名仰先，字默存，号槐聚，江苏无锡人。中国现代著名作家、文学研究家。所著《围城》在中国近代文学中占有重要的地位。

钱伟长（1912—2010）：江苏无锡人，中国近代力学之父，著名的科学家、教育家，杰出的社会活动家。在力学领域做出了巨大贡献。

朱自清像

十 江苏的人文景观

世界遗产

苏州古典园林・拙政园
苏州古典园林・留园
苏州古典园林・网师园
苏州古典园林・环秀山庄
苏州古典园林・沧浪亭
苏州古典园林・狮子林
苏州古典园林・艺圃
苏州古典园林・耦园
苏州古典园林・退思园
明清皇家陵寝・明孝陵
中国大运河・江苏段

国家历史文化名城

南京、苏州、扬州、镇江、常熟、徐州、淮安区（淮安市）、无锡、南通、宜兴、泰州、高迪

中国历史文化名镇

昆山市・周庄镇
苏州市吴江区・同里镇
苏州市吴中区・甪直镇
苏州市吴中区・木渎镇
太仓市・沙溪镇
泰州市姜堰区・溱潼镇
泰兴市・黄桥镇
南京市高淳区・淳溪镇
昆山市・千灯镇
东台市・安丰镇
昆山市・锦溪镇
扬州市江都区・邵伯镇
海门市・余东镇
常熟市・沙家浜镇
苏州市吴中区・东山镇
无锡市锡山区・荡口镇
兴化市・沙沟镇
江阴市・长泾镇
张家港市・凤凰镇
苏州市吴江区・黎里镇
苏州市吴江区・震泽镇
东台市・富安镇
扬州市江都区・大桥镇
常州市新北区・孟河镇
宜兴市・周铁镇
如东县・栟茶镇
常熟市・古里镇
苏州市吴中区光福镇
昆山市巴城镇
高邮市界首镇
高邮市临泽镇

中国历史文化名村

苏州市吴中区东山镇・陆巷村
苏州市吴中区西山镇・明月湾村
无锡市惠山区玉祁镇・礼社村
苏州市吴中区东山镇・杨湾村
苏州市吴中区金庭镇・东村
常州市武进区郑陆镇・焦溪村
苏州市吴中区东山镇・三山村
南京市高淳区漆桥镇・漆桥村
南通市通州区二甲镇・余西村
南京市江宁区湖熟街道・杨柳村

全国重点文物保护单位

南京市： 中山陵、明孝陵、太平天国天王府遗址、堂子街太平天国壁画、雨花台烈士陵园、南京城墙、栖霞寺舍利塔、南京南朝陵墓石刻、南唐二陵、国立紫金山天文台旧址、中国共产党代表团办事处旧址、浡泥国王墓、千佛崖石

窟及明征君碑、原国民政府旧址、南京人化石地点、钟山建筑遗址、明故宫遗址、龙江船厂遗址、象山王氏家族墓地、瞻园、甘熙宅第、中央体育场旧址、国民大会堂旧址、中央大学旧址（含梅庵）、金陵大学旧址（含汇文书院钟楼）、金陵女子大学旧址、侵华日军南京大屠杀死难同胞丛葬地、薛城遗址、固城遗址、大报恩寺遗址、上坊孙吴墓、仙鹤观六朝墓地、七桥瓮、蒲塘桥、朝天宫、杨柳村古建筑群、阳山碑材、金陵刻经处、金陵兵工厂遗址、浦口火车站旧址、孙中山临时大总统府及南京国民政府建筑遗存、北极阁气象台旧址、中央陆军军官学校旧址、励志社旧址、国民政府中央广播电台旧址、国立中央研究院旧址、拉贝旧居、美国驻华使馆旧址、英国驻华使馆旧址

苏州市：太平天国忠王府、云岩寺塔（含断梁殿）、拙政园、留园、苏州文庙及石刻、保圣寺罗汉塑像、玄妙观三清殿、网师园、环秀山庄、瑞光塔、罗汉院双塔及正殿遗址、彩衣堂、退思园（含丽则女学校旧址）、宝带桥、耦园、绰墩遗址、沧浪亭、崇教兴福寺塔、紫金庵罗汉塑像、报恩寺塔、太仓石拱桥（包括州桥、金鸡桥、井亭桥、周泾桥、皋桥）、盘门、狮子林、轩辕宫正殿、寂鉴寺石殿、赵用贤宅、张溥宅第、东山古民居、艺圃、全晋会馆、师俭堂、俞樾旧居、春在楼、柳亚子旧居、草鞋山遗址、东山村遗址、赵陵山遗址、黄泗浦遗址、太仓海运仓遗址、顾炎武墓及故居、甲辰巷砖塔、思本桥、东庙桥、聚沙塔、万佛石塔、开元寺无梁殿、玉燕堂、秦峰塔、慈云寺塔、浏河天妃宫遗迹、苏州织造署遗址、卫道观前潘宅、杨氏宅第、燕园、敬业堂、先蚕祠、耕乐堂、东吴大学旧址、天香小筑

无锡市：寄畅园、徐霞客故居及晴山堂石刻、国山碑、薛福成故居建筑群、骆驼墩遗址、宜兴窑址、鸿山墓群、泰伯庙和墓、惠山镇祠堂、东林书院、昭嗣堂、天下第二泉庭院及石刻、阿炳故居、荣氏梅园、西溪遗址、佘城遗址、阖闾城遗址、大窑路窑群遗址、蜀山窑群、兴国寺塔、周王庙及碑刻、适园、惠山寺经幢、黄山炮台旧址、小娄巷建筑群、刘氏兄弟故居、茂新面粉厂旧址、国民党江阴要塞司令部旧址、无锡县商会旧址、秦邦宪旧居

扬州市：何园、个园、扬州城遗址、盂城驿、龙虬庄遗址、普哈丁墓、莲花桥和白塔、吴氏宅第、扬州大明寺、小盘谷、高邮当铺、朱自清旧居、庙山汉墓、史可法墓祠、汪氏盐商住宅、贾氏盐商住宅、卢氏盐商住宅、逸圃、扬州重宁寺、汪氏小苑

镇江市：丹阳南朝陵墓石刻、焦山碑林、镇江英国领事馆旧址、昭关石塔、城上村遗址、葛城遗址、铁瓮城遗址、宋元粮仓遗址、春城土墩墓群、烟墩山墓地、甘露寺铁塔、隆昌寺

常州市：淹城遗址、瞿秋白故居、三星村遗址、张太雷旧居、中华曙猿化石地点、金坛土墩墓群、近园、新四军江南指挥部旧址

淮安市：周恩来故居、明祖陵、洪泽湖大堤、淮安府衙、苏皖边区政府旧址、泗州城遗址、文通塔、月塔、青莲岗遗址、第一山题刻

徐州市：汉楚王墓群、大墩子遗址、花厅遗址、徐州墓群、户部山古建筑群、刘林遗址、梁王城遗址

连云港市：孔望山摩崖造像、将军崖岩画、大伊山石棺墓、藤花落遗址、海清寺塔、曲阳城遗址、尹湾汉墓、东连岛东海琅琊郡界域刻石、郁林观石刻群

南通市：南通博物苑（含张謇墓）、大生纱厂（含南通大生第三纺织公司旧址）、水绘园、青墩遗址、南通天宁寺、广教禅寺、如皋公立简易师范学堂旧址、韩公馆、通崇海泰总商会大楼

泰州市：天目山遗址、泰州城隍庙、人民海军诞生地、日涉园、学政试院、上池斋药店、黄桥战斗旧址

盐城市：新四军重建军部旧址、海春轩塔

宿迁市：龙王庙行宫、晓店青墩遗址、三庄墓群

跨省市区：大运河

文 化

昆曲《牡丹亭》

昆曲《牡丹亭》，婉转动听

说到昆曲，必提戏剧大师汤显祖的《牡丹亭》。《牡丹亭》上承《西厢记》，下启《红楼梦》，是中国浪漫文学的一座高峰。这个唯美的爱情传奇，由唯美的昆曲来演绎，美轮美奂，相得益彰。

昆曲，原称“昆腔”，清代以来被称为“昆曲”。元末明初之际产生于江苏昆山一带。它是中国传统戏曲中最古老的剧种之一，为戏曲艺术中的珍品，被称为百花园中的一朵“兰花”。

昆曲的音乐属于联曲体结构，简称“曲牌体”。昆曲的伴奏乐器，以曲笛为主，辅以笙、箫、唢呐、三弦、琵琶等（打击乐俱备）。昆曲的表演，也有它独特的体系、风格，它最大的特点是抒情性强、动作细腻，歌唱与舞蹈的身段结合得巧妙而谐和。

戏剧的表现手段是唱、念、做、打的综合，昆曲将这些呈现得极为出色。其他剧种演员为提高技艺都要学习昆曲。京剧大师梅兰芳、程砚秋等，都有深厚的昆曲功底。1960年，京剧大师梅兰芳与俞振飞、言慧珠等拍摄了电影《游园惊梦》，四位主演中，梅兰芳和言慧珠是京剧大家，俞振飞和华传浩是南昆嫡传。

2001年5月18日，联合国教科文组织在巴黎宣布第一批“人类口头和非物质遗产代表作”名单，中国的昆曲榜上有名。

宜兴紫砂壶，品味极品香茗

紫砂壶是一种典型的手工艺陶器，是中国陶瓷艺苑中一颗璀璨的明珠。紫砂陶材料特殊，陶泥具有砂性，所制作的陶器里外均不施釉，制品烧成后，主要呈现紫红色，因而被称为紫砂。紫砂壶的特点是不夺茶香气又无熟汤气，壶壁吸附茶气，日久使用空壶里注入沸水也有茶香。

江苏卷轴

《春江花月夜》张若虚：韵律和谐婉转，素有“孤篇盖全唐”之誉，被闻一多称为“顶峰上的顶峰”。

《西游记》吴承恩：中国古代第一部浪漫主义长篇神魔小说，古典四大名著之一，取材于连云港花果山，主要描写孙悟空、猪八戒、沙僧、白龙马保护唐僧西行取经的故事。

《红楼梦》曹雪芹：古典四大名著之首，章回体长篇小说。它以金陵（今南京）贾府宝玉、黛玉、宝钗的爱情婚姻悲剧及大观园中点滴琐事为主线展开叙述，被誉为“中国封建社会的百科全书”。

“枚乘赋九篇”枚乘：枚乘是西汉辞赋家，因在七国叛乱前后两次上谏吴王而显名。他是汉大赋的开山祖师，被后人推崇为“文章领袖”，《汉书·艺文志》著录“枚乘赋九篇”。

《李煜集》李煜：李煜是南唐后主，五代著名词人，书法、绘画、音律、诗文均有一定造诣，尤以词成就最高，被誉为“千古词帝”。其本集已失传，作品多被收录在其他集子。

江南园林

江南园林是中国古典园林的杰出代表，它特色鲜明地折射出中国人的自然观和人生观。凝聚了中国知识分子和能工巧匠的勤劳和智慧，蕴涵了儒释道等哲学、宗教思想及山水诗、画等传统艺术，自古以来就吸引着无数中外游人。

自有章法。江南园林章法独到：树高大乔木以荫蔽烈日，植古朴秀丽的树形树姿以供欣赏，再辅以花、果、叶的颜色和香味（如丹桂、红枫、金橘、蜡梅、秋菊等）。

叠石理水。江南水乡，以水景擅长，水石相映，构成园林主景。

花木众多。江南气候土壤适合花木生长，苏州园林堪称集植物之大成，且多奇花珍木，秀美非常。

淡雅朴素。江南园林沿文人园轨辙，以淡雅相尚，布局自由，建筑朴素，亭榭廊槛，点缀其间，以清新洒脱见称。

借景抒情。江南园林多采用门洞、漏窗作为建筑小品，以框映景，延展空间，进一步抒发园林的意境。

江苏影像

《红楼梦》（1987、2010年）：根据古典文学名著《红楼梦》摄制的一部古装连续剧。其中1987年版被誉为“中国电视史上的绝妙篇章”和“不可逾越的经典”，在苏州、扬州等多处取景。

《金陵十三钗》（2011年）：张艺谋执导的战争史诗电影，根据严歌苓同名小说改编。以南京大屠杀为背景，讲述了1937年南京一个教堂里互不相识的人之间发生的感人故事。

《小小得月楼》（1983年）：吴语电影，通篇采用苏州话拍摄，讲述了改革开放初发生在苏州的一系列故事。

《百年南京》（2014年）：大型纪录片，再现了南京自鸦片战争以来170多年的沧桑历史，带领观众探访了南京追寻现代化之路的文明印记。

《屠城血证》（1987年）：描写南京大屠杀的电影，也是中国第一部被翻译成日语的电影。电影在南京首映时，观众一边看电影一边喊口号。电影连续上映100多场，不到一个月观众就有140万人次……

徐霞客

徐霞客，著名地理学家、旅行家，中国地理名著《徐霞客游记》的作者。其一生志在四方，不避风雨虎狼，与长风云雾为伴，以野果充饥，以清泉解渴。足迹遍历北京、河北、山东、河南、江苏、浙江、福建、山西、江西、湖南、广西、云南、贵州等16省，所到之处，探幽寻秘，并记有游记，记录观察到的各种现象、人文、地理、动植物等状况，被称为“千古奇人”。

人物档案

中文名：徐霞客

别名：弘祖

职业：地理学家、旅行家和文学家

出生地：南直隶江阴（今江苏江阴市）

出生日期：1587年1月5日

逝世日期：1641年3月8日

徐霞客文化

随着旅游业的发展，这些年来徐霞客的名声越来越响亮，北京中华世纪坛40位古今文化名人中有徐霞客，影响中国100部经典著作中有《徐霞客游记》，研究徐霞客的著作论文逐年增多，宣传学习徐霞客的活动逐年增强。

海军航母生活训练综合保障舰（88舰）被命名为"徐霞客号"，现在"徐霞客号"驶向辽阔海洋，将会有更多人知道徐霞客。

是徐霞客经30年考察撰成的约有60万字的游记。

徐霞客游记开篇之日（5月19日）被定为中国旅游日。

书籍中对各地名胜古迹、风土人情都有记载。

《徐霞客游记》开辟了地理学上系统观察自然、描述自然的新方向。

江苏天籁

《茉莉花》：起源于南京六合，中国著名民歌，在中国及世界广为传颂，是中国文化的代表元素之一，被誉为“中国的第二国歌”。

《牡丹亭》：昆曲，明代戏曲家汤显祖的代表作，共55出，描写杜丽娘和柳梦梅的爱情故事。

《二泉映月》：二胡名曲，是中国民间音乐家华彦钧（阿炳）的代表作，显示了中国二胡艺术的独特魅力，曾获“20世纪华人音乐经典作品奖”。

《太湖美》：颇受欢迎的苏州评弹曲目，到苏州山塘街听听张建珍的演唱绝对值得。

《林海雪原》：徐州琴书长篇现代曲目。琴书是江苏省的汉族戏曲剧种，流传于江苏北部徐州一带。它是在明、清小曲的基础上，由“小曲儿”“小吹儿”等一步步演变而成的乐曲系、联曲体的曲艺种类。

紫砂陶器成型工艺特别，手工成型是主要方法。其造型式样极为丰富，陶器色泽古朴典雅，器物表面还常镌刻诗文书画作为装饰，从而更加增添了造型的书卷气息，成为一种具有高雅气质和浓厚文化传统的实用工艺品，从一个方面鲜明地反映了中华民族造型审美意识。

紫砂壶在拍卖市场行情看涨，是具有收藏价值的“古董”，名家大师的作品往往一壶难求，正所谓“人间珠宝何足取，宜兴紫砂最要得”。原产地在江苏宜兴的紫砂壶，其起源可上溯到春秋时代的越国大夫范蠡，已有2400多年的历史。从明武宗正德年间以来紫砂开始制成壶，名家辈出，500年间不断有精品传世。据说紫砂壶的创始人是中国明朝的供春。

姑苏年画，桃花坞里桃花庵

苏州桃花坞木版年画是中国三大传统木版年画之一，已具有400多年历史。与天津“杨柳青”年画齐名，并称“南桃北杨”。

桃花坞位于江苏苏州市以北，桃花坞木版年画源于宋代的雕版印刷工艺，由绣像图演变而来，到明代时发展成为民间艺术流派，清代雍正、乾隆年间为其鼎盛时期。桃花坞年画的印刷兼用着色和彩套版，构图对称丰满，刻线工秀，色彩绚丽，被民间画坛称为“姑苏版”。桃花坞木刻品种很多，大致可分为门画、农事画、儿童美女画、装饰图案画、历史故事画和神州传说画等，其中神仙佛像等迷信类画片，内容有门神、灶神，以及所谓的“辟邪人物”。

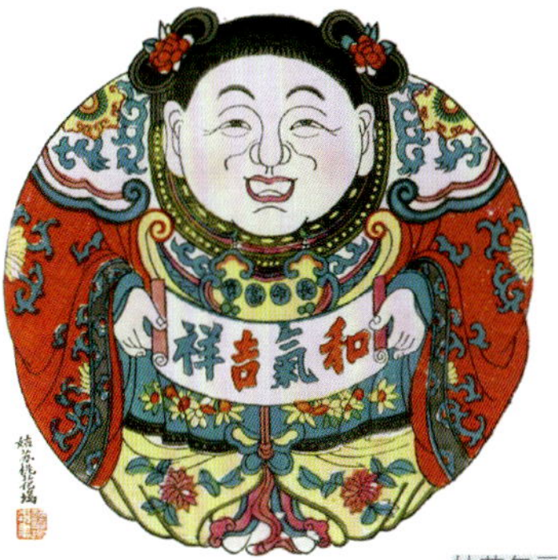

姑苏年画

鸦片战争以后，胶版、铜版和石印等印刷技术引进国内，所谓“月份牌”的年画倾销城乡，桃花坞年画大受威胁，盛况开始衰落，再加上战事频繁，许多年画铺俱遭焚毁。新中国成立后，由苏州市文联对桃花坞木版年画的情况进行调查研究，组织艺人恢复生产，后又配备专业画师，招收徒工，并成立“苏州桃花坞木版年画社”，桃花坞年画才得以逐步恢复。但作为桃花坞木刻年画的店铺、作坊，在桃花坞一带已基本消失。

作为吴地民间艺术的代表，苏州桃花坞木版年画蕴涵了丰富的本土信息，在民间艺术、地方文化等各个领域都有着丰厚的文化价值。它刻绘精美、色彩绚丽，与吴地民俗民风紧密相连，是吴地民间文化不可多得和代表性的资源，也是苏州的一张文化名片。

苏绣，江南女子的美丽情结

苏绣是以江苏苏州为中心包括江苏地区刺绣产品的总称，与湘绣、蜀绣、粤绣并称中国四大刺绣，是中国传统刺绣门类中的顶尖艺术。

早在二千多年前的春秋时期，吴国已将苏绣用于服饰。三国时代，吴王孙权曾命赵达

苏绣

丞相之妹手绣《列国图》。自宋代以后，苏州刺绣之技十分兴盛，工艺也日臻成熟。清代是苏绣的全盛时期，以前皇室享用的大量刺绣品，几乎全出于苏绣艺人之手。

发源于苏州吴中区一带的苏州刺绣，现已遍布江苏很多地区。历史上，江苏地区土地肥沃，气候温和，蚕桑发达，盛产丝绸，自古以来就是锦绣之乡。优越的地理环境，为苏绣的发展创造了有利条件。

苏绣作品的主要艺术特点为：山水能分远近之趣；楼阁具现深邃之体；人物能有瞻眺生动之情；花鸟能报绰约亲昵之态。

淡而不薄是苏菜

“民以食为天”。上至皇亲国戚，下至平民百姓，中国人爱吃成风，并且在各地还创造出了属于自己区域的独特味道，江苏人也不例外。

江苏人不吃古怪精灵，不贪山珍海味，地头的野菜、水边的蒿草、河湖里的鱼虾、自家养的鸡鸭等等这些最最平常的原料，都可以做到极致。源自江苏的苏菜为中国八大菜系之一，主要由淮扬（淮安、扬州）、徐海（徐州、连云港）、京宁（南京、镇江）及苏锡（苏州、无锡）四种风味组成，并以淮扬菜为主体。

淮扬菜，始于春秋，兴于隋唐，盛于明清，素有“东南第一佳味，天下之至美”之美誉。在宋代的时候，苏菜的口味有较大的变化。以前南方菜咸而北方菜甜，当时江南进贡到长安、洛阳的鱼蟹要加糖加蜜。后来宋室南渡，建立南宋，中原大批士大夫南下，带来了中原风味的影响。于是苏州、无锡一带嗜爱菜甜，并延续至今。

淮扬菜的特点是选料严谨，注意刀工和火工，强调本味，色调淡雅，咸甜适中，口味平和。在烹调技艺上，多用炖、焖、煨、焐之法。其中南京菜以烹制鸭菜著称，南京人可以将鸭子变着法子做出各种各样的菜肴。而镇、扬菜以烹鸡肴及江鲜见长。

大闸蟹

江苏的文化景观

国家级非物质文化遗产

民间文学： 白蛇传传说（镇江）、梁祝传说（宜兴）、董永传说（东台、金坛、丹阳）、吴歌（苏州、无锡）、靖江宝卷（靖江）、徐福东渡传说（连云港赣榆区）、东海孝妇传说（连云港）、吴地宝卷（苏州）

传统音乐： 海州五大宫调（连云港）、苏州玄妙观道教音乐（苏州）、江南丝竹（太仓）、高邮民歌（高邮）、海门山歌（海门）、常州吟诵（常州）、天宁寺梵呗唱诵（常州）、无锡道教音乐（无锡）、古琴艺术（常熟、扬州、南京、南通、镇江）、十番音乐（淮安、江都）、洪泽湖渔鼓（淮安洪泽区、泗洪县）、薅草锣鼓（金湖秧歌）（金湖县）、金山寺水陆法会仪式音乐（镇江）、茅山道教音乐（句容）

传统舞蹈： 马灯（高淳、邳州、溧阳）、骆山大龙（溧水）

传统美术： 桃花坞木版年画（苏州）、苏绣（苏州、无锡、南通、扬州）、玉雕（扬州、苏州）、惠山泥人（无锡）、苏州泥塑（苏州）、剪纸（扬州、南京、徐州、金坛）、光福核雕（苏州）、邳州纸塑狮子头（邳州）、常州梳篦（常州）、丰县糖人贡（丰县）、扬派盆景技艺（扬州、泰州）、徐州香包（徐州）、留青竹刻（无锡、常州）、灯彩（句容、苏州）、象牙雕刻（常州象牙浅刻）（常州武进区）、如皋盆景（如皋）

传统戏剧： 昆曲（江苏省）、苏剧（苏州）、扬剧（江苏扬剧团、扬州、镇江）、淮剧（盐城）、锡剧（江苏锡剧团、无锡、常州）、淮海戏（淮安、连云港）、童子戏（南通通州区）、柳琴戏（徐州）、杖头木偶戏（扬州）、徐州梆子（徐州）

曲艺： 苏州评弹（苏州）、扬州评话（扬州）、扬州清曲（扬州）、扬州弹词（扬州）、徐州琴书（徐州）、南京白局（南京秦淮区）、常州小热昏（常州）

传统体育、游艺与杂技： 建湖杂技（建湖）

传统技艺： 宜兴紫砂陶制作技艺（宜兴）、南京云锦木机妆花手工织造技艺（南京）、宋锦织造技艺（苏州）、苏州缂丝织造技艺（苏州）、南通蓝印花布印染技艺（南通）、香山帮传统建筑营造技艺（苏州）、苏州御窑金砖制作技艺（苏州）、南京金箔锻制技艺（南京）、明式家具制作技艺（苏州）、扬州漆器髹饰技艺（扬州）、镇江恒顺香醋酿制技艺（镇江）、雕版印刷技艺（扬州）、金陵刻经印刷技艺（南京）、制扇技艺（苏州）、剧装戏具制作技艺（苏州）、南通板鹞风筝（南通）、金银细工制作技艺（南京、江都）、苏州民族乐器制作技艺（苏州）、传统木船制造技艺（兴化）、封缸酒传统酿造技艺（丹阳、金坛）、富春茶点制作技艺（扬州）、扬州园林营造技艺（扬州）、宜兴均陶制作技艺（宜兴）、淮盐制作技艺（连云港）

传统医药： 雷允上六神丸制作技艺（苏州）、丁氏痔科医术（南京）、扬州传统修脚术（扬州）

民俗： 秦淮灯会（南京）、用直水乡妇女服饰（苏州）、金坛抬阁（金坛）、溱潼会船（姜堰）、茅山会船（句容）、苏州端午习俗（苏州）、茅山会船（兴化）、苏州轧神仙庙会（苏州姑苏区）、泰伯庙会（无锡）

行走江苏

带什么

徒步

常规必带

服装、背包、鞋袜

江苏气候温和，四季分明。7、8月份最热，夏秋多台风雨。旅游时选择适合时令的服装即可，夏季去时可带防晒衣。若游泳，需多带几件换洗衣物。

为了舒适旅行，携带的背包越少越好。一般45千克以下的背包就足够了。

鞋子首选合适的运动鞋，袜子选择弹性较好、排汗良好的运动袜即可。

药品

常规旅游准备一些感冒药品、胃肠类药品、防暑降温的药和一些去热止痛的药品以防万一，如：感冒片剂、感冒冲剂、泻痢停、复方阿司匹林、扑尔敏、抗生素。

雨伞

3、4月份是江苏的梅雨季节，一定要随身携带雨伞。

洗漱用品

毛巾、牙膏、牙刷、香皂、护肤霜、洗发水、梳子、剃须刀，手纸、湿纸巾等。

防护用品

防晒霜可以削弱紫外线的影响，避免被晒得脱皮；一副好的太阳镜和一顶带有边沿的帽子也起着相同的作用。

园林

特殊选带

泳装

如果去连岛海滨，最好自己准备泳装、泳镜等游泳必备品。

摄影器材

旅游和摄影向来是不分家的。去秀美的江苏旅游，相机是一件必不可少的装备。普通旅游需求下，家用卡片机基本满足需要。若是想拍摄高质量的自然美景和风土人情，带上一只广角镜头和一支中焦变焦镜头基本满足需要，一支轻便的三脚架也十分有必要。多带几颗电池和几张容量大点的SD卡是明智之选，此外的偏振镜、UV镜、清洁套装、防尘防御塑料袋等设备也十分有用。

相机

何时去

拙政园

江苏旅游资源丰富、类型多样，一年四季都适合到江苏旅游。江苏气候温和，雨量适中，具有寒暑变化显著、四季分明的特征。

不过，不同的地方还要选择不同的时节去游玩。江南以春季为佳，细雨霏霏，雾霭蒙蒙，加之古镇的小桥流水、白墙灰瓦，更平添了不少韵味。另外，旅游节期间也是来江苏的不错时机，不但有丰富多彩的娱乐活动，还有应季的美食可供品尝。

江苏夏日较为闷热，雨量较大，但去海边游玩却是绝佳的时机。

▼ 江苏旅游月历

月份	节日	
1月	泰伯庙会 大明寺钟声迎新年 茅山道教庙会	
2月	金陵灯会	玄妙观迎财神
3月	南京国际梅花节 天目湖旅游节 虎丘花会	无锡国际梅文化节 西山太湖梅花节
4月	上巳节 无锡阳山桃花节 中国溧阳茶叶节 角直水乡服饰文化节 周庄国际旅游艺术节 靖江孤山庙会 溱湖八鲜美食节	
5月	宜兴陶瓷艺术节 “烟花三月”国际经贸旅游节 中国姜堰溱潼会船节	
6月	拙政园杜鹃花会 留园吴觎兰薰戏曲节	
7月	江心洲葡萄节 镇江啤酒节 徐州彭祖伏羊节	
8月	天目湖泼水节	拙政园荷花节
9月	夫子庙金秋美食节 中国丝绸旅游节 焦山桂花节	太湖旅游节 南通国际江海旅游节 汉文化国际旅游节
10月	虎丘庙会 南京国际桂花节	天平红枫节 南通如皋盆景艺术节
11月	泰兴银杏节 梅兰芳艺术节	郑板桥艺术节 溱潼灯会
12月	寒山寺除夕听钟声 光孝寺“撞钟祈福迎新年”活动	

吃什么

东坡肉

苏菜为八大菜系之一，主要由淮扬（淮安、扬州）、徐海（徐州、连云港）、京宁（南京、镇江）及苏锡（苏州、无锡）四种风味组成。其中淮扬菜与鲁菜、川菜、粤菜并称为中国四大菜系，并为中国四大菜系之首。美食虽好，也不要贪吃哦。

鸭血粉丝汤

南京著名风味小吃，由鸭血、鸭肠、鸭肝等加入鸭汤和粉丝制成，口感鲜香，爽口宜人。

阳澄湖大闸蟹

产于阳澄湖，农历9月的雌蟹、10月的雄蟹味道最佳。煮熟凝结，雌者成金黄色，雄者如白玉状，滋味鲜美。

盐水鸭

又叫桂花鸭、金陵盐水鸭，南京著名特产，中国地理标志产品，久负盛名，至今已有两千多年历史。

太湖银鱼

清康熙年间，银鱼被列为贡品，与白虾、梅鲚并称“太湖三宝”。太湖银鱼形如玉簪，细嫩透明，色泽如银，故名银鱼。

扬州炒饭

“扬州”是配料名称，指“叉烧”和“鲜虾”的合称。扬州炒饭以火腿、基围虾、鸡蛋、青豆、白米饭等为主料炒制而成，味道鲜美。

蟹粉狮子头

久负盛名的扬州地区传统名菜。据传，此菜始于隋朝。蟹粉狮子头成菜后蟹粉鲜香，入口而化，深受欢迎。

盱眙龙虾

盱眙龙虾味道独特，具有麻、辣、鲜、香的特点，余香不绝，回味无穷。

三丁包子

三丁包子是扬州的名点，以面粉发酵和馅心精细取胜。“三丁”指鸡丁、肉丁、笋丁。

秦淮八绝

南京八种最有秦淮风味的特色小吃，永和园的黄桥烧饼和开洋干丝、蒋有记的牛肉汤和牛肉锅贴、六凤居的豆腐涝和葱油饼、奇芳阁的鸭油酥烧饼和什锦菜包、奇芳阁的麻油素干丝和鸡丝浇面、莲湖糕团店的桂花夹心小元宵和五色小糕、瞻园面馆熏鱼银丝面和薄皮包饺、魁光阁的五香豆和五香蛋。

住哪儿

恬庄古街

江苏的旅游业发达，住宿也很方便，无论是青年旅舍，还是宾馆、酒店，都随处可见，十分便利。

星级酒店

南京、苏州等大城市星级酒店不仅数量众多，服务也十分优质，由于入住客人的需求较高，这些地区的星级酒店在交通、娱乐等设施方面也十分完善。

快捷连锁酒店

城市快捷酒店、如家、汉庭等酒店在绝大多数的地级市区及各县区均有分布，各处著名的景区也有分布，不过，最好提前预定。

普通宾馆及客栈

江苏各大城市及县城基本都有宾馆分布，住宿条件相差较大，旺季时价格较贵。此外，还有一些特色客栈，是不少喜欢体验新鲜、追求经济旅行的游客的首选。

青年旅舍

在南京、苏州、无锡等地都有国际青年旅舍，环境幽雅，价格经济。具体可参见YHA的中国官网：www.yhachina.com。

南京新街口

怎么走

铁路

前往江苏的交通方式有多种，方式也较为简单。

在江苏坐火车旅行是最为经济安全的选择，而且普通列车价格诱人，高铁动车速度理想。

江苏共有9座机场投入使用，游客可更为便捷地进出旅游目的地。

江苏公路四通八达，乘坐汽车或自驾游江苏也较为便利，游客可根据实际情况做选择。

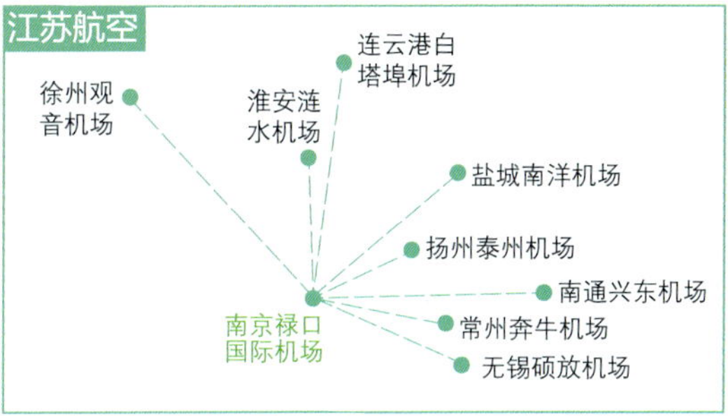

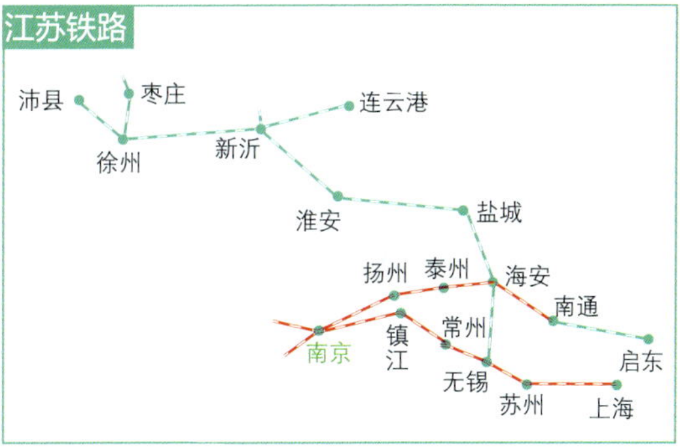

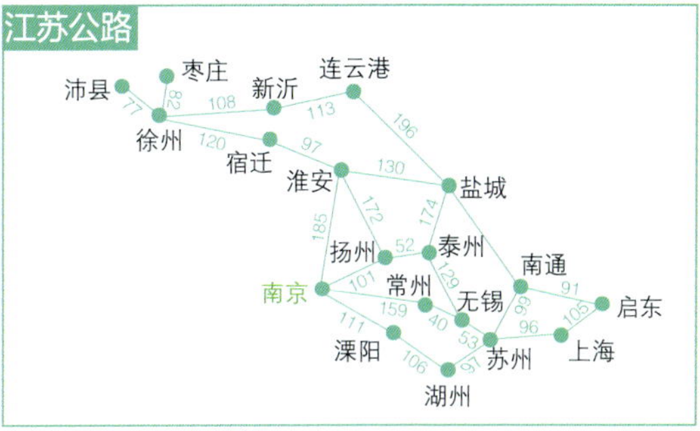

有用信息

旅游通信

江苏话十句

南京话	普通话
么的	没有
呱白	闲聊
一得儿	一点
干么斯	干什么
啊是地呀	是不是
你来斯哦	你好棒啊
多大事啊	小事一桩，没什么大不了
你到那块去	你去哪儿
苏州话	**普通话**
弗	不
哉	了
白相	玩
佛来塞哉	不行啦
发寒热	发烧
萨体	什么事
来塞格	可以，好的
刚伯乃乃	江北人
早起里	早上
中郎香	中午
夜快头	傍晚
徐州话	**普通话**
啥黄子	什么东西
将将	刚才
赛毛	好极了
你ki了吗	你吃了吗
这车子该司回司回了	这车子该修理修理了

通信

江苏全境手机信号覆盖全面广泛，从信号强度上来说，三家运营商的信号均表现良好。一般无须担心通信问题。

银行

江苏的众多城市，商业银行设施齐备，一般持具有银联标志的银行卡即可使用。一些古镇和较偏远的山村有中国农业银行、中国邮政储蓄银行、农村信用合作社等。

节约技巧

住宿：选择入住品牌连锁酒店时，除了订房网站外，不妨到团购网站和酒店官网看看，往往有更多惊喜。数量众多的客栈及青年旅舍也很经济实惠。

软件：要善于利用淘宝、大众点评及各种团购APP应用，不仅能吃到美味，还能得到众多优惠。

行程：合理安排行程，不仅可节省时间，又能减少交通费用，可参考第一步等网站的行程攻略。

公共交通：在城市内，尽量选择公共交通。

淡季出行：是省钱的撒手锏。淡季不仅门票价格减半，避开众多的游人，也可以欣赏到别样的风光。

纪念品：在江苏购买旅行纪念品，大可不必非去商业街区的各种店铺。在当地人开的店铺或路边摆摊中，不仅能买到理想的纪念品，而且对当地人的生活有实际的帮助。

风俗禁忌

1.苏州人除夕在饭内放进熟荸荠，吃时挖出来，谓之“掘元宝”；亲友来往，泡茶时要放入两只青橄榄，谓之喝“元宝茶”，恭喜发财。

2.武进人年初一早晨，将先祖画像悬挂中堂，供上茶果、年糕，一家老小依次行拜年礼，叫拜神影子。他们扫地不许从家里往外扫，怕把财气、如意扫出去，只能从外往里扫。

3.启海人特别回避“死”这个字，人死了说成“人喜了”“人老了”，小孩夭折说成“跑脱了”，把办丧事说成是“白马肉”。其次回避“贼”，是小偷，名声不好；“蚀”是做生意亏本。

4.在连云港喝酒时，不能藏酒盅，若不能再喝，需把酒盅放到面前。

5.苏州人喜喝慢酒，他们认为，小酌慢饮，才能深得其妙，领略酒中美味。

6.江苏55个少数民族齐全，人口较多的是回族，约占江苏少数民族总人口的34%，旅行中注意尊重回民的饮食习惯和宗教信仰，穆斯林忌食狗肉、马肉、驴肉、骡肉和猪肉，不吃未经信仰伊斯兰教者宰杀的和自死的畜禽肉，不吃动物的血等。

突发状况

旅途中总是会出现一些不期待发生的情况，但只要做到“事前认真准备，事后冷静处理”，一切都会迎刃而解的。

汽车抛锚：开车自驾游之前您应当掌握一些简单基本的维修技术，若是途中出现汽车抛锚，先依据经验，判断是否可以自己解决。不能解决或无法判断，则要打电话给保险公司。

钱物丢失：应以预防为主。最好做到少携带现金，把现金放到贴身衣物中，只把零钱放在包里；银行卡不要与身份证放在一起。若是钱物丢失，马上联系可以联系的朋友进行及时帮助，不可拖拉。

水土不服、食物中毒或生病：因为水土不服、食物不洁或者天气因素，生病也是会发生的事情。因此，旅途中应带足相关药品（如感冒类、胃肠类药品等），出行时要保护自己，不随便吃东西，避免在太阳下暴晒，少在雨里蹚行等。

保护环境

江苏是一个风情无限的秀美之地，我们前往那里获得了旅行带来的快乐，也有义务承担带去的影响。每个人都应做到不随便破坏或是占有当地的动植物资源，旅途中尽量减少垃圾的产生，更不能乱丢垃圾。我们带走回忆的同时，也应带走垃圾。

同里古镇

发现者旅行指南

南京

概览

亮点

钟山

自古被誉为江南四大名山，因山顶常有紫云萦绕，又得名紫金山。有钟山龙蟠的美誉，是南京名胜古迹荟萃之地。

夫子庙秦淮风光带

“不到夫子庙，枉来南京城”，那是南京最繁华的地方。诱人的秦淮夜市和金陵灯会等更是闻名遐迩。

南京总统府

是一座有着显赫历史的中西合璧的建筑群，原为民国政府办公旧址，现已辟为中国近代史博物馆。

必逛街道

夫子庙：南京最著名的步行商业街区，南京民俗文化集中地之一，也是南京小吃的聚集地。

新街口：是集商务、休闲、旅游、美食于一身的娱乐地区，有“中华第一商圈”的说法。

湖南路：适合普通消费者的一条繁华步行街，美食与时尚并存，有很多店铺是南京唯一。

淳溪老街：被誉为“金陵第二夫子庙”，在南京有“金陵第一古街”之美誉，与黄山屯溪老街并称“姊妹街”。

线路

南京精华五日游

第一天游钟山，包括灵谷寺、中山陵、明孝陵、鸡鸣寺、玄武湖等景点。第二天游览夫子庙—秦淮河风光带，参观中华门、瞻园、夫子庙、江南贡院等景点，晚上坐画舫游秦淮河。第三天早上游览南京总统府，接着去雨花台，最后到南京大屠杀遇难同胞纪念馆悼念。第四天早上参观阅江楼，后游览栖霞山。第五天去汤泉古镇，游老山森林公园，逛淳溪老街。

南京市区三日游

第一天游玄武湖公园，再步行到鸡鸣寺，午后到南京总统府。傍晚来到中华门。最后夜游夫子庙—秦淮河风光带。第二天游览钟山，山上的中山陵是最重要的景区。晚上去新街口。第三天游览莫愁湖和雨花台。再去南京大屠杀遇难同胞纪念馆悼念。继续北行参观阅江楼和大桥公园。

中山陵中山纪念堂

溧水、高淳二日游

第一天上午游览天生桥风景区，下午参观无想寺度假区和傅家边科技园。第二天上午游览游子山，下午逛淳溪老街。

为何去

“烟笼寒水月笼沙，夜泊秦淮近酒家”,商女一曲，便引得无数文人墨客趋之若鹜，几度心折。南京，承载更多的是厚重的历史与人文。残缺的明城墙，是金陵曾经的辉煌；中华门见证了朱元璋的垒石筑城；阅江楼上，可遥想明太祖卢龙大捷；夫子庙前、秦淮河畔的热闹，是实实在在的烟火气息。钟山龙盘地，金陵帝王墓；别致的明孝陵神道，威严的南京总统府，无一不彰显着南京的古老与历史……

夫子庙

何时去

南京的最佳旅游时间在春秋季。

每年2、3月间，正值梅山的梅花盛开，4月初则是樱花盛开之时，因此这是游南京的最佳时节。

到了秋天，栖霞山上红叶如火，层林尽染，红透了半边山。所以，南京人有“春牛首，秋栖霞”的说法。

12月通常都会下雪，如果游钟山，雪景也很不错，而且汤山温泉是全国四大温泉之一，雪中泡温泉更是别有一番风情。

南京旅游示意图

区域解读

区号：025
面积：约6622km²
人口：约833.5万人

地理 GEOGRAPHY

区划

南京市辖11区。其中，中心6区（鼓楼区、玄武区、秦淮区、建邺区、雨花台区、栖霞区）、近郊3区（六合区、浦口区、江宁区）和远郊2区（溧水区、高淳区）。

地形

南京市平面位置南北长、东西窄，呈正南北向，地处辽阔的长江下游平原，濒江近海，“黄金水道”长江穿境而过。

南京山多水多丘陵多，境内地貌为宁镇山脉的一部分，低山山陵占全市总面积的64.52%。城内主要河流有长江和秦淮河。主要的湖泊有玄武湖、琵琶湖、紫霞湖和莫愁湖等。

气候

南京属亚热带季风气候，雨量充沛，四季分明，冬夏温差显著。春季风和日丽；梅雨时节，阴雨绵绵；夏季炎热，与武汉、重庆并称“三大火炉”。近些年来，由于大气环流的变化以及不断地植树造林，南京夏天的炎热大为减轻；秋天干燥、凉爽；冬季寒冷、干燥。

历史 HISTORY

历史大事记

●远古时期

约60万~35万年前就有猿人在南京地域生活，汤山旧石器时代文化遗址出土南京猿人化石，是目前发现最早的南京的人类生活的遗迹。

●先秦时期

周灵王元年（公元前571年），楚国在今六合区已设有棠邑，置棠邑大夫，为南京有历史记载的最早的地方建置。

春秋末年，吴王夫差在今朝天宫一带筑冶城，开办冶铸铜器的手工业作坊。

周元王四年（公元前472年），越国灭吴后，范蠡在今中华门外的长干里筑越城。人们把这作为南京城垣之始，距今已将近2500年。

周显王三十六年（公元前333年），楚威王熊商于石头城筑金陵邑，“金陵”之名源于此。

●六朝古都

吴黄龙元年（229年），东吴孙权在此建都，改秣陵为建业。吴都城以今太平路一带为中轴线，南拥秦淮，北倚后湖。

晋太康元年（280年），西晋灭吴，改建

南京风光

业为建邺。后因避晋愍帝司马邺之讳，改名建康。

建武元年（317年），司马睿即位，为晋元帝，东晋正式建立，定都建康。宋永初元年（420年），刘裕代晋称帝，宋立国。建元元年（479年），萧道成代宋称帝，齐立国。天监元年（502年），萧衍代齐称帝，梁立国。永定元年（557年），陈霸先代梁称帝，陈立国。四朝均定都建康。建康城为当时世界上最大的城市，人口达百万。

●隋唐宋元

开皇九年（589年），隋军攻入建康城，活捉陈后主和他的两个妃嫔。隋文帝下令将城邑和宫殿“荡平”改为耕地。

●明清时朝

洪武元年（1368年），明太祖朱元璋称帝，建立明朝。当时的南京称应天府，成为全国统一的政治中心。他用21年的时间修建号称96里长的都城城垣（实长35.3千米），是当时世界上的第一大城。

洪武十一年(1378年)，朱元璋以南京为京师，定都南京。永乐十九年(1421年)明成祖迁都北京，改京师为南京，为留都，南京之名由此诞生。

1842年，鸦片战争后，战败的清政府被迫与英国在南京下关江面英国军舰“康华丽”号上签订中国近代史上第一个不平等条约《南京条约》，就此拉开中国近代史的帷幕。

1853年，太平军攻克南京，建立太平天国，改称天京，在此建都11年。

●近现代

1912年元旦，中华民国临时政府在南京成立，孙中山宣誓就任临时大总统，并改江宁府为南京府。

1927年，国民革命北伐军节节胜利，4月18日在南京成立国民政府，定南京为首都。

1937年12月13日，日军占领南京，而后对南京城进行了长达半年的血腥大屠杀，约30万同胞遇难，史称“南京大屠杀”。

1949年，中国人民解放军渡江作战，解放南京。

1953年1月1日，江苏省人民政府成立，南京为省会，并延续至今。

2005年，南京地铁第一条线路正式通车，南京成为大陆地区第六个建成并运营地铁的城市。

2014年，第二届夏季青年奥林匹克运动会成功在南京举办。

翡翠金陵城，风流王谢氏

西晋时期，永嘉之乱，中原文化精英悉

数“衣冠南渡”。北方王、谢两大家族也随之来到了南京，并定居在乌衣巷。

历史上，人才辈出的王、谢两大家族，对东晋王朝以及江南文化都产生了重要的影响。

王家的第一位代表人物是东晋开国元勋王导。西晋末年，爆发八王之乱，西晋王朝立即土崩瓦解。王导审时度势，认为天下大乱，能振兴晋室的唯有司马睿。于是他精心谋划，劝司马睿把都城移到了建康，为东晋打下了立国之本。后又协助司马睿建立了偏安江左的东晋政权。王导可以说得上是晋室中兴的元勋。

再说谢家。谢家响当当的人物——谢安，这位具有传奇色彩的历史人物曾隐居东山，直到40多岁才赴任丞相，他上任之初就成功阻止了桓温的篡位之举。太元八年（383年），淝水之战中，他率领8万精兵击败前秦苻坚100万大军，堪称奇迹，也从而奠定南朝300年的安定局面。

王、谢两族除王导、谢安之外，还有一大批产生过重要历史影响的人物。如谢安的好朋友王羲之、谢安后世家族的谢灵运。王羲之号称“书圣”，他的主要代表作《兰亭集序》，被誉为“天下第一行书”。

乌衣巷

王羲之的儿子王献之也是一位著名的书法家，与其父并称为“二王”。王献之去世的前一年，谢家另一位出名的人物谢灵运出生了。这位中国山水诗流派的鼻祖人物，其诗被誉为有如芙蓉出水，不知道倾倒了后世多少文人墨客。

六朝金粉，秦淮多梦

隋唐之后五代时的中国，北方诸雄相争，战乱不断。而南唐国建都金陵府，偏安江南，70多年境内没有发生大的战争。秦淮河两岸集市兴隆，商贾云集。

经济繁荣也带来了文化的发达，当时诗词、书画之风盛行。南唐皇帝李璟、李煜都是著名的词人。李煜的词作“问君能有几多愁？恰似一江春水向东流”千古传诵。

早在南北朝时期，南京就有“六朝金粉”一说。何为“六朝金粉”呢？六朝自不用说。金粉旧时指的是妇女妆饰用的铅粉，在古代妇女流行把额部涂黄以示尊贵。今天看来，它大概就是秦淮河畔那奢靡繁华的文化景象的一种形象比喻罢了。

另外六朝金粉也可能指青楼文化，沿秦淮河的夫子庙曾被称为是“风华烟月之区，金粉荟萃之所”。杭州西湖畔的苏小小墓前有一副楹联写道：“金粉六朝香车何处，才华一代青冢犹存”。从中也可以看得出来六朝金粉跟青楼文化的联系。

南京人每年都要搞“金陵十二钗”的选举，从宝钗黛玉的各前10名中选出“金钗”“银钗”“铜钗”，还有“最上镜小姐”，作为城市形象代言人。这和《红楼梦》这本书息息相关，书中太多的莺歌燕舞让秦淮河畔的人们喜闻乐见。更何况《红楼梦》的作者曹雪芹正是出生于南京，作品中对“金陵十二钗”的描写也有很大一部分综合了历史

上著名的“秦淮八艳”。

如今，秦淮河畔，千载艳声随梦去，万般热闹随声来。

南京，铭记历史之痛

在各种报刊推出的“中国城市魅力排行榜”专题上，南京往往被评为“中国最伤感的城市”。说到这儿，您也许就会想到“南京大屠杀”这几个刺痛的字眼。确实，1937年的12月13日这一天成为了南京人心中永远的痛。因为这一天，侵华日军在南京城惨绝人寰地杀害了中国约30万同胞，手段惨无人道，罄竹难书。

历史上，在南京定都的朝代中，各朝各代都是短命的王朝。也许这也是朱元璋犹豫不决是否在南京建都的一个缘故吧。好不容易在南京建都后，也只持续了70年不到。朱元璋死后，燕王朱棣夺位，还是将都城迁到了北京。

南京城南的中华门是为数不多还能诉说这座城市的历史的遗物。从范蠡筑城到明朝，这道门多次毁于炮火，又多次被重建。1937年12月10日，侵华日军正是从这里进入了南京城，一路向北，直到最北的下关江边。

每年清明节是南京最忧郁的日子。从雨花台到江东门甚至是每一个无名的纪念碑前都会摆上花圈，年轻人在这里宣誓。在南京，没有一家出租车公司用日本车，就连大屠杀纪念馆里曾经因为使用日产空调而遭到痛骂，美食杂志上，你几乎很难发现有几个日式餐厅。

这座城市的沉痛过去和当下生活联系到一起，有一种难以表述的复杂情绪。也许，待久了，才能有所体会。

文化 CULTURE

桨声灯影金陵城

金陵灯会，因主办地是秦淮河夫子庙一带，所以又称秦淮灯会或夫子庙灯会。每年正月里，南京夫子庙以及秦淮河一带就进入了一个张灯结彩的花花世界。一年一届的金陵灯会如约上演。

早在三国东吴时期，秦淮河畔就出现了在岁时节庆、欢乐喜庆等重要场合张灯结彩的现象。前方将士凯旋时，朝野官民都会聚集在都城内外，用香花灯烛营造气氛，迎接他们归来。东晋、南朝各代都以南京为都，一时间，秦淮河畔居住了很多达官贵族和豪门名士，每到元宵节，他们也效仿宫廷，张灯结彩。

到了唐代，元宵节灯会开始正式成为民间习俗。张灯时间由元宵一夜扩充到正月十四到正月十六3夜，并取消宵禁。这时期南京秦淮河畔也开始出现了专门以制作彩灯为生的民间艺人。北宋时期，元宵节张灯时间增加了正月十七、正月十八累计5夜。其间还出现了在彩灯上书写谜语的“灯谜”习俗。

到了明代，朱元璋为了营造盛世氛围，竭力提倡元宵节这一盛事。此后元宵节张灯时间又延长为10夜，成为中国历史上时间最长的灯节。

后来，金陵灯会因战争中断，新中国成立后再次恢复。1985年，南京秦淮区政府在春节和元宵节期间，开始在夫子庙大成殿和明德堂由官方组织每年一届的“金陵灯会”。从此，每年元宵节灯会期间，夫子庙一带，数十万盏各具特色造型各异的花灯云集于此。

南京云锦

名单

南京历史名人

东晋大书法家王羲之

南北朝著名数学家祖冲之

南朝著名医学家陶弘景

唐代著名诗人王昌龄

南宋词人张孝祥

清代著名作家曹雪芹

祖冲之画像

富贵典雅的金陵云锦

南京云锦与成都的蜀锦、苏州的宋锦、广西的壮锦并称“中国四大名锦”，为四大名锦之首。它因绚丽多姿，美如天上云霞而得名，已有近千年的历史，被古人称作“寸锦寸金”的云锦，是用5.6米长、4米高、1.4米宽的大花楼木质提花机，由上、下两人配合操作生产出来的。

南京云锦配色多达18种，运用“色晕”层层推出主花，富丽典雅、质地坚实、花纹浑厚优美、色彩浓艳庄重，大量使用金线，形成金碧辉煌的独特风格。所以在过去，云锦是专供宫廷御用或赏赐功臣之物，在元、明、清王朝皇室御用龙袍、冕服，官吏士大夫阶层的贵妇衣装中多有用到，可以说得上是最华贵、最精美的工艺美术品之一。

现代云锦继承了明、清时期的传统风格而有所发展，传统品种有妆花、库锦、库缎等几大类。“库金”“库锦”等以清代织成后输入内务府“缎匹库”而得名，并沿用至今。

如今，南京生产的云锦除出口做高档服装面料及供少数民族服饰、演出服饰外，又发展了新的花色品种，如云锦台毯、靠垫、被面、提包、马夹、领带、挂屏、手机套、桌旗、云锦笔筒、名片盒等日用工艺品。

为保护和传承南京云锦制作技艺，2006年，南京云锦木机妆花手工织造技艺入选国家非物质文化遗产保护名录，传承人是金文大师。

景点推荐 钟山风景区 AAAAA

巍巍钟山，青松翠柏汇成浩瀚林海，三峰相连形如巨龙，雄伟壮丽，气势磅礴。这里历代风物荟萃，200多处名胜史迹和纪念建筑，琳琅满目，错落有致，掩映在苍松翠柏之中。

钟山风景区，主要包括中山陵景区、明孝陵景区、灵谷寺景区、头陀岭景区，以及中山植物园、北极阁气象台、鸡鸣寺、紫金山天文台等景点。

南京市玄武区　8:30~17:30

84433582

中山陵陵寝免费需通过官网或微信公众号提前预约，明孝陵景区70元，音乐台10元，美龄宫30元，灵谷景区（含灵谷寺庙）35元。全景区套票100元/人次（含明孝陵、灵谷景区、音乐台、美龄宫）。门票含景区间交通费，乘坐景区内的汽车时要出示门票

玩家 攻略

咨询服务：景区设有中山陵、灵谷寺、明孝陵金水桥、红楼艺文苑等4处导游服务咨询台，另外在中山陵入口附近有导游服务公司，提供导游服务。景区内的服务台赠送钟山旅游景区地图，非常详细，可去拿一份。

最佳线路：明孝陵—中山陵—灵谷寺，可以避免走回头路。

观光小火车：有明孝陵、中山陵、流徽榭、灵谷寺4个站点，换乘便捷。

电动车：景区内还可租用8~10座的电动车，有导游讲解，20元/人，可到中山陵、明孝陵景区任何景点。

全线游（一日游）：梅花山（告天石刻碑亭—梅花妆韵—台想昭明—帷秀亭）—神道（翁仲路—石象路）—金水桥—明孝陵陵宫（文武方门—碑殿—享殿—内红门—升仙桥—方城明楼）—美龄宫—中山陵（牌坊—陵门—碑亭—祭堂）—音乐台—孙中山纪念馆—灵谷景区（红山门—“大仁大义”牌坊—无梁殿—志公殿—三绝碑—松风阁—灵谷塔—灵谷寺—邓演达墓—谭延闿墓）。

玩家 指路

景区内部8条小交通线路：

线路	沿途站点	运行时间
明孝陵（苜蓿园）停车场—中山陵	四方城、美龄宫、明孝陵博物馆、海底世界	
下马坊地铁站—明孝陵站	中山陵、海底世界、明孝陵	
苜蓿园地铁站—中山陵站	明孝陵博物馆、海底世界、明孝陵	
苜蓿园站—明孝陵站	海底世界、明孝陵	7:00～18:00
中山陵停车场站—中山陵站		
明孝陵站—中山陵西站	全程直达	
中山陵东站—灵谷景区站		
灵谷景区站—明孝陵站		

中山陵景区 AAAAA 文

一代伟人孙中山先生的陵寝

中山陵平面呈警钟形，有“警钟长鸣，唤起民众”的寓意。祭堂里有很多孙中山的手迹，可以好好欣赏。

除了中山陵之外，景区周围还有孙中山纪念馆、音乐台、美龄宫、流徽榭、光华亭、行健亭、永丰社、仰止亭、中山书院等景点。

中山陵

中山陵为中国近代伟大的民主革命家孙中山先生的陵墓，坐北朝南，面积共8万余平方米，主要建筑有牌坊、墓道、石门、祭堂、碑亭和墓室。祭堂为仿宫殿式建筑，中西合璧的建筑风格体，墓室为圆形，中央是长形墓穴，上面为孙中山先生汉白玉卧像，下面安葬着伟大革命先行者孙中山先生的遗体。

玩家解说

1925年3月12日，伟大的民主革命先行者孙中山先生在北平逝世。中山先生逝世前留有遗嘱：“吾死之后，可葬于紫金山麓，因南京为临时政府所在地，所以不忘辛亥革命也。”于是，国民党遵照孙中山先生的遗愿，灵柩暂厝于北京香山碧云寺内，在南京钟山修建陵墓。

中山陵在建造之初，向海内外悬奖征集中山陵墓设计图案，最后由陵墓样稿得奖者、著名建筑师吕彦直夺得头筹。吕彦直是中国近代杰出的建筑师，被称作中国“近现代建筑的奠基人”。他设计、监造的南京中山陵和由他主持设计的广州越秀山中山纪念堂、中山纪念碑，都是富有中华民族特色，是中国近代建筑中融汇东西方建筑技术与艺术的代表作，在建筑界产生深远的影响。

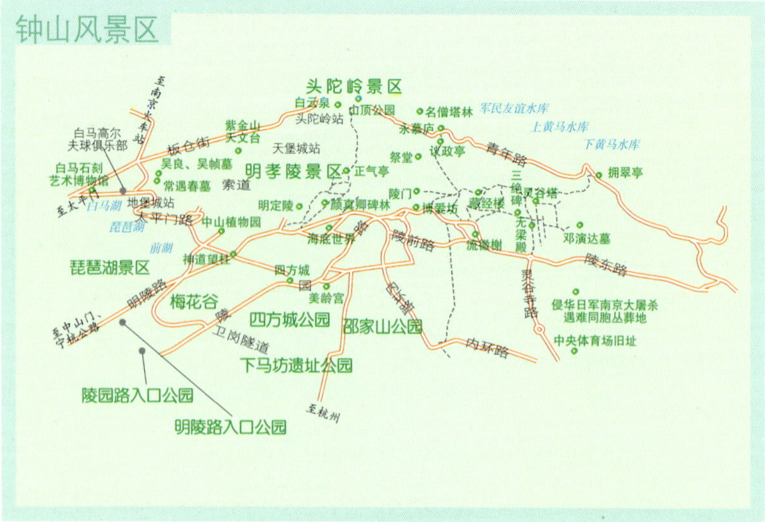

中山陵音乐台

当时，吕彦直在应征中山陵设计稿时还是一个名气不大的青年建筑师，但他设计的中山陵融汇中国古代建筑与西方建筑的精神，庄严简朴别创新格，最主要的是其全部平面图呈一座警钟形，寓含孙中山先生“唤起民众”之意，受到评选者以及孙中山家属的一致推崇。

音乐台

音乐台位于中山广场南面，建于1932年至1933年，是中山陵纪念建筑之一。

音乐台为钢筋混凝土结构，舞台台后建有弧形大照壁，壁高11.3米，宽16.7米，具有会聚声音的作用。音乐台池前为半圆形草坪，是可容纳3000观众的欣赏歌舞坐处。

玩家攻略

每逢节日或重要纪念日，在音乐台会举办各类演出，甚是热闹；音乐台内饲养有大量鸽子，游客可在里面喂养鸽子。

孙中山纪念馆

位于中山陵与灵谷寺之间，是一座仿清代喇嘛寺的古典建筑，专为收藏孙中山先生的物品而建，包括主楼、僧房和碑廊3部分。

美龄宫

美龄宫原为高级官员进谒中山陵的休息处，翻修后变为蒋介石和宋美龄居住的别墅。它位于四方城以东的小红山上，主体建筑是一座三层重檐山式宫殿，其房檐的琉璃瓦上雕着1000多只凤凰，为国内首次发现，1984年起，别墅正式对外开放，并称为“美龄宫”。

灵谷寺景区

古刹梵音、金陵三大寺之一

南京市玄武区灵谷寺2号

灵谷寺景区是国民革命军阵亡将士纪念建筑群所在地，这里以民国文化和佛寺为主，是融寺、墓、公园为一体的国家森林公园，古寺四周极富林泉野趣，古有“灵谷深松”之称，是寻幽探胜的佳境。景区内有灵谷寺、灵谷塔、宝公塔、三绝碑、万工池、邓演达墓等众多名胜古迹。

灵谷寺

中山陵东的灵谷寺，原来修建在紫金山独龙阜，即现在的明孝陵所在地，朱元璋建明孝陵时迁到了此处。该寺现有三个院落，东院供奉玄奘法师像和其顶骨纪念塔一座，西院有弥勒殿、毗卢殿，殿前左右分为钟楼、鼓楼。

无梁殿建于明初，原名无量殿，因殿内供奉无量寿佛而得名，后因整座建筑全用砖石砌成，无梁无椽，更名为无梁殿。

国民革命军阵亡将士公墓 ㊀

国民革命军阵亡将士公墓位于无梁殿后。现在人知道灵谷寺的多，知道国民革命军阵亡将士公墓的少，来到中山陵景区也很少有人会想着到这里看看，其实这里是民国时期的国殇墓园，于1931年至1935年间建于灵谷寺旧址上。

灵谷塔

灵谷塔实为国民革命军阵亡将士纪念塔，俗称九层塔，是灵谷寺的标志性景点，塔九层八面，高66米，底层直径14米，顶层直径9米。建于1933年，登上塔顶可凭栏远眺钟山风光。

桂花园

是全国著名的赏桂胜地，在灵谷寺西院内有两株百年银桂树，素有“桂花王”之称。这两棵桂花树属金桂品种，主干直径约1米，树高6米多，树冠直径有7米多。

灵谷寺栽植桂树的历史悠久，早在南宋年间，就种植桂树，并形成一条颇具规模的桂岭。发展至民国期间，在桂岭、无梁殿等地种植的桂花树数量更多，至今还保存有3000多株。新中国成立后，大量集中种植桂树的灵谷公园，被列入金陵“新四十景”之一。

邓演达墓

邓演达墓由甬道、长廊、墓亭、坟墓等组成。坟墓呈半球状，以花岗石和水泥砌成，周长29米，高约4.5米，墓顶置有花环。在墓前立有花岗岩墓碑，墓碑前设祭坛。

玩家 攻略

赏桂花：南京灵谷桂园已和杭州满觉陇、广西桂林、成都桂湖一同成为著名的赏桂胜地。每年9—10月，灵谷桂子飘香，游人如潮，自1999年9月举办首届灵谷桂花节以来，这里已成为广大游人的赏桂胜地。

电动车：灵谷寺里可以租电动车，以车代步，不过景区面积不大，游览时间不会超过1小时。

美食：深松居素菜馆（84430579）、流觞厅（现为涉外餐厅）是景区内价格实惠的美食好吃处。

灵谷寺

明孝陵景区

明皇朱元璋与马皇后的陵墓

南京市玄武区紫金山南独龙阜玩珠峰下

明孝陵是明朝开国皇帝朱元璋与马皇后的陵墓，是中国古代最大的帝王陵寝之一。作为中国明陵之首的明孝陵，代表了明初建筑和石刻艺术的最高成就，并且直接影响了明清两代500多年帝王陵寝的形制，也是中国现存古代最大的皇家陵寝之一，已被列入《世界遗产名录》。

据记载，建造明孝陵动用10万军工，前后历时32年，其总体分为两大部分，一是神道，二是陵寝。长达2400米的神道堪称陵寝的经典之作，依次排列有：下马坊、禁约碑、大金门、神功圣德碑碑亭、御桥、石象路、石望柱、武将、文臣、棂星门。而过了棂星门向东北方向，便进入明孝陵主体部分，在此由南至北的轴线上依次有：金水桥、文武坊门、孝陵门、孝陵殿、内红门、方城明楼、宝顶等建筑。

玩家 攻略

交通：如果想看神道（明孝陵中最有艺术价值的景点），建议不要乘从灵谷寺到明孝陵的小火车，要乘游2或游3，过明孝陵一站再下车，然后从上面走下来。

建议：明孝陵与中山陵相邻，建议同一天游览。

玩家 解说

据说，朱元璋极其崇仰天象，陵墓中有采用意在“天人合一”“魂归北斗”的天宫、天象、星宿图等自不必说，单是呈北斗七星状的明孝陵便是他亲自设计的。其“勺头”为绕梅花山的神道部分，“勺柄”为正北方向陵寝建筑部分，“七星”依次为四方城、神道望柱、棂星门、金水桥、文武坊门、享殿、宝城。而从平面图上看，明孝陵的“七星”排列走向与南北朝、辽代、唐代所绘制的“北斗七星”图相同。

链接

邓演达

邓演达（1895—1931），字择生，广东省惠阳县永湖乡（今惠州市惠城区三栋镇）人。他于1909年加入广东陆军小学，后来参加辛亥革命。1920年孙中山命邓铿创建粤军第一师，邓演达被任命为该师参谋兼步兵独立营营长，从此他成为孙中山的积极追随者，被称为“孙中山先生的左膀右臂”。1931年11月29日，邓演达被蒋介石下令秘密杀害，时年36岁。1957年11月29日，邓演达移葬灵谷寺东侧的国民革命军阵亡将士公墓第二公墓。

邓演达墓

方城、明楼、宝顶

方城、明楼是明孝陵首创的建筑形式。方城是位于宝顶前面的一座巨型石构建筑，平面作长方形。方城、明楼以北为直径400米左右的崇丘就是宝顶，也叫宝城，是朱元璋和马皇后的寝宫所在地。

陆游摩崖石刻

陆游摩崖石刻位于王安石纪念馆，陆游和王安石两家颇有渊源，陆游的祖父陆佃曾是王安石的学生。想当年，陆游怀抱爱国激情而仕途挫折，独自来到定林寺，面对文斋墙壁上王安石的画像，心生感慨，在壁上挥毫泼墨以示纪念。5年后，陆游再次来到这里，定林寺已尺椽无存，只有他自己的字迹保留了下来。后人为了纪念陆游，将此处字迹称为“陆游摩崖石刻”。

颜真卿碑林

颜真卿碑林是由中山陵园、日本东京中国书法研究会、颜真卿画院合建而成的，占地面积约2500平方米，建筑以唐代风格为主，典雅雍容。主要由牌坊、门楼、颜真卿塑像、碑廊等组成，牌坊上“三教会宗堂”5字是颜真卿的手迹。

四方城

神功圣德碑亭俗称四方城，碑亭建筑平面呈正方形，底边长26.86米，为国内现存碑亭之最，整体采用砖石砌筑。亭内正中竖立的“大明孝陵神功圣德碑”碑身高4.80米，宽2.26米，厚0.80米，正面刻朱元璋生平事迹。

梅花山

梅花山位于钟山南，处于明孝陵神道环抱中。梅花山旧名孙陵岗，亦名吴王坟，因东吴孙权葬在这里而得名，后因山上多红梅而称为梅花山，是全国著名的赏梅胜地之一。

玩家攻略

南京梅花山是梅花节连续9年的主会场，也是国内唯一一处位于世界遗产景区内的赏梅胜地，在全国八大赏梅胜地中，无论是按植梅的历史、规模、数量还是品种排比，皆堪称魁首，被誉为“天下第一梅山”。每年约于2月28日至3月18日在这里举行南京国际梅花节，来此赏梅的游客络绎不绝。

孙权墓

孙权墓位于明孝陵正南300米，原名孙陵岗。建兴元年（252年），三国时吴帝孙权死后葬于此，他的夫人步氏和后妻潘氏亦葬此地，是南京地区最早的六朝陵墓。现仅存一座石碑，一座石桥，一个注释牌，一座石像。1993年，在梅花山东麓新建了一座孙权故事园，园中心立着一尊高5.1米的孙权石像。

头陀岭景区

登高览胜、探古寻幽

乘20、315路公交可达山下索道站

紫金山观光索道单程60元，往返100元

头陀岭景区位于紫金山主峰，是钟山第二峰，景区地形险要，六朝古迹遗址众多。有白云亭、刘基洞、一人泉、弹琴石、黑龙潭、永慕庐、紫金山天文台等景点。

徐达墓就在此附近，是明初功臣墓中保存较好的一座。墓的神道两旁依次有神道碑1块，石马、石羊、石虎、武士、文臣各1对。其中“御制中山王神道碑”，高8.95米、宽2.2米、厚0.7米，是明代功臣墓中最大、最有代表性的一块。

链接

徐达

徐达（1332—1385），字天德，明朝开国军事统帅，是朱元璋打天下的功臣之一。明朝建立后，被授为太傅、中书右丞相，后封魏国公，死后被追封中山王，赐谥“武宁”。其长女为燕王妃，次女为代王妃，三女为安王妃。

常遇春墓

明代开国元勋之墓

常遇春墓位于紫金山北面的白马村，墓高2.4米，墓基周长约29米。墓前有一座石柱，石马、石羊、石虎、武将各二座，石刻保存完好，石兽雕刻工艺精湛，武士双手抚剑，顶盔贯甲。现碑为清同治十年（1871年）重修时其裔孙所立，其上镌刻着“明故世祖开平王遇春常公之墓”，彰显其生前地位。

紫金山天文台 ㊫

被誉为“中国现代天文学的摇篮”

南京市玄武区钟山第三峰北侧

15元

6、10、11路公交车可到达

紫金山天文台全称为中国科学院紫金山天文台，始建于1934年，是中国自行建立的第一个现代天文学研究机构，它的建成标志着中国现代天文学研究的开始，被誉为“中国现代天文学的摇篮”。此外，这里还是中国历算的权威机构，负责编算、出版每年的《中国天文年历》《航海天文历》等历书。

现存主要建筑有城堡式7层石砌办公大楼，在楼西有一间砌砖瓦顶的小平房，青岛经纬度标准位置就设在房内。在山垭处有一座小石屋，为中国水准原点所在地。

玩家攻略

参观线路：600毫米大型天文望远镜—太阳色球望远镜—影视厅—天文图片展厅—中外天文邮票展厅—天文历史陈列馆—国宝级明清古代天文仪器—登天堡城俯瞰南京全景。

索道：紫金山索道从太平门地堡城经紫金山天文台到头陀岭，全长2350米，高差330米，是中国目前最长的吊椅式索道。

中山植物园

奥妙无穷的植物王国

中山植物园占地186公顷，背倚苍翠巍峨的钟山，面临波光潋滟的前湖，傍依古老壮观的明城墙，遥对闻名中外的中山陵。植物园建于1929年，是中国第一座国立植物园。

如今中山植物园是一座享誉中外，集科研、科普和游览于一身的综合性现代化植物园，是中国植物科学研究、观赏和植物学知识普及教育的基地，四大植物园之一。园中气候温和、植被茂盛，融山、水、城、林为一体，秀色天成，风光旖旎。

中山植物园

景点推荐 夫子庙秦淮风光带 AAAAA

秦淮河是古老的南京文化渊源之地，而内秦淮河从东水头至西水关全长4.2千米的沿河两岸，从六朝起便是望族聚居之地，商贾云集，文人荟萃，儒学鼎盛，素有“六朝金粉”之誉。自六朝至明清，十里秦淮的繁华景象和特有的风貌，曾被历代文人所讴歌。

夫子庙秦淮河一带已是南京的一个符号，是南京最繁华的地方。那里包括秦淮画舫、夫子庙、江南贡院、瞻园、白鹭洲、中华门，以及从桃叶渡至镇淮桥一带的秦淮水上游船和沿河楼阁景观，还有诱人的秦淮夜市和金陵灯会等。

玩家 解说

江南佳丽地，金陵帝王州。夫子庙及秦淮河一带是这个六朝古都最有力的历史见证。六朝是指吴、东晋、宋、齐、梁、陈六个以南京为都的朝代，这段时期是中国文化的重要转折点。

秦淮河本是长江的一条普通支流，但因其流经南京，在这座城市千百年来的变迁中演绎着金陵城的喜怒哀乐。“锦绣十里春风来，千门万户临河开”，这里是金陵最繁华的地带，许多豪门世家、富家权贵大多聚居河的两岸，于是为后人

玩家 攻略

来到秦淮河旅行，乘船游览的体验，千万不要错过。游船一般分为日游、夜游和桨声灯影游。其中，桨声灯影游秦淮河最为精华，这条线路走过内秦淮河，是所有观光游船中最美的风景，夜景尤其璀璨夺目，且乘坐游船在夫子庙景区内，夫子庙为免费景区，不需要收取夫子庙门票。

游船	线路	班次	游览时长	票价
日游秦淮河画舫（外秦淮河）	石头城遗址公园—鬼脸照镜子—清凉门—明城墙—西水关—赏心亭—赛虹桥—牧童遥指—杏花村—越城遗址—长干门—长干桥—南都繁绘石刻图—中华门城堡	1~3月每天两班：10:00、15:00；4~11月每天三班：9:30、14:00、16:00。均由石头城公园码头出发。	全程约60分钟	100元
夜游秦淮河画舫（外秦淮河）	定淮门桥—水木秦淮—石头城码头—清凉门桥—凤凰桥	1~3月每天一班19:30；4~11月每天两班19:00、20:00。由石头城公园码头出发。	全程约50分钟	100元
桨声灯影秦淮河画舫（内秦淮河）	夫子庙泮池码头—白鹭洲公园—七彩水街—东水关—中华门—夫子庙泮池码头	每日17:30~21:45，20分钟一班，语音讲解免费。	全程约50分钟	80元

们留下了名胜古迹、历史掌故、风流韵事。

夫子庙

南京最繁华的地标性建筑之一

- 南京市秦淮区平江府路
- 夫子庙免费，大成殿30元，东方艺术院25元
- 9:00~22:00　www.njfzm.net
- 地铁3号线夫子庙站下即可

夫子庙建于北宋景祐元年（1034年），是供奉和祭祀孔子的地方，现存建筑均为清代重建，布局左右对称，为典型的明清建筑风格。

夫子庙自南向北依次有：大照壁、泮池、棂星门、大成门、大成殿、明德堂、钟鼓楼、尊经阁、敬一亭等建筑。南岸石砖墙大照壁（110米）和大成殿青铜孔子塑像（4.18米高）均为全国之最。

夫子庙建筑群由孔庙、学宫、江南贡院

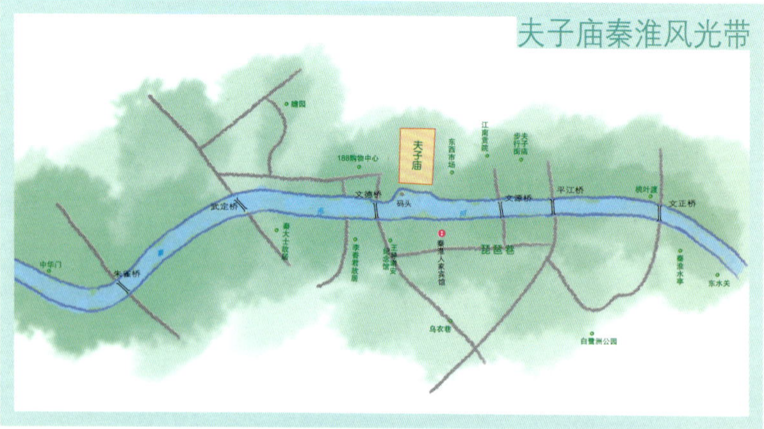

组成，是秦淮河风景区的精华所在。夫子庙的小吃为中国四大小吃之一，非常有名。

玩家 攻略

活动：夫子庙秦淮风光带每年的春节都有灯展、夏季会举办“秦淮之夏”大型活动，秋季（一般从9月18日开始，历时15天）有“金秋美食”等活动。每年农历正月初一至十八，在这里举行夫子庙灯会，更是热闹非凡，游人如织。在灯会上还能看到许多民间艺术表演，如秧歌、剪纸、雕刻、空竹、绳结、皮影、兽舞、踩高跷等，热闹非凡。

展览：中心庙院碑廊里陈列着被誉为“中华一绝”的雨花石展览。大成殿内也经常筹办其他历史文物和艺术品展，宣传中华民族的悠久文化。

夜游秦淮：可在奎星阁下面的游船码头，乘坐出租的仿古画舫，往返45分钟，边吃小吃，边听桨声，看秦淮河两岸的灯火楼台，领略秦淮风情。

美食：秦淮河附近的小吃众多，来到这里可以去六凤居（贡院街144号）、夫子庙饮食（86625781）、老正兴（86621594）、回味鸭血粉丝汤（85862668）、莲湖糕团店（贡院西街26号）。当然，还有很多具有南京特色的小吃隐匿在弄堂里，没什么招牌，但是味道非常正宗。

住宿：在这样的地方自然少不了宾馆、酒店，住宿方便。在距离江南贡院历史陈列馆100米左右，有南京夫子庙国际青年旅馆（86625133）；在秦淮河西的夫子庙步行街上有秦淮人家宾馆（58071800）、如玉宾馆（52215019）等；在白鹭洲公园200米处有白鹭宾馆（86879999）等。

江南贡院

感受古代科举制度文化

南京夫子庙东侧　25元

江南贡院毗邻夫子庙，建于南宋乾道四年（1168年），有供考试用的“号舍”20644间，是中国古代最大的科举考场。它与北京顺天贡院并列为全国考场之冠。

贡院中的中国科举博物馆是中国唯一的一座以反映中国科举考试制度为内容的专业性博物馆，是中国科举制度中心、中国科举文化中心和中国科举文物收藏中心。

明远楼是江南贡院内楼宇之一，楼宇层出不穷，作四方形，飞檐出甍，四面皆窗，原

夫子庙

是用来监视应试士子入贡院考试情形和院落内执役员工有无传递关节的设施。

玩家 解说

唐伯虎、郑板桥、文天祥、吴敬梓、袁枚、林则徐、施耐庵、方苞、邓廷桢、曾国藩、左宗棠、李鸿章、陈独秀等历史名人均为江南贡院的考生或考官。中国最后一个状元刘春霖也出于此。

乌衣巷

探访王谢华堂之踪迹

南京市雨花台区，夫子庙南

免费。王导、谢安纪念馆8元

乘81、87等路公交可到

乌衣巷位于夫子庙文德桥南，因三国时孙吴驻于此的官兵皆身穿黑色军服，所以其驻地被称为乌衣巷。

乌衣巷是一条幽静狭小的巷子，现存王导、谢安的宅院为20世纪90年代修整的仿古建筑，形制优美，呈现一派“青砖小瓦马头墙，回廊挂落花格窗”的格调，东院有“来燕堂”展室，西院正堂为六朝史展室，楼上辟为秦淮历史展室。

玩家 解说

乌衣巷三国时是吴国戍守石头城的部队营房所在地，当时军士都穿着黑色制服，故名。东晋初，大臣王导住在这里，后来便成为王、谢等豪门大族的住宅区。入唐后，乌衣巷沦为废墟，中唐，诗人刘禹锡有“旧时王谢堂前燕，飞入寻常百姓家”的感叹。现为民间工艺品的汇集之地。

瞻园 ㊈

太平天国历史博物馆

南京市秦淮区瞻园路128号（近中华路）

86623024

地铁1号线三山街站下，地铁3号线夫子庙站下

白天8:00～17:30，夜场17:30～20:30

白天30元，夜场70元

瞻园便是太平天国历史博物馆，为南京现存的两个江南古典园林之一，曾是明功臣中山王徐达的王府，太平天国时为东王杨秀清王府。园东部以古建筑为主，西部为园林，园中以假山及水榭著称。咸丰三年（1853年）太平天国定都南京后，这里先后为东王杨秀清和夏官丞相赖汉英的王府花园。

瞻园以静妙堂为中心，分东西两个部分，有照壁、太平天国起义浮雕、洪秀全半身铜像等景点。现辟为太平天国纪念馆，主要陈列文物有天父上帝玉玺、天王皇袍等，是全国唯一的太平天国专史博物馆。

现在有夜游瞻园的活动，较有新意。

玩家 攻略

在瞻园，约于每年大年初一至正月十八，举办“王府观灯庆盛事，金鸡报春迎新年”等活动。

瞻园半亭

桃叶渡

金陵四十八景之一

桃叶渡位于青溪与秦淮河交汇处，是旧时南京著名的乘船送别渡口。

“桃渡临流”在清代就被誉为金陵四十八景之一。据说，清顺治年间，古代秦淮河水面较宽，水流较急，孝陵卫人金云南迁居渡口，见渡口非常拥挤，常有人落水而死，便捐建木桥，题名“利涉桥”，康熙二年（1663年）改木桥为石桥。1984年设桃叶渡碑。

玩家 解说

相传，东晋书法家王献之在桃叶渡迎接爱妾桃叶，此处也因此得名。桃叶渡也是著名的爱情渡口，这里谱写了王献之与桃叶的爱情。王献之在此为桃叶写下《桃叶歌》：“桃叶复桃叶，渡江不用楫。但渡无所苦，我自迎接汝。”而桃叶回赠：“桃叶映红花，无风自婀娜。春花映何现，感郎独采我。”

老门东历史文化街区

南京老城的历史风貌

南京夫子庙箍桶巷南侧一带

老门东保护区东到江宁路，西到中华门城堡段的内秦淮河，北到马道街，南到明城墙，是南京老城南地区的古地名。

历史上的老城南是南京商业及居住最发达的地区之一，如今按照传统样式复建传统中式木质建筑、马头墙，集中展示传统文化，再现老城南原貌。一座仿古牌坊在门东地区北界亮相。人们穿过“老门东”牌坊，即走进了老城南传统民居生活，一条条老街巷将让人重新感受老城南风貌。

玩家 攻略

听相声：著名的相声剧场德云社，其南京分社便位于老门东步行街箍桶巷128号。电话是58776788，游人不必北上，即可听到幽默而且生活化的段子了。

尝小吃：老门东内不仅会聚了蒋友记、鸡鸣

汤包等老字号，还有蓝老大糖藕粥、徐家鸭子、司记豆腐脑等让吃货流口水的南京美食。

中华门 ⓧ

雄伟壮丽的古代瓮城

南京市城区中华路与雨花路之间　50元

中华门是明朝都城的正南门，是南京明朝内城墙13个城门中规模第二大的城堡式城门，也是当今世界上保存最完好、结构最复杂的古代瓮城城堡，同南京明代城墙一道被列为全国重点文物保护单位。

更多本旅游区景点

白鹭洲公园：位于秦淮区，是南京城南地区最大的公园。明永乐年间，这里是中山王徐达家族的别业，故称为徐太傅园或徐中山园。

石头城：位于鼓楼区，又称“鬼脸城”，依山而筑。最早筑于楚威王七年（前333年），东汉建安十六年（211年），吴国孙权迁都至今日南京，在其原址上筑城，并取名石头。

清凉山公园：位于鼓楼区，形成了“自然古朴、清凉幽静”的独特自然景观，有“城市中的山林”之称。

李香君故居：位于秦淮区钞库街38号，李香君为明末清初名妓“秦淮八艳”之一。这是一座典型的清代河厅河房建筑，古风盎然。

吴敬梓故居：位于秦淮区桃叶渡8号，极具江南园林艺术特色，分南、北两部分。其北部为吴敬梓故居，里面陈列着各种版本的《儒林外史》；南部为古桃叶渡遗址。

秦大士故居：位于秦淮区长乐路57、59号，是“秦淮民居群”的重要组成部分，故居高墙深院，楼宇重叠，为秦淮河畔民居的代表建筑。

中华门

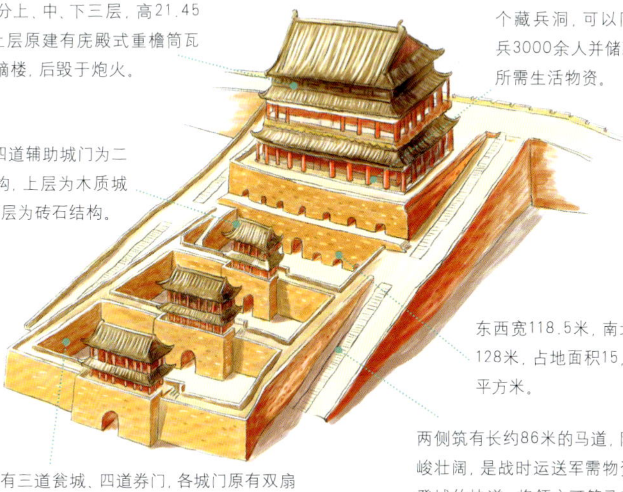

景点推荐 长江沿江风光带

阅江楼景区 AAAA

江南四大名楼之一

南京市鼓楼区 乘10、18、21路公交可到

7:30~17:30 40元 58590298

阅江楼景区有阅江楼（南京标志之一）、玩咸亭、古炮台、孙中山阅江处、五军地道、古城墙等30余处历史遗迹。

阅江楼与武汉黄鹤楼、岳阳岳阳楼、南昌滕王阁合称“江南四大名楼”。该楼建于明洪武七年（1374年）春，明太祖朱元璋亲自命名为阅江楼并撰写《阅江楼记》，楼高52米，共7层，内有朱元璋龙椅、金字大靠壁、治隆唐宋匾等景点，登楼可赏长江风光，心旷神怡，背江而望，金陵全景尽收眼底。“一江奔海万千里，两记呼楼六百年”是其真实写照。

玩家解说

阅江楼有四大特色：一是高，山高78米，楼高52米，总高130多米，是最高的名楼；二是精，处处精工细作，精雕细刻，无比华美；三是内涵丰富，有许许多多历史文化积淀，留下了许许多多的历史名人的足迹和作品；四是皇家气派，因为只有南京，出过10姓26个帝王，这里的建筑都是按照皇帝的规格建造的。

阅江楼风景区创下5个全国之最，一是石狮子，这是目前中国最大的一对雄狮，狮子高4.8米，重约30000千克，用苏州金山石整块雕刻而成；二是全国最大的汉白玉碑刻，高3.1米，宽4.8米，重15000千克，上面刻有当代书法家抄写的朱元璋的《阅江楼记》；三是全国最大的仿西周司母戊鼎——阅江楼鼎，重4000千克，鼎上刻有："狮梦觉兮鬣张，子孙骄以炎黄，山为挺其脊梁，阅万古之长江，江赴海而浩汤，楼排云而慨慷，鼎永铸兹堂堂。"而这7句话的巧妙之处，就是每句的第一个字连起来念，便是"狮子山阅江楼鼎"；四是中国最大的瓷画——《郑和下西洋》瓷画，高12.8米，宽8米；五是全国最大的青铜浮雕，浮雕高2米，宽8米，由雕塑大师吴为山作。

南京长江大桥

时代的象征、中国桥梁之最

南京市浦口区

乘坐551、668路公交车到桥荫路南即可

南京长江大桥建于1960年，于1968年竣工，桥长6772米，其中江面上的正桥长1577米，是中国的桥梁之最，还是长江上第一座由中国自行设计建造的双层式铁路、公路两用桥梁。

公路正桥两边的栏杆上嵌着200幅铸铁浮雕，人行道旁还有150对白玉兰花形的路灯。桥南北两端各有两座高70米的桥头堡，桥头堡上各有三面红旗。堡内有电梯可通铁路桥、公路桥及桥头堡上的瞭望台。桥头堡前各有一座高10余米的工农兵等5人雕塑。大桥南北两岸的桥下，设有大桥公园，有电梯直抵大桥桥面的桥头堡。其中大桥南岸的公园内，设有展览馆介绍长江大桥的历史。

玩家 解说

南京长江大桥堪称"新中国红色经典"，是一个缅怀特殊年代的好地方。在公路正桥两边的栏杆上嵌着202块铸铁浮雕，其中100块向日葵镂空浮雕、96块风景浮雕、6块国徽浮雕。在96块风景浮雕中，有20块浮雕都描绘祖国山河风貌和歌颂当时社会主义中国的巨大成就，如万里长城、北京火车站、五星浮雕等图案。

南京绿化博览园

清新绿化新天地

南京河西新城区滨江风光带内

南京中国绿化博览园简称绿博园，建成于2005年9月，因首届中国绿化博览会在此成功举办而得名。绿博园位于南京河西新城西部，毗邻长江夹江，占地面积七十余公顷，是南京滨江公园（滨江风光带）的重要组成部分。

全园有45个景点，包括35个国内园、5个国际园、2个行业园以及江堤外3个自然风光区。同时，公园又陆续建设了四季花海、金陵苑（本土植物园）、盆景园、植物迷宫、沙趣园、大型游乐场以及荷兰友好园等特色景点。

燕子矶

被称为“万里长江第一矶”

南京市栖霞区

公交8路、10路、125路等都可到达　10元

位于南京北郊观音门外，长江三大名矶之一，海拔36米。燕子矶山石直立江上，三面悬绝，似石燕展翅掠江，故称燕子矶。这里地势险要，是重要的长江渡口和军事重地，被称为“万里长江第一矶”。清康熙、乾隆下江南时，均到此泛舟。

在过去，这里是南京必游的地方之一，在古金陵四十八景中，燕子矶占六景，分别是“嘉善闻经”“燕矶夕照”“永济江流”“幕府登高”“化龙雨地”“达摩古洞”。

玩家解说

燕子矶西侧幕府山沿江悬崖之下古有12个洞窟，其中以三台洞较为曲折深广，洞分上、中、下3层，下洞有观音泉清澈见底，上洞出口处有玉泉阁和望江楼。登临远眺，江水茫茫，烟波浩渺，使人心旷神怡。

栖霞山风景区 AAAA

万叶飘丹、秋色正红

南京市栖霞区太平门　旺季40元，淡季25元

85766979

可乘东上线、龙栖线等在栖霞寺站下，或乘公交138路直达

栖霞山又名摄山，南朝时山中建有“栖

栖霞山红叶

霞精舍”，因此得名。内有三茅峰（又称凤翔峰）、龙山和虎山三峰。它被历史学家称作“浓缩了半部金陵文化史”，有“东飞天”石窟（中国所发现的最东部的“敦煌遗迹”）、栖霞寺、南朝石刻、千佛岩、舍利塔等景点。

在南京亦有“春牛首，秋栖霞”的习俗。山西侧的枫岭，种植很多枫树，深秋景色令人陶醉，“栖霞丹枫”被列为金陵新四十景之一。栖霞山也是中国五大红叶观赏风景区之一，被誉为“金陵第一明秀山”。

玩家攻略

最佳游季：来栖霞山最佳游季是秋季，天不太冷，等到晚秋的时候枫叶红得会更多一点。红枫节期间，还会举办民俗、武术、杂技、民乐等表演活动，并举办红枫杯摄影、征文、知识竞赛等系列活动。

迎新听钟：每年12月31日千年古刹栖霞寺钟楼举行迎新听钟声活动，将旅游与宗教相结合、与民俗文化相结合，既庄严肃穆又新颖活泼，已成为广大市民喜闻乐见的辞旧迎新的传统项目。

游线：游栖霞山建议从东面的山路爬山，景点多，下午有时间的话一直往东走，可游舍利塔和南长城。

美食：栖霞寺前常有当地人拿着从山上挖来的野果之类的小东西来卖，别的地方很难看见，价钱也便宜，味道不错。另外，栖霞寺的素斋色香味俱全，值得一尝。

明镜湖

明镜湖是栖霞山风景区的第一景，位于栖霞寺大门西面，面积约3000平方米，建于清乾隆年间，湖中有湖心亭，与岸上有九曲桥相连。其东有月牙池，然后便是栖霞寺大门。

栖霞寺 ⓧ

栖霞寺坐落在栖霞山中峰西麓。南齐永明元年（公元483年），隐士明僧绍舍宅为寺，称“栖霞精舍”，后成为江南佛教三论宗的发祥地。唐代时增建了殿宇40余间，与山东长清的灵岩寺、湖北荆山的玉泉寺、浙江天台的国清寺并称天下四大丛林。清咸丰年间毁于火灾，后重建，现主要建筑有山门、天王殿、毗卢殿、摄翠楼、藏经楼等，为南京地区最大的寺庙。

千佛岩

千佛岩位于凤翔峰西南麓，这里共有700尊佛像。其中“大佛阁”为开凿时间最早、规模最大的一座石窟，凿于南齐永明七年（489年），正中无量寿佛坐像高达12米。

而千佛岩最为有名的当属102号佛龛中的"东飞天"，被誉为是中国所发现的最东部的"敦煌遗迹"。

南朝陵墓石刻 ㊀

南朝陵墓石刻是最能体现南京南朝古都神韵的艺术瑰宝，现在南京地区有19处，其中帝陵共3处，另有失考墓7处，它们主要分布在江宁、栖霞等处，其年代最早始于南朝刘宋，距今约1500年。而天禄、麒麟雕刻是南京地区南朝陵墓石刻的代表作。

更多本旅游区景点

南京眼：是长江上首座观光步行桥，位于建邺区，羽翼般斜拉的钢索振翅向上就像竖琴的琴弦，行人穿行其间犹如琴弦上跳跃的音符，是南京的新地标也是南京的新景点。

静海寺：位于鼓楼区建宁路288号，建于明代，为明成祖朱棣为褒奖郑和航海从异域带回的罗汉画像、佛牙而建。中国历史上第一个不平等条约《南京条约》就是在这议约的。

绣球公园：位于鼓楼区中山北路406号。园内有一座石头山，形如一球，是狮子山的余脉，因与狮子山形成"狮子盘绣球"之势而名绣球山，公园也由此得名。

中国绿化博览园：位于建邺区河西新城区滨江风光带内，是全国最大的绿化主题公园，是长江沿岸最大的城市公园。公园融园艺、科普、娱乐为一体，共有45个景点。

渡江战役胜利纪念碑：位于鼓楼区，建于1979年，远远望去，整座纪念碑如同一艘乘风破浪的战舰。挹江门城楼上设有渡江胜利纪念馆。

南京长江二桥：位于栖霞区太新路，跨越八卦洲，形成两桥一路，其中南汊大桥为钢箱梁斜拉桥，桥长2938米，主跨为628米，该跨径目前居同类桥型中"国内第一，世界第三"。

和记洋行旧址：位于鼓楼区宝塔桥西街168号，原为英商南京和记洋行，或称和记蛋厂，是英国威廉·韦思典、爱德蒙霍尔·韦思典兄弟资本集团1912年创办的。

古林公园：位于鼓楼区虎踞北路21号，因建在原古林寺旧址上，为纪念江南古刹，便以"古林"二字命名公园。

江心洲民俗村：位于雨花台区江心洲镇，以展现农村民风民俗及中国几千年农耕文化为主，岛上有千亩葡萄园，每年7—8月举办葡萄节。

南京眼

景点推荐 南京市区景点

玄武湖公园 AAAA

钟灵毓秀、景色如画

南京市玄武区

乘地铁1号线到玄武门站下即可

5886979

玄武湖公园位于玄武湖之中，巍峨的明城墙、秀美的紫金山、古色古香的鸡鸣寺环抱其右，形成一个钟灵毓秀的风景观光带。玄武湖面积广大，湖堤将水面分作“五洲”，洲洲堤桥相通，浑然一体，处处有山有水，终年景色如画。

玄武湖又称后湖、练湖，占地面积437公顷，其中水面约368公顷。湖中分布有环洲、樱洲、菱洲、梁洲（精华所在）和翠洲5个景区，构成了环洲烟柳、樱洲花海、菱洲山岚、梁洲秋菊、翠洲云树等主要景点。还有台城、鸡鸣寺、北极阁、小九华山等名胜。

玩家攻略

交通服务：电瓶游览车，可按游客要求全园游览，随叫随停，并提供讲解服务；也可包车；观光自行车，由游客自行骑行，全景区随意游览。租船：豪华画舫30元/位，电动摇橹船20元/位，豪华电动船（6座）80元/小时，电动船（4座）50元/小时，脚踏船（4座）35元/小时。

美食：景区内设有高尔夫俱乐部、白苑大酒

楼、柳苑服务区、樱苑服务区、菱苑服务区等场所，供游客就餐。另外，位于城北鸡鸣山东麓的鸡鸣寺内的素面非常有名，财神面28元，平安面15元。素斋也很好吃，尤其是梅花肉片。

逛街：玄武湖公园的南边就是南京市规划建设展览馆，该馆的南边为宣武门地铁站，往南不到100米，就是南京的步行街——湖南路。所以，建议游览玄武湖可以选择在早上，玩一圈后可以去湖南路狮子桥吃午饭，吃饱后去逛逛街，除了转商场外，南京规模较大的新华书店、大众书局都在这条街上。如果有精力可以坚持到晚上，迎接湖南路的夜色。

环洲

环洲素有“环洲烟柳”之称，因洲形屈曲、环抱樱洲而得名。洲上古迹众多，有湖石假山、郭瑾衣冠冢、儿童乐园、喇嘛庙、诺那塔等，其中童子拜观音石、郭璞亭最为著名，洲上还有国内规模最大、品种较全的大型表演区——莲花广场。

童子拜观音石是北宋花石纲遗物，为极为珍贵的太湖奇石。石高6.3米，宽0.9米，具有太湖石“瘦、透、漏、皱”的典型特征，为太湖石中的精品。

环洲东北部跨莲花港的白桥与樱洲相连。

樱洲

樱洲有“樱洲花海”之誉，因昔日樱桃

链接

郭璞

郭璞（276—324），晋代著名的文学家、科学家，精于词赋、历算。他曾在玄武湖边隐居，写《游仙诗》：“京华游侠窟，山林隐遁栖。朱门何足荣，未若托蓬莱”。324年，他因力阻驻守荆州的王敦谋逆，被杀，时年49岁。事后，郭璞被追赐为“弘农太守”。晋明帝在玄武湖边建了郭璞的衣冠冢，名“郭公墩”。

郭璞雕像

遍布洲上曾为宫廷贡品而得名。樱洲上有一条长500米的曲折游廊，颇为好看，适合游人歇息，在廊北有一座喇嘛庙，庙旁有座名为“诺那”的7层宝塔。

梁洲

由环洲向北过芳桥就是梁洲。梁洲又名老洲、美洲，因传说梁昭明太子曾在此建有“梁园”而得名，其是五洲中开辟最早、风景最佳的一座小岛。岛上另有湖神庙、览胜楼、黄册库、盆景馆、阅兵台、闻鸡亭、杜鹃山、观鱼池、牡丹园等建筑，其中湖神庙为曾国藩任两江总督时（1872年）重建。

翠洲

从梁洲向东过翠桥就是翠洲。翠洲面积6.59公顷，因洲上修竹亭亭、雪松如盖而得名，“翠洲云树”是其特色。洲上现有露天剧场、翠洲舞台、翠虹厅等建筑。

链接

情侣园、白马公园

情侣园位于玄武湖东侧，东枕紫金山，总面积30公顷，是一座以展示野生药用植物为主，兼游览休憩及婚礼服务的江南自然山水园。白马公园位于玄武湖东南侧，占地33公顷多，是一座以石刻为主题，收有历代石刻100多件并设石刻的艺术博物馆。

红山森林动物园

妙趣横生的动植物天地

南京市玄武区红山路

40元

7:30～18:00

乘地铁1号线到红山动物园站下可达

红山森林动物园占地68公顷，分为小红山鸟类区、大红山猛兽区、放牛山食草动物和灵长动物展区、两栖类爬行动物馆等主要动物展点，园内馆舍设计新颖，依山营建，共39个馆舍。动物园内有世界各种动物和珍稀品种近300种4000余头（只），其中有国家保护动物：大熊猫、小熊猫、金丝猴、绿孔雀、黑叶猴、丹顶鹤、东北虎、河麂、扬子鳄等，还有最早放养的野生鸟类，主要品种有白头翁、灰喜鹊、山斑鸠、兰喜鹊、黑斑鸠、鹦鹉等20多种。动物表演内容丰富。

玩家攻略

动物表演推荐

场馆	表演内容	表演时间	票价
大型动物表演馆	大型综合动物表演	9:40、11:20、14:30，节假日加场15：40	5元
宠物园	鸟艺杂技表演、智猪表演	每天循环演出	6元（宠物园、企鹅馆联票）

雨花台风景区 AAAA 文

革命的纪念圣地

南京市雨花台区雨花路215号

68783037

8:00—17:00，周一闭馆

乘地铁1号线在中华门站下，再步行约700米即到雨花台北门

免费。雨花阁5元，盆景园5元，雨花石文化区10元

Ⓔ www.travel-yuhuatai.com

雨花台位于南京市中华门城堡南，由东岗（又称梅岗）、中岗（也称凤台岗）、西岗组成，是南京城南制高点，为登高佳地。三国时，因岗上遍布五彩斑斓的石子，被称为玛瑙岗、聚宝山。南朝梁武帝时期，云光法师在此设坛讲经，感动上苍，落花如雨，便称为雨花台，沿用至今。这里由烈士陵园区（免费）、名胜古迹区、雨花石文化区、雨花茶文化区、游乐活动区和生态度假区6个功能区组成，是一个融教育、旅游、休闲、娱乐为一体的江苏省级纪念性风景名胜区，更是中国新民主主义革命的纪念圣地。在此遇难的共产党人和革命群众达10万之多。

在陵园大门内的广场上耸立着一座雄伟的烈士群雕，让人肃然起敬，这是中国目前最大的花岗石群雕，由179块花岗石拼装而成。

梅岗与梅廊

梅岗，又称梅岭岗，东晋初期，胡人压境，都城南迁，豫章太守梅赜带兵抵抗，屯营于此。为了纪念梅赜将军的高风亮节，后人在岗上建梅将军庙，广植梅花，遂称为梅岗。到明清时，这里已形成梅海，与钟山脚下的梅林成为南京东郊、南郊两大赏梅胜地。

木樨苑

木樨苑景观以桂花为主，配以野生杜鹃（映山红）。桂花，古称木樨。木樨苑由桂花专类园、假山瀑布、流杯亭、木樨榭、曲桥、小径等部分组成。桂花专类园栽植了26个品种的千株桂花，湖堤上垒起了高达8米的假山群，瀑布从假山顶向南喷射，转而往东一泻而下。苑内花树常开，绿草如茵。

雨花阁

雨花阁原为清“金陵四十八景”之一，现雨花阁复建于1997年，坐落在古雨花台遗址上。复建的雨花阁，阁叠3层，檐卷4重。内厅有巨幅云光法师说法瓷砖画。内存一尊讲经石座，四周散缀99粒雨花石，营造出云光法师讲经讲得天花乱坠的场景，讲经石座后墙上，悬挂30米长《法显和尚西天取经画卷》，详细地描述了比唐僧西天取经早300年的法显和尚到西天（锡兰）取经，在雨花台译经的全过程。

木末亭

木末亭为清“金陵四十八景”的又一重要景观，位于雨花台东岗之巅，始建于明代。“木末”二字，最早见于屈原的《九歌·湘君》，意为高于树梢之上。以此名亭，道出亭秀出林木。在雨花台建木末亭，还有称赞历代志士仁人高风亮节之意。因为在木末亭畔，有泰伯祠、有南宋杨邦乂剖心处，有明代大学士方孝孺墓，有海瑞祠、曹公祠遗址等。亭中有武中奇书写的“木末风高”、赵绪成书写的“金陵胜景”贴金匾额高悬亭中。

鸡鸣寺

南朝四百八十寺之首

地址：玄武区鸡鸣寺路1号(近北极阁公园)

门票：10元

交通：地铁3号线、4号线到鸡鸣寺站下车即到

鸡鸣寺又称古鸡鸣寺，位于南京城北鸡鸣山东麓，建于西晋，是南京著名古寺之一。现在鸡鸣寺有大雄宝殿、外山门、三大士阁、钟鼓楼、禅房、素菜馆等建筑。

鸡鸣寺内有一座药师佛塔，为鸡鸣寺历史上的第五座大佛塔，塔高约44米，于1990年重新建造。此塔被称为消灾延寿药师佛塔，含国泰民安、消灾延寿的祝祷之意，是鸡鸣寺的标志性建筑之一。

玩家攻略

活动：每年4月4—5日是雨花台烈士陵园的缅怀日，而风景区在每年的9月底、10月初会举办中国南京雨花石艺术节，是人们出游的最好时节。

住宿：周围的宾馆不是很多，耀阳宾馆（52432389）、好管家大酒店（52401399）、花雨宾馆（52413833）这几家条件不错。

雨花台

朝天宫景区 AAAA 文

江南最大的建筑群

地址：南京市秦淮区朝天宫4号

时间：9:00～18:00（17:00停止售票）

交通：乘地铁1号线到张府园站下即可到达；乘41路、80路公交车建邺路站下

网址：www.njmm.cn

朝天宫是江南现存规模最大、保存最为完好的一组古建筑群。朝天宫名字为明太祖朱元璋在1385年下诏亲赐，取“朝拜上天”之意，是当时朝廷举行大典前和官僚子弟袭封前演习朝见天子礼仪的场所，后为南京最大、最著名的道观。现存建筑为清同治五年（1866年）重建，但此时已为文庙。整组建筑分为三列，当中是文庙，东侧为江宁府学，西侧为卞公祠堂。包括棂星门、大成殿、崇圣殿等景点。现为综合性历史艺术类博物馆南京市博物馆所在地。

南京市博物馆是一座综合性历史艺术类博物馆，馆藏数十万件文物，其中南京人

头骨化石、青釉羽人纹盘口壶、王谢家族墓志、青瓷莲花尊、镶金托云龙纹玉带、青花萧何追韩信梅瓶、渔翁戏荷琥珀杯等文物，堪称其镇馆之宝，是各历史时期的文物典型代表之作。

莫愁湖公园

访古建、探秘南京历史

南京市建邺区，南门在水西门大街132号；北门在汉中门大街35号

乘坐地铁2号线在莫愁湖站下车

35元

莫愁湖公园是融合六朝文化为一体的风景名胜公园，分为古典园林游览区、海棠专类园区、休憩活动区、环湖景观区。主要景点有郁金堂、胜棋楼、抱月楼、粤军烈士墓、中日友好鸢尾园等。

玩家 攻略

朝天宫古玩市场是南京市博物馆管理的民间收藏品交易场所，为国内十大民间收藏品交易市场之一，备受中外古玩收藏者的青睐。每到节假日人头攒动，场面火爆。

朝天宫古玩市场

胜棋楼坐北朝南，是一座古朴的两层建筑。楼外的楹联写得非常耐人寻味，上联写

朝天宫

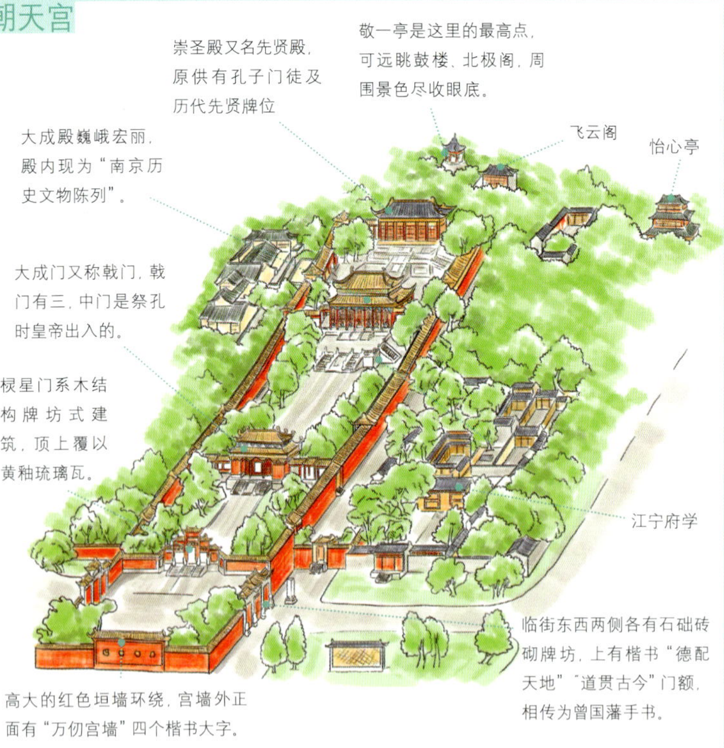

莫愁湖公园

景“粉黛江山留得半湖烟雨”，下联说事“王侯事业都如一局棋枰”。郁金堂为莫愁女故居，堂的东西回廊环绕着赏荷亭，池中石上有一座2米多高的汉白玉莫愁女塑像，在水中种有荷花，夏季之时犹如莫愁女屹立荷花之中。该故居的前堂内悬挂着出自陈大羽之手的《金陵第一名胜山》水画，在后堂的起居室内有正在绣花的莫愁女塑像。

玩家 攻略

游船：赏荷亭后有游船码头，有手划船、脚踏船和电瓶船供游客租用，还有摩托快艇可带游人环湖观景。湖中心有小岛一座，常有水鸟栖息，乘船可达。

海棠：莫愁湖公园种植海棠花已有近40年的历史，且每年都会引进新品种。同时，莫愁湖公园每年春季都会举办海棠花会，届时会有笔会、书市、云锦展、中华绝技展等。

玩家 解说

自宋朝起莫愁湖就被誉为“江南第一名湖”“金陵第一名胜”。郑板桥赞叹其景曰：“湖柳如烟，湖云似梦，湖浪浓于酒。”更有袁枚诗赞曰：“欲将西子莫愁比，难向烟波判是非；但觉西湖输一着，江帆云外拍天飞。”民国时莫愁湖以“莫愁烟雨”列为“金陵四十八景”之首。

南京流传着一种说法，到南京一定要到莫愁湖和莫愁路走走，这样就没有烦恼了。

甘家大院 ⓧ

规模宏大的清代私人巨宅

南京市建邺区南捕厅　20元

乘坐地铁1号线到三山街站即可到达

甘熙故居是清代私人巨宅，俗称“九十九间半”，始建于清朝嘉庆年间，是南京现有面积最大、保存最完整的私人民宅。故居现辟为博物馆，有百杈（秤砣）展厅、文人书斋展室、食俗展厅、民间民俗工艺展厅、婚俗展室等。甘熙故居的建筑特点基本反映了南京清中、晚期及民国初年南京的民居特色。

玩家 解说

在南京地区规模较大的多进穿堂式民居，都俗称为“九十九间半”。九是最大的阳数又是吉数，过九到十就到了头，而到头就意味着走下坡，所以中国自古就有“九五之尊”的说法。中国最大的宫廷建筑是故宫，号称“九千九百九十九间半”，最大的官府建筑为孔府，号称“九百九十九间半”，而民居则最多不过“九十九间半”了，这半间既表示没达百间的谦虚，又有仅半步就到目标的得意。

渤泥国王墓 ⓧ

中国仅有的两处国外帝王墓之一

雨花台区安德门外石子岗东向花村乌龟山

85568847

地铁1号线到天隆寺站下即可到达

渤泥国王墓坐北朝南，建于明代，因渤泥国信奉伊斯兰教，被当地人称为“回回墓”。由于年代久远，该墓屡遭破坏，现墓道的石望柱已毁，仅存马及马官各一对、石羊一对、石虎一对、武将一对，而享殿仅存柱础。

玩家 解说

古渤泥国在今东南亚加里曼丹岛北部，在北宋时期就开始与中国友好往来。明永乐六年

（1408年）冬，古渤泥国国工麻那惹加那乃带着妻子、弟妹、子女、大臣等150多人来访问，可惜国王在南京不幸染病，最终病逝于此，享年28岁。明成祖遵其遗嘱“希望体魄托葬中华”，按王礼埋葬了国王，谥曰“恭顺”。

南京博物院

中国第二大博物馆

- 南京市中山东路321号
- 免费，但须持票进入，可在官网预约
- 乘坐地铁2号线到明故宫站下即可到达
- 周一：9:00～12:00（11:00停止入场）；周二—周日 9:00～17:00（16:00停止入场）
- www.njmuseum.com

南京博物院为中国第二大博物馆，是一座反映南京历史文化的综合性博物馆，占地约7万平方米，前身为蔡元培等于1933年倡建的国立中央博物院筹备处。馆藏各类文物是南京各个历史时期的见证，地方特征明显。

南京博物院现拥有各类藏品42万余件（套），上至旧石器时代，下迄当代，既有全国性的，又有江苏地域性的；既有宫廷传世品，又有考古发掘品，还有一部分来源于社会征集及捐赠，均为历朝历代的珍品佳作。

博物院共设立历史馆、民国馆、特展馆、非遗馆、艺术馆、数字馆共六大展馆。有明清瓷器、青铜器、陶艺、江南锦绣、玉器、古代绘画、漆艺、珍宝、民俗美术、吴为山雕塑、现代艺术、沁园等12个常规展览。

链接

南京博物院馆藏宝物

在众多藏品中，新石器时代的“玉串饰”，战国时期的“错金银铜壶”“郢爰”，西汉的“金兽”，东汉的“广陵王玺”“错银饰青铜牛灯”，东汉的“鎏金镶嵌神兽铜砚盒”，西晋的“青瓷神兽尊”，南朝的“竹林七贤与荣启期”模印砖画，明代的“釉里红岁寒三友纹梅瓶”等10件藏品为国宝级文物，堪称博物院的“镇馆之宝”。

南京博物院

玩家攻略

物品存放：若带的包（严禁危险品）过重，可在艺术馆咨询台免费存放，但16:30前须取走物品。

讲解服务：馆内有志愿者在各展厅为参观者提供志愿中英文讲解服务。若喜欢自助式的讲解，有语音讲解器（中、英、日、韩四种语言）；大厅里有南京博物院电子导览器，每个分馆都有多媒体电子触摸屏，可以通过自助形式更多地了解展品。

美食：楼下的茶社有咖啡、茶水、简餐等，您若有需要可到那享用。

玩家解说

“一院六馆”是南京博物院根据文物藏品的特点，致力打造一流的“综合性博物馆”。

历史馆：常设“江苏古代文明”展览，通过大量的文物和标本“直接说话”，彰显展示效果；

艺术馆：内设有8个展厅，按照艺术品的分类设古代绘画、古代书法、古代雕塑等专题陈列，同时设立名人艺术专馆，包括国画大家傅抱石、工笔画大家陈之佛、油画大师苏天赐等；

特展馆：内设有10个展厅，用于举办临时展览与特别展，体现不同文化艺术之间的交流融合；

数字馆：分为实体馆、网络虚拟馆两个部分，其中实体馆基于人类情感，展现了中国古代文明，尤以江苏为例。网络虚拟馆不仅在线复原了实体展馆，而且还以网络为平台，集合观众智慧打造永不闭馆的“网上博物馆”；

民国馆：以所在地南京的地域文明为主题，直观展示民国时期的市民生活；

非遗馆：即江苏非物质文化遗产展示馆，除了江苏非遗项目的基本介绍外，活态展示了热闹的民俗活动，传统的手工艺和传统口头表演等。

明故宫遗址 ⓦ

北京故宫的蓝本

南京市秦淮区中山东路南北两侧

乘坐地铁二号线到明故宫站下车

明故宫又称南京故宫，是北京故宫的蓝本。故宫由明太祖朱元璋始建于元至正二十六年（1366年），初称“吴王新宫”，后又称“皇城”。明故宫遗址曾作为明初皇宫长达54年之久，后毁于太平军与清军的战乱。现遗址上建有明故宫广场和午朝门公园。

玩家解说

故宫新建时由于当时朱元璋尚未称帝，故新宫建筑规模有限，只有中路的外朝和内廷建筑，东西两侧空地均未兴建宫室。新宫东西宽790米、南北长750米、有门四座、南为午门、东为东华门、西为西华门、北为玄武门、入午门为奉天门、内为正殿奉天殿、殿前左右为文楼、武楼。后为华盖殿、谨身殿、内廷有乾清宫和坤宁宫以及东西六宫。

洪武元年（1368年），朱元璋即位称帝。以应天府为南京，开封为北京。洪武八年（1375年）朱元璋集中力量修建南京。此次修建，增设了午门左右两阙，在奉天门左右增加了东西角门，并增建文华、武英殿等建筑。洪武二十五年（1392年），在皇城外增设宫墙，以新墙之内为皇城，原皇城改称宫城。在宫城前建造了端门、承天门、金水桥、形成T字形广场。广场东侧为五部（刑部在皇城之北的太平门外），西侧为五军都督府。

建文四年（1402年），燕王朱棣攻破京师。朱棣即位后仍居于南京皇宫中，但同时下令以北京为行在所，准备迁都。永乐十八年（1420年），北京宫殿建成，次年朱棣迁都北京，此后南京宫殿不再使用。

五龙桥

五龙桥在明故宫南，为明御河上的主要桥道，它沟通着御道街南北。

五龙桥其实是由五座桥组成的。正中一条最宽，目前是机动车道。然后左右两边各2座桥。据书上记载，5座桥均长11.4米，宽分别为4.7米、5.6米、8.25米、5.8米、7.8米，皆为石拱桥。

明故宫遗址

东华门遗址

东华门风格简朴，南北两面有明显的城墙拆断痕迹，城楼顶上的仪凤楼早已无存，现辟为东华门遗址公园。其最南面的门楼内仍保留着明代的路面，城楼顶有明代仪凤楼遗迹石础，能明显看出廊庑遗迹。

午朝门公园

午朝门公园，因园南有明故宫午门（通称午朝门）而得名。1958年将午门和奉天殿所在地辟为公园。进入午门，过了五龙桥就是奉天门，由南向北依次建有奉天、华盖和谨身三大殿。三大殿的东侧有文华殿和文楼，西边有武英殿和午朝门公园武楼，统称为“前朝”五殿，是朱元璋举行重大典礼和接受文武百官朝贺的地方。

梅园新村纪念馆 AAAA

近现代历史遗迹及革命纪念建筑物

南京市秦淮区长江路东端梅园新村

8:00～17:30

乘坐地铁2号线到西安门站下即可到达

梅园新村纪念馆是1946—1947年国共谈判时中国共产党代表团的办公原址。由中共代表团办事处旧址、国共南京谈判史料陈列馆、周恩来铜像、周恩来图书馆等组成，属于近现代历史遗迹及革命纪念建筑物。

中共代表团办事处旧址 文

中共代表团办事处旧址由三个地方组成，分别是梅园新村17号、30号、35号。17号是中共代表团办事机构的所在地；30号是周恩来、邓颖超办公地和居住所，主要有办公室、会客室、卧室、餐室、机要科等；35号是董必武、李维汉、廖承志、钱瑛等同志办公地和居住所。

国共南京谈判史料陈列馆

国共南京谈判史料陈列馆的馆名由前国家主席杨尚昆题写。陈列馆建筑采用传统的四合院格局，四周装饰着民族风格的老虎窗、石刻透空窗，是一座富有地方特色的现代建筑。陈列厅中的视觉中心是一座高6.5米、宽3.3米的大型汉白玉浮雕，浮雕上镌刻着中共代表团领导成员和部分工作人员的群像。

周恩来铜像·周恩来图书馆

周恩来铜像高3.2米，重900千克，屹立于露天庭院的正面墙前，以周恩来同志当年步出梅园新村30号大门的照片为原型塑造的，神形兼备，展示了一个坚定、沉着、机智、从容的革命家形象。

周恩来图书馆位于梅园新村30号的西南角，由民国初期4幢民居式小楼改建组合而成。图书馆分上下两层，内设书库、展厅、阅览厅、音像资料厅、采编室等。

梅园新村纪念馆

南京总统府 AAAA 文

有着显赫的历史及悠久的文化魅力

南京市秦淮区长江路292号　7:30~18:00

40元

乘坐地铁2号线、3号线到大行宫站下即可到达

84578700

www.njztf.cn

南京总统府是民国政府办公旧址，是一座有着显赫历史的中西合璧的建筑群，迄今已有600多年历史，其东边为中西合璧的大型建筑群，西边是一座江南园林，简称西花园。这里现已辟为中国近代史博物馆，共分3个参观区域：中区（中轴线）主要是国民政府、总统府及所属机构；西区是孙中山的临时大总统办公室、秘书处和西花园（熙园）等；东区主要是行政院旧址、马厩和东花园（见证了中国近代史的历史变迁）。一系列展馆和史料陈列，分布在这三个区域中。

玩家攻略

讲解：园区提供人工导览服务，全程讲解（100元/10人、150元/10~20人）约需100分钟。

美食：总统府的东边一条街就是南京著名的1912，南京夜生活最为活跃的地方之一。白天这里餐馆照常营业，相对安静许多，但不失情调。总统府东边有鹿港小镇（84522281）、俏江南（84511777）、逸叶源（84537366）、座吧（86643100）等；北边有乌克兰吧（84527770）、惠康餐厅等；西边有隆成餐厅（84541301）、西香记（86872330）等。

住宿：与餐饮场所比起来，住宿场所似乎少了一点，在总统府的东边和西边分别有舜利旅馆（84459187）、太和紫金大酒店（86819999）。

南京图书馆：旅游是一件很费体力的事儿，在这里玩累了，可以到马路对面的南京市图书馆看看、坐坐，既缓解身心，也可深入了解南京这座城市的文化生活。

中区

总统府门楼建于1929年，为钢筋混凝土

结构的西方古典门廊式建筑。

大堂为中式建筑，呈“工”字形殿。太平天国时为金龙殿，相传，洪秀全病逝后即葬于此。1912年1月1日，就在大堂后的西暖阁举行了孙中山就任中华民国临时大总统的就职典礼。

中堂为清代晚期建筑，太平天国时为内宫建筑。民国年间，这里是举行礼仪活动的场所。子超楼建于1934年，为总统府的主要建筑，为国民政府主席林森任上所建。

西区

又被称为“煦园”，因在明朝初年为汉王朱高煦的王府花园而得名。1912年1月，中华民国临时政府成立，孙中山出任临时大总统的办公室和起居室就在这里。煦园为典型的江南园林，内有著名的遗址景点，如漪澜阁、石舫、夕佳楼、印心石屋、忘飞阁等。

孙中山起居室建于1909年，为两层中式建筑。1912年1月至4月，孙中山居于此。总统办公室曾是蒋介石的办公室，为一个由三个房间组成的套房。

东区

行政院办公厅建于1934年，楼内有行政院院长、副院长、秘书长、政务处长办公室，以及会议室、总办公厅、稽核室等。

玩家解说

最早在明永乐初年，朝廷在此建造王府，曾是归德侯府、汉王府，时至今日汉府街地名也是由此而来。到了清代，为江宁织造署、江南总督署、两江总督署，清康熙、乾隆皇帝下江南时以此为“行宫”。而大名鼎鼎的林则徐、曾国藩、李鸿章、刘坤一、沈葆桢、左宗棠、张之洞、端方等均在此任过两江总督。1853年，太平军占领南京，洪秀全在此兴建天王府，即太平天国天朝宫殿。

1912年1月1日，孙中山在此处宣誓就任中华民国临时大总统，此后，这里成为中国近代史发展上的一面旗帜。谭延闿、蒋介石、林森等先后任国民政府主席，都在此办公。

南京总统府

南京大屠杀遇难同胞纪念馆 AAAA

缅怀南京大屠杀中遇难的同胞

南京市建邺区水西门大街418号

8:30~16:30（每周一闭馆）

全名为“侵华日军南京大屠杀遇难同胞纪念馆”，为铭记1937年12月13日南京大屠杀事件而建，是侵华日军集体屠杀遗址和遇难同胞葬地。纪念馆馆址为南京城西江东门茶亭东街，原日军大屠杀遗址之一的万人坑。纪念馆共分为外景展区、遗骨陈列、史料陈列三个部分。

链接

南京大屠杀

南京大屠杀是日本侵华战争初期日本军国主义在南京犯下的大规模屠杀、强奸以及纵火、抢劫等战争罪行与反人类罪行。日军暴行的高潮从1937年12月13日攻占南京开始持续了6周，直到1938年2月南京的秩序才开始好转。据第二次世界大战结束后远东国际军事法庭和南京军事法庭的有关判决和调查，在大屠杀中有20万以上乃至30万以上中国平民和战俘被日军杀害，南京城被日军大肆纵火和抢劫，致使南京城被毁三分之一，财产损失不计其数。

2014年，经确定每年12月13日为南京大屠杀死难者国家公祭日。《四十九日·祭》是献给第一个国家公祭日的抗日剧，该剧讲述了1937年那场关于南京大屠杀的人间惨剧，反映了绝境中的生命意义与人性救赎。

更多本旅游区景点

南京人民大会堂：即原国民大会堂，位于玄武区长江路264号，建于1932年，为中西合璧式建筑风格，是国民政府进行大选及召开国大会议的重要场所，为全国重点文物保护单位。

李公祠：位于秦淮区四条巷，建于清代，是清末大臣、洋务派首领李鸿章的祠堂，俗称李公祠。祠堂坐北朝南，现尚存大殿、门厅、照壁，其他建筑已被拆除改建楼房。

中华织锦村：位于建邺区江东门茶亭东街240号。除收藏有不同民族、不同时代的织机和织锦实物外，还现场向游客表演织锦的生产过程和工艺。

太平天国壁画：位于汉中门堂子街88号，此房是东王杨秀清下面署官的一个衙署，里面保留了18幅墨迹清晰、色彩艳丽的壁画，为太平天国时期的艺术作品。现为全国重点文物保护单位。

乌龙潭公园：被誉为“南京小西湖”，位于鼓楼区广州路217号，以山光水色取胜，公园内现有妙香阁、冷花厅、芙蕖斋、肥月亭、放生庵、武侯祠等建筑。

南京大屠杀遇难同胞纪念馆

景点推荐 南京北部旅游区

珍珠泉 AAAA

聆听泉水叮咚响

南京市浦口区以西6千米

鼓楼乘168路公交直达

40元

珍珠泉景区以珍珠泉为核心，还有镜山湖、定山阁、动物园、扬子鳄养殖场、骆驼园、跑马场、射箭场和野营服务中心等几十处旅游景点和娱乐设施。

珍珠泉泉水从石缝中涌出，似成串的珍珠，因而得名。泉边石壁上有古人刻下的“万斛明珠”四字。泉眼前是一个水池，远远望去，池中水珠像雨点在水面跳溅，如同晴天细雨，故称晴雨泉。如果在此鼓掌或唱歌，则池中水珠又随声音大小而变化，是极为罕见的自然声控喷泉，其状仿佛喜迎宾客，因而又称“喜客泉”。

六合方山

青山隐隐、滁水依依

南京市六合区横梁镇 乘坐624路公交车可到

六合方山在城东15千米，因四面平整而得名，旧时是六合与仪征的界山。六合方山是保存较好的塌陷火山锥，旧时山上有八景，现存梵天寺、王子石、猫儿石、凤凰泉、燕翅峰五景，加上今人新评定仙人洞、避风石、虎石松、古银杏树、方山火山口五景，是为方山十景。

玩家解说

六合是享誉世界的经典民歌《茉莉花》的故乡。六合“茉莉花”文化旅游节期间，会举行精彩的六合民间文艺演出、六合旅游资源推介会、招商引资现场会、金牛湖征文大赛、焰火晚会等丰富多彩的活动。

桂子山石柱林

感受石柱林的雄浑魅力

南京市六合区冶山镇 ¥20元

乘坐628、629路公交可直达

石柱林在六合桂子山、八百桥马头山、瓜埠龟山等地均有大量发现，尤以桂子山石柱林气势最为雄壮挺拔，是地质旅游的胜地。桂子山高52.6米，其东侧为玄武岩，石柱林即发育于玄武岩中。它的规整性、个体大小及总体规模在国内罕见，可与美国黄石公园、爱尔兰北部、冰岛等地的玄武岩柱相媲美。

老山国家森林公园

以“林、泉、石、洞”之景而闻名

南京市浦口区中部的老山林场 ¥30元

58112708

老山国家森林公园地处长江北岸，东临南京长江大桥，有狮子岭景区（龙洞、天井洞、兜率寺、狮子岭），七佛寺景区（老鹰山观光塔、蛇园、鹭园、七佛寺、牛角湾小游园），平坦景区（虎洼、山口听莺）三大景区。老山以“林、泉、石、洞”之景而闻名。

目前开发并接待游人的是七佛寺风景区，境内峰峦叠嶂，共有大小山峰近百座平均海拔200米，古木参天，秀竹林立，景色宜人。

玩家攻略

公园主要娱乐项目有：滑草、奇怪小屋、空中自行车、海豚戏水、森林攀爬、CS、定向运动、山地车比赛等，惊险刺激，精彩纷呈。

老山国家森林公园

七佛寺

七佛寺始建于明正统九年(1444年)，1995年重建于今址。占地面积约3000平方米。寺院按左右排列，分别呈四合院和三合院形状。现有七佛宝殿5间、三圣殿3间、念佛堂2间以及僧房12间。

七佛寺与老山森林公园相连，群山环绕，风景秀丽。山花绿树葱茏其上，佛语梵音微闻其间，堪称庄严乐土，人间仙境。

老鹰山观光塔

建于1988年，为五层围栏式六面瞭望塔，高约20米，位于海拔326米的老鹰山顶，起初主要用于森林防火瞭望，后因森林旅游的开发，现在主要用于旅游观光。老鹰山观光塔正南面的山脚，有南宋状元张孝祥广场，乃风水宝地，可谓：前有照、后有靠、青龙白虎双手抱之势。此时您可远眺古城金陵、长江水色；近观老山全貌，田园风光；俯视百鸟飞翔，仰望雄鹰展翅。

玩家攻略

传说在很久很久以前，因此山常有大量的老鹰聚集而得名，其顶峰的海拔高度为326米，亦称得上为老鹰山景区最高的山峰。

更多本旅游区景点

汤泉古镇：位于浦口区汤泉镇，中国最大的雪松繁育基地，素有“十里温泉带、百亩汤泉湖、千年古银杏（惠济寺内）”等美誉。

金牛湖度假区：位于六合区东北部的低山丘陵区，金牛山脚下，湖因山而得名，是南京市最大的人工水库。

帅旗农庄：位于浦口区乌江镇十里茶棚，是融种植、养殖、农业旅游、观光、餐饮为一体的都市农庄。农庄特产“帅旗”牌野鸭尤为出名。

景点推荐 南京南部旅游区

胥河古道

历史悠久的人工运河

南京市高淳区

胥河古道位于高淳区东15千米的东坝和下坝之间，长约5千米。胥河又名胥溪、胥溪河，开凿于春秋时期，是世界上最古老的人工运河，它东汇松溪、桠溪，经荆溪入太湖；西连濑水，经固城湖入长江。在胥河清理河道时，曾挖出过镇河石牛。

玩家解说

春秋时，吴王阖闾伐楚，采纳伍子胥凿开东坝、下坝间的岗阜，沟通太湖至芜湖的水道，采用水陆夹攻的战术建议，一支部队经长江直抵楚国的都城——郢（今湖北省江陵县北），另一支从芜湖渡江登陆向西越过大别山，直逼汉水攻郢城。这样既可缩短路程，又能发挥吴军善于水战的长处，不失为良策。于是就由伍子胥率众开凿。经过多年奋斗，凿开了土层以下的岩石层，开出一条底宽30多米的河道。

阳山碑材 AAAA 文

如同一幅传统的明代世俗画卷

南京市江宁区汤山镇西北的阳山

48元（与汤山温泉联票）

84111108

乘坐845路公交车可到

南京明文化村展示了一段传统的明代世俗画卷。包括明文化村、阳山怪石林和碑林文物区3部分，村内建筑采取明代建筑风格，以石材、木头为主，有成记铁铺、张石匠屋、监工督院、老实人当铺、金陵镖局等建筑，每天滚动上演各种情景剧，如杂耍、舞狮、劫镖车、赐御婚等。

牛首山 文

景色秀美的春游好去处

南京市江宁区 乘坐975路公交可到

98元

牛首山因双峰对峙呈犄角之势，远看像

玩家 解说

1405年，明成祖朱棣起兵夺得他侄儿的帝位，为笼络人心，决定竖一巨型石碑歌颂其父朱元璋的丰功伟绩，以此稳定政局。于是，他征集了全国万余工匠在阳山开凿碑材3块，屹立于阳山之巅，故称之为阳山碑材，又名孝陵碑材。

南京文化村的前身就是阳山碑材，其高60米，宽12.5米，厚4.4米，加上碑帽、碑座，总高度为90.7米，相当于33层楼房高。但由于阳山碑材块儿是“半成品”，因此被世人所遗弃，时间长达587年之久。

南京明文化村

一对牛角而得名。著名的景点有拱九峰、神蛇洞、舍身台、岳飞抗金故垒、国家重点文物保护单位南唐二陵（钦陵和顺陵，相距百余米）和郑和墓等。

玩家 攻略

春游佳地：俗话说：“春牛首，秋栖霞”，牛首山是春游的好去处。阳春三月，茂林修竹，桃花争艳；黄昏时分，暮色苍茫，云蒸霞蔚，“牛首烟岚”，令人沉醉。

购物：牛首山中出产十分珍贵的硅化木化石，可与南京雨花石相提并论，不要错过哦。

汤山温泉

休闲惬意泡温泉

南京市江宁区汤山镇

圣泉温泉城208元，颐尚温泉218元

汤山温泉泉眼群集，泉华多姿，温泉水中含有30多种化学物质，对皮肤病、关节炎、神经痛均有疗效。现镇上建有众多各种档次的宾馆、浴室。

玩家 攻略

住宿：在高档度假村内泡温泉，最好不要住其酒店（有点贵），在汤山镇上可随意找到经济型住宿点；当天返回的，可先解决温饱或泡完后出来吃饭，里面吃的东西也贵。

泡温泉：旺季人很多，经常要排队，最好避开节假日；温泉一般晚上换水，最佳泡期为9:00和22:00后，更衣室人少，温泉池水干净；区内一般分为室内和室外泡池，记得携带泳衣、泳裤出行。

推荐去处：高档的有汤山颐尚露天温泉度假村（温泉路8号），土耳其（小鱼）温泉不错。汤山圣泉温泉城（泉东路228号），鱼疗和火山泥是其特色，值得一试；中、低档一点的有工人温泉疗养院，汤山天然温泉疗养院等；大众化的浴室一般比较隐蔽，价格也很便宜，2—10元，需从大街两旁巷子里往里寻找，推荐寺庄村浴室，虽然简陋，但别有情趣。

链接

泉华

汤山温泉的泉眼附近，有许多结晶的天然矿物。其中有白、浅黄、灰白等色的菱形体方解石，还有浅黄、浅绿、淡紫的立方体或八面体萤石。这两种矿物都是温泉水带到地面的沉淀物，称泉华。美丽多姿的泉华，是大自然生命的凝结。

高淳老街 镇

有着“金陵第一古街”之美誉

南京市高淳区淳溪镇

老街免费参观，景点联票60元（包括高淳民俗馆、赵厅、砖雕石刻展览馆等9处景点）

8:00～17:00

高淳老街原名正仪街，是中国目前国内保存最为完整的两座古街之一，在古城南京有“金陵第一古街”之美誉，与黄山屯溪老街并称“姊妹街”。整条老街原长800多米，现有300多间店铺，均为“一颗印”式建筑。

高淳民俗馆

高淳民俗馆前后共有四进，总面积近千平方米，全馆共设门厅、雕刻漆器厅、蓝印花布纺织刺绣区、剪纸刻印绘画区、音乐戏曲舞蹈体育区、农渔具区和泥陶工艺区七个展区，展品千余件。

玩家攻略

高淳民俗表演馆邀请了很多南京老艺人现场表演制作各种精美的工艺品，再现一些已经消亡或濒临消失的手工艺店铺，如：剪纸、脸谱、抖嗡、风筝、灯彩等。还有高淳本地特色的跳五猖，打水浒，跳马灯等民俗表演，值得观赏。

雕刻展示馆

雕刻展示馆位于淳溪老街114号，为一栋两层古建筑。全馆共设门厅、木雕区、石刻展览区、砖雕区和汉画像砖展示区这几大部分，展馆内的所有展品都是从高淳各地收集而来。

襟湖桥

襟湖桥始建于明嘉靖二十年（1541年），是古代高淳跨度最长的桥，它横架官溪河上，全长77.7米。襟湖桥为七孔无铰石拱桥，结构精巧，建筑精湛。

关王庙

高淳关王庙坐落在老街中段，始建于明弘治四年（1491年），是江南地区唯一现存的、供奉三国名将关羽的寺庙。关王庙坐北朝南，建筑宏伟，共九楹三阙。

非遗展示馆

江苏省首家非遗展示馆，即高淳非遗展示馆。高淳是江苏省民间民俗文化的“富矿区”。高淳非物质文化遗产数不胜数，是全民族文化遗产重要的组成部分。

非遗展示馆通过文字、图片、模型展示了高淳全县市级以上非遗项目21项，其中国遗1项，省遗13项。

吴氏宗祠

吴氏宗祠位于淳溪老街东端，始建于清乾隆四十六年（1781年）。1938年6月，陈毅率新四军第一支队东进苏南地区时曾将司令部设在吴氏宗祠，此处现为纪念馆。

更多本旅游区景点

游子山森林公园：位于南京市高淳区东坝镇，游子山相传为孔子适楚经此而得名。公园主峰大游山被誉为“濑渚第一形胜”。景区内有真如禅寺、游山烈士陵园等。

汤山古溶洞：位于南京市江宁区汤山镇西的雷公山，现已探明溶洞总面积达数万平方米，主要有雷公洞和葫芦洞。现这里已成为考古学、古人类学和地质学的科普基地，也是远古游戏狂欢的胜地。

天生桥：位于南京市溧水区永阳镇，景区分4部分：胭脂河—天生桥景区、凤凰井景区、幽谷山庄休闲度假区、旅游服务区。

无想寺：位于南京市溧水区洪蓝镇，建于六朝时期，唐高祖武德年间（618—626年）重建，名为无想禅院。

迎湖桃源：位于南京市高淳区淳溪镇，多功能休闲度假景区，内分旅游观光、水上游乐、农事参与、综合服务4部分。

傅家边农业科技园：位于南京市溧水区洪蓝镇傅家边村，栽植了占地9.3平方千米的梅园，是南京地区最大的赏梅胜地。

淳溪老街

攻略资讯

- 交通
- 住宿
- 美食
- 购物
- 娱乐

南京长江大桥

交通

飞机

南京禄口国际机场位于南京市东南部。机场已开通了60个国内主要城市、20个国际和港澳台地区城市的近130多条航线。国际（地区）客运航线包括南京至新加坡、韩国首尔、日本大阪、泰国曼谷、香港、澳门、德国法兰克福等城市的定期直达客运航线，南京至吉隆坡、普吉、沙巴等地还有不定期包机。可在市区乘坐机场大巴。电话为968890。

机场巴士

1.机场有大巴往来于市区与机场之间：

河西万达广场站（万达希尔顿酒店北侧天幕东端）至机场，发车时间为4:30至21:00，每30分钟发一班。

南京火车站东广场至机场，经停龙蟠中路451号南京机场宾馆站,乘17、36、309等路公交车可直达火车站东广场班车发车点，另乘地铁可达火车站；乘47、58、704、Y8等路公交车七里街站下可达南京机场宾馆站。火车站发车时间为4:30至 21:00，每30分钟一班，龙蟠中路451号南京机场宾馆经停站每班车约晚10至15分钟。

南京南站至机场，发车时间为每天7:00至21:00，每30分钟一班。班车停靠点设在南京南站的汽车客运站内，前往机场的旅客可至南站汽车客运站内购票乘车。由南京南站至机场约需35分钟。

轨道交通

乘车位置：T2航站楼一楼国内到达出口左转50米可到达地铁口。

在机场内可以乘坐地铁S1号线和S7号线，乘坐地铁S1号线转3号线可以到达南京市区。

出租车

从机场打车到南京市区大约140元。

火车

京沪铁路、宁芜铁路（南京—芜湖）、宁启铁路、宁西铁路（南京—西安）以及宁合铁路（南京—合肥）交会于南京，使南京成为连接华北、华东和华中的重要铁路交通枢纽。境内现主要有南京站、南京南站。

南京火车站：位于南京市北郊，与玄武湖相邻，拥有南京南站房和南京北站房。沪宁城际高铁也经停南京站，该站位于玄武区龙蟠路111号。乘坐地铁1号线在南京火车站下。

南京南站：为高速铁路车站，主要运营京沪高铁、沪汉蓉高铁、宁杭高铁、宁安高铁、宁通高铁等高速铁路。现有开往北京、天津、济南、郑州、青岛、徐州、上海、

市区远眺

重庆等方向的高铁和动车。乘坐地铁1号线可到。

轮船

南京濒临长江，在南京乘船，上行可到三峡、重庆，下行可到上海。南京港客运站位于鼓楼区龙江路28号，离阅江楼很近，但已停运。其他地方轮船公司还有普客船。

玩家攻略

宁浦线（即中山码头—浦口码头）是最主要的过江通道。江心洲葡萄节期间，江心洲到有恒、上新河、棉花堤的3条线路十分繁忙，要提前做好安排。

汽车

南京公路系统发达，以南京为中心，有宁沪、宁滁、宁连、宁通、宁合、宁马、宁高、宁靖盐、宁淮、宁蚌、宁常、宁杭等高等级公路。其中，有G25长深高速（宁杭高速）、G36宁洛高速、G40沪陕高速（宁合高速）、G42沪蓉高速（沪宁高速）和G4211宁芜高速（宁马高速），还有104、205、312、328等国道经过。

南京现主要有8个长途汽车客运站和虹桥旅游汽车站。8个长途汽车站分别为：南京汽车站、长途汽车北站、长途汽车东站、汽车客运南站、江宁汽车站、溧水汽车站、高淳汽车站、南京葛塘客运站等。

夕阳中的南京南站

南京汽车客运站（中央门站）车次最多，宁沪快客多由此站发出，白天每二三十分钟就有一班车发往镇江、常州、无锡、苏州、上海等地。它位于玄武区黄曹路1号，乘坐8、13、117等路公交车可到，电话为83190200。

长途汽车东站主要有江苏省内苏南地区、苏北（扬州、三泰）地区和浙江、福建、广东、河北、江西、湖南、皖南等7省地区的长途客运班车。它位于花园路17号，乘2、10、28路公交车可直达东站，电话为85477435。

玩家攻略

目前，南京市有游1至游5共5条旅游专线车，在旅游专线车上可直接买景点的门票，而且购买后还可享受免车票的优惠。

市内交通

●地铁

南京是中国内地第六个拥有地铁的城市，南京地铁共有10条线路，分别是1号线、2号线、3号线、4号线、10号线、S1号线、S3号线、S7号线、S8号线、S9号线。

住宿

夫子庙秦淮河区域

位于南京主城区南部，是南京民俗文化集中地之一，走进秦淮河畔，可领略“十里秦淮”繁华热闹的金粉气息。区内有公交直达火车站，并开通有少量地铁站，到总统府和钟山景区可乘游2路公交直达。

桥头堡雕塑

●水游城假日酒店

水游城假日酒店位于新街口商圈和夫子庙商圈的交汇处，酒店拥有各类优雅舒适的高档豪华客房及贵宾行政楼层。另外，酒店还设有游泳池、健身中心、SPA、桑拿等休闲配套设施。秦淮区建康路1号 82233888

●夫子庙国际青年旅舍

夫子庙国际青年旅馆毗邻秦淮河，距离夫子庙仅有5分钟的步行路程，沿街拥有各种当地餐饮场所。酒店采用传统与现代化的装饰，客人可以选择入住热闹的宿舍间或私人客房，对于学生及穷游客来说不可错过。夫子庙平江府路68-4号 86624133

●状元楼酒店

位于古城南京夫子庙，是一座具有浓郁民族特色的国际饭店。酒店拥有各种高档客房，中西各式高雅餐厅，以及完善的健身、康乐、会议服务设施和购物中心；正宗西餐佳肴，可品尝到异国风味。夫子庙状元境9号 51801566

新街口地区

处于各风景区的中心地带，四周商业设施林立，南京新百、中央商场、金鹰国际购物中心坐落于此，附近还有著名的珠江路电子一条街，交通便利，但价位也偏高。

●金陵饭店

南京城市的“中心地标”，作为“世界一流酒店组织”的成员，饭店以典雅舒适的尊贵客房，荟萃环球美食的各式餐厅，先进、快捷的商务会议设施，以及功能齐备的康乐服务，接待了无数海内外宾客及政要名流。

新街口汉中路2号 84711888

金陵饭店

时光国际青年旅舍

●金鹰国际酒店

酒店坐落于新街口金鹰商城B座，乘地铁可以到达著名的夫子庙、玄武湖、总统府、中山陵。酒店房间窗明几净、视野开阔，性价比较高。✉ 秦淮区汉中路101号 ☎ 025-86678888

●中央饭店

南京中央饭店位于南京总统府南侧，紧邻南京图书馆、1912酒吧街。南京中央饭店始建于1929年，历史悠久，曾接待过无数风云人物。酒店配套设施齐全，服务细致专业，以柱式门廊突出入口，雅致大方。✉ 玄武区中山东路237号 ☎ 83150888

●时光机国际青年旅舍

时光机国际青年旅舍地处南京市中心新街口繁华地带，交通便利。旅舍客房整洁干净，基础设施齐全，是一个较为舒适的生活寓所。✉ 秦淮区王府大街63号 ☎ 025-57032880

鼓楼、玄武湖地区

该地段紧邻新街口，近火车站，紧靠著名的湖南路美食街。该区域最大的好处还在于靠近玄武湖畔，可望湖景。其中，鼓楼、玄武湖西岸靠近地铁1号线一带的名人城市、玄武、凤凰台等高层客房，都是饱览玄武湖湖景的好去处。此外，这里还是南京科学文化教育的中心。著名的南京大学、东南大学就位于此地区，众多的经济类住宿地也都可以找到。

●名人城市酒店

酒店邻近鼓楼广场、湖南路中心商业街和狮子桥美食街。拥有极具现代风格、舒适温馨的豪华客房、商务客房、行政客房、名人套房等各类客房。酒店引进“中国谭家菜”和“腾湘阁”两个品牌餐饮。✉ 中山北路30号 ☎ 83123333

●星程酒店

位于市中心，毗邻南京邮电大学，南临湖南路商业街，东傍玄武湖，交通、地理位置优越。酒店拥有各类客房共130间，二、三楼中餐厅环境幽雅，菜肴以淮扬菜及高淳野生特色菜为主。✉ 鼓楼区南瑞路9号 ☎ 83533666

●更多住宿去处

名称	位置	电话
中华宜必思酒店（夫子庙店）	南京市秦淮区中华路1号	66660660
新纪元大酒店	南京市中山路251号	86812222
南京西格玛艺术酒店	南京市江宁区龙眠大道618号	17712881992

美食

南京饮食口味偏淡，著名菜肴有贡淡海参、清炖鸡、炖菜核、鸭包鱼翅、六合龙袍蟹黄汤包等。尤其以鸭肴最负盛名，有烤鸭、板鸭、盐水鸭、酱鸭等。南京的小吃也有很多，最著名的要数“秦淮八绝”。

美食小吃

●盐水鸭

南京嗜鸭，乃至有了“鸭都”的名头。据说，南京盐水鸭已有上千年历史，明代还有首民谣：“古书院，琉璃塔，玄色缎子，盐水鸭”写盐水鸭呢。其皮白肉嫩、肥而不腻、鲜香美味，具有香、酥、嫩的特点。

盐水鸭

●鸭血粉丝

鸭血粉丝是在鸭血汤的基础上发展而来的。以前人们习惯喝鸭血汤，后来，有人无意将粉丝、鸭肫、鸭肝、鸭肠、豆腐果等配以鸭血汤烧制成鸭血粉丝汤，味道鲜美。一时间，鸭血粉丝店就像雨后春笋一样开遍了南京城。

鸭血粉丝

●秦淮八绝

当属南京最著名的小吃。“一绝”为魁光阁的五香茶叶蛋、五香豆、雨花茶；“二绝”为永和园的开洋干丝、蟹壳黄烧饼；“三绝”为奇芳阁的麻油干丝、鸭油酥烧饼；“四绝”为六凤居的豆腐涝、葱油饼；“五绝”为奇芳阁的什锦菜包、鸡丝面；“六绝”为蒋有记的牛肉汤、牛肉锅；“七绝”为瞻园面馆的薄皮包饺、红汤爆鱼面；“八绝”为莲湖甜食店的桂花夹心小元宵、五色糕团。

美食去处

●夫子庙

秦淮风味飘万里，这里是南京小吃的发源地，还是中国四大小吃群之一。牛肉锅贴，以夫子庙蒋记的最为有名。另外，闻名中外的秦淮八绝更是不尝就会遗憾的特色小吃。

乘1、40、301、305等路公交到夫子庙下可达

●狮子桥美食街

美食不输夫子庙，300余米长的步行街上，数十家中外餐馆，众多的南京特色小吃，不出狮子桥便可遍尝亚洲美食。南京市湖南路中段　乘13、52、100、303等路公交到大方巷下可达

●新街口

新街口有“中华第一商圈”的说法，众多的商务机构和国内外游客也成就了这里的美食，金陵鸭血粉丝汤、瓦罐面王、王婆糕团店、三星糕团店等一大批特色美食店和众多的国内外名吃会聚在这里。乘地铁1号线或2、18、26、60等路公交到新街口下可达

●回味鸭血粉丝汤（湖南路店）

南京城无人不知、无人不晓的街头小吃店，拥有多家连锁店，非常受欢迎。鼓楼区湖南路181号　83352420

●清真韩复兴板鸭店（湖南路店）

南京购买或品尝盐水鸭的首选之地，位于鼓楼区湖南路110号，乘114等路公交到山西路（湖南路）下可达。83326866

夫子庙小吃街广场

购物

南京的土特产有盐水鸭、板鸭、香肚、小粒玫瑰花生等。传统工艺品有云锦（江东门的南京云锦研究所有售）、金箔、雨花茶、雨花石（在雨花台和工艺美术大楼有售）、金陵折扇、天鹅绒等。

南京特产

●金陵折扇

金陵折扇

金陵折扇早在明代时就闻名遐迩，是南京著名的传统手工制品之一，有竹制折扇、绢宫扇、骨扇等，普通的以竹为扇骨，高档的以檀香、桃丝、乌木为扇骨，轻巧美观，尤以“金陵艺术大扇”备受欢迎。

●雨花石

雨花石是四大观赏石之一，以色彩斑斓、小巧玲珑、纹理奇妙、包罗万象、诗情画意著称于世。现主产地在毗邻南京的六合、仪征（原属于六合地区，现隶属扬州）一带，品质尤以六合的横梁、东沟、八百等地为佳。

购物去处

新街口：新街口位于南京的市中心，是中档服装的消费场所，推荐新街口百货商店、中央商场；购中高档品牌服装可去金鹰国际购物中心、金陵百货、东方商城。

湖南路：湖南路是很繁华的一条步行街，适合普通消费者，推荐太平洋百货，有很多牌子在南京仅有这里能找到。

娱乐

南京最有名的娱乐项目是夜游秦淮。其他娱乐场所则主要集中在市中心的新街口和城北的湖南路一带。每年正月的金陵灯会和3月的梅花山赏花节也是南京非常有名的娱乐节庆。

●南京白局

南京白局又称白曲，白曲原名百曲，是由云锦生产织工在生产过程中的一种说唱方式演变而来。

白局表演一般一至二人，多至三五人，说的全是南京方言，唱的是俚曲，通俗易懂，韵味淳朴，生动诙谐，是一种极具浓郁地方特色的说唱艺术，被很多观众喜欢 。20世纪有名的香港电影《三笑》中的大部分曲调都出自南京白局。

●1912街区

1912街是南京第一时尚休闲街区，酒吧云集犹如北京的三里屯。民国的建筑，时尚的酒吧，浓浓的情调，是感受南京夜生活的必去之处。

1912街的酒吧林立，如果要热闹，可以选择SEVEN、RED或乱世佳人；如果要感觉，可以选择BABYFACE、TOUCH吧；如果要品位，可以选择苏荷。其他的如A8、BBKING、玛索国际都挺不错的。

节日和重大活动

节日	举办地	时间
金陵灯会	夫子庙广场、大成殿	正月初一至十八
爬城头	中华门	正月十六
南京国际梅花节	梅花山	2~3月
上巳节	南京	农历三月初三
葡萄节	江心洲	7~8月
夫子庙金秋美食节	夫子庙广场	9月
南京国际桂花节	灵谷桂园	9~10月

发现者 旅行指南

镇江

概览

亮点

■ **三山**

分别为金山、焦山和北固山，三山秀美绝伦，以“江、山、寺、洞、泉、林”景观俱全而著称，堪称江南自然艺术瑰宝。

■ **茅山**

被人称为“第一福地”“第八洞天”，是道派始祖的修行之地，享有“秦汉神仙府，梁唐宰相家”之美誉。

■ **必逛街道**

西津渡古街：创建于六朝，整条街随处可见六朝至清代的历史踪迹，是镇江文物古迹保存最多、最集中、最完好的地区，享有“中国古渡博物馆”的美称。

西津渡古街

线路

■ **镇江二日游**

第一天游览茅山风景区，黄昏时返回，到长江路、南徐大道、南门大桥观光。

第二天参观北固山、金山、焦山风景区。

■ **近郊一日游**

上午游览嘉山，参观嘉山寺，随后参观丹阳上海战役总前委旧址纪念馆，缅怀革命先烈；下午游览万善公园，参观陵口石刻。

■ **茅山一日游**

上午前往农博园游玩，体验田园生活；下午游览茅山，领略道教文化。

金山寺慈寿塔

为何去

金山寺

国家历史文化名城镇江，文物古迹星罗棋布，自然山水清幽旖旎，古有“天下第一江山”的美称，又被誉为“文物之邦”。沿江夹峙的京口三山（金山、焦山、北固山）及市区南山国家森林公园最为著名。

何时去

宝塔山公园

来镇江旅游以春、秋两季为佳。

春、秋季到镇江来，气温适中，这两季也是镇江一年中举办各类节庆最多的时节，旅游的“黄金时节”。

每年三四月间，正是镇江宝塔山公园樱花盛开的季节，宝华山会有大型的玉兰赏花节，还有句容茅山盛大的香期庙会。

12月31日，镇江金山公园有金山寺新年祈福撞钟活动；而到了中秋前后，焦山公园桂花节、镇江金秋美食节会相继举行，为秋季的镇江增添了浓浓的节日气氛。

区域解读

区号：0511

面积：约3847km²

人口：约318.63万人

地理 GEOGRAPHY

区划

镇江辖3区（京口区、润州区、丹徒区）、3市（句容市、丹阳市、扬中市）。

地形

镇江市有着以丘陵岗地为主的地貌特征，地势西高东低，南高北低，呈波状起伏。

镇江全市河流有60余条，主要以人工河居多。水系分北部沿江地区、东部太湖湖西地区和西部秦淮河地区。

镇江境内的滨江低地和江心沙洲在近代由长江泥沙淤积而成。江中洲地自西向东有世业洲、征润洲、新民洲、江心洲、顺江洲和扬中四洲（雷公嘴、太平洲、西沙、中心沙）。

气候

镇江春秋短、冬夏长，冬夏温差显著，雨量充沛，四季分明，属于亚热带季风气候。

来镇江旅游，春、秋两季为佳，此时气温不冷不热，是旅游的“黄金时节”；6月中旬是梅雨季节，应尽量避开出行。中秋前后，焦山公园桂花节、镇江金秋美食节会相继举行，这些当地的节日也是旅行路上最美的人文点缀。

传奇荟萃的镇江三山

镇江三山位于镇江市区沿江自西向东方向，就像三兄弟一般相互耸立，山并不高，最高的焦山差不多70米，北固山和金山才50米左右。但金山留下了白蛇与法海“水漫金山寺”“梁红玉击鼓战金山”的传奇，北固山则有刘备招亲的甘露寺、辛弃疾填词《京口北固亭怀古》的词碑，焦山因东汉有个叫焦光的隐居山中得名。

“一岛中立”的焦山

焦山又称浮玉山，位于镇江市大市口东北方向长江之中，为现在长江中唯一四面环水的风景游览地。“万川东注，一岛中立”，焦山如“中流砥柱”一般浮于江中。

焦山山水天然真实，又因许多禅寺精舍、亭台楼阁等建筑均藏于山林深处，所以有“焦山山裹寺”之说，并以古树名碑闻名遐迩，被誉为“书法之山”，其摩崖石刻《瘗鹤铭》享誉海内外。

“寺裹山”的金山

金山景点甚多，被古人赞为“江南名胜之最”，充满了历史传说和神话故事。“白娘子水漫金山寺”的故事即缘于此。金山因金

镇江城市风光

山寺而闻名遐迩。

金山寺寺门朝西，依山而建，殿宇栉比，亭台相连，遍山布满金碧辉煌的建筑，以致令人无法窥视山的原貌，因而有“金山寺裹山”之说。金山寺是镇江这座城市的标志。

“铁马金戈”的北固山

北固山以险峻著称，那里的亭台楼阁、山石涧道，无不与三国时期孙刘联姻等历史传说有关，是寻访三国遗迹之地。而其主峰濒临长江，山势险固，古甘露寺高踞峰巅，形成“寺冠山”特色。

此外，北固山还留下众多名人墨迹，辛弃疾著名的《京口北固亭怀古》一诗中“想当年，金戈铁马，气吞万里如虎”的豪气便来自这里。

历史 HISTORY

历史大事记

东汉末年，孙权将东吴都城从苏州迁到镇江，定名京口，后成为东吴的战略要地。

南宋建炎四年（1130年），南宋抗金名将韩世忠以八千水兵将金兀术带领的10万金兵困在金山附近，韩世忠夫人梁红玉登临妙高台，亲擂战鼓，助阵鼓舞士气。宋军士气大振，大破金兀术。

南宋时期，抗金名将岳飞被朝廷“十二道金牌”召回，回程途经镇江时，拜访好友金山寺方丈道月法师，并引吭高歌《满江红》抒发壮志，作别方丈回临安。

英雄梁红玉，智勇战金兵

南宋时，江苏苏南一带处在宋金交界处，战争不断，镇江也是当时的抗金主战场之一。在镇江金山至焦山的这段江面上曾经发生了一场著名的宋军水师大战金兵水师的水上战斗。

宋高宗建炎四年（1130年）三、四月，金大将金兀术率10万大军进犯镇江，南宋名将韩世忠率八千水军在镇江拦截，双方兵力悬殊，形势不容乐观。韩世忠夫人梁红玉向韩提出埋伏之计，韩世忠听了，觉得可行。

韩世忠亲率战船，诱敌深入，梁红玉在金山山巅的妙高台擂鼓助阵。金兀术带领500条战船，耀武扬威，来犯镇江。梁红玉在金山顶上看清楚后，猛然擂起战鼓。韩世忠听到金山那边传来的鼓声，立即指挥水军，扯帆迎敌，江面上顿时刀光映日，杀声震天。没过一会儿，梁红玉在金山顶上又擂起二通鼓，韩世忠听着鼓声，指挥战船，变化成人字队形，且战且退，转眼间便隐进鲇鱼套芦荡里了。金兀术一看，连忙紧紧追赶。梁红玉在金山顶上，看得一清二楚，金兀术已经中计，随即挥动令旗，擂起三通鼓。只见芦荡里事先埋伏好的战船冲了出来，火光冲天中，由于金兵不善水战，很快就败下阵来，直打得金兀术只想脱身。韩世忠随着梁红玉的鼓声指挥战船追击，一直把金兀术围困在鲇鱼套的芦荡里多日，差一点将他生擒。

文化 CULTURE

镇江香醋，醋香不怕巷子深

镇江香醋有着1400多年的历史，具有“色、香、酸、醇、浓”的特点，“酸而不涩，香而微甜，色浓味鲜”。得天独厚的地理环境与独特的精湛工艺使得香醋存放时间越久，口味越香醇。

与山西醋相比，镇江醋的最大特点在于微甜，蘸之以食用江南的肉馅小吃的时候，更能体现出小吃的鲜美。

镇江香醋以优质糯米为主要原料，采用优良的酸醋菌种，经过固体分层发酵及酿酒、制醅、淋醋三大过程，经过40多道工序，历时70多天精制而成，再经6~12天储存期，然后才出厂包装销售。

除了配合小吃之外，镇江香醋还可用以拌冷盘，熘素菜，烹鱼肉，炖鸡鸭，可提味增香，去腥解腻，开胃生津，是味道极佳的调味品，被国内外誉为“醋中上品”。

镇江醋影响到镇江人的饮食习惯，当地人煮菜时，多会配以镇江醋来吃，另外在吃大闸蟹时，蘸上加入姜丝的镇江醋，可以中和蟹的寒性。

名单

镇江历史名人

东晋著名医药学家葛洪

清《老残游记》作者刘鹗

教育家、复旦大学创始人马相伯

辛亥广州起义总指挥赵声

现代著名桥梁专家茅以升

现代著名语言学家吕叔湘

葛洪

链接

镇江香醋的民间故事

当年，杜康发明了酿酒术后举家来到镇江，在城外开了爿前店后作的小作坊，儿子黑塔则帮助父亲酿酒，还养了匹黑马。

一天，黑塔做完了活计，一口气喝了好几斤米酒，醉醺醺地回到马房睡起觉来。夜半时分黑塔被雷声惊醒，迷糊中只见一白发老翁站在面前，笑眯眯地指着屋内的一口缸对他说：“黑塔，你酿的调味琼浆已经21天了，酉时便可食用。切记。”黑塔正待发问，却已不见了老者影踪。这大缸中明明是喂马用的酒糟，只不过加了几桶水而已，哪会有调味琼浆？将信将疑的黑塔此时正觉得口干舌燥，不管三七二十一舀上一瓢就喝了起来。果如其言，香喷喷、酸溜溜、甜滋滋，顿时满口生津。

杜康闻讯也觉得神奇，琢磨了许久豁然贯通：“二十一日酉时，加起来就是个‘醋’字，这琼浆莫不就是醋吧！”于是，杜康父子按照老翁的指点，在酒糟里加水发酵，从此，便有了调味品醋。“杜康造酒儿造醋”也在民间流传开来。

镇江“三怪”，经久不衰的镇江美味

在镇江，流传着一首顺口溜一样的《三怪谣》：“香醋摆不坏、肴肉不当菜、面锅里面煮锅盖。”说的就是镇江当地的香醋、肴肉以及锅盖面。

摆不坏的香醋

醋，在中国有着悠久的历史，有“食总管”的美称。人们在爆、炒、拌、熘等不同烹制过程中，都要加些醋，去腥解腻，增进风味。

在镇江，若品尝水晶肴蹄、蟹黄汤包时，蘸点香醋，配上姜丝，别具风味。至于醋熘鳜鱼、糖醋排骨这些就更不用说了。

北宋大文豪、美食家苏东坡在镇江焦山品尝鲥鱼时，曾作诗赞美道：“芽姜紫醋炙银鱼，雪碗擎来二尺余。尚有桃花春气在，此中风味胜莼鲈。"

后来，镇江人发现香醋摆放久了，不但不坏，还越来越有味道。所以"香醋摆不坏"便成为了镇江的第一"怪"。

不当菜的肴肉

水晶肴蹄是在古菜"烹猪"和水晶冷淘的基础上发展起来的风味菜。"烹猪"和水晶肴蹄是一脉相承的，都是用猪蹄子和花椒盐，加老卤，以明矾澄清原汤汁，压冻而成的。不同的是"烹猪"不用硝水，而水晶肴蹄用硝水。吃肴蹄时，配以姜丝、香醋等作料，味道好。

现在上档次的宴席中，水晶肴蹄是主冷盘中的佼佼者，肴蹄肉色鲜美，皮白光滑晶莹，卤冻透明，肉质清香而醇酥，肥而不腻，瘦不嵌齿。无论冬夏总是结成半透明的水晶冻，深受食客喜爱。

面锅里面煮锅盖

"面锅里面煮锅盖"，听到这个名字就会感觉有些奇怪。这是镇江饮食技艺中的一项独特创造。

锅盖面，用的是"跳面"。所谓"跳面"，就是把揉好的面放在案板上，由操作人员坐在竹杠一端，另一端固定在案板上，上下颠跳，反复挤压成薄薄的面皮，最后用刀切成面条。这种面条有毛孔，卤汁易入味，吃在嘴里耐嚼有劲，味道独具。

为什么要煮锅盖呢？据说，过去镇江人下面不用锅盖，后来一次一家面店为了让面熟得快，无意中盖了锅盖。当面条下入沸水锅后，再用一只小锅盖盖在面汤上，这样生面条逐份投入，熟后不黏结，不散乱；而且当面汤滚沸时，可清除浮沫，保持汤面不浑浊。后来这种方法就一直沿用至今。

蟹黄汤包，鲜味了得

镇江的蟹黄汤包是从三国时期流传下来的，它的特点是皮薄、汤多、馅饱、味鲜。个中奥妙全在一个"汤"字。

镇江肴肉

蟹黄包的肉皮内含有一种十分富有黏性的白明胶，人们通过煨煮、绞碎再熬煎的过程，将鲜猪肉皮加工制成皮冻，加进鲜肉茸和猪油熬制过的蟹肉、蟹黄做成包子，上笼蒸熟后皮冻化为卤汁，鲜味便通通融进了汤肉。

蟹黄汤包制作有近10道工序，工艺十分繁复精细。然而吃蟹黄汤包也有讲究。千万不能心急，要做到"轻轻提、慢慢移、先开窗、后吃汤"。慢慢地移至醋碟内，因为提重了会破皮，提快了会掉底。吃的时候不能怕费事，得边吃边品味。可别一口吞下去，没尝到鲜味，还烫了自己。

链接

蟹黄汤包的传说

传说刘备病死白帝城后，夫人孙尚香痛不欲生，登上北固山投江自尽了。人们在祭奠孙夫人时，用猪肉茸和蟹肉做成馒头作为供品。由于这肉馍味道鲜美，于是被民间广为食用，代代相传，便演变成今天的蟹黄汤包了。

蟹黄汤包

景点推荐

三山风景区

三山风景区指镇江市区长江南岸的3座名山：金山、焦山和北固山，并含有云台山、象山及湿地等过渡景域。景区占地40余平方千米，主体以内江为核心，三山以“江、山、寺、洞、泉、林”景观俱全而著称，金山“寺裹山”、焦山“山裹寺”和北固山“寺冠山”的精妙特色，堪称江南建筑艺术瑰宝。

金山风景区 AAAAA

“白娘子水漫金山寺”的神话仙山

镇江市润州区金山路62号，市区西北约2千米处

旺季65元，淡季50元　85512992　火车站乘2路公交直达，或乘8、34、102、104、115路公交可达。金山到焦山可乘104、123路公交

6:00～18:00

金山原是江心岛屿，被称为“万川东注，一岛中立”。至清道光年间（1821—1850年），金山开始与南岸陆地相连，于是“骑驴上金山”在当时盛行。金山自古便有很多名称，古人把这座山比作《华严经》里的七金山，几经演变，被后人叫作金山。现由金山寺、天下第一泉、塔影湖、百花洲、镜天园等景点组成，还有慈寿塔、法海洞、玉带桥等景点。

自古以来众多文人墨客、名人雅士到金山游览，并留下脍炙人口的诗句和珍贵的墨宝等，如李白、白居易、苏东坡、王安石、范仲淹、王阳明等。

玩家攻略

金山位于长江边上，慈寿塔突兀拔起于金山之巅，从江中远望金山，只见寺庙不见山，故以“金山寺裹山，见寺，见塔，不见山”的风貌而蜚声海内外。

金山广场有新年撞钟活动，热闹非凡。另外，在留云亭可俯瞰镇江全城风貌。

金山寺

始建于东晋，距今已有1600多年，南朝、唐初称为金山寺，清康熙南巡时赐名江天禅寺，与普陀寺、文殊寺、大明寺并列为中国四大名寺。

金山寺依山势而建，楼上有楼，楼外有阁，阁中有亭，精巧壮观，独具风格。登上寺塔高处，滚滚长江和镇江长江大桥尽收眼底。

这座寺庙历来多次损于火灾，原建于明代的大雄宝殿在1948年便遭此劫难，共烧毁260多间亭、台、楼、阁、房屋等。现在所见的建筑为1985年重建，匾额由赵朴初题写。

链接

“金山四宝”

“金山四宝”是慈寿塔下屋内陈列的一批珍贵历史文物，分别为周鼎、金山图、铜鼓、苏东坡的玉带。

周鼎：是西周宣王时代的铜器，迄今已有2700多年。

金山图：为明朝著名画家文徵明所绘，展现了当时金山和金山寺的秀美雄姿。

铜鼓：是一种鼓状铜器，高八寸，直径一尺五寸，重二十三斤八两。

苏东坡玉带：苏东坡与佛印交往甚密，一次两人以禅语对句，用东坡玉带作赌，苏东坡输一局，玉带便留在寺中。此玉带宽约二寸、长约二尺，共缀有二十四块米色白玉，不仅是寺院的一宝，更堪称国宝，在金山已存有九百多年。

天下第一泉

天下第一泉位于金山以西500米左右。又名中泠泉、南泠泉，早在唐代时就已闻名天下。据记载，古时候泉水在江中，江水自西

而来，受石簿山和鹘山的阻挡后，水势曲折分为三泠，分别是南泠、中泠、北泠，而泉水就在中间，故名“中泠泉”。另外，在金山的西南面的泉水被称为“南泠泉”。

玩家 解说

唐朝以来，中泠泉为人们喜爱，以至唐代品茶专家陆羽评中泠泉水为“天下第一”。后又有唐代名士刘伯刍将全国水分为七等，而中泠泉被列为第一，从此中泠泉被誉为“天下第一泉”。后期中泠泉上岸后曾一度迷失，直至清同治八年（1869年）被人发现。清光绪年间（1875—1908年）在此建造石栏、庭榭，并拓地40亩，开塘种荷，堤边植柳，夏季之时柳荷相映。

慈寿塔

慈寿塔为砖木结构，高30米，七级八面，内有旋式梯，可登塔远眺焦山、北固山景色。此塔位于金山之巅，与整座金山和金山寺相得益彰，构成一山一寺一塔的景色，同时也是金山的标志性风景。

慈寿塔始建于齐梁，距今已有1400余年。在唐宋之际，此地便有双塔，宋朝曾叫“荐慈塔”“荐寿塔”，后毁于火灾。但现存这座塔建于清光绪二十年（1894年），是慈禧寿辰金山寺住持僧自行募捐修建。

金山公园

法海洞

法海洞位于慈寿塔西下侧的悬崖上。在这里有两个传说：相传这里是金山寺开山祖师法海和尚生前住的地方；相传法海死后，他的弟子把其肉体装金供在洞中，后来肉身坏了，又塑了一个石像，留作纪念。因法海的俗家姓氏为裴，这里又名裴公洞。

焦山风景区 AAAAA

焦山“山裹寺”、景色清幽

镇江市京口区东吴路东端，市区东北约5千米处的长江之中　50元

乘49、83、84等路公交可达　88817103

焦山风景区由象山景区、焦山景区、松寥山景区及焦东滩、桂花园景区等组成，是万里长江中唯一四面环水的游览岛屿，山中碑林石刻内涵丰富，被誉为“书法之山”。

焦山因东汉焦光隐居山中而得名。又名樵山、谯山、狮岩。焦山“山裹寺”，有定慧寺、观澜阁、华严阁（华严月色是焦山十六景之一）、三诏洞、壮观亭、别峰庵（郑板桥读书处）、吸江楼等景。

玩家 解说

1.与金山“寺裹山”不同的是，焦山又因寺庙楼阁等建筑均掩映于漫山苍松翠柏修竹茂林之中，故有焦山“山裹寺”之说。

2.焦山扼守着长江的咽喉地带，自古以来这里就是兵家必争之地。南宋抗金名将韩世忠曾率领将士驻扎焦山，堵击金兵。1275年，宋、元大军在焦山一带的江面上激战，出现过“焦　险要屯包港，元宋兴亡战夹滩”的惊心动魄场面。近代，焦山古炮台是中国抗英反帝斗争的重要遗迹，同时亦是镇江人民浴血御敌，狠狠打击外国侵略者的铁证。

链接

焦山“四古”

焦山有珍贵的“四古”：古寺庙定慧寺；古树六朝柏、宋代槐、明代银杏，古树多呈虬奇古怪之态，散布在山腰水畔寺前庙后，为山寺增添上一层幽邃雅静、青翠葱郁的色彩；古碑刻、古崖铭文物皆闻名于世。

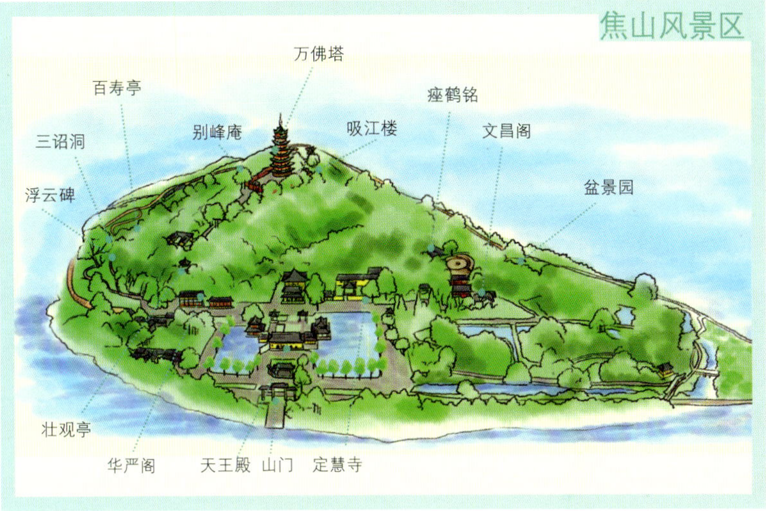

定慧寺

原名普济禅寺，是江南最早的寺庙之一，始建于东汉，以研究佛学著称于世，现在的建筑为明代重建，如今仍保持着明代的建筑风格。来到定慧寺门口，便可见一株800年古银杏树，这便是焦山著名的古树。但该寺最著名的宝贝当数《瘗鹤铭》，整个石碑形状犹如无数只仙鹤展开双翅，在云霄中穿行，翩翩起舞。

不波亭

不波亭为“海不扬波”亭的简称，这里即定慧寺山门，但因其相对独立，久而久之成为一景。“海不扬波”4个大字，为明代书法家胡缵宗所书，写在此地意为焦山位于江心，犹如镇江之石，希望可以驱逐水妖。

焦山碑林 ㊫

焦山之所以成为蜚声海内外的“书法之山”，是因为其有气势磅礴的摩崖石刻和碑刻艺术。焦山上的碑林又称宝墨轩，建于北宋初年，为润州太守钱子高所建。这里珍藏有460余方碑刻，为江南第一大碑林，数量之多，仅次于西安碑林。

其中汉代蔡邕的《焦君赞》、梁代江淹的《焦山述怀》、唐代王瓒诗，以及被誉为“碑中之王”“大字之祖”的旷世奇碑——晋王羲之手书刻石《瘗鹤铭》，被称为“焦山四绝”。

玩家 解说

在中国，说到碑林，一般人想到的都是西安碑林。而焦山碑林刚好与西安碑林一南一北，各领风骚。可以说西安碑林是黄河文化孕育出来的产物，是我们的母亲河黄河的象征；焦山碑林是长江文化的凝结，是长江文化的写照。

别峰庵（板桥读书处）：别峰庵始建于宋代，为四合院形制，郑板桥酷爱竹，此处的桂花修竹构成此处宜人雅致的环境。在庵门上保留着郑板桥当年手书的对联“室雅何须大，花香不在多”。除此，这里还保有很多郑板桥的墨宝，如“难得糊涂”“吃亏是福”等。

三诏洞：位于焦山西麓，又名焦山洞，相传东汉末年焦光弃官隐居在此，朝廷曾三诏其出仕。怎奈焦公淡泊明志，终老山中。百姓为纪念他，改称此山为焦山。

万佛塔：位于焦山顶峰，七级八面，塔高42米，建筑面积583平方米，是一座明清式具有江南风格的仿古塔。上有天宫，下有地宫，可登塔观江天一色之景。

吸江楼：位于焦山东峰绝顶，原名吸江亭、四面佛亭。楼呈八角形，上下两层，是夏日登楼观日出的佳处。

观澜阁

观澜阁是一座精致小巧的庭院，乾隆皇帝南巡时曾把此地作为行宫。楼上下东、南、西三面明窗若镜，在楼上长廊可观赏江景，亦可听涛，风雨交加之时可领略古人称其为“观澜阁”的雅致所在。

焦山古炮台

据镇江史料记载：“焦山炮台选用质优的材料和方石为基，以黄土、石灰、细沙配糯米汁捣拌成三合土，分层夯实，表面涂有黑色保护剂，整个炮台呈暗堡式，炮台内分设6000~8000斤重的大炮。”

焦山古炮台位于焦山东麓，共8座炮台，呈马蹄形排列，炮口面对大江。炮台建于1840年鸦片战争期间，是当时清政府为加强长江下游的防务而建的，是中国人民打击外国侵略者的真实证据。

华严阁

华严阁位于定慧寺西南部，面临大江，背倚峭壁，是一座两层楼的临水建筑。这里是焦山赏月的最佳所在，“华严月色”是焦山

焦山

最富诗意的十六景之一。楼上厅堂正中挂着“一片浮玉，十分江景”的对联，点出登楼可观赏到的景色。而楼下为“浮玉斋”素菜馆，颇具特色，值得品尝。

华严阁门北边的花墙上嵌有清代两江总督徐传龙手书的“龙飞凤舞”4个大字；在华严阁东侧有一个小山洞，名曰“安隐岩”，洞口石壁上嵌有苏东坡的石刻画像和焦山十六景咏诗。

北固山 AAAAA

以险峻著称，因三国扬名

镇江市京口区东吴路西端

镇江火车站乘4路公交可达　¥30元

北固山“寺冠山”，以险峻著称，高约58米，长约200米，“刘备招亲甘露寺”使北固山名闻中外。北固山由前峰、中峰、后峰（主峰）三部分组成，后峰背临长江，枕于水上，峭壁如削，是北固山风景最佳的地方。在后峰顶东可看焦山，西可望金山，天气晴朗之时，还可望见一江之隔的扬州平山堂。“金焦两山小，吴楚一江分”，寥寥10个字是其最好的写照。

现在这里主要有南朝梁武帝题书的“天下第一江山”石刻、多景楼、凌云亭、狠石、溜马涧、凤凰池等景。甘露寺高居峰巅，寺内包括大殿、老君殿、观音殿、江声阁等建筑。

北固山还有众多人文景观，如东吴大将太史慈和鲁肃的陵墓，北宋著名词人柳永的坟墓，南宋文天祥虎口脱险遗址等。

铁塔 文

铁塔又名“卫公塔”，位于北固山后峰东南处的清晖亭旁，始建于唐宝历元年（825年），是中国仅存的6座铁塔之一，也是江苏省境内唯一的铁塔。铁塔有四层，一、二层是宋代制品，三、四层为明代所铸。塔基为莲花座，刻有云水纹、莲瓣双雀、游龙戏珠、佛像等精美图案。

"天下第一江山"石刻

"刘备招亲"的故事发生在这里。相传三国时，刘备来东吴招亲，孙权陪刘备观赏江景，刘备见北固山雄峙江滨，赞道："北固山真乃天下第一江山！"到了南北朝之时，梁武帝登北固山时，挥笔书写了"天下第一江山"6个大字，于是北固山有了"天下第一江山"的美称。

试剑石

试剑石位于凤凰池右边，是一块平直一分为二的巨石，该石高的一块约1.5米，矮的一块0.7米左右，两块石头中间都有平整的裂缝，如被锋利的兵器削成，在石头上有"试剑石"3个大字。

多景楼

多景楼位于甘露寺背后，古时被称为"北固楼"，后又称"春秋楼""相婿楼""梳妆楼"，在古代曾是"万里长江三大名楼"之一。此楼建于唐代，楼名取自李德裕《临江亭》"多景悬窗牖"的诗句。多景楼是一座画梁飞檐的两层楼阁，回廊四通，面面皆景，真有"多景"之感。相传，刘备招亲时，孙尚香的洞房就是此楼。所以后人才称其为"相婿楼"和"梳妆楼"，但这故事是后人在《三国演义》故事的基础上演绎而成的。

甘露寺

甘露寺位于北固山北峰。该寺因始建于东吴甘露元年（265年），故名"甘露寺"。现在这座寺庙建于唐宝历年间，为纪念东吴在此定都而建。到明清时期，该庙发展至鼎盛，寺宇、殿堂、僧屋共有200多间。康熙、乾隆两位皇帝到江南巡游时，在此建造行宫。

凌云亭

凌云亭位于甘露寺西侧，是北固山的最高点，上接青天，有凌云之势。此亭建于明崇祯年间，抱柱上刻有"客心洗流水，荡胸生层云""此身不觉出飞鸟，垂手还堪钓巨鳌"两副对联。这里是赏夜景的好地方，相传康有为在夜晚登亭后写下了"江山第一亭"。

玩家 行程

推荐游览路线：清晖亭—铁塔—"天下第一江山"石刻—"南徐净域"题额—甘露寺—溜马涧—狠石—多景楼—凌云亭—太史慈墓—试剑石。

北固山

铁瓮城 ㊋

铁瓮城位于北固山的前峰，即青云门街北面的鼓楼岗上。现存的遗址呈马蹄形，城周约1000米。铁瓮城又名子城、京城，始建于195年，建成于209年，是三国孙吴时期的建筑；晋、唐、宋、明、清均在原有的基础上进行了修缮，已有1800多年的历史，是镇江历史上的第一座城。

玩家 解说

铁瓮城由孙权所建，是六朝时代南方长江中下游地区建造最早的一处政治中心城市。京口铁瓮城比孙权所筑南京石头城和湖北的鄂王城都早，号称"三国东吴第一城"。多年来通过考古发掘，发现了大批六朝时期的砖头和夯土层、地下通道及南城垣门墩等遗迹。

景点推荐

镇江市区景点

西津渡景区 AAAA

被称为“中国古渡博物馆”

镇江市润州区小码头街 ¥20元

乘8、14、29等路公交车可到

西津渡古街创建于六朝，全长约1000米，整条街随处可见六朝至清代的历史踪迹，有待渡亭、观音洞、昭关石塔（江南唯一的喇嘛过街石塔）、英国领事馆旧址、四道券门等景点。其中以西津古渡、英国领事馆旧址最为著名。

西津渡古街是镇江文物古迹保存最多、最集中、最完好的地区，享有“中国古渡博物馆”的美称。

玩家解说

古时候，这里东面有象山为屏障，挡住汹涌的海潮，北面与古邗沟相对应，临江断矶绝壁，是岸线稳定的天然港湾。六朝时期，这里的渡江航线就已固定。规模空前的“永嘉南渡”时期，北方流民有一半以上是从这里登岸的。

东晋隆安五年（401年），农民起义军领袖孙恩率领“战士十万，楼船千余”，由海入江，直抵镇江，战略目标就是“鼓噪登蒜山”，控制西津渡口，切断南北联系，以围攻晋都建康（今南京），后被刘裕率领的北府兵打败。684年，唐高宗李治驾崩以后，皇后武则天临朝称帝，徐敬业、骆宾王等在扬州发动武装暴动，骆宾王写下了传诵千古的著名檄文《为徐敬业讨武曌檄》，一时天下震动。兵败后，徐敬业、骆宾王等渡江“奔润州，潜蒜山下”。宋代，这里是抗金前线，韩世忠曾驻兵蒜山抗御金兵南下。千百年来，发生在这里的重要战事有数百次之多。

昭关石塔 文

昭关石塔是中国唯一保存完好、年代最久的过街石塔，为元代所建，是为元武宗建造元大都白塔寺的工匠刘高主持建造的，石塔塔基的东西两面都刻有“昭关”两个字，故称“昭关石塔”，也有人称之为观音洞喇嘛塔或瓶塔。

观音洞

观音洞始建于宋朝，清咸丰九年（1859年）重新做了修葺。观音洞的洞门外有一个3层的铜鼎，洞口上方有一块石额，上面刻有“观音洞”3个字，为宜兴陈任旸所书。洞内迎面而立的是一座白石观音立像。观音菩萨左手持净瓶，右手上指，神态娴静而安详。观音洞的两侧还有两处神殿。东侧是眼光菩萨的“普陀岩殿”，西侧为地藏王菩萨的“地藏殿”。离观音洞不远的地方，有紫阳洞和铁柱宫遗址两处道教圣迹。

英国领事馆旧址 ⓦ

英国领事馆旧址是座19世纪后半叶的拱券廊式建筑，整个建筑为砖木结构，是一组由5幢房子组成的建筑群，主体2层，局部3层，墙壁用青砖夹红砖叠砌而成，勾白色灯草缝，钢质黑色瓦楞屋面，显得端庄而典雅。其他4幢建筑分别是当时的工部局巡捕房、正副领事和职工宿舍以及各种服务设施。

玩家 解说

第二次鸦片战争结束后，根据不平等的《天津条约》，长江沿线被迫对外开辟了5个通商口岸，镇江就是其中之一。清同治三年（1864年）在这里修建了英国领事馆。光绪十五年（1889年）正月初六，由于英国人无端殴打中国小贩，数千被激怒的镇江民众愤而焚烧了领事馆。现在的主楼是清政府赔款于1890年重建的。1927年北伐军兵临镇江，镇江人民收回了英租界，结束了英帝国主义在镇江享有的特权。

英国领事馆旧址现属镇江博物馆。馆内珍藏着不同时代的文物3万余件套，如西周时的鸳鸯尊、春秋时的双螭首三轮铜盘、东吴时的青瓷罐、唐代的《论语》玉烛、宋代的影青雕塑孩儿瓷枕、禹迹图碑、绢本南京府县地图、金棺银椁、元代的青花瓷器、明代的《杏元雅集图》等稀世珍宝。

圌山

山险、洞奇、景幽

镇江市丹徒区大路镇，长江边

圌山枕锁江流，怪石嶙峋，古树修竹，绝尘断俗，为佛家福地。山北有绍隆寺，建成于

宋代，明代起属金山寺下院。山上36处悬崖，72道险坡，一步一景，有“万里长江第一塔”之称的圌山塔就位于山上。远望圌山，瑞气升腾，山塔相映更增添了神秘之感。

玩家 解说

传说圌山原名瑞山，秦始皇东巡途经此地，见瑞气升腾，龙骧虎视，便立即传旨将瑞字左边的“王”去掉，用“囗”将余下的“耑”框起来，以免王气外泄危及万年江山。于是这座山便叫作“圌山”。

圌山扼长江江防，是捍卫镇江和南京的门户。唐代这里便设有谯山戍（即镇海军），宋代建圌山寨，宋将韩世忠在此屯兵抗金，韩营、韩桥等遗址至今犹存，并已沿用为地名。

圌山是一座英雄的山，为抵抗外侮做出了不可磨灭的贡献。明嘉靖三十五年（1556年）倭寇沿江入犯圌山，无为州同知齐思率军痛击，斩首百余级，齐思等21人也壮烈殉国。明天启年间倭寇再次来犯，参军毛文龙率部迎战，杀得倭寇狼狈逃窜，从此不敢再生觊觎之心。1842年鸦片战争英国侵略军发动扬子江之役，圌山炮台守军英勇杀敌，打得侵略者魂飞魄散。

链接

圌山塔

原名报恩塔，位于圌山之巅，建于明代崇祯年间，塔高30余米，七层八面，每层有砖叠砌的腰檐，塔端耸立着葫芦铜顶。此塔为砖木结构，内有木梯可登上塔顶，历史悠远，造型简洁，风格古朴，受数百年风雨侵蚀，仍然坚不可摧。

南山风景区 AAAA

古建林立、风景清幽

镇江市润州区竹林路98号，距市中心2.5千米

旺季40元，淡季30元

乘坐53、67、68号公交车可到

7:30～17:30

南山风景区面积约18平方千米，是招隐山、黄鹤山、夹山、九华山、京岘山等山的统称，由招隐景区、竹林景区、鹤林景区和文苑组成。有招隐、鹤林、竹林三大古寺及虎跑泉、鹿跑泉、珍珠泉三口名泉，另有读书台、增华阁、杜鹃楼、米芾墓、赵伯先墓、宗泽墓等景。南山历来和名人颇有渊源，梁昭明太子萧统在此编撰了《文选》，唐代诗人刘禹锡、骆宾王，宋代文豪苏东坡、书画家米芾，以及清乾隆皇帝都曾登游此山，并且留有许多诗画。

昭明太子读书台

昭明太子读书台是简单小巧的三间平房，窗明几净，周围有回廊，隐匿于山腰处。据说，萧统被封为太子之后，曾在招隐寺读书。院落内有一块石案，长1.3米、宽0.5米、厚0.1米，是当年昭明太子伏案之处。

玩家 解说

萧统（501—531），字德施，小字维摩，南朝梁代文学家，南兰陵（今江苏常州）人。梁武帝萧衍长子、太子，谥号“昭明”，故后世又称“昭明太子”，主持编撰的《文选》又称《昭明文选》。

《文选》是中国古代第一部文学作品选集，

玩家 解说

戴颙（377—441年），字仲若，古代音乐家，其父戴逵是晋代著名琴家。戴颙以孝行著称，其以“拒为王门伶人”之事为世人所称道。

曾经这里的植被非常好，古树参天，鸟语花香，其中最为著名的当属黄鹂。相传，戴颙隐居时，最喜爱听黄鹂鸟的鸣叫，并以此为乐，独坐绿荫之下，听鸟儿婉转地歌唱，因此有“戴颙斗酒双柑听鹂声”的故事。戴颙从黄鹂身上得到灵感，创作了大量的音乐作品，其中《游弦》《广陵》《止息》三曲尤为传世佳作。

听鹂山房

选编了先秦至梁以前的各种文体代表作品，对世人有较大影响，旧时读书人有“《文选》烂，秀才半”的说法。

增华阁

增华阁位于读书台右边，四周群山环抱，林壑幽深。现在阁内正中墙上挂着《增华选文图》，而左墙角的一排古架上陈列着《文选》样本。增华阁曾是当年昭明太子编辑《文选》的地方。

听鹂山房

听鹂山房是后人为了纪念戴颙而建造的一处建筑，它位于增华阁东北山腰。在抱柱上有一副对联，既写出了这里的风景，又点出这里发生过的故事，曰“泉韵每清心，自有山林招隐逸；莺声犹在耳，好携柑酒话兴亡”。

虎跑泉

虎跑泉位于山路左侧，有明嘉靖年间袁继祖重砌的方形泉池一座，并改名为“万古常清池”。池子内有一眼井，泉眼就在井中。相传，东晋法安禅师来到这里时，饮水困难，一只猛虎为他刨出此泉，以此得名“虎跑泉”。

这口泉的水质清澈，是烹茶的最佳选择。在泉池上方有一座方形亭子，名叫“虎跑亭”，是驻足休息、欣赏风景的好地方。

鹿跑泉

鹿跑泉位于听鹂山房东侧，泉畔有亭，名鹿泉亭，又称“如斯亭”。唐诗人张祜写下“古寺人名在，清泉鹿迹幽。竹光寒闭院，山影夜藏楼”来描写这里。

到了清代，文学家夏慎枢在《招隐有夏序》记载，“吸鹿泉，煮新茗，甘香润吻”。由此可见，在古代此处环境幽美，有野鹿在此出没。

米芾墓碑

鹤林寺

鹤林寺位于南郊磨笄山北麓，始建于东晋元帝大兴四年（321年），是镇江南郊的著名古寺之一。唐朝改名为禅寺，又名古竹院；北宋重建后，改名为报恩光孝禅寺。后几经战火摧毁，现存建筑主要是在清同治、光绪年间重修的。这里山清水秀，颇具禅意。

竹林寺

竹林寺位于南郊夹山下，本名“夹山不见寺禅院”，为东晋法安禅师始建，后颓废，至明末崇祯年间，林皋大师在此搭建草房独居。清康熙年间，康熙皇帝南巡亲书寺额。后雍正十年（1732年），皇帝下诏重建。但现在所见寺庙建筑，建于清同治三年（1864年），虽规模已不如从前的宏伟，但周围茂林修竹的环境依旧。

米芾墓

米芾墓位于鹤林寺西南面，占地600多平方米，墓碑是明代米氏后裔米万钟所书。米芾欣赏镇江美景，作画数十年，他死后其子米元晖遵照父亲的遗愿，将遗体归葬鹤林寺前，并舍宅建祠纪念，即为米公祠。“山荒樵径十三松，米老孤坟此地逢”和“五洲烟雨南宫笔，千里江山北固诗”，表达了后人对米芾的怀念和赞扬。

玩家解说

米芾（1052—1108），北宋书画家，世居太原，后定居润州（今镇江）。人称“米南宫”“米颠”。他能诗文，擅书画，精鉴别，所画的山水人物自成一家，在中国画坛史上占有重要的地位。

镇江醋文化博物馆 AAAA

全方位了解醋文化

镇江市丹徒区新城广园路66号（恒顺工业园隔壁） 9:00—16:00

镇江醋文化博物馆是央视热播电视剧《血色沉香》拍摄基地、“长三角世博主题体验之旅”示范点。博物馆全面展示世界和中国的食醋起源及流派分布，实景呈现传统香醋制作全过程。

博物馆分醋史馆、老作坊、陈列馆三大主体展馆，以及一个体验馆。全馆采用声、光、电等现代表现形式，全面展示了醋文化，方便游人解读、品味醋文化。

在老作坊，游人既可领略到民国时期镇江醋厂的造醋场景，又可探寻到电视剧《血色沉香》里的众多元素。在陈列馆，游人可以看到恒顺、山西、山东等地，以及来自美国、日本、德国等10多个国家的数百个醋产品。在体验馆内，游客可以动手制作一款有自己肖像商标、张贴在香醋瓶上的醋。

玩家解说

曲折的回廊，典雅的马头墙，精致的木格花窗，白墙黛瓦的仿古建筑；醋坛、醋罐、醋缸、醋作坊；醋史、醋艺、醋知识……走进展馆，将多视角领略镇江乃至世界醋文化史；循着醋香，将全方位品味时尚健康的“醋”生活。

镇江博物馆 AAAA

观赏文物珍宝、探索镇江历史

镇江市润州区伯先路85号

镇江博物馆创建于1958年，占地70余亩。馆址即原英国领事馆旧址，位于云台山下，是一组具有东印度风格的建筑群。镇江博物馆既是清政府腐败无能、英帝国主义侵略中国的历史罪证，也是中国人民英勇反抗帝国主义侵略与压迫的历史见证。

该馆收藏文物3万余件，现有6个基本

镇江博物馆

陈列：“吴文化青铜器展”“历代陶瓷器精品展”“古代金银器精品展”“古代工艺精品展”“明清绘画精品展”“‘京江画派’书画精品展”。它们集中展示了馆藏文物精品，突显了镇江3000多年的悠久历史和丰厚的文化底蕴。其中，西周青铜器、六朝青瓷器以及宋、元、明、清书画为馆藏特色。青铜凤纹尊是“镇馆之宝”，展于“吴文化青铜器展”内。

更多本旅游区景点

宝塔山公园：位于京口区塔山路1号，地处镇江古运河风光带的鼎石山上，以镇江4大名塔之一的僧伽塔为主景，以中日友谊梅樱园为特色，景色清新宜人。

镇江民间文化艺术馆：为英国亚细亚火油公司旧址，位于润州区长江路207号，以开发保护镇江地域民间文化为宗旨。

赛珍珠旧居：位于润州区润州山路6号，是一座砖木结构的两层楼房，楼内收存陈列了赛珍珠的著作等物品及中美友好交往的有意义的展品。

梦溪园遗址：位于京口区梦溪园巷，是北宋时期科学家沈括晚年的居所，依山而筑，有梦溪泉、百花堆、深斋等景。他在此写成了科学巨著《梦溪笔谈》。

伯先公园：为纪念近代民主革命先烈赵伯先而建，位于润州区云台山，为市内唯一的一座纪念性公园。

景点推荐 镇江东部旅游区

九里风景区

古朴幽静的祠庙建筑群

丹阳市延陵镇　20元

九里风景区是以季子庙为核心的祠庙建筑群，现存孔子手书的十字碑、中国最早的无字碑和沸井等历史自然景观，这里还是九里战斗的战场。

延陵季子墓碑世称十字碑，相传为孔子所写，始刻于何时无考，现碑是明正德六年（1511年）六月重摹上石。唐、宋以来屡次翻刻。碑高2.45米、宽1.07米，圆首。十字分两行。左、右、下都有唐人题刻。

链接

沸井涌泉

季子庙的沸井主要分布在庙前的沸井塘边。根据志书记载，古代这里有井百口，其中一部分是沸井。现存古沸井有六口，井水三清三浊，各相距尺许。稍远看去，井栏古朴典雅，神韵别具。井内水面翻腾鼎沸，滚浪有声。此外，在庙周边的河沟水塘内，还有多处沸泉在滚涌，从不停息，乡民们谓之为“龙气”，称沸井塘为“龙潭”“沸潭”。

季子庙何时有沸井很难考证，但从南朝刘敬淑的《异苑》一书可知，早在1600多年前的东晋时期，沸井已名声远播了。拜谒季子庙，观沸井涌泉是历代达官贵人、文人墨客非常向往的事。南朝张正见来此后写了《行经季子庙》一诗，其中有“野藤侵沸井，山雨湿苔碑”句。这是迄今所见的最早提到沸井的诗句。

嘉山寺

乾隆下江南两次亲临之地

丹阳市丹北镇嘉山脚下

嘉山寺始建于北宋绍圣年间（1094—1098年），南宋绍兴七年（1137年）嘉山祈雨救旱使该寺声名远播，香火风盛，一度曾有房屋94间，有“复礼”“显庆”“旌孝”“真珠”四大禅院，供奉释迦牟尼佛、弥勒佛、阿弥陀佛和地藏王菩萨。现已修复建成山门殿、天王殿、大雄宝殿、藏经楼、斋堂、地藏殿、客堂、祖堂、法堂等建筑。

玩家 解说

嘉山寺依山傍水，远近闻名。乾隆皇帝三下江南，两次到嘉山寺，并御笔亲赐“龙庆禅寺”匾。嘉山寺因此得以与镇江金山的“江天禅寺”齐名，人们“烧香去金山，先要到嘉山”。

嘉山寺寺前有一数亩大小的龙池，池上有亭，传说是白龙的化身；寺内有一古井，上窄下阔，地下最阔处有半亩大小；井水甘洌，且从没干涸过。

陵口南朝陵墓石刻 文

南朝齐梁王陵墓石刻群

丹阳市，入口在陵口镇，陵墓分布在荆林、胡桥、建山、坤城等地山坳里

陵口南朝陵墓石刻有南朝齐梁两代11处陵墓：永安陵、景安陵、修安陵、泰安陵、兴安陵、郁林王墓、海陵王墓、建陵、修陵、庄陵、建山乡金家村失考墓。各墓前和陵口共12处有精致宏伟的石雕。

玩家 解说

丹阳是齐梁两朝帝王的故里。两朝帝王死后大都“叶落归根”安葬在这里。每座陵墓前都设置了一对带有双翼的石兽。陵前，左首置双角的天禄，右首挺立着单角的麒麟，无角的辟邪则置于王侯墓前，充分显示了帝王的权势和威严。

陵口南朝陵墓石刻

夹峙京杭大运河与萧梁河交汇处隔岸而立的麒麟和天禄是丹阳境内最为壮美的一对石刻，这里也是进入陵墓区的大门，“陵口”古镇亦因此而得名。

油灯博物馆

了解油灯的秘密

扬中市拥军路

油灯博物馆是集展示、收藏、研究于一身的专业博物馆，也是国内唯一的专门陈列油灯的博物馆。它由扬中籍画家和美术理论家陈履生先生兴建并提供藏品。博物馆藏有各类油灯2000余件，藏品的范围包括了自原始社会以来各时期的作品，充分体现了民间收藏的特色。

更多本旅游区景点

玉乳泉：位于丹阳市城北广福寺观音殿前，宋景定四年（1263年）寺僧为井建亭。唐张文新《煎水茶记》誉其为“天下第四泉”。

万寿塔：原名万善塔，位于丹阳市东，建于明万历年间（1573—1620年），是一座木柱楼阁式砖塔，目前是丹阳最高的标志。

中国民间民族乐器陈列馆：由著名民族乐器制作专家常敦明个人筹建，位于扬中市新坝镇，陈列民间民族乐器300多种，是全国首家民族乐器陈列馆。

丹阳公园：位于丹阳市市区，是风景秀美的市民公园，里面有闻名遐迩的“江苏第一钟”唐代中和钟及钟亭。

凤凰山遗址：位于丹阳市城南偏西处，为一椭圆形土丘，地下叠压的文化层有8层，是座6000多年前的地下村庄。

国土公园：国内第一家以土地立意命名的公园，位于扬中市三茅街道锦城村。国土公园是融休闲、娱乐、江鲜品尝、养殖观赏和国土教育为一体的综合性旅游景点。

景点推荐 句容旅游区

茅山风景区 AAAAA

景色清幽的洞天福地

句容市茅山镇，东麓在常州市金坛区薛埠镇

7:30~16:30

旺季135元（含景区交通）、淡季115元（含景区交通）

400108999 www.maoshanchina.com.cn

镇江火车站旁的长途汽车站及常州汽车站有班车可达，最早一班7:30，约需100分钟车程

茅山是道教上清派的发祥地，被道家称为“上清宗坛”，后人称为“第一福地，第八洞天”，享有“秦汉神仙府，梁唐宰相家”之美誉。它位于江苏省西南部，南北约长10千米，东西约宽5千米，面积50多平方千米。主峰大茅峰，是茅山的最高峰，海拔372.5米。茅山峰奇、洞异、泉涌、石怪、树古，素以“宫观甲天下”闻名于世，现存元符万宁宫、万寿宫、万福宫、玉晨观、乾元观等三宫五观。茅山还有九峰、十八泉、二十六洞（以华阳洞、仙人洞为代表）、二十八池之胜景。

抗日战争时期，茅山更是新四军苏南根据地的中心（山上现有茅山新四军纪念馆），被毛泽东列为全国六大抗日根据地之一。

玩家攻略

活动：茅山每年最热闹的日子是长达三个月之久的“香期”——每年农历十二月二十四日至次年三月十八日，茅山都会举行道教法会，每天都有道场活动。农历二月二十五、三月十八、十月初三为纪念日，每逢此时，香客众多。此外，每年3月18日至5月8日，茅山还举办登山节。

采摘：1~2月，草莓采摘；4月，茶叶采摘；5~6月，桃子、桑葚采摘；8~9月，葡萄采摘；10~12月，冬枣采摘。

购物：有茅山道教“符”文化特色的旅游产品和具有“养生”特色的食品。如带有茅山“符”高档红木福坠、红木福屏风、琉璃百福茶叶罐、桃木剑、玉印挂件、车载平安符等，还具有养生调理作用的福饼、素饼、大福团、免煮汤圆等食品。还有有机葛根茶、茅山长青、茅山养生酒、茅山农家金蝉花等。

美食：茅山老鹅肉质鲜嫩，口感好，风味独特；葛村砂锅以底排、香菇、平菇、金针菇、扁尖、冬笋等为原料炖制，口味鲜美，回味无穷；天王白斩鸡采用生长期在3年以上的当地产草鸡为原料，辅以各种作料煮熟，浇特制酱油汁，色质嫩黄，口感香

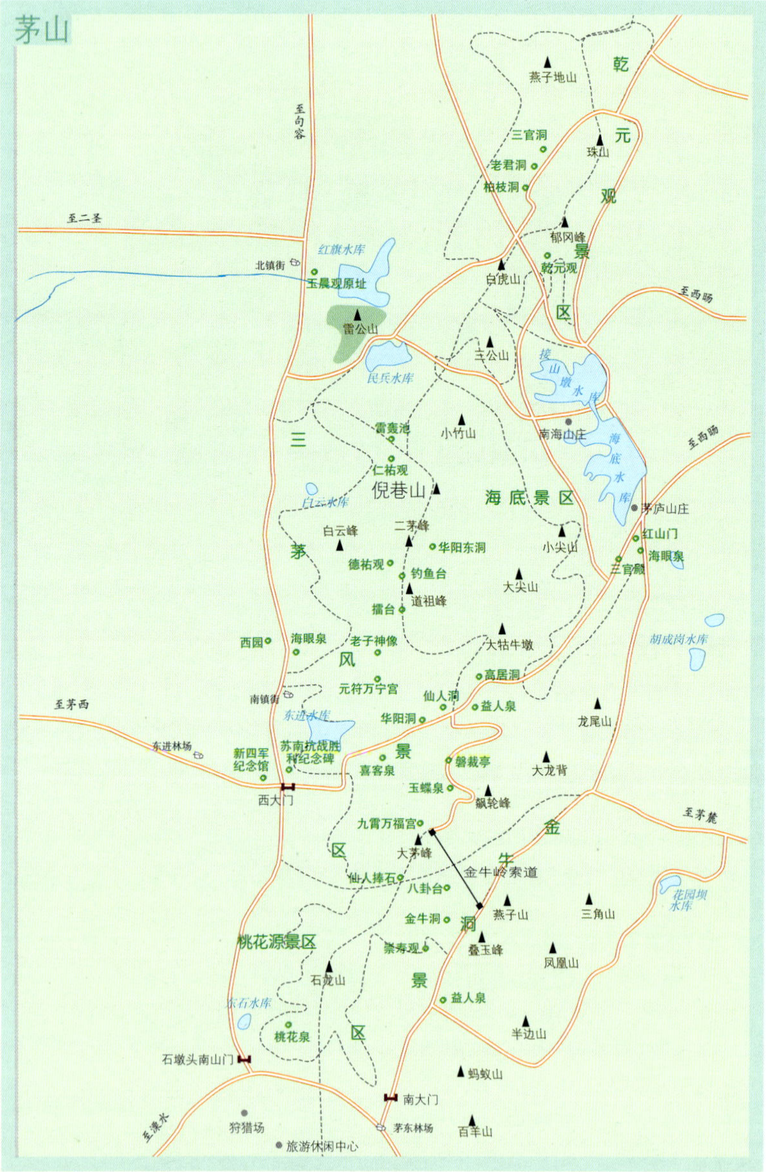

嫩；大刀豆腐用陈年老卤泡制，油炸再后加辣汁，色质金黄，外脆内嫩。

住宿：茅山景区内住宿方便，既能在景区内酒店下榻，也可以宿于句容市内。毗邻茅山旅游风景区有茅山旅游度假村。茅山脚下还有茅山宾馆，是一家很有年代的宾馆。

玩家 解说

茅山“四宝”：玉印（每逢茅山香期庙会，来茅山进香的香客都要在香袋、腰带上盖此玉印，意欲借此消灾延寿、遇难呈祥）、玉符（此符有驱邪除恶保佑平安的意思）、玉圭、哈砚（玉质呈白色，对其哈气，砚内顿渗水珠，舔笔而蘸，自成丹朱之色）。

茅山得名：相传2000多年前的西汉时期，茅盈、茅固、茅衷三兄弟从关中来到江南，隐居在句曲山潜心习道，采药炼丹，济世救人，成为茅山道派的始祖，后人缅怀茅氏昆仲的功德，遂改句曲山为茅山。

茅山特点：一、风景秀丽，景色宜人；二、茅山为道教上清派的发祥地；三、茅山是新四军苏南抗日根据地的中心，被毛主席列为全国六大抗日根据地之一；四、茅山是二十世纪六七十年代，知识青年上山下乡接受革命传统教育的地点。

仙人洞

仙人洞位于华阳洞北，又称蓬壶洞。相传，曾有仙人在此下棋休憩，刚好此洞有上中下三层，内有五厅，因此俗称“仙人四室一厅”。

此洞以“灵”“秀”“仙”著称，洞内现有钟乳石、石笋、老虎怒吼、青牛嬉水、九曲银河、影壁遗址、飞天瀑布、金鼠窥经、仙女羽纱、莲花悬顶、老鹰展翅等20余处自然景观。

元符万宁宫

元符万宁宫位于茅山积金峰，简称元符宫、印宫。这里原是摆放茅山“镇山之宝”玉印的地方，因此有“顶宫一炷香，印宫一颗印”的说法。该景区内汇集了众多茅山特色景致，如载入吉尼斯世界纪录的露天老子神像、神奇的怪坡、奇特的天然蜂窝、神秘的地面“符图”等。

茅山

喜客泉

喜客泉位于大茅峰西北麓，句曲桥右侧，列“茅山十九泉”之首。泉周以片石砌成，直径2～3米。“客来泉喜冒、水向高处流、泉水油面盖”是喜客泉三大怪。

元阳观

元阳观位于茅山主峰南坡，初建于唐代中期，名为冲虚庵。至南宋时期改为“元阳观”。后几经毁坏，现元阳观为2003年根据原建筑样貌复建，占地5000平方米，主要有太元宝殿、石牌坊、祖师殿、灵应斋、玉道坊、地祇堂、易经馆、放生池、龙文化景观、大型砖石浮雕等建筑，气势雄伟，古朴典雅。

九霄万福宫

九霄万福宫位于茅山大茅峰顶，简称九霄宫、顶宫，其建筑群依山而建，为茅山“三宫五观”之首。这里是茅山朝山进香的首选地。

该宫始建于汉代，后经修建，现有灵宫殿、大元宝殿、龙王殿、宝藏库、飞升台、三天门、仪鹄道院、迎旭道院、经堂、藏经楼、白鹤厅、二圣殿、东山门、西山门、豢龙池、九龙壁等。

乾元观

乾元观始建于秦始皇时代，因李明真人炼丹于此，初名便叫作炼丹院。南朝梁天监十四年（515年），著名的道教思想家、医学家陶弘景在此建“郁岗玄洲斋室”，炼制丹药。至宋代，道观被赐名为“集虚庵”，后改名为“乾元观”。悠悠岁月，发展至今日，观内留下来的文物只有李明真人炼丹井、古碑、古树等，而它们却真的是道观发展的见证。

茅山新四军纪念馆

茅山新四军纪念馆位于茅山镇，于1985年建成，占地16000平方米，馆内展出各类实物及图片3000余件，并采用声、光、电等高科技手段，生动展示了当年新四军奋起抗日的英勇场面。

苏南抗战胜利纪念碑

“苏南抗战胜利纪念碑”碑名由原国防部长张爱萍将军题写，为纪念苏南抗战胜利50周年，于1995年9月1日落成此碑。碑须弥座高3.13米，寓意镇江市全体共产党员31.3万人。碑身高28米，寓意新四军第一、二两个支队来自南方八省。“碑前放鞭炮，空中响军号”被誉为“世界一绝”。

宝华山 AAAA

中国佛教“律宗第一名山”

句容市宝华镇　50元

宝华山位于句容市北部，静卧于长江之滨，因南北朝梁代高僧宝志来此结庵讲经而得名，并因此被称为中国佛教“律宗第一名山”，其四面群峰环抱，共有36座峰峦，形如莲花，主峰海拔437.2米。素有“林麓之美、峰峦之秀、洞壑之深、烟霞之胜”四大奇景，拥有“二龙四池七台九洞十二泉”之胜景。

隆昌寺 文

隆昌寺又称宝华寺，距今已有1500余年历史，是目前国内最大、国内近代影响最大的传戒道场，被奉为“南朝四百八十寺”之最上者，它始建于梁天监元年（502年），最初为宝志和尚的庵房，后建成寺庙，在明代扩建规模较大，有“山为莲花瓣，寺在莲心中”之称。

玩家攻略

登台眺望：站在宝华山顶峰的拜经台极目北眺，可见长江如带，苏北平原烟树苍茫；西面可望栖霞山、汤山，山青如洗，枫叶如画；东顾镇江，金、焦二山如浮现在扬子江中的两块碧玉，山光水色美不胜收。

宝华山得名：宝华山原名花山，因春天黄花漫山而得名。后因开山之祖南朝梁代高僧宝志登山结庵讲经传教，此山遂名声远扬。宝志圆寂后，遂改花山为宝华山。清乾隆皇帝六下江南、六上宝华山，曾栽下了6棵“御道松”，现最为有名。

宝华玉兰：宝华山所独有。其花大如莲，白如雪。如今，每年4月在宝华山都会有大型的玉兰赏花节，景象壮观。

餐饮住宿：杨柳泉民俗村位于宝华山风景区的山脚下，田园气息浓厚。以农家乐为主题，提供农家特色餐饮、住宿和地道淳朴的农家服务等。

宝华山

宝华山风光

据史料记载，梁武帝、清康熙和乾隆皇帝都曾驾临该寺。寺内所供佛像极具观赏性，堪称东方艺术珍品。该佛像高5.24米，为贴金的香港天坛大佛的石膏小样，神韵非凡。

无梁殿

无梁殿位于铜殿左右两侧，左为文殊无梁殿，右为普贤无梁殿，建于明代。这两座建筑均为三间两层楼阁式，从外看为仿木结构，实际内用砖瓦代替，为纯砖瓦建造。因建筑无梁无柱，门窗不用一木，故名无梁殿。

铜殿

铜殿建于明代万历三十三年（1605年），距今已有400多年历史，由释妙峰禅师奏请创建，神宗生母慈圣皇太后赐金2000两，以助其成。

这里现是宝华山最主要的古迹。该殿为阁楼式建筑，结构精巧，建筑上装饰有细致的雕刻。因殿内的梁、栋、桶、窗、瓦、屏、楹皆为铜质，在殿后壁上还嵌着一方铜，故名铜殿。殿内供观音大士像，四壁刻有如来、诸菩萨像等。

拜经台

拜经台位于西部山峰，又名晒经台、会君台。虽名为“台”，其实是一块形状似台的巨石，相传梁武帝与宝志曾于此相会。

更多本旅游区景点

葛仙湖公园：位于句容市市区。园中建有大圣塔、葛仙观、华阳书院、三台阁等仿古建筑景观。其中，大圣塔为八角仿宋楼阁式塔，高89.5米，堪称江苏最高宝塔。

磨盘山：位于句容市茅山山脉中段，是一组群山，北接茅山，南达瓦屋山，方圆20多千米内有十余座山峰，是句容、金坛、溧阳三市（区）交界地区。磨盘山山势峻峭，直指云天。

攻略资讯

- 交通
- 住宿
- 美食
- 购物
- 娱乐

交通

火车

京沪铁路在镇江市润州区中山西路，它横贯东西，大部分途经列车在镇江火车站停靠。新建成运行的沪宁城际高铁目前也使用此站。乘坐17、19、40等路公交车可到。

京沪高铁建成通车之后，镇江新建镇江南站，它位于镇江市丹徒区。市区乘坐39、100路公交车在镇江南站（京沪高铁枢纽站）下车。

提示：镇江站和镇江南站都有高铁，但两地相距六七千米，很容易弄混而耽误行程。在京沪高铁镇江南站上车的车票，票面上会注明“镇江南”字样，而沪宁高铁的车票，票面上则有“南广场”字样。

汽车

沪宁高速公路、312和104国道、沿江公路穿越境内。市内现有南门快客汽车站、镇江汽车客运站等主要长途汽车站。

镇江汽车客运站：现有沪宁高速班次，往苏北方向快客、普客班次及仪征、江都、扬中专线班次。位于镇江市中山西路67号，火车站东侧。乘坐公交11、17、113路公交车都经过汽车站门口。镇江下火车步行即可到达，电话为85232762。

玩家 攻略

镇江火车站广场和扬州汽车站之间有城际公交，在重要景区和商业中心停靠。票价16元（含1元保险），约45分钟车程。

镇江南门汽车客运站：主要发往苏南（南京班除外）区内扬中、丹阳、句容（大路、姚桥、荣炳除外）等班次、省际浙、鲁、皖、沪、鄂、闽、粤、陕、豫各线、苏北各地级市（扬州除外）。它位于镇江市京口区官塘桥路，电话为85029860。

轮船

长航码头坐落在汽渡西侧上游200米处。镇扬汽渡昼夜通行，是江苏最繁忙的渡口。电话为85623349。

住宿

镇江宾馆主要集中在火车站及大市口一带，档次齐全，便捷舒适。

●镇江观海楼大酒店

位于镇江市政府以东500米，是一家高档的旅游饭店，配有中西餐厅、宴会厅。酒店连续三年获得“江鲜美食节”金奖，“观海百通江鲜宴”和“乾隆御宴”深受喜爱。地址：镇江市京口区梦溪路4号 电话：84402118

镇江老街

●西津渡雅阁璞邸酒店

位于镇江西津渡景区，出游便利。酒店设计呈现一股民国风，环境优美，配有丰富的早餐。✉ 镇江市润州区京畿路88号 ☎ 0511-88119888

●镇江国际饭店

坐落于大市口繁华商业中心，典型欧式建筑风格，散发着浓郁的西方文化，而饭店独具匠心地穿插了“吴文化”的元素，使中西文化在这里完美交融。饭店29楼的翡翠29港式旋转餐厅，使顾客在享受港式美食的同时，可俯瞰城市全景。✉ 镇江市京口区解放路218号 ☎ 85021888

●镇江小山楼国际青年旅舍

坐落于古城镇江的一条千年老街西津渡，是一幢砖木结构的明清式江南民居。小山楼为世界范围的旅行者提供一个在路上的家，安全、温馨、精致、浪漫。在周围众多开放式历史古迹、人文景点环绕中，其本身就是一本可追溯千年的、耐读的书。✉ 镇江市润州区西津渡利群巷11号 ☎ 85286708

镇江国际饭店

●更多住宿去处

名称	位置	电话
富力喜来登酒店	润州区北府路88号	89999999
思泊丽温泉大酒店	丹徒区九华山南路	89667788
九华锦江国际酒店	南徐大道66号，近九华山路	85583333
镇江北盛宾馆	京口区东吴路77号	85290788
镇江西津客栈	西津渡利群巷7号	85296111

美食

镇江菜属淮扬风味，历史悠久，是中外闻名的江浙菜系中的主要流派。镇江菜在风格上注重原汁原味，讲究汤的鲜味；在火候上以烂著称，在烹调上擅长炖、焖、烧、烤；在调味上咸淡适中，适应性大；在选料和制作上，主料突出，选料精细，烹制考究。镇江最著名的菜肴当属“镇江三怪”，即肴肉、香醋、锅盖面。另外蟹黄汤包、干拌面、蟹壳黄烧饼、草鞋底烧饼等也非常出名。

美食小吃

●肴肉

肴肉又叫水晶肉蹄，皮白肉红，卤冻透明。其肉肥而不腻，香酥鲜嫩。如果再蘸点姜醋，就更别有风味，能使品尝者产生香嫩酥鲜之感。以前，镇江人吃肴肉有个习惯，清早上馆子，泡壶茶，放碟姜丝，将肴肉蘸着香醋姜丝吃，所以有“不当菜”之说。

肴肉

●锅盖面

锅盖面，又称伙面，在镇江家喻户晓。其做法并不复杂：将面粉揉好后擀成薄片，再用刀细切，与锅盖一起下锅煮熟，捞起放入调好作料的碗里即可。锅盖面软硬恰当，面的柔韧性好，老少咸宜。

锅盖面

●清蒸鲥鱼

鲥鱼烹调很有特色，以清蒸为佳（蒸时不去鳞，吃时再去），是古代八珍之一。若以姜末香醋蘸食，其味更佳。

清蒸鲥鱼

美食去处

●江鲜一条街

位于金山之侧，在金山览景的同时可大饱口福，以“镇江三鱼”著称，还能吃到拆烩鲢鱼头。“金水湾”是江鲜街中规模最大的餐饮店。“毕士荣江鲜大酒店”也很有名。整条街南起长江路，北至引航道渡口。

●宴春楼

宴春楼是镇江的老字号，是镇江淮扬菜系的集中代表，以蟹黄汤包和镇江的肴肉闻名，价格也很合理。镇江市解放路87号 85010477

蟹黄汤包

购物

镇江特产极为丰富，除镇江香醋非常有名外，镇江的手工艺品也十分精美出色，如汉白玉插屏、金山灯彩等。另外还有百花贡酒、长江刀鱼等。特色街市主要有中山东路商业街、南门大街夜市、西津渡文化街。镇江特色市场主要有五十三坡古董市场、林隐路花鸟市场。

●金山灯彩

镇江灯彩久负盛名，是历史悠久的传统工艺品。镇江著名灯彩世家梅氏兄弟师承传统，又有创新，以设计精巧、造型美观、装饰华丽见长。他们制作的金龙戏珠曾腾飞在1985年3月开幕的日本筑波世界博览会中国馆的门厅上。

●插屏

插屏

插屏选用优质汉白玉，将石料开片，磨制成各种造型的玉片，绘上各种图案，然后镶配上精制木座架。插屏多以山水风景、人物仕女、花鸟虫鱼为题材，画面清秀古雅，用于布置厅堂，可显高雅。

●百花贡酒

百花贡酒

百花贡酒在清光绪年间（1875—1908年）远销京都，被列为皇帝的“贡品”。百花贡酒具有酸、甜、苦、辣、醇五特色。其色深黄，气清香，糖分较高，酒精含量低，能活血养气，暖胃祛寒，可作为老年人营养品。

娱乐

镇江市的娱乐场所主要集中在市区大市口附近，与其他大城市相比，镇江的娱乐业不是十分发达，但在镇江市的中心地段，也拥有着不少大型商场、歌舞厅、影剧院、桑拿健身等娱乐场所。

●扬中渔乐园

扬中渔乐园是扬中市占地面积最大、最具开发潜力的农业产业化基地，地处黄金水道长江岸边。园内江风徐徐，波光粼粼，亭台楼阁，古朴典雅，绿地和河塘交错，绿化与水产结合，已建成为融养殖、垂钓、休闲、观光旅游为一体的生态农业示范区。

●韦岗温泉

韦岗温泉位于镇江西南高骊山下（紧依镇句公路），是镇江娱乐的最佳选择。温泉水温恒定在49℃，水质清澈透明，与南京汤山温泉水是同一水系，具有非常独特的医疗价值。景区集休闲、餐饮于一身，包厢提供泡浴、茶水、棋牌，是休憩的好地方。

节日和重大活动

节日	举办地	时间
登山节	镇江茅山	约3月18日至5月8日
玉兰赏花节	镇江宝华山	4月
焦山桂花节	镇江焦山	9月26日至10月26日
茅山道教庙会	镇江茅山	农历十二月二十四日至次年三月十八日

韦岗温泉

发现者旅行指南

常州

概览

亮点

天宁寺

是常州现存规模最大，保存最完整的千年古刹，号称“东南第一丛林”，寺内有中华第一佛塔——天宁大佛塔。

中华恐龙园

是一座以恐龙为主题的，融博物、科普、娱乐、休闲及表演为一体的综合性游乐园。

天目湖旅游度假区

有“江南明珠”之誉。山水园、水世界、南山竹海是其核心景区。

天目湖

必逛街道

南大街：常州最著名的老街，街道吸收了欧美较为流行的购物街的设计思路，融休闲、购物、餐饮、旅游、办公、娱乐等众多功能为一体。

线路

常州经典三日游

第一天游览天宁寺、红梅公园、亚细亚影视城、篦箕巷、中华恐龙园。第二天上午参观春秋淹城，下午拜谒瞿秋白纪念馆。第三天游览天目湖旅游度假区。

天目湖二日游

第一天早上前往南山竹海生态旅游区，漫步竹海、竹筏漂流、拜南山寿翁、品南山寿桃。午餐后游览天目湖山水园，参观状元阁，过逍遥桥，赏“天下第一壶”。晚餐品尝天目湖三绝之一“砂锅鱼头”。夜宿天目山景区。第二天上午游太公山，午餐后前往水电科普园，亲身体验能量转换的奥秘。

瞿秋白雕像

常州欢乐二日游

第一天前往中华恐龙园，晚上可前往南大街或莱蒙步行街逛街购物，品尝当地小吃。第二天参观常州淹城春秋乐园。首先游览诸子百家园，后闲步春秋商街，开心玩转春秋游乐主题区，然后参观淹城遗址。之后去淹城野生动物园。

为何去

常州素有“三吴重镇、八邑名都”之称，别称“龙城”。这里人杰地灵、人文荟萃，享有“天下名士有部落，东南无与常匹俦”之誉。灿烂的历史文化给常州留下了众多的名胜古迹。

天宁寺

何时去

春秋两季气候宜人，是到常州旅游的好时节。

每年春节，常州天宁寺都要举行除夕听钟声祈福活动，活动内容除了撞钟祈福外，还有僧众梵呗唱诵、法师祈祷祝福，锣鼓礼花等，春节出游的人们可以到此听一听新年的钟声。

月季花

夏季时，常州的市花月季，市树广玉兰满街盛开，异彩缤纷。

常州旅游示意图

区域解读

区号：0519
面积：约4385km²
人口：约471.7万人

地理 GEOGRAPHY

区划

常州市辖5区（天宁区、钟楼区、新北区、武进区、金坛区）、1市（溧阳市）。

地形

常州地貌类型属高沙平原。地势西南略高，东北略低。它位于长江下游地区，北靠长江，南临太湖，濒临东海。南部是天目山余脉，西部是茅山山脉，北为宁镇山脉尾部，中部和东部为宽广的平原、圩区。

常州的平原、圩区土壤肥沃，河网密布。长江从市境东北端擦境而过，京杭大运河流经市境东北部地区。境内主要湖泊有滆湖、长荡湖、天目湖等。太湖位于常州市东南部。

气候

常州气候温和，雨量充沛，四季分明，属亚热带海洋性气候，春末夏初时多有梅雨发生，夏季炎热多雨，冬季空气湿润，气候阴冷。春秋两季气候宜人，是出游的好时节。每年的春节可以去天宁寺听钟声。另外，常州市花月季花、市树广玉兰都会在夏季开花，花开时节，花香扑鼻；此时若去常州旅游，是个不错的选择。

历史 HISTORY

历史大事记

●战国至汉朝

公元前547年，吴王余祭封其弟季札于延陵，从此常州就有了第一个地名——延陵，别名龙城。

西汉高祖五年（公元前202年）改延陵为毗陵，毗陵之名从县治。

●三国两晋时期

三国吴嘉禾三年（234年）置毗陵典农校尉屯田垦殖并统诸县。

西晋太康二年（281年）建郡统县，相继沿用506年，其间，虽曾在王莽当政时改过毗坛，但时间很短，前后仅14年，东汉建武元年时又复称毗陵。

●隋至五代十国

隋大业年间，南北大运河开通后，常州成为江南“三吴襟带之邦，百越舟车之会”的交通枢纽。

五代十国期间，常州正好是南唐和吴越国的交界处。吴越王钱俶曾遣兵攻打常州，徐温大破吴越兵，吴越讲和后，实行休兵息民、保境安民的政策，江淮一时繁荣。

●宋至清

南宋德祐元年（1275年），元军统帅伯颜率20万元兵围攻常州，在都统王安节的率领下，守城的2万多义军和数千宋军浴血奋战，坚守半年，终城破人亡。

太平天国时期，李鸿章亲率10多万淮军，并在英国人戈登统率的3000“常胜军”的配合下，用了5个月的时间才拿下常州，常州守将陈坤书阵亡。

●近现代

1949年4月23日，常州解放，分别建立常州市和武进县。

高山融流水，伯牙遇子期

今天我们常说知音难遇。说到知音，大家就会想到2000多年前的伯牙和钟子期。千百年来，高山流水遇知音的故事一直感动着人们。

据史载，公元前495年，吴王夫差开凿“邗沟”，自望亭经无锡达常州奔牛。伯牙也正是沿此河流，泛舟而上，找到了钟子期。

春秋时期的楚国人伯牙，很有音乐天赋，年轻时便成为了当地有名的琴师，著名的《高山流水》就出自他之手。很多人都赞美他的琴艺，但他却认为，还没有遇到过真正能听懂他琴声的人。有一年的八月十五，乘船外出的伯牙到达常州西侧的奔牛镇西街能仁古寺旁。船至小溪边，天色渐暗，月光皎洁，溪面烟波迷离。伯牙触景生情，抚琴而弹，弹到兴致处，有人击掌叫好。伯牙便问是谁在击掌，岸上人说自己只是河边的一个樵夫，只因伯牙的琴声太吸引人，于是击掌叫好。伯牙请樵夫上船后，樵夫看到伯牙的琴，竟然知道这是伏羲氏创造的瑶琴。伯牙听后，大为惊叹，并由衷地佩服樵夫。于是伯牙往下弹了一段，樵夫听了后说：“巍巍乎，意在高山。”伯牙又弹一段，樵夫又说：“荡荡乎，意在流水。”伯牙激动异常，因为他终于找到了自己的知音。于是伯牙和这个异于常人的樵夫钟子期结为生死之交，并与钟子期约定，来年中秋再来拜访。

一年后，月圆之夜，伯牙如期而至，但遗憾的是，钟子期已在3个月前不幸病故。其家人依照钟子期遗言，将他葬于河边守候伯牙，以不负前约。伯牙悲恸欲绝，在钟子期坟前痛哭拜祭，再弹《高山流水》。伯牙仰天长叹：“可怜子期不幸仙逝，从此天下，更无知音！呜呼痛哉！”将自己最钟爱的瑶琴扔进溪水中，与琴绝缘。

两人的友谊感动了后人，直至今天，人们还常用“知音”来形容朋友之间的真挚情谊。在常州红梅公园还能看到伯牙和钟子期这对知音的雕塑。

漕运之地，繁华富庶

中国封建王朝的都城大多选在北方，而中国的粮食作物又多处南方。所以在当时，解决南粮北运的最好方法便是漕运。

隋炀帝开凿南北大运河后，大批漕粮开始经过大运河运输到北方，而富庶的江南地区向来被称作“鱼米之乡”，粮食充裕。“四大米市”中的无锡和芜湖都位于江南这一区域。无锡西北侧的常州，上通京师，下行姑苏，河川纵横，湖泊密布。优越的地理位置使其自然而然地成为了转运赋粮中心，“贡赋必由之路”。

唐元和八年（813年），常州刺史孟简为加强江南漕运，疏浚了孟渎（今孟河），于常州西北引长江水南接运河，以利漕运。宋代，在常州专门设立了江浙、荆湖、广西、福建路都转运使司来承办漕运。南宋淳熙年间，疏治荆溪（今南运河），成为漕运通渠，宜兴、溧阳以及临近的安徽芜湖一带的漕粮船皆由此而运。明洪武二十六年（1393年）常州府征收的粮米占全国实征总数的2.16%，相当于当时广西、云南两省征粮数的总和。明正统五年（1440年）为解决常州漕米储存，在今武进怀南乡运河南建西仓，储存武进漕米，在阳湖（今武进东）东直乡运河南建东仓，储阳湖漕米。在清代，常州仍是京师赋贡最重的地区之一。清雍正二年（1724年），武进全县共有漕白粮船120多艘，停泊在西门城外永丰里大王庙一带，后泊延至白家桥一带，直到道光初年。道光五年（1825年），随着试航海道的成功运漕，常州这个中转中心才逐步东移至无锡。从此专以海运，常州与运河漕运的2000年历史才告结束。在漕运历史上，常州留下了浓墨重彩的一笔。

名单 常州历史名人

春秋著名政治家季札
盛唐诗人戴叔伦
明《永乐大典》编纂总裁陈济
近代民族实业家盛宣怀
近代女画家、才女陆小曼
一代歌后，“金嗓子”周璇
中国革命文学奠基者瞿秋白
“中国语言学之父”赵元任
著名数学家华罗庚
美术教育家刘海粟

瞿秋白

文化 CULTURE

美丽梳篦，书写江南女子的人生

2010年在上海世博会中国江苏馆内，经常会看到有一种在木梳上烙画的独特工艺演示，中外游客对此都很感兴趣。历史上，这项独特的技艺和常州梳篦紧紧地联系在一起。

要说这常州梳篦，跟世博会还真有不解之缘。早在1915年美国旧金山以及1926年美国费城这两届世博会上，常州梳篦分别获得了银奖和金奖。另外，就在成功申办上海世博会的世界博览会主委会132次会议上，中国赠送给与会人员的国礼便是常州梳篦。

梳篦总称为“栉”，是中国古代八大发饰之一。它始自魏晋时期，距今已有1600余年历史。常州梳篦选料非常考究，梳子用的是黄杨、石楠、香檀等名贵木料，篦子用的是长在阴面且5年以上竹龄的毛竹。梳篦都是纯手工制作的。它的做工非常复杂，从取材到成品，梳子需要28道工序，而篦子需要73道工序，真是一项精细活。

传说北宋大文豪苏东坡中年时头发脱落严重，寻遍名医都没有效果。后来，他接受一位常州朋友的劝告和馈赠，早晚坚持用常州梳篦梳头，不久脱发真的就治好了。欣喜之余，他写道“梳头百余梳，散头卧，熟寝至明”。清朝时，梳篦顺着大运河流入皇宫，成为皇室贡品。因为苏州织造局每年都要来常定制一批高级梳篦，向朝廷进贡，所以常州梳篦又有“宫梳名篦”之美称。慈禧太后就很喜欢常州梳篦，她一直对常州梳篦情有独钟，李莲英为她梳头用的常州产象牙梳至今仍留存在北京故宫里。民国初期，随着生漆胶合技术的发明和产品出口，常州梳篦的名声更是远播海外，并在两届世博会上摘银夺金。据说常州全才赵元任老先生当年也将自己家乡的特产梳篦送给了自己的夫人杨步伟女士作为定情信物。

新中国成立后，常州梳篦在继承和发扬传统的“雕、描、刻、烫”技艺的同时，糅合日用品、工艺品、装饰品种种特点，不断推陈出新。目前，常州梳篦产梳量占全国总产量的75%，并大量远销国外。

精雕细琢的根雕竹刻

常州民间的手艺活之精细，从根雕、竹刻中就可以看得出来。根雕可以说是一门“奇”“巧”结合的造型艺术。根雕在创作时，一般着重四项美学原则：一是寻奇觅美；二是巧借天然；三是突出意趣；四是讲究构图。通常说是“三雕七借”，即以模仿根自然形态的磨制方法为主，以少量、局部的雕琢为辅，使雕磨过的部分和根的形态尽量融为一体，不露雕琢的痕迹。

明清时期，根雕技艺已趋成熟。明代有以竹根雕著称的濮仲谦为代表的金陵派和以朱鹤为代表的嘉定派。根艺家们不仅利用木、竹根创作出供人欣赏的摆设，而且还雕刻具有实用价值的家具及其他实用品。现根雕茶几市场上易见，且多和茶文化结合在一起。

竹刻艺术品

常州根雕艺术作品在市场上广受欢迎，在常州市里可以看到很多销售的地方。其中很多高超技艺的根雕作品已成为收藏对象，颇为紧俏。

和根雕有着异曲同工之意的留青竹刻，也是常州传统的手工艺品之一。留青竹刻对材料要求很高，最好是取3—5年的腊月毛竹进行刀刻。新选来的毛竹必须经过特殊的工艺处理，才可以书画动刀，以防虫蛀，便于珍藏。它的特点是在竹子表面极薄的一层青筠上进行镌刻，并且层次具有较强的立体感。山水刻，意境深远；书法刻，刀刀见功；水墨刻，韵味悠然；花鸟刻，清秀淡雅。目前，留青竹刻表现的产品主要有工艺台屏、工艺挂屏、各种形状的工艺笔筒、笔搁等，很受市场欢迎。

和根雕一样，目前好的留青竹刻作品已为众多的国内外收藏家珍藏。如今，常州已成为全国的竹刻中心，从事留青竹刻的有数十人，且多为大家。

景点推荐 环球恐龙城 AAAAA

环球恐龙城占地面积4800余亩，是一座集科普、游乐演艺于一身的恐龙主题综合性旅游度假区，现有中华恐龙园、恐龙谷温泉、恐龙城大剧场、三河三园主题区域等。

📧 常州市新北区

🚌 乘游2路、50、302等路公交车到恐龙城公交枢纽站下即到

ⓔ www.cnkly.com

环球恐龙园

东方的“侏罗纪公园”

📧 常州市新北区河海东路60号 ¥ 成人全价票260元，下午场成人票160元 ⏰ 9:00~22:30（其中夜公园16:00~22:30） ☎ 400-616-6600

环球恐龙园是一座以恐龙为主题的，融科普、娱乐、休闲及表演为一体的综合性游乐园，集主题公园、文化演艺、温泉休闲、游憩型商业、动漫创意等于一身，享有东方的侏罗纪公园之称，恐龙园运用情景营造手段，以飞溅的瀑布、冷峭的山岩、无水的海洋、茂密的丛林、洪荒的洞窟等，再现中生代特有的生存环境。

中华恐龙馆是恐龙园的核心和灵魂，远远望去馆体仿佛三条恐龙高昂着龙头在窃窃私语。馆内穹顶最高处36米，龙首最高处达71米，馆内主要设有影视特效厅、地球演化厅、海洋生物厅、廊厅、丛林厅、溶洞厅、恐龙陈列厅、中华龙鸟厅、恐龙灭绝厅等10多个主要参观游览场所。

园区内设有穿越侏罗纪、白垩纪立体迷宫、三叠纪音域魔洞、恐龙山探险、荒滩漂流、动感立体电影、高空滑索、火箭人、超级飞人、热气球升空、模拟攀岩、情侣单车、草坡滚球、地震盘、跑马场、亲子园以及水上自行车等娱乐项目。

玩家攻略

美食：景区内欢乐一条街有木屋风味小吃园以及面包房等多处餐饮点。中华恐龙园内有多处餐厅：侏罗纪餐厅主营中式简餐、套餐、饮料和甜品；雨林餐厅内有排骨面、红烧牛肉面、牛杂面等各类面食；玛丽的餐厅主营中式套餐；伊多汉堡屋主要有汉堡、骨肉相连、洋葱圈、烤翅等西式快餐；马什的汉堡屋主要经营烤翅、鸡肉卷、汉堡以及冰激凌和蛋挞等甜品。

住宿：景区内的香树湾花园酒店是沪宁线上乃至华东地区唯一的以泰式风格为主的，结合异域文化旅游及高尔夫等度假元素为一体的度假酒店。位置：常州新北区汉江东路2号。

节庆：农历新年，恐龙园会举办巴洛克灯光节、彩虹亲年、光影烟花节等系列活动；每年3—5月，恐龙园会举办国际恐龙节，打造一场百万恐龙大集结的欢乐盛况，举办“恐龙科普万里行”等科普活动；6—8月，是国际狂欢节，鲁布拉区巅峰水世界同步开放，举办拉风狂欢、泰狂欢、桑巴狂欢、牛仔狂欢等狂欢活动；每年万圣节时，恐龙园推出一个月左右的夜公园，每年有不同的鬼屋呈现。

链接

雷龙过山车

雷龙过山车是疯狂火龙钻和尖锋速递两者之间的桥梁，90多米曲折的轨道形成一个倒置的“M”。启动后不到一秒钟的时间机车速度迅速提升至40千米/小时，该项目全世界只有3套，恐龙园是中国唯一的一套。提示：建议先玩穿越侏罗纪（即激流勇进），因为这个排队时间最长。整个穿越过程要七八分钟。

恐龙谷温泉

温泉养生度假胜地

恐龙谷温泉景区是国内一流的温泉旅游和养生度假胜地，温泉水采自地表以下2009.7米深处、距今约2.5亿年的三叠纪地层，终年出水温度超过55℃，因温泉之质、量、温在华东地区屈指可数，获有“苏南第一温泉观测中心”殊荣。

景区包括温泉主题公园、VIP别院、汤屋中心、会议中心、顶级餐饮会所、温泉定食餐厅、SPA芳疗美体康娱、WII电玩空间等项目，温泉八景“金玉环壁、龙池生烟、灵雀暖巢、三叠漱玉、苔壁水镜、雀林清音、洞天日归、幽潭积雾”步换景移，设置奇趣。

三河三园

三河串起的亲水之旅

常州市新北区环球恐龙城内

三河是指关河、北塘河、东支河，三园是东坡公园、红梅公园、中华恐龙园。三河三园亲水之旅全长12千米，共18景、20桥，通过三河水系，将东坡公园、红梅公园、中华恐龙园三园的文化、旅游资源，穿成一串完整的“珍珠项链”。

玩家攻略

爱眉小札：要特别注意小东门桥旁的“爱眉小札”景点，那里有著名诗人徐志摩与常州才女陆小曼的一组雕塑，春色里吟诵《再别康桥》，看看两岸美景，倒是件浪漫的事。

栈道：火车站、汽车站恰好以水为界，一河相隔，可以从这里走下阶梯，通过搭设的木栈道，与水亲密接触，近距离观赏两岸景观。

两河分翠：在北塘河与老藻江河交汇处，这里“两河分翠”，形成自然生态岛屿，且有游憩码头，既可以观水上风景，又可以上岛休闲。

链接

游船详情

三河三园亲水之旅通过关河、北塘河、东支河和东坡公园、红梅公园、中华恐龙园。登船码头有中华恐龙园码头、东坡公园码头、恐龙谷温泉码头。

团体、包船

类型	价格	备注
VIP游艇（26座）	5000元/单程（60分钟）	含讲解，提供茶水
观光游船（48座）	2000元/单程（60分钟），3000元/往返	含讲解，提供茶水
水上巴士（26座）	1200元/单程（60分钟），1600元/往返	含讲解，提供茶水
商务游艇（15座）	1500元/单程（60分钟），2000元/往返	含讲解，提供茶水
敞篷快艇（9座）	900元/次	

水上巴士

票种	全票（单程）	半票（单程）
东坡至恐龙园	往返60元	30元
东坡至青山桥	往返30元	15元

售票地点：恐龙谷温泉码头、东坡公园码头。

恐龙城大剧场

感受史前森林中的刺激与神秘

剧场坐落在环球恐龙城的中心位置，外观设计新颖独特，以树干造型构成整体建筑，宛若一座“树立方”拔地而起。室内景观设计也极具自然风，走进剧场仿佛走进史前森林，凸显回归大自然、倾听生命真谛的主题。

玩家攻略

票价：票价180元/人，儿童身高1.2米（不含1.2米）以下无座免费。

包厢：小包（6人）880元，中包（10人）1880元，豪包（6人）2880元。

链接

表演时间表

月份	演出场次	演出时间
9月	7日、14日、21日、28日（4场）	9:30
10月	1日、2日、3日、4日、5日、6日、26日（7场）	9:30
11月	2日、9日、16日、23日、30日（5场）	9:30

环球恐龙城

景点推荐 常州城区景点

天宁寺 AAAA

一郡梵刹之冠

常州市天宁区红梅公园西大门延陵中路636号

20元，登塔60元

乘坐b2、b12、b21路公交车可到达

8:30~17:00　88115647

天宁寺建于唐永徽年间（650—655年），初名广福寺，法融禅师为开山祖师，至北宋政和元年（1111年），改为天宁寺，并沿用至今。该寺总面积超过7公顷，主要有八殿、二十五堂、二十四楼、三室、两阁等建筑，是常州现存规模最大，保存最完整的千年古刹，该寺特点是：殿大、佛大、钟大、鼓大、宝鼎大，号称“东南第一丛林”“一郡梵刹之冠”，寺内有“中华第一佛塔”——天宁大佛塔。

寺内香火鼎盛，主要有天王殿、罗汉堂、大雄宝殿、望海观音、玉佛殿、放生池等景点。在天王殿内的左右两侧有高达7.8米的四大天王像，在中国同类塑像中是最高大的。大雄宝殿是全寺最大佛殿，殿内两侧墙上嵌有518幅石刻罗汉像，艺术水平非常高，被视为寺中瑰宝。

玩家 攻略

天宁寺“法会之盛闻名遐迩，庄严妙胜甲于东南”，每年春节，该寺都要举行除夕听钟声祈福活动，活动内容除了撞钟祈福外，还有僧众梵呗唱诵、法师祈祷祝福，锣鼓礼花等。

天宁寺

天宁寺素斋历史悠久，是常州传统的一部分，随着时代的发展，天宁寺开设了“如意素斋馆”，满足了香客与游人的需求。此餐馆就在山门东侧，非常醒目，交通便利。

红梅公园 AAAA

“入目皆花影，处处尽芳菲”

常州市天宁区罗汉路1号　乘坐7路、11路、19路公交车可达。或从天宁寺出来，沿红梅路步行往北几分钟可到　免费。红梅阁5元，文笔塔8元，屠一道根艺珍藏馆8元，梳篦博物馆2元。

红梅公园位于天宁寺北侧，因为园内著名古建筑——红梅阁而得名。园内林木葱茏，花开四季，可谓“入目皆花影，处处尽芳菲”，是常州地区规模最大的融游览、观赏、娱乐和食宿为一体的综合性公园，内有红梅阁和文笔塔（被常州文人视为笔魂，七级八面，中有旋梯，登塔远眺，令人赏心悦目）。

玩家攻略

娱乐设施：园内有赛车、惊奇世界、射箭等项目；面积约5000平方米的大草坪是举办花展、灯展、风筝比赛，放映露天电影和举行庆典表演等大型活动的场所。

听松楼建筑群：位于映梅湖西首，是一座集餐厅、舞厅、茶室、小卖部和招待所于一身的综合性服务场所。

常州市博物馆 AAAA

看文物展品、感受历史文化

常州市新北区龙城大道1288号　免费，特展票价20元　85165080-8078　24、213、b12路公交车可直达

9:00~17:00（周一闭馆）　www.czmuseum.com

常州市博物馆（新馆）位于市民广场西

常州博物馆

侧，是集收藏、研究、陈列展览于一身的地方综合性博物馆，馆藏文物2万余件，其中国家一级文物27件。展品从良渚文化时期的玉器，至春秋战国时期的原始青瓷器、宋元时期的漆器与瓷器以及明清时期的书画等，颇具常州地方特色。

玩家 攻略

参观事项：每天的参观人数控制在2000人次以下（其中含预约观众）。观众当天现场分时段免费领取参观券，依次排队入馆参观。团体参观可通过电话形式提前预约，参观当日经工作人员核准后，优先入馆。电话：85165089或85165080转8078分机。

讲解收费：30元／次（20人以下），租用语音导览器10元／小时。

亚细亚影视城

娱乐休闲好去处

常州市钟楼区怀德北路29号

乘4、13路公交可达

86608965

亚细亚影视城位于常州最繁华的延陵西路和怀德北路的交叉口，占地面积6100平方米，是全国首批、全国前6个五星级影院之一，有“亚洲红磨坊”之誉，是集文化、休闲、娱乐、商贸、服务于一身的现代化多功能综合性文化娱乐中心。

电影世界

电影世界位于亚细亚影视城3楼，总面积2900平方米，由1个影吧和7个电影厅组成，其中蓝厅、云厅等，在设计上采用国际上最流行的多厅多功能的电影放映格局。这里是常州第一块五星级服务设施的金字招牌。

白云溪温泉

白云溪温泉位于亚细亚影视城2到4楼，是一个集桑拿洗浴、游泳健身、休闲娱乐于一身的SPA综合健康理疗场所。内设罗马风格男浴区、欧式风格女浴区、夏威夷风情游泳池、乒乓球活动室、斯诺克活动室等。

玩家 攻略

美食：奥斯卡餐厅（影视城首层），以经营地道港式点心为特色，是一个将饮食文化与电影文化相结合的休闲餐厅。电话：86806666。

住宿：凡入住亚细亚明星宾馆（亚细亚影视城1楼、5楼、6楼、7楼），均可免费观看固定场次电影，免费享用超值自助早餐，免白云溪桑拿浴资费和获赠精美水果等。

亚细亚影视城

今夜星辰

今夜星辰营业面积1900平方米，是常州首家高档品牌演艺场所，被人们誉为亚细亚的“红磨坊”。每晚的21:00专场演出，都会安排具有浓烈异国情调和民族特色的精彩节目，如美国拉斯维加斯歌舞魔术、国内外著名舞蹈、艺术团体豪华TOP秀等。

中国春秋淹城旅游区 AAAA 文

独一无二的三城三河形制的古城

常州火车站乘K14路可到达 ¥ 10元

春秋淹城迄今已有将近3000年的历史，是中国目前西周到春秋时期保存下来的最古老、最完整的地面古城池，有着“明清看北京，隋唐看西安，春秋看淹城”的说法。

据史书记载，淹城古城墙最高达20米，墙基宽25—30米，全部由泥土夯筑而成。淹城出土众多文物，在内城发掘出的4条独木船，距今最早的一条被誉为“天下第一舟”，其中一条现藏于中国历史博物馆内。

链接

淹城内景点

淹城传统商业街坊：位于淹城保护区外东部，占地约16公顷，区域内全部是仿汉唐式建筑，分为中医街、文化街、美食街3条古文化街。

淹城野生动物世界：占地约133公顷，是目前江苏唯一一家超大规模的野生动物园，共有近万头（只）来自世界各地的珍稀濒危野生动物。

淹城博物馆：位于淹城传统商业街坊文化街内，是一座2层楼仿汉代建筑。馆内现有4个展厅，分别是“史河流韵”“馆藏书画”“春秋淹城”3个基本陈列厅和一个临时展厅。在“史河流韵”部分，按历史发展顺序陈列展示的400余件文物精品，颇具观赏价值。

宝林禅寺：位于春秋淹城遗址公园，该寺最早见于北周孝闵帝（557年）时期，历史上几经战乱摧毁，又几度复建，在该庙的鼎盛时殿宇达1408间，香火十分旺盛。

常州花卉博览园

百花齐放、香气袭人

常州市武进区西太湖畔

常州花卉博览园是第八届花博会主办地，其主展区占地面积约200公顷，分为入口服务区、山水展区、室外展区、主场馆区和湿地展区。入口服务区由花博广场、玉带花海、滨水广场、雅集园（东侧）及游客服务中心（西侧）等组成；山水展区运用花山、花溪、花谷、花廊等多种元素，引导游客进入美的享受空间；湿地展区以武进地域符号——春秋淹城“三城三河”为造景原型，结合流水栈道及张力无限的自然馆，实现人与自然的融合。

阖闾城遗址 文

曾是春秋五霸中吴国的都城

常州市武进区雪堰镇

阖闾城建于阖闾元年（周敬王六年，公元前514年），距今已有2500多年，曾是春秋五霸之一吴国的都城，也是战国时期一座重要的军事堡垒，现在是无锡市极为珍贵的历史文化遗产。

阖闾都城遗址博物馆是一个集文物展示、考古研究、科普教育及文化休闲于一身的多功能博物馆，建筑造型舒缓流畅，恍若破壳而出的凤凰，寓意着“凤凰涅槃”，象征着阖闾都城在2500年后获得重生，再现辉煌。

更多本旅游区景点

东坡公园：为纪念苏东坡11次泊舟于此而建，位于天宁区，是一处名胜古迹与自然风光相结合的江南园林。

张太雷纪念馆：位于天宁区和平中路子和里3号，为一座二进三开间木结构的江南老式民居建筑，由张太雷故居、张太雷生平事迹陈列室和书画陈列室3部分组成。

兰园：大型敞开式城市公园，位于钟楼区劳动西路1号，有清潭明月等8大景点。

春秋淹城旅游区

景点推荐

常州西部景点

天目湖旅游度假区 AAAAA

被誉为"江南明珠"

溧阳市天目湖镇。天目湖距南山竹海18千米

山水园180元（含船票）、水世界150元、南山竹海90元、御水温泉218元

乘坐25、107、109路公交车可达。南山竹海和天目湖之间有车直达

www.tmhtour.com

4001888588

天目湖风景区有"江南明珠"之誉，秀美、野趣、三绝是其三大特色，其中茶香、水甜、鱼头鲜为天目湖三绝。

天目湖旅游度假区现已形成旅游中心、度假休闲、森林公园、农业历史文化、环境保护和湖上娱乐6个功能区，包含湖里山、海洋世界、乡村田园、山水绝佳、龙兴岛5大板块，已建成山水园、龙兴岛、报恩禅寺、状元阁、海洋世界、远古磨房、南山茅屋、江南街市等景观。

玩家 攻略

泼水节：每年的7、8月度假区举办天目湖泼水节，内容以傣族挑水罐运水、佤族背竹筒运水，朝鲜族顶罐运水、壮族穿百板鞋运水、彝族背新娘运水等全国各地传统亲水游戏为主。

美食：天目湖砂锅鱼头闻名遐迩，荣获"中国名菜"称号，不容错过。推荐吃处：天目湖宾馆、华天度假村等。

住宿：度假区附近住宿很方便，各种档次宾馆皆有：华天度假村（四星）、天目水庐宾馆（三星）、望湖岭山庄（三星）、天目湖国际饭店（天目湖中心大道8号，87989999）。

购物：水甜、茶香（沙河桂茗）、鱼头鲜（沙河砂锅鱼头），堪称天目湖三绝。沙河桂茗、南山寿眉、水西翠柏等名茶，不妨买些带回。

山水园

山水园是天目湖旅游度假区的核心景区，浓缩了天目湖的精华，含湖里山公园景区、山水绝佳景区、乡村田园景区、龙兴岛景区四大板块。

水世界

天目湖水世界有自由落体、竞速滑道、加勒比水城、玛雅漂流、家庭大滑板、超级台风、宝贝乐园、4D电影等娱乐设施，还有极具魅力的夜公园，带领游客进入无与伦比的水上世界。

玩家攻略

天目湖水世界为夏季开放，5～6月一般为10:00～17:30，6～8月一般为10:00～22:00(夜公园开放），每年营业时间稍有变动，以官网公布为准。

南山竹海景区

南山竹海坐拥万亩翠竹，青山秀美、竹海壮阔、静湖澄澈，独显青山绿水之诗意和神韵，是一处风景如画的风雅之地。景区以中国源远流长的竹文化和寿文化为底蕴，结合古官道、吴越古兵营、万寿堂、黄金沟等人文资源，形成了五大功能游览区：静湖娱乐区、休闲服务区、历史文化区、长寿文化区和登山游览区。

玩家 解说

南山竹海良好的自然环境使得周边村落有着许多长寿老人，长寿文化成为南山竹海的文化内涵。从分布在竹海深处的“寿”字，到南山寿翁这个中国第一老寿星，再到万寿堂，寿文化无处不在。到南山竹海拜南山寿翁，祈福长寿，已蔚然成风。

御水温泉

天目湖御水温泉毗邻天目湖南山竹海景区，其地热井位于戴埠火山岩盆地南西边缘，露天泡池依山傍水，错落有致，凭借着其自身的自然优势，取旧赋新，气韵天然。御水温泉井底温度43℃，泉水的pH值为7.99，富含多种矿物质、微量元素和特殊化学成分，属于稀缺的碳酸氢钙型温泉。经常浸泡，可爽身润肤、缓解疲劳、长葆身心健康。52个户外泡池共分为加料区、动感区、情侣区、特色区、自然区五大特色泡池区域，可以满足游客不同的养生需求。天目湖御水温泉凭借着自身的不断努力，成为中国十大温泉之一，为原生态高品质温泉的典范。

高静园

江南园林的倩影

溧阳市溧城镇交通路37号　免费

乘坐3路、5路、7路公交车到东门下，再步行约400米即可

高静园位于市区四面环水的小岛上，是微缩了的江南园林。有太白楼、锦霙园、牡丹亭、清濑草堂等景。园门矗立着一块形如凤凰的太湖石，石面刻有“高静”两字。此石相传是宋高宗赐予右丞相、寓居溧阳的赵葵之物。

玩家 攻略

登山览景：攀上海拔508米的吴越第一峰，便可将万亩竹海全景，苏浙皖三省风光尽收眼底，真正领略“一览众山小”的风光。此处是南山之巅，还可以撞钟祈福，亲身体验“竹海钟声响三省”的奇妙感受。

美食：到南山竹海品尝野菜野味，最好要到戴埠，那里的味道正宗，价格又合理，推荐咸鹅、炒冬笋、锅巴、竹鸡火锅、天目湖鱼头火锅、野生笋火锅等。

住宿：南山竹海有竹海度假村方便投宿，价格实惠。

购物：在景区内可以买到天目湖特产南山寿眉茶、南山板栗、竹笋和竹工艺品（竹根雕刻、竹筒等）等。

博物馆：景区内的竹雕精品博物馆内收藏了不同流派的竹雕精品，其中天下第一竹寿星是该馆的镇馆之宝。

熊猫馆：来南山竹海不要忘了去熊猫馆与我们的国宝大熊猫“奥运”和“壮妹”打个招呼，说不定它们还会向你秀一下攀爬绝技呢。

天目湖泛舟

高静园

玩家 解说

高静园中最具历史意义的是建立于高墩上的太白楼。唐代诗仙李白曾三到溧阳。天宝十五年（756年），李白与草圣张旭宴别于溧阳酒楼，作《猛虎行》。后来溧阳酒楼改名为太白楼，以后太白楼屡建屡毁。现在的太白楼已有上千年的历史传承，内有李白全身塑像，再现了这位大诗人临风把盏、慷慨悲歌的神采。

段玉裁纪念馆

建在小岛上的精致四合院

金坛区金城镇下坵路

段玉裁纪念馆仿清式砖木结构，四合院布局，筑在四面环水的小岛上，景色宜人。门前有狮子滚绣球昆石一对，门厅两侧各接一厢房，中间为长方形庭院，正对面为纪念堂，七架梁，面阔三间，歇山顶，飞檐翘角。堂内屏门前置段玉裁半身塑像。庭院两侧水榭分别陈列段玉裁各种著作和后人研究段著的学术论文。

链接

段玉裁

段玉裁（1735—1815），清代文字训诂学家、经学家，字若膺，号懋堂，晚年又号砚北居士，长塘湖居士，侨吴老人，江苏金坛人，龚自珍外公。曾师事戴震，研究文字训诂音韵之学。著有《说文解字注》《六书音均表》《古文尚书撰异》《毛诗故训传定本》《经韵楼集》等，对中国音韵学、文字学、训诂学、校勘学诸方面做出了杰出贡献。

顾龙山

茂林修竹、乌龙叠翠

金坛区金城镇金溧漕河之滨

乘坐金坛257路即可到达

顾龙山又名乌龙山，其山形似拳头，海拔近百米。山上茂林修竹，乌龙叠翠，有宝塔寺、龙山塔、吕祖庙、圆通庵、季子殿（祭季札的专祠）、茅山书院（南宋时期全县的最高学府）、新兴寺、御碑亭等景。

玩家 解说

顾龙山与明朝皇帝朱元璋还有着一段巧缘。元朝至正十六年（1356年），朱元璋带领义军东征攻集庆路时，在金坛地区同高五郎作战，曾驻营顾龙山一带，他对此处景物极为赞赏，即兴填词一首曰：“望西南隐隐神坛，独跨征车，信步登山，烟寺迂迂，云林郁郁，风竹姗姗，尘不染浮生九还，客中有僧舍三间，他日偷闲，花鸟娱情，山水相看。”

朱元璋做了明朝开国皇帝后，此词后来刻于石碑上，并特在山顶建“御碑亭”置碑于亭中，为顾龙山增色。

更多本旅游区景点

报恩寺：南朝梁天监年间始建，至今约1500年，有旧寺和新寺两处。旧寺坐落在溧城外黄家村，新寺坐落在秀丽的大目湖畔。

太公山：位于天目湖景区中心区域，因姜太公在此钓鱼而得名，是以弘扬“姜太公文化”为主的集山水、佛道宗教、演艺于一身的景区。

水电科普园：位于溧阳市天目湖环湖东路1号，以沙河抽水蓄能电站为依托的科普基地，是江苏省内第一个水电科普园，有水电水利设施微缩景观。

攻略资讯

- 交通
- 住宿
- 美食
- 购物
- 娱乐

常州风光

交通

飞机

常州奔牛机场位于西北郊，距沪宁高速公路常州西（罗墅湾）出口3分钟车程，有专用公路直接通达市区。有飞北京、深圳、广州、大连、青岛等城市的20多条航线。它位于常州市新北区罗溪镇。机场班车从火车站北广场及通江南路260号常州民航服务中心——市区城市候机楼出发，直达机场，机场发车地点在候机楼一楼到达大厅出口处，票价20元/人次。电话为83256259。

火车

沪宁线穿过常州市境内，沪宁线上列车几乎全部在常州站停靠。沪宁高铁线上有沪宁城际高铁常州站和沪宁城际高铁戚墅堰站。另外，京沪高铁开通后，常州新增京沪高铁常州北站。

老常州火车站：位于常州市天宁区关河西路，现以办理普通旅客列车业务为主。列车运行方向主要为上海、杭州、天津、包头、济南、西安、北京、大连以及省内部分城市。乘坐1、11、12、16等路公交车可到。

沪宁城际高铁常州站：位于竹林西路，这个站只有动车组列车，主要开行在沪宁、沪杭、合武、宁合线上运行的G字头动车组，以及绝大多数D字头动车组。老的常州火车站和沪宁城际高铁常州站遥遥相望，通过西边的地下通道连接。

沪宁城际高铁戚墅堰站：每天有7趟沪宁城际高铁动车组列车停靠。它位于武进区五一路地道旁。乘坐7、63、77路等路公交车可到。

京沪高铁常州北站：位于新北区新桥镇，紧邻长江路。这里停靠的多为京沪线上过路的高铁列车。乘坐快速公交B1线至常州北站。

玩家攻略

1.买票时需注意，老常州火车站和沪宁高铁常州站在车票上印的车站名是“常州”，但老常州火车站的车票下方印有“南广场进站”字样，沪宁高铁常州站的车票右下角印有“北广场进站”字样。

2.从沪宁城铁常州站到戚墅堰站，乘火车，8或9分钟就到，二等座9.5元，一等座14.5元，没有堵车之苦。比打出租车便宜、快捷，比坐公交车速度快。买票时，车票上站名印的是“戚墅堰”。

3.很多人习惯将戚墅堰站和现有的沪宁城际高铁常州站都称为“高铁站”，买火车票、乘火车时一定要跟售票员、开出租车的司机说清楚，你是要到竹林路上的“沪宁城际高铁站”还是新桥镇的“京沪高铁站”。

汽车

常州市境内沪宁高速公路、312国道傍

常州火车站

城而行，市内现有常州汽车站、武进汽车站、城北汽车站、花园汽车站等主要长途汽车站，通往全国9个省份（直辖市）。

常州汽车站位于天宁区竹林西路51号，火车站南端，长途汽车大部分在常州汽车站发车，是常州地区最大的公路客运站。营运线路覆盖浙、皖、豫、赣、闽、鲁、鄂、沪等省、市及江苏全境。市内乘坐29、38、901、11、12、14路公交车可到。电话为88104307。

常州汽车站、城北汽车站、武进汽车站、花园汽车站和各售票代售点间实行电脑联网售票，可在任何一个窗口或代售点购买常州汽车总站和各分站的各线客票。常州汽车站在市内分布有各大代售点，其中包括大学城的部分校园，可在此购票。

链接

更多汽车站

名称	位置	电话
武进汽车站	武进区常武南路与武南路交叉路口	86554873
城北汽车站	常州高铁北站西侧50米处	85172377
花园汽车站	钟楼区花园路53号	83972281

市内交通

市区公交大部分是无人售票车，大多在白天营运，车票一般为1元，线路较长的为2元。刷卡6折优惠（学生卡3折）。另外，常州市开通了江苏省首条快速公交系统，现有快速公交1号线、2号线和3号线。

出租车基价3千米9元，3—6千米内，每千米1.8元，超过6千米，每千米2.7元。另收1元燃油附加费。

住宿

常州市的宾馆酒店等旅游服务业已经发展得相对完善，虽然市区不大，但各类宾馆档次齐全，设施完备，还有许多旅馆、招待所，大都价格合理，服务周到，可基本满足不同层次的需求，住宿的地方多集中在市区（新北区、天宁区、武进区、金坛区、钟楼区）。

火车站周边是常州旅游住宿的首选地，这里可搭乘不同公交前往各重要景点，且距市中心繁华商业街不远，而且靠近常州汽车站（客运总站），游客可方便搭车前往溧阳游天目湖。

●金陵明都大饭店

位于市中心黄金地段，市内繁华商业区、风景名胜天宁宝塔举步可至。金陵明都美食荟萃，“食在金陵明都”在龙城已传为

金陵明都大饭店

佳话。商务、行政房是其主要特色。和平北路258号 88118888

● 常州环球港邮轮酒店

酒店坐落于江南环球港1号门，客房配有空气净化器、液晶电视、闹钟音响等高档设施，房间宽敞明亮。新北区衡山路58号 0519-82006666

● 美豪酒店

酒店周边商圈分布密集，紧邻常州环球恐龙城，靠近万达广场，地理位置优越。客房灯光温暖柔和，色调舒适宜人，服务温馨周到。新北区珠江路88号 0519-88658666

● 奥体明都国际饭店

饭店背倚气势磅礴的奥体中心，紧邻市政府，交通便利，中华恐龙园举步可至。客房宽敞通透，提供丰富的早餐。新北区龙锦路1261号 0519-85608888

● 更多住宿去处

酒店	位置	电话
常州大酒店	延陵西路53号	88109988
金陵江南大饭店	通江中路500号	85119988
万顺旅馆	锦绣路朱家村46号	85203732

美食

常州菜选料精细，主辅料搭配得当，调料讲究，作料咸中带甜，烹调得当，色、香、味、形俱佳，主要以本帮菜与扬帮菜为特色。

名菜名点有：长春不老千球、砂锅鱼头、鸡脑豆腐、珍珠皮冻、椒叶凤爪、常州糟扣肉、加蟹小笼包等。晋陵中路大饭店云集。比较有特色的饭店有长兴楼、福记等。

美食小吃

加蟹小笼包

● 加蟹小笼包

清道光年间，由小河沿浮桥南堍万华茶楼首创。蟹油金黄闪亮，肥而不腻，蟹香扑鼻，汁水鲜美，皮薄有劲，馅心嫩滑爽口，配以香醋、姜丝佐食，其味甚佳。

砂锅鱼头

● 天目湖砂锅鱼头

被誉为江苏最佳传统名菜，烹制时选用天目湖水体中天然生养的大花鲢鱼头做原料，纯天然天目湖水为汤基，经过特有的烹调工艺加工而成。天目湖砂锅鱼头以其成品“鲜而不腥，肥而不腻”的品质备受广大食客的赞誉。

● 糟扣肉

糟扣肉为冬令应时佳肴，已有100多年的历史。糟扣肉以猪肉为主料，酒糟和白糖为作

糟扣肉

料，煨焖制成，色泽红润，糟香扑鼻，酥烂入味，肥而不腻。

●蟹壳黄

是常州地方风味小吃，常与大麻糕相配做礼品用。其馅心有荠菜、葱油、白糖、明油豆沙等4种。形似蟹壳，色呈金黄，油多不腻，香脆酥松，糖馅甜醇，咸馅味鲜。

蟹壳黄

美食去处

●晋陵中路美食街

常州传统美食街，以淮扬菜、杭帮菜、粤菜、川菜为主，主要餐馆有张生记大酒店、福记大饭店、三品苑大酒店、红宝石大饭店等，曾经赢得了“中式餐饮一条街”的美誉。

●光华路美食街

这条街以鱼知名，风味独特，价格低廉。主要餐馆有民族鱼舫、王胖鱼头、金农美食苑、溧阳鱼头馆等。

晋陵中路美食街

购物

常州自古就是一个手工业发达的城市，常州梳篦、留青竹刻、微雕、乱针绣等传统工艺品都有着很浓郁的地方特色和很高的艺术品位，新近开发的鸵鸟蛋工艺品、景泰蓝工艺画、恐龙系列旅游纪念品也各具特色。另外，常州萝卜干、芝麻糖和大麻糕、天目湖鱼头、风鹅、白芹等食品也是馈赠亲友的佳品。

常州既有购物中心、新世纪百货公司这样的大型购物商场，也有常州工艺美术商场、卜恒顺梳篦店等专营旅游商品的商场。在中华恐龙园、天目湖旅游度假区均有旅游纪念品和旅游土特产商场。

常州特产

●梳篦

是中国古代八大发饰之一。常州梳篦始自魏晋，迄今已有1600余年历史，旧时为宫廷御用珍品，故有“宫梳名篦”之誉，是传统手工艺品，亦为“延陵特产”。

●乱针绣

乱针绣由中国当代艺术大师刘海粟先生的表妹杨守玉教授经过多年的探索于1928年创立。它近看针法似乎紊乱，毫无规则，远观却有很强的立体感，栩栩如生、呼之欲出，错综中含有精细。

●砖刻屏

砖刻屏是一种用篆刻艺术的刀法，将汉碑文字、汉画图像刻在明清时期的古砖上，再配上用红木雕花精制而成的座屏和挂屏。砖刻屏重量轻、体积小、携带方便，其外观古朴典雅，图像既有汉代碑刻和画像石的雄强阳刚之气，又有古代碑刻的金石之气，具有较高的艺术价值。

●中国彩绒画

中国彩绒画是中国新兴的一种具有浓郁

中国民族民间地方特色的工艺美术品，是常州市彩绒画研究所宗白易先生于1972年首创的。该画种把传统工艺与现代材料、现代艺术相结合，以羊毛、腈纶、尼龙等为材料，采用刮、梳、撕、贴、粘、堆等多种工艺手段，融绘画、浮雕、镶嵌等技法，造型别致、形象生动、立体感强、色彩丰富、不易褪色、色调浓雅。

常州购物场所

●南大街

南大街是常州最佳的购物、休闲地之一，它左接泰富百货和新世纪两大本地商业巨头，右临人民公园休闲区、文化宫闹市区，前靠常州市政府，后对九州服装城、中天体育广场等诸多购物要所，是常州市最繁华的商业老城区。

●阳湖广场

阳湖广场位于武进区花园街北端，是常州一座现代化的具有独特景观的休闲、购物不夜城。主楼为双塔形，裙房部分设置了一个1200座影剧院；步行街以两纵两横为骨架，围绕中心广场和主楼形成步行街环道网络；中心为开放式广场，有音乐喷泉、绿地等。

阳湖广场

娱乐

常州是鱼米之乡，产好茶，有好戏，既有现代化的娱乐设施，又有传统的休闲娱乐方式，让人既能体会到现代化高科技带来的快感，又能感受到淳朴古雅的传统风情。喝茶、听戏、听书正是老常州人最喜欢的传统休闲方式。

●亚细亚影视城

是全国首批、江苏唯一一家五星级影院，以电影放映为主，集文化、休闲、娱乐、商贸、服务于一身的现代化多功能综合性文化娱乐中心，也是游客到常州旅游娱乐的上佳选择。

●其他娱乐场所

名称	位置	电话
莱蒙都会冠军溜冰场	常州莱蒙都会商业街区三楼	86810633
东栏梨花酒吧	和平北路斜桥巷1号楼	88100398
水上威尼斯休闲娱乐广场	常州晋陵北路11号	85165199
第九频道音乐酒吧	常州勤业路285号	83905555

节日和重大活动

节日	举办地	时间
天目湖旅游节	常州天目湖山水园	3、4月
中国溧阳茶叶节	常州天目湖山水园	4月（每两年举办一次）
天目湖泼水节	常州天目湖度假区	7、8月

亚细亚影视城演出

发现者 旅行指南

无锡

概览

亮点

惠山老街

■ **锡惠园林**

坐落于无锡城西，紧偎于京杭运河之旁，园倚锡山、惠山而筑，峰叠峦秀，清幽秀丽。

■ **鼋头渚**

横卧于太湖西北岸的一个半岛，是观赏太湖烟波的绝佳地点。

■ **无锡影视基地**

坐落在葱茏苍翠的军嶂山麓、风景秀丽的太湖之滨，是中国著名的影视拍摄基地。

■ **灵山景区**

以灵山大佛最为著名，既有旖旎动人的自然风光，又有丰富厚实的历史文化、艺术内涵。

■ **必逛街道**

中山路：初步形成于宋明时期，历史悠久，是无锡最著名的商业街。

惠山老街：中国历史文化名街，尤以祠堂群久负盛名，其数量之多、密度之大、类型之全在国内独此一家。

线路

■ **无锡经典三日游**

第一天上午游东林书院，拜谒南禅寺，后游览锡惠园林，观赏吟园。第二天游览无锡影视基地、鼋头渚、蠡园、梅园。第三天到灵山景区参观，后游览龙头渚。

■ **宜兴、江阴二日游**

第一天游览善卷洞，参观宜兴陶瓷博物馆，到竹海景区畅游。第二天去华西村参观，拜访江阴滨江要塞旅游区和江阴长江大桥（傍晚）。

宜兴竹海

■ **无锡休闲二日游**

无锡—宜兴竹海—善卷洞，这条线路适合周末两日游。第一天主要游览宜园和宜兴陶瓷博物馆，赏园，领略紫砂文化。第二天看竹海，观奇洞。

为何去

到无锡，可以登灵山看大佛，入梵宫敬天穹。在大运河游船上，听一段无锡的前尘过往。中国杰出的旅行家和地理学家徐霞客的故居也在这里。东林书院有“天下言书院者，首东林”之赞誉。秀美的锡惠公园、热闹的南长街，都是无锡美丽景致的展现……

灵山梵宫

何时去

无锡四季皆宜旅游，尤以春秋季为最佳，春季正是无锡梅花、杜鹃花、樱花、桃花、玉兰花相继开放的季节，处处花团锦簇。而且从初春开始，当地便会有各种庙会举行。梅园的梅花争奇斗艳，吸引众多爱梅之人。秋季天高气爽，气温适宜，能品尝到太湖新鲜肥美的水产和无锡水蜜桃中的佳品，也适合旅游。

蠡园

区域解读

区号：0510

面积：约4628km²

人口：约655.3万人

地理 GEOGRAPHY

区划

无锡辖5区（梁溪区、锡山区、惠山区、滨湖区、新吴区）、2市（宜兴市、江阴市）。

地形

无锡北临长江，南濒太湖，京杭运河穿境而过，为中国著名的“鱼米之乡”。

全市境内大小河流有3100多条，长江沿着无锡北境而过。京杭大运河由西北—东南方向围绕无锡城后穿越全境。太湖面积2420平方千米，为江南水网中心。

无锡境内，山区和丘陵面积占总面积的16.9%，水域面积占总面积的29%，其余为平原地形。

气候

无锡市四季分明，气候温和，雨水充沛，日照充足，属亚热带湿润季风气候。另外由于受太湖水体和丘陵地区复杂地形的影响，无锡局部地区小气候条件多种多样。

每年的4—10月为无锡的最佳旅行季节，这期间的气温和湿度都非常适合出行。但6—7月间，是江南的梅雨季节，可尽量避开此时间段。

太湖之美，无锡之胜

太湖为中国第三大淡水湖泊，位于长江三角洲南部，历史上被称为“五湖”，分别指的是菱湖、莫湖、胥湖、游湖和贡湖五湖。

司马迁在《史记》中记载：“禹治水于吴，通渠三江五湖。”说的就是大禹在太湖治水。相传，大禹在太湖流域开凿了3条主要水道，分别是东江、娄江和吴淞江，3条水道沟通了太湖与大海的渠道，并将洪水疏导入海。

太湖极富江南水乡风味。浩瀚如海的太湖湖面上，散布着48个岛屿，这些岛屿连同沿途的山峰和半岛，号称72峰，它们或止于湖畔，或纷纷入湖，形成了山水环抱形式，组成一幅山外有山，湖外有湖的天然图画。位于湖的南部的洞庭西山是太湖最大的也是最美的岛，太湖东面的洞庭东山，其主峰的大尖顶是太湖72峰之一。而太湖最著名的名胜要数无锡境内的鼋头渚。鼋头渚是太湖风景的精华所在，有“太湖第一名胜”之称，为中外驰名的旅游度假休养胜地。

历史 HISTORY

历史大事记

● **商周时期**

商末（公元前12世纪），周太王长子泰伯

清名桥历史文化街区

为让王位，偕弟仲雍来到江南，定居梅里（今无锡锡山梅村），筑城立国，自号“勾吴”。

周灭商后，因泰伯无子，周武王追封仲雍的五世孙周章为吴君，建吴国。从泰伯至夫差共24世，600多年里，江南一直是吴国统治的区域。

●明清时期

明朝末年，江阴全城抗清守城。江阴全城百姓在抗清三公阎应元、陈明遇和冯厚敦的带领下独守孤城八十一天，城破，全城殉节无一人投降，史称“江阴八十一日”。

●现当代

1937年8月—1937年12月，日军进逼南京，国民政府展开江阴保卫战，直至江阴失守。这是抗日战争中罕见的陆海空三栖立体作战，也是抗战期间的唯一一次海军战役。中国海军第一舰队被全数击沉，日本进逼南京。

链接

无锡地名的由来

无锡地名是怎么来的，一直就没有一个确定的说法。有一个说法是春秋战国时期，无锡盛产锡矿，锡矿是冶炼青铜兵器所必需的原材料（增加武器硬度），所以无锡一直是兵家必争之地。秦始皇统一中国后，派了大将王翦来到无锡，王翦巡视来到无锡的西山上，看到当地老百姓在一块石头上刻着一行字：有锡争，天下兵；无锡宁，天下平。这也很好表达了无锡百姓希望和平安宁的愿望。后来到汉朝时，无锡的锡矿终于开采尽，遂命名“无锡”。汉高祖时期始建无锡县，“无锡”一名沿用至今。

水绕无锡，人世繁华

无锡，这座美丽的江南城市可以说是因水而生，因河而兴。早在六朝时期，中国北方战乱频繁，北方大量人口南迁至无锡，他们在这片土地上治湖筑圩，兴建水利设施，发展农业，并逐步开展商贸活动。到了唐、宋年间，无锡人将太湖周围的湿地改造成河渠纵横、湖塘棋布、排灌结合的发达水网系统。特别是京杭运河开通后，无锡河道中“商旅往返，船乘不绝”。城市中彩帛、烟酒、油酱、食米等作坊相继开设，并渐成富庶宝地。

到了明清时期，无锡得到更快发展。位于无锡西北的芙蓉湖经过几次大规模的整治，形成大批良田。精耕细作的农耕方式，使得粮食产量逐年增加，无锡成为中国古代江南四大米市之一。随着手工业的兴盛和商品经济的发展，无锡逐步形成了江南有名的米码头、布码头、丝码头和钱码头。当时，无锡粮食产量稳定，无锡之米与苏杭之帛、淮扬之盐、浮梁之瓷、温州之漆相提并论。

清末至民国初年，无锡又成为苏南地区砖瓦生产、冶铸和木船修造基地。可以说，正是运河之水孕育了无锡城。

京杭大运河夜景

近代民族工业发源地

明清时期无锡的快速发展也给近代无锡的巨大成就奠定了坚实的基础。到了近代，无锡经济的辐射力逐渐增强，成为江南的一个经济中心城市。

中日甲午战争后，“实业救国”思潮兴起，无锡的近代工业开始逐渐发展起来。1895年，杨宗濂、杨宗瀚兄弟创办业勤纱厂，拉开了无锡近代兴建工业企业的大幕。1900年，荣宗敬、荣德生兄弟与朱仲甫合伙创办保兴面粉厂，匡仲谋创办亨吉利布厂。1904年，周舜卿开办裕昌丝厂。以棉纺织业、缫丝业、面粉加工业为三大支柱的近代工业在无锡兴起。

虽然无锡的民族工业发展较快，但因处在半封建半殖民地的社会中，发展道路还是充满了艰辛。如1929—1933年资本主义世界爆发的严重经济危机，就给无锡民族工业以沉重的打击。日军侵占无锡后，无锡的经济更遭受空前的浩劫，很多工厂变成废墟。

直到抗日战争胜利后，无锡经济才开始得以复苏。但后来国共内战时期，民众消费能力急剧下降，无锡经济也陷入困境，民族工商业经营困难。一直到新中国成立后，无锡经济才真正恢复常态，迎来了新一轮的发展。

今天，无锡已形成物联网、新能源与新能源汽车、节能环保、生物、微电子、新材料与新型显示、软件与服务外包、工业设计与文化创意八大战略性新兴产业。高速发展的无锡成为了中国经济增长点之一。

文化 CULTURE

天下第二泉，盛名天下

一般赞誉什么东西最好时，我们经常说天下第一。至于天下第二、第三之类的我们就很少说起。可是在无锡，却有个天下第二风头甚至盖过了天下第一，这就是天下第二泉。

二泉开凿于唐大历元年（766年），因位于惠山上，原名惠泉。惠泉经万千松根蓄存和砂岩涤滤，水质清纯甘洌。唐代著名的茶叶专家“茶圣”陆羽，他尝遍天下泉水20种，无锡惠山泉水紧随庐山康王谷洞帘水排名第二。唐代诗人李绅称其为“人间灵液”。后来，到了宋朝，宋徽宗钦令建亭护泉，御题“源头活水”，且誉为贡品。大文豪苏东坡听闻后，慕名多次来惠山品泉。到了清朝也不例外，康熙、乾隆下江南时每次必来品泉。二泉汩汩流淌千余年，盛名一时。到了清末年间，无锡人“瞎子阿炳”华彦钧在这里创作了一首后来名扬天下的《二泉映月》，凄凉的曲调中饱含着自己对美好生活的无限憧憬。其实惠山泉眼很多，但二泉最负盛名。二泉含矿物质多，水色透明，甘洌可口，为煮茶珍品。

链接

阿炳与二泉

阿炳在无锡雷尊殿长大，他的实名叫华彦钧，他是道观中隐藏的一名民乐高手，尤其擅长琵琶。除琵琶之外，竹笛、二胡、三弦、打击乐器无所不精，青年时期就颇具大师风范。

只可惜后来他家庭败落，加之自己身体多病，就被赶出道观，不久眼疾没治好，双眼也就失明了，他只好走上街头卖艺，拉拉二胡，弹弹琵琶，以此度日。于是根据自己悲惨的身世，凄凉的《二泉映月》便从他的二胡中传出，给人一种前所未有的震撼。

人见人爱的惠山泥人

惠山是无锡的风景胜地，游人来到惠山，几乎处处都可以看到著名的惠山泥人。

从明朝的一些文字记载中，可以看到当时来自无锡的泥人就已经在市面上销售。到清乾隆年间，制作无锡泥人的技艺水平已非常成熟，作品可以达到相当完美的境界。1885年，慈禧太后50寿庆时，无锡地方官还特意到惠山定制了一套精制的“八仙上寿”大型手捏泥人进贡朝贺。

惠山泥人是用惠山脚下的泥土制成的。惠山的主要街道——横街和直街有许多泥人店，成为远近闻名的“泥人一条街”，每天都要接待来自世界各地的许多旅游参观团和游客。惠山泥塑除供应当地旅游市场外，还出口到欧美和东南亚各国。

小热昏的故里在这里

说到小热昏这个有着奇怪名称的江南小调的发源地，还得从无锡说起。

据说，“小热昏”名称的由来，与1880年在苏州卖梨膏糖、艺名为“天官赐”的赵阿福有关。赵阿福随口编唱时事新闻，嬉笑怒骂皆入曲调，引来无数围观者。若有巡警前来干预，便称“今朝热昏哉，唱格事体勿作数格”。大意就是“今天天热头昏了，就随便瞎唱了个曲子，请您不要介意”。赵阿福的传人是陈长生，陈长生的传人是其子陈国安，而周福林就是陈国安在无锡的传人，艺名“小福林”。

随着时代的发展，新文化的不断冲击，小热昏濒临失传。小热昏表演中难度最大的“飞锣”已没人会操作了，而它曾是小热昏最经典、最有看头的表演，小热昏艺术的保护、传承十分紧迫。目前小部分活跃在舞台上的小热昏传人，大多年事已高，急需培养接班人。同时，大量传统曲目也需要记录和整理，抢救、保护、传承工作迫在眉睫。

现在在无锡锡惠公园，还经常能看到小热昏的表演。很多市民特别是退休的老人们特别爱听。在南禅寺摆“陶氏止咳梨膏糖”摊位的陶希贤、杨菊芬夫妇身份也不简单，他们是小热昏第三代传人。

名单 **无锡历史名人**

东晋大画家顾恺之
明代著名旅行家徐霞客
近代散文家、外交家薛福成
近代实业家荣宗敬、荣德生
著名语言学家、教育家刘半农
著名力学家、物理学家周培源
中国现代美术奠基者徐悲鸿
现代历史学家、国学大师钱穆
现代作家、学者钱锺书
中国力学之父、科学家钱伟长

徐霞客

景点推荐 锡惠园林文物名胜区 AAAA

锡惠园林文物名胜区西部是惠山，东部是锡山，两山之间是映山湖，名胜区以天下第二泉、寄畅园等名泉名园为代表的大批名胜著称于海内外。区内还有明代二泉书院、张中丞庙、惠山寺、龙光寺、玉皇殿、头茅峰等景点。

无锡市滨湖区惠河路2号　8:00～17:30

锡惠公园70元（含寄畅园、惠山寺、天下第二泉、锡惠休闲区观光票），锡惠公园+惠山古镇120元

玩家攻略

夜游：5月上旬至10月下旬的18:00～22:00，景区设有夜游项目，门票20元，含寄畅园、惠山古迹区、二泉书院、天下第二泉，品香茗，观戏曲，听民乐。

特色活动：惠山民俗文化庙会（农历三月二十八前后）、杜鹃花节、寄畅观鱼、春申观瀑、二泉映月、丹桂飘香、金秋菊展、金莲幽香等。

天下第二泉 文

“源头活水”“人间灵液”

天下第二泉开凿于唐大历元年（766年），原名惠泉。此泉被历代文人墨客所吟诵，其中较著名的有被唐代“茶圣”陆羽评为“天下第二”，唐代诗人李绅（《悯农诗》的作者）称其为“人间灵液”，宋徽宗御题“源头活水”，宋代文豪苏东坡写有“独携天上小团月，来试人间第二泉”的诗句，吴门画家文徵明作有《明文徵明惠山茶会图卷》，至近代更有民间音乐家阿炳的二胡曲《二泉映月》。

惠山

风光秀美的“江南第一山”

惠山被乾隆皇帝誉为“江南第一山”，其

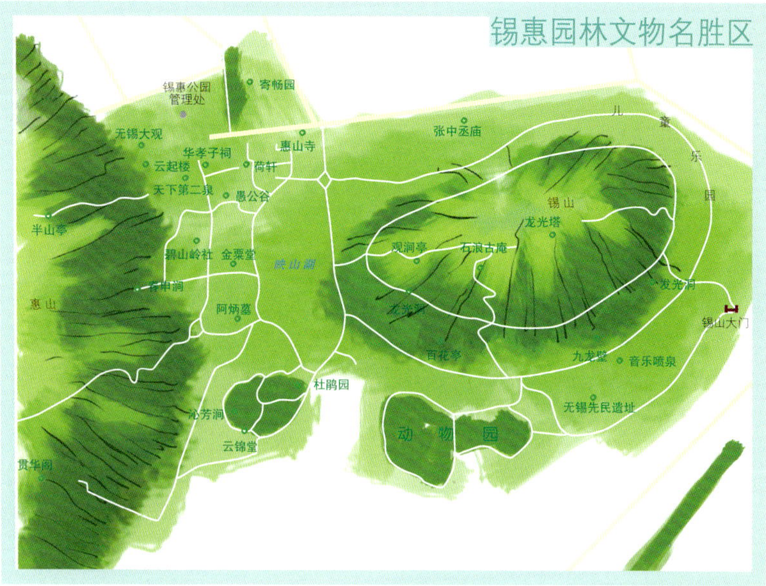

古称历山、华山、西神山，其山形犹如九龙腾跃，故又名九龙山。惠山包含了锡惠景区的精华部分，有因《二泉映月》而闻名的“天下第二泉”、阿炳墓、春申涧、惠山寺、听松石床、竹炉山房、愚公谷、惠山泥人一条街等景点。

■ 惠山寺

惠山寺始建于南北朝，距今已有1500余年的历史，其前身为“历山草堂”。早在唐宋之时，就香火不绝。

■ 阿炳墓

阿炳墓位于春申涧之南、惠山东麓，主体由墓墙和翼墙组成，状如音乐台，在墓前立瞎子阿炳手拉二胡的铜像。

■ 惠山古镇 ㊫

惠山古镇位于无锡山与惠山的东北坡。镇上各行业会所占一定数量，其中，山货公所、要货公所、石作公所、盐业公所、建筑业行会、婺源会馆等成为古镇亮点。

映山湖

波光潋滟、风景秀丽

✉ 锡山和惠山之间

映山湖古时称秦皇坞。后于1958年，改建成1.4万平方米的人工湖。清澈如镜的水面使锡、惠两山的景色融为一体，翠峰、古塔、秀亭倒映湖中，风景更加美妙动人，体现出水因山幽、山因水活的美妙情趣，湖光山色，尽纳此中，真山假水，自成特色，故而得名映山湖。

寄畅园 ㊫

古朴清旷的别墅园林

寄畅园为明代园林，分东西两部分，东部以水池、水廊为主，池中有方亭；西部以假山树木为主，是中国江南著名的古典园林，既具有江南园林屈曲宛转、布局妙造的特色，又借助山势，融和自然，具有古朴清旷的独特风格。

凤谷行窝：为三间古朴的门厅，正中悬挂“凤谷行窝”的匾额，两侧抱柱有“杂树垂荫，云淡烟轻；风泽清畅，气爽节和”的对联，点出此建筑的意境。

八音涧：八音涧用黄石堆砌而成，总长36米，西高东低，上有茂林，下流清泉。此清泉是将二泉水伏流入园，经曲潭轻泻，产生“匏、土、革、木、石、金、丝、竹”八音。

锦汇漪：寄畅园的精华之处，一泓池水将山影、塔影、亭影、榭影、树影、花影、鸟影囊入其中，此处还将锡山龙光塔借入园中，形成“山池塔影”的美景。

郁盘：郁盘是一座六角小亭，其名取自王维《辋川园图》中的“岩岫盘郁，云水飞动”。在亭中有古朴的青石圆台一座，据考为明代之物。

二泉书院

历史悠久的古老书院

惠山寺北、寄畅园西

二泉书院建于1516年，从现在惠山上残存的海天石屋及听松坊书院遗址看，当时的范围很大。据史载，时有海天亭、超然堂、点易台等十五景。

愚公谷

来自“愚公”的警示

400余年前，“愚公”看到惠泉水浪费惊人，又受到污染，不禁发出“罪孽深重”的呼吁，因为惠泉如此大量浪费，水越用越少，势必干涸，当时的情景是“惠水涓涓，由井之涧、之溪、之池、之厨，以涤、以濯、以灌园、以沐浴、以净溺器，无不惠山泉者”。古人的警示，对今人来说，不失为一帖清醒剂。

寄畅园秉礼堂

景点推荐

无锡市区景点

南禅寺 · 南禅寺文化商城 AAAA

"江南最胜丛林"

无锡市梁溪区向阳路32号　82825051

景区内有多种联票出售，门票、动物园、乐园游乐项目7项，联票45元

南禅寺创建于南梁武帝太清元年（547年），为南朝四百八十寺之一的江南名刹。旧称"梁溪丰大刹，首惠山，次南禅"。历史悠久，规模宏大、高僧辈出，后人又称"江南最胜丛林"。

南禅寺文化商城是依托古运河及河畔南禅寺、妙光塔三大景观精心规划建造的超大型文化市场。有风味小吃、邮票钱币、古玩、工艺旅游品等市场。

玩家 攻略

南禅寺美食街112–5号的熙盛源（南禅寺店）中，小笼包个头大，皮薄，里面是满满的鲜甜汤汁，肉馅口感好。另外，向阳路110号福乐馄饨（南禅寺店）也是实惠好吃的小吃店。

崇安寺景区 AAAA

感受无锡民俗之地

无锡市梁溪区中山路与人民路交会处

乘坐地铁1号线、2号线到三阳广场下即可

崇安寺建于东晋，在历史上是无锡市民俗文化和道、佛、儒教活动的中心。有世界名曲《二泉映月》作者阿炳的故居、方塘书院、池上草堂、绣衣拜石、草堂话旧、松崖挹翠、白水试泉、兰移听琴、公花园、樱丛鸟语等二十四景。其中，公花园建于光绪三十一年（1905年），是中国最早期的对公众免费开放的公园，被誉为“华夏第一公园”。

玩家 解说

清咸丰、同治年间的两次大火，将崇安寺里的建筑烧得所剩无几，留出的大片空地逐渐成了民间杂耍、售卖小吃的场所，形成无锡人气最旺的购物、美食、文化、娱乐、休闲区。

现在这里建有崇安寺皇亭美食城，有王兴记、功德林和著名的皇亭小吃等一批老字号，可品尝无锡最有特色的传统名吃，如无锡小笼馒头、三鲜馄饨、梅花糕、豆腐花等。

薛福成故居 AAAA 文

被誉为“江南第一豪宅”

无锡市梁溪区学前街152号

25元 82733829

31、86、63、27等多路公交都可到达

薛福成故居始建于清光绪十六年（1890年），建成于1894年，占地约2.1公顷，气势雄伟，故居的平面呈“凸”字形，从空中俯瞰，犹如大鹏振翅翱翔，此布局与庄子所云“鹏之徙于南冥也，水击三千里”和“海运则将徙于南冥”相吻合，由此可见薛福成的远大抱负。内院有“中华第一转盘楼”之称的转盘楼。其中，将军门、务本堂、转盘楼、花厅戏台较有特色。

薛福成故居结合了近代民居建筑艺术与江南园林艺术，又融入西方建筑特点，体现了清末西风东渐的时代特征，为中国近代社会转型期的江南大型钦赐府第，有“江南第一豪宅”之称。

玩家 解说

薛福成（1838—1894年），中国近代历史上著名的政论家、外交家和资产阶级早期维新派代表人物，还是一位中国近代经济改革的先驱。清同治四年（1865年）入曾国藩幕，后入李鸿章幕。光绪六年（1880年）陈《治平六策》《海防十议》，两年后又著《筹洋刍议》，策划如何对付外来侵略，提出变法主张等；后出使欧洲各国，曾参与众多具体外交事务，维护国家利益，他任内走访了欧洲许多国家，考察欧洲的工业发展，主张效法西方国家，发展机器工业。

薛福成故居

东林书院 文

曾经名人辈出的古书院

无锡市解放东路867号

乘坐地铁2号线到东林广场站下

9:00~17:00 16元 82706231

又称龟山书院，是中国古代著名书院之一。创建于北宋政和元年（1111年），为当时理学家程颢、高弟、杨时讲学的场所。至明朝万历三十二年（1604年），东林学者顾宪成、高攀龙等人在此讲学，倡导“读书、讲学、爱国”的精神，使得这里名噪一时。尤其是顾宪成撰写的名联“风声雨声读书声声声入耳，家事国事天下事事事关心”更是家喻户晓。现在的书院基本保持明、清时期格局风貌。

清名桥历史文化街区 文

赏运河聚落的传统风貌

无锡市梁溪区

乘15、24、27路公交可达

清名桥历史文化街区又被称为“江南水弄堂”。街区因河而生，至今仍保留着运河聚落的传统风貌：两岸居民枕河而居，沿河

工业遗存众多、保存完好。街区文物古迹荟萃，充分体现了中国近代民族工商业发祥地的历史原真性。两岸传统民居密集，并仍保留着传统的生活习俗，除夕夜到南禅寺撞钟祈福、元宵庙会、农历七月七放河灯等传统民俗活动代代相传。街区集江南民俗文化、民族工商业文化、水弄堂文化、古建景观文化、宗教文化于一身，被誉为运河文化的“露天活态博物馆”。

玩家 攻略

南长街：闲暇的时候，到南长街走走，是不可错过的体验。沿着南长街的是古运河，从京杭大运河分岔而来，以跨塘桥到清名桥这一段街区为精华部分，被称为“江南水弄堂，运河绝版地”。

戏曲表演：刘侯庙的二殿有戏台，元宵、中秋等中国的传统节日，保留完好的古戏台上，仍会有戏曲表演。

水上游项目：售票地点为南禅寺游客集散中心，票价为水上游25元/人（导游讲解费60元），水陆游50元/人（导游讲解费100元）。水上游游览线路：跨塘桥—大公桥—清名桥—南水仙庙（回头）—无锡窑群遗址博物馆—伯渎河—祝大椿故居（游客可直接下船，或坐船返回南禅寺）。

玩家 解说

据史料记载，3200多年前，泰伯奔吴定居梅里（今无锡梅村），于清名桥历史文化街区内开凿了中国最古老的运河伯渎港，后吴王夫差开凿无锡古运河，至隋、元时期，伯渎港、无锡古运河与京杭大运河连通，成为贯通中国南北水道的重要组成部分。

清名桥位于南门外的古运河与伯渎港交汇处，是古运河无锡段的最佳景点。清名桥古运河段长1.6千米，河面宽约20米。除普通人家的水码头外，还有达官贵人的“官码头”、寺庙的“神码头”、运送蚕茧丝绸的“丝码头”、装载砖瓦的“窑码头”等，形成了千里古运河独特的“水弄堂”景观。街区内至今依然保留着原生态风貌以及代代传承的生活习惯和风俗人情，古河古桥、古寺古塔、古街古坊、古窑古庙等交相错落、互相辉映、蔚为大观。

清名桥始建于明万历年间，由无锡“寄畅园”的主人秦燿的两个儿子捐资建造，因兄弟俩的大名分别是太清、太宁，因此各取一字叫作“清宁桥”。这座石桥在清康熙八年（1669年），由无锡县令吴兴祚重建。到了道光年间，因讳道光皇帝的名字旻宁改名为清名桥，也有人称它为“清明桥”。清名桥为单孔石拱桥，全系花岗岩堆砌而成。桥栏上没有雕饰，每侧立两个望柱，显得十分古朴。桥东西侧有清代石碑两方，一为邹一桂所书，乾隆三十一年（1766年）立；一为同治九年（1870年）九月立。

钱锺书故居

书香宅第、钱氏家族

无锡市梁溪区健康路新街巷30号

钱锺书故居系钱锺书祖父钱福炯筹建于1923年，为七开间三进明清风格建筑，同时兼具西式建筑特点。

钱福炯题名为“绳武堂”，匾为当时江

南长街夜景

苏省省长韩国钧所书。钱福炯集经史语撰联悬于厅堂之上，勉励钱氏子孙勤奋读书，安分守业，和睦相处，继承家风。钱锺书在这里度过了童年、少年、青年时期，绳武堂敦厚质朴竞志奋进的门风，在他心里留下了不可磨灭的印象。

长广溪湿地公园

全国十大湿地公园之一

无锡市蠡湖西南岸石塘桥境

可乘77、105、395等多路公交到长广溪桥下

长广溪湿地公园，是连接蠡湖和太湖的生态廊道，总长10千米，占地约260公顷，其中水面约80公顷。公园主要景点有石塘廊桥，连接湿地公园两端，一面靠笔架山，横跨长广溪，气势非凡，能见度好的话可以望见蠡湖摩天轮和市区，还有大量的沿湖生态湿地，有木制地板连接湖岸。

泰伯庙

祭祀吴国始祖之庙

无锡市新吴区泰伯中路21号

乘坐781路到泰伯庙站即到

泰伯庙为奉祀古吴国始祖泰伯之祠庙。主要景点有泰伯庙桥、至德坊、香花桥、棂星门、泰伯大殿等。每年正月初九为传统庙会。

泰伯庙

现存的泰伯庙为明清建筑，庙前立照池，池上架单孔拱形石桥，名“香花桥”。桥北立花岗岩石牌坊，上镌“至德名邦”4字。石坛北为棂星门，竖有六根石柱，有云龙、仙鹤雕饰。院内尚存古柏、桂树各一株。

链接

泰伯墓

泰伯墓位于新吴区鸿山街道鸿山南麓。鸿山又名古皇山，故此墓亦称吴王墩、皇陵。泰伯墓始建于东汉，占地约1.3公顷，依山而建。现存月牙池、棂星门等景。墓地满山林木，山下遍地庄稼，景色非常优美。

雪浪山生态景观园

被称为“太湖第一峰”

无锡市滨湖区太湖街道　36元

雪浪山因拥有悠久的人文历史和丰富的生态资源而被称为“太湖第一峰”。主峰海拔146米，是太湖七十二峰中的一峰。雪浪山有横山寺、仙人洞、蒋子书院、迎仙楼等景区。

更多本旅游区景点

吴文化公园：位于惠山区堰桥街道西高山，以吴文化为内涵，展现了4000年来吴地生产、人文、民俗的壮丽画卷。

龙寺生态园：位于滨湖区军嶂山南麓，是融农业旅游观光、度假休闲、果茶生产、佛教文化为一体的现代农业生态观光园。园内还有一座有千年历史的古寺庙“龙寺”。

红豆杉生态园：位于锡山区东港镇，这里种植的红豆杉面积达2000公顷，涉及从红豆杉种植、盆景栽培到紫杉醇高科技提炼、生态旅游等内容。其中200公顷水色天光的红豆杉生态园为核心园区。

阳山生态桃源：位于惠山区阳山镇，古称“安阳山”，因周武王封周章少子于无锡为安阳侯，葬于此山而得名。

景点推荐 鼋头渚附近

鼋头渚风景区 AAAAA

领略太湖烟波

- 无锡市滨湖区大浮充山村118号
- 1路、72路等都可到达
- 8:00~17:30
- 90元
- 96889688 www.ytz.com.cn

鼋头渚景区横卧在太湖西北岸，因有巨石突入湖中，状如浮鼋翘首而得名，现面积达539公顷，是太湖风景名胜区的主景点之一。鼋头渚风景区现有充山隐秀、鹿顶迎晖、鼋渚春涛、横云山庄、万浪卷雪、湖山真意、十里芳径、太湖仙岛、江南兰苑、樱花谷、无锡人杰苑及中犊晨雾、广福古寺等景点。其中有山长水阔、帆影点点的自然山水画卷；有小桥流水，绿树人家的山村田园风光；有典雅精致、古朴纯净的江南园林景致；加上历代名人雅士游踪、石刻、书画、传说等诸多内涵深厚的文化积淀，构成了这里"诗画江南"的景象。大文豪郭沫若诗赞"太湖佳绝处，毕竟在鼋头"，更使鼋头渚风韵名扬海内外。

玩家 攻略

优惠：凭太湖鼋头渚风景区门票，可享受鼋头渚度假岛住宿的优惠价。

住宿：滨湖区山水东路的太湖花园度假村，坐落在太湖山水城旅游区内，西邻鼋头渚，北临蠡湖，与蠡园隔湖相望，各大著名旅游景点也近在咫尺，实惠方便。在景区内有南犊山庄、太工疗养院（近太湖大道，68799888）等，由于地理位置好，入住率较高，最好提前预订房间。

游船：A.高速快艇两岛游：沿途可快速浏览

鼋头渚、鼋头渚度假岛、太湖仙岛，时间约10分钟。

B.御舟水上精华游：途经太湖渔人码头—鼋头渚—灯塔—鼋渚春涛—包孕吴越—万浪桥—渔人码头，时间约40分钟。

C.七桅古帆船水上精华游：途经太湖渔人码头—鼋头渚—灯塔—鼋渚春涛—包孕吴越—万浪桥—渔人码头，时间约40分钟。电话：85550925。

鼋头渚公园

曾是民族资本家杨翰西的私家园林，堪称“无锡第一胜景”。有长春桥、澄澜堂、飞云阁、劲松楼、光福寺、陶朱阁等园林建筑。

鼋门楼

位于充山脚下，建于1986年。此门楼上盖橘黄色琉璃瓦，整体呈牌楼状，是进入鼋头渚景区的一个标志性建筑物，很多人在此拍照留念。

藕花深处

为一处荷花从，建于1931年，名字取自李清照的“兴尽晚回舟，误入藕花深处”，是夏日赏荷的好地方。此处有方亭、小溪、曲桥，借太湖之水，构成一幅颇有江南意境的写意小品。

广福寺

位于戊辰亭上坡，建于1924年，寺名意为“广土众民同登福地洞天”，因其处于峭壁顶端，又名峭岩寺。寺庙由山门、钟楼、鼓楼、天王殿、观音殿、地藏殿等组成，在大殿内有由惠山泥人研究生重塑的释迦牟尼像、迦叶像、阿傩像，颇具惠山泥人风格。

江南兰苑

位于广福寺下方，占地2.5公顷。兰苑内有国香馆、留香亭、流芳涧、香市等景点，共有180多种兰花。

太湖仙岛

位于梅梁湖中，距鼋头渚2.6千米，原名“三山”，俗称“乌龟山”，面积12公顷，是太湖七十二峰中著名的山峰，虽名为三山，但实际上由4个小山峰组成，从头至尾依次排序，此4座小山峰分别名为“东鸭”“三峰”“西鸭”、另一座无名，主山高近50米，山顶上建有文徵明诗碑亭，其上刻有《太湖》一诗。

现在太湖仙岛上有洞天福地、天都仙府等景区，还有重现《西游记》中花果山场景的猴子栖息和猴艺表演区。

蠡园公园 AAAA

范蠡西施泛舟故地

- 无锡市滨湖区青祁村70号
- 淡季30元，旺季45元
- 7:00～17:30
- 公交20、82、315都可到达
- 85101380

蠡园占地约8.2公顷，其中水域面积约2/5，以水景见长。相传，春秋时期，范蠡功成身退，曾携西施在蠡湖泛舟，蠡园也得名于此。该园始建于1927年，为当地人王禹卿父子利用原有基础而建。1930年，陈梅芳在其西侧再建渔庄，又名赛蠡园，1952年，将两处景观合为一体，现此处已成为无锡著名的古典私家园林，有假山耸翠、南堤春晓、长廊览胜和层波叠影4个景区。

玩家攻略

游船：每周五、六、日7:00—9:00每班次游湖1小时。

"太湖之星"游乐园：以世界首创的"水上摩天轮"太湖之星为中心，包括水上摩天轮、海盗船、旋转木马、魔界战神、森林探宝在内的5个游乐项目，开放时间10:00—21:00。

美食：蠡园大门口有蠡园饭店，大门对面有渔庄饭店（蠡园广场1号）、蠡浣酒家（蠡园广场东北侧）、申花大酒店（85118677）等。在公园附近有湖滨饭店（85101888），该酒店内的太湖珍宝舫（85103784）环境好，菜肴味道更好，但是价格高。

住宿：蠡园西边有1881半岛酒店（88681881），此外湖滨饭店、申花大酒店、蠡园饭店都可以住宿。

假山群

是进入蠡园后第一个吸引人的景点，高12米的归云峰为假山的制高点。整座山群嶙峋多姿，由大片的湖石堆叠而成。蹉跌的山石中有一条隐匿的石径盘旋而上，忽高忽低，忽宽忽狭，给人云里雾里的感觉，而此山也以"云"字为题，有"云窝、云脚、穿云、朵云、盘云、归云、留云"之名。在假山南，池水中停泊着一艘"莲舫"，建于1930年。

四季亭

建于1954年，4座亭子造型完全相同，甚至周围的小桥流水、石径穿插、小舢泛舟亦相同，而其周围的植物不同，在春亭旁种有梅花，夏亭旁种有夹竹桃，秋亭旁有桂花，而冬亭旁有蜡梅。

南堤春晓

南堤春晓位于四季亭南，这里的感觉很像杭州西湖的苏堤春晓，阳春三月，莺歌燕舞，景色犹如画卷。

云窝山洞

是假山耸翠、南堤春晓、长廊揽胜三大景区的连接点，山洞与长廊衔接处是一"五福捧寿"图案。它旁边有棵木香藤，开花时，满树的银花，被比喻为"摇钱树"，真是有钱有福有寿，寓意极好。

春秋阁

共3层，飞檐翘角，是蠡园的高建筑。此楼得名于春秋战国时期范蠡与西施的爱情故事，在阁前悬挂着刘海粟书写的匾额，两旁有一副曰"落花流水千古梦境，浓妆淡抹绝色佳人"的对联。阁的中层、上层设有茶座，登高可饱览蠡园山水秀色。

蠡园荷花田

梅园 AAAA

灼灼其华、梅花点点含香

无锡市滨湖区梁溪西路下家湾13号　乘2、88路公交可达　旺季60元，淡季30元

6:00~18:00

位于无锡市西郊东山、浒山和横山。面临太湖万顷，背靠龙山九峰，以梅花驰名，是久享盛誉的江南赏梅胜地。主要景点有：梅园刻石、洗心泉、米襄阳拜石、天心台、揖蠡亭、清芬轩、香海、小罗浮、念劬塔、豁然洞、开源寺、松鹤园、小金谷、吟风阁。

梅园现有面积约54.1公顷，其中梅林占3.7公顷。梅树5000多株，梅桩2000多盆，植梅数千，多为果梅，著名的有素白洁净的玉蝶梅，有花如碧玉萼如翡翠的绿萼梅，有红颜淡妆的宫粉梅，有胭脂滴滴的朱砂梅，有浓艳如墨的墨梅，有枝杆盘曲矫若游龙的龙游梅等。还有造型幽雅、虬枝倒悬、枯树老干、疏影横斜的梅桩艺术盆景。

玩家攻略

赏梅日期：每年最佳赏梅日期为2月下旬至3月中旬。

美食：梅园中的豆腐花和开源寺的素面非常好吃。

住宿：梅园环湖路的太湖饭店背倚赏梅胜地梅园，与鼋头渚公园隔湖相望，价格实惠。

开源寺

是无锡地区著名的佛教圣地，始建于1930年，该庙坐北朝南，有天王殿、大殿、大雄殿、藏经楼、钟楼、鼓楼、观音殿、地藏殿、功德堂、玉佛楼等建筑。另外，该庙内

梅园

藏品丰富，著名的有清乾隆版《大藏经》一部、玉质缅甸卧佛等。现在每年的元旦、除夕夜，开源寺沿承传统习俗，举行撞钟祈福活动。

念劬塔

建于1930年，塔名取《诗经·小雅·蓼莪》"哀哀父母，生我劬劳"和《诗经·邶风·凯风》"棘心夭夭，母氏劬劳"之句，以示对父母的怀念。此塔也正是荣宗敬、荣德生兄弟为纪念母亲石太夫人的养育之恩而建的，塔18米，为八角三层，是梅园的点睛之笔，也是梅园的标志性建筑。

无锡太湖花卉园

百花齐放的国度

无锡市滨湖区钱荣路中段梅茶一路88号

无锡太湖花卉园是融园艺生产、观光、科普、休闲为一体的现代植物园。太湖花卉园由科普教育区、休闲度假区、生态观光区三部分组成。

科普教育区由科普中心、花卉广场、盆景园和花卉生产基地组成，利用园区丰富的植物资源和先进的电教化设施，专门设计了针对中小学生特点的实践活动，主要有插花艺术、茶叶知识、盆景制作、拓展训练。休闲度假区由舜龙湖和滨湖农林科技培训中心组成。培训中心专门从事会务培训，客房、餐厅、会议室等配套设施齐全，整个培训中心置身于40公顷生态园林中，是江南罕见的生态山庄，也是联谊会晤、举家休闲的绝佳之地。每年在这里都举办有太湖花会和杨梅节。

无锡太湖花卉园

景点推荐 无锡影视基地 AAAAA

无锡影视基地坐落在葱茏苍翠的军嶂山麓、风景秀丽的太湖之滨，始建于1987年，占地面积近100公顷，可使用太湖水面200公顷。作为中国著名的影视拍摄基地，这里已经完成了《三国演义》《水浒传》《大明宫词》《笑傲江湖》《大宅门》《射雕英雄传》《刁蛮公主》等250多部海内外影视剧的拍摄。

无锡影视基地有两大主功能，即影视拍摄和观光旅游，现主要有建于1991年的唐城、建于1994年的三国城、建于1996年的水浒城，以及宋代风格的皇宫、大相国寺、紫石街、清明上河街、水泊梁山，唐代风格御花园、沉香亭、华清池等大规模古典建筑群，还有“老北京四合院”“旧上海一条街”等明清风格的建筑景观等。它是中国首创的、大型影视拍摄基地和文化旅游胜地，因此素有“东方好莱坞”之称。

无锡市滨湖区漆塘路1号

85558548

www.ctvwx.com

从无锡火车站乘坐82路公交可到

三国城90元，水浒城85元；三国水浒联票150元，三城联票215元

玩家攻略

表演：影视基地主要表演节目有东吴音韵（古船）、英雄救美、武功集锦、三英战吕布、华夏古韵、影视特技探索、杨志卖刀等，有的节目一天有多次表演。其中规模最宏大的三英战吕布每天10:00、16:00在三国城跑马场表演，节目中强烈的视听冲击效果令人如临其境，回味无穷。

服务：景区内环境优美、舒适便利。随处可见的仿古马车座椅、石凳等供您休息。电动车以及极富特色的马车更是游客们代步的理想工具，乘坐其上，不仅能遍览影视城的每一景每一物，更能享受到讲解服务，帮您更深入地了解这座影视文化的殿堂。

服务：景区内每一座城都有游客中心，您可在这里获取景区相关资讯、聘请导游、寄存行李、租借轮椅与婴儿车、寻人寻物等。

美食：唐城景区的唐街酒家，三国水浒景区的孙尚香酒家、御香楼酒家和快活林酒家均有快餐（10元起）和炒菜供应。另外，每天16:00—18:00（恶劣天气除外），三国水浒景区新推出了"湖上冷餐"，乘水浒官船，观太湖夕阳，尝太湖湖鲜，令人沉醉。

住宿：各景区内均有宾馆可住宿，方便快捷。

三国城

金戈铁马、雄浑刚劲

三国城坐落在军嶂山麓，建筑雄浑刚劲，主要景点有吴王宫、后宫、甘露寺、汉鼎、曹营水寨、吴营水寨、周瑜点将台、桃园、火烧赤壁特技场、竞技场、赤壁古栈道等；桃园是展示三国城建筑和风貌不可缺少的一部分，园内石径曲折，香案上青烟缭绕；每当春天桃花盛开的时候，桃红柳绿，是三国城的一大美景。这里每天都会有节目表演。

链接

三国风云（三国城）表演

时间	节目名称	地点
10:00	《洛神赋》	聚贤堂
10:30	《三英战吕布》*	表演场
11:00	《洛神赋》	聚贤堂
11:30	《影视揭秘表演》	特技场
13:00	《影视揭秘表演》	特技场
14:00	《出师表》	聚贤堂
15:00	《出师表》	聚贤堂
16:00	《三英战吕布》*	表演场
16:30	《连环计》	聚贤堂

注：带"*"为大型演出节目，不容错过。室外节目遇雨停演。节目如有变化，以当天演出告示为准。

水浒城

烟火街市、工巧华丽

水浒城南面与三国城相邻，主体景观可分为州县区、京城区、梁山区三大部分。水浒城内的建筑工巧华丽，主要有皇宫、樊楼、清明上河街、御街、紫石街、水泊梁山等景；尤其值得一提的是州县区紫石街，街上建有妇孺皆知的武大郎饼店、王婆茶馆、郑屠肉铺等。水浒城每天有多场节目表演。主要有在特技场表演的《燕青打擂》和《铁血丹心》，不容错过。

三国城

唐城

体会盛唐风貌

唐城位于宝界桥南侧，内部金碧辉煌，含唐宫、唐街、御花园、沉香亭、华清池等五大景区，有“老北京四合院”“老上海一条街”等近百个景点。

其中沉香亭是唐代长安兴庆宫中供唐明皇与杨贵妃消夏纳凉的所在地。唐宫是皇帝坐朝和举行大典的场所，仿照唐代长安城大明宫含元殿而建。在御花园内有一幅长51米、高1.5米的紫砂壁画《大唐盛衰图》，为目前国内最长壁画，形象地再现了唐代由盛至衰的发展史。唐街街长110米，宽34米，布局精巧，由石牌坊、塔楼、坊门、钱庄、留连回香楼、自在逍遥阁、太白酒楼等富含唐文化意味的景点组成，再现了盛唐时期国泰民安、繁荣发达的景象。

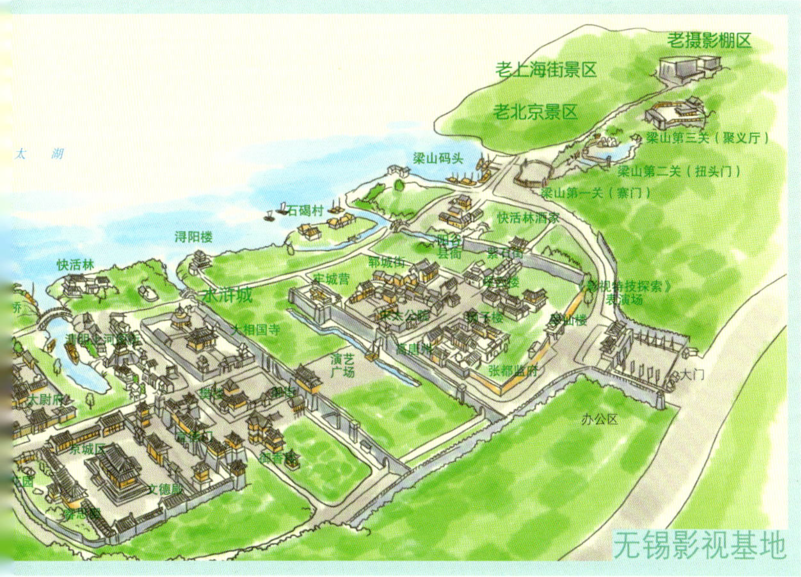

景点推荐 灵山景区附近

灵山景区 AAAAA

佛教文化浓郁的“江南福地”

无锡市滨湖区马山街道灵山路

8:30～17:30

210元 85689393

乘88、89路公交直达

灵山景区坐落于无锡马山秦履峰南侧的小灵山地区，占地面积约30公顷。原为唐宋时期祥符寺旧址，以堪称“神州之最”的灵山大佛（高达88米）著称于世，是一座集湖光山色、园林广场、佛教文化、历史知识于一身的佛教文化主题园区。

灵山面朝太湖，青龙山和白虎山分峙左右，可谓“前有照、后有靠，两边抱”，不虚胜境之名。景区内山峦叠翠，秀林掩映，香烟缭绕，广场丛集，既有旖旎动人的自然风光，又有丰富厚实的历史文化、艺术内涵，而且还有非常浓郁的佛教气息，三种不同氛围自然地融为一体，令人沉醉。

玩家攻略

最佳游季：来灵山风景区，在7－8月最好，这时山上阳光充足，山花也都开了。另外，每年的公历和农历新年前夜，灵山都举行盛大的撞钟晚会，也是游览的好时机。

平安抱佛脚：自佛教文化博览馆乘电梯而上，您还可参与“平安抱佛脚”活动，登高望远，可观太湖湖光山色。

美食：灵山蔬食馆位于祥符禅寺广场东侧，是景区中融素食餐饮、休息品茗、佛教聚会等多功能为一体的活动场所。

住宿：灵山精舍（85376888），元一希尔顿逸林酒店（85355860）、华美达广场酒店（83583333）。

购物：灵山特产丰富，有灵山素饼、吉祥工艺品、祈福香烛等，其中香烛选用优质天然香料和有机中草药提取物，香味清新持久。在中秋节期间，灵山还推出特色月饼，有东方贡月、今秋颂月、吉祥、如意等多个品种，寓意吉祥圆满。

灵山大佛

灵山大佛是目前世界上最高大的露天青铜释迦牟尼立像，通高88米，佛体79米，莲花瓣9米，大佛铸铜约700吨，比“佛是一座山，山是一尊佛”的四川乐山大佛还要高17米。大佛慈颜微笑，广视众生，右手施“与愿印”代表给予快乐，胸前记号代表万德庄严，整个佛像形态圆满安详，庄重细腻，显示出慈悲。

大佛的外形能达到“天衣无缝”的程度，则要归功于特型铜壁板和先进的焊接技术。抗风、防震、避雷等措施使得大佛能够抵抗7级地震，12级以上大风。避雷针就被巧妙地藏在大佛的发髻里。

天下第一掌

天下第一掌位于佛手广场左侧，按灵山大佛的右手复制，其形状、大小、材质完全一样，手掌总高度为11.7米，宽5.5米，手指直

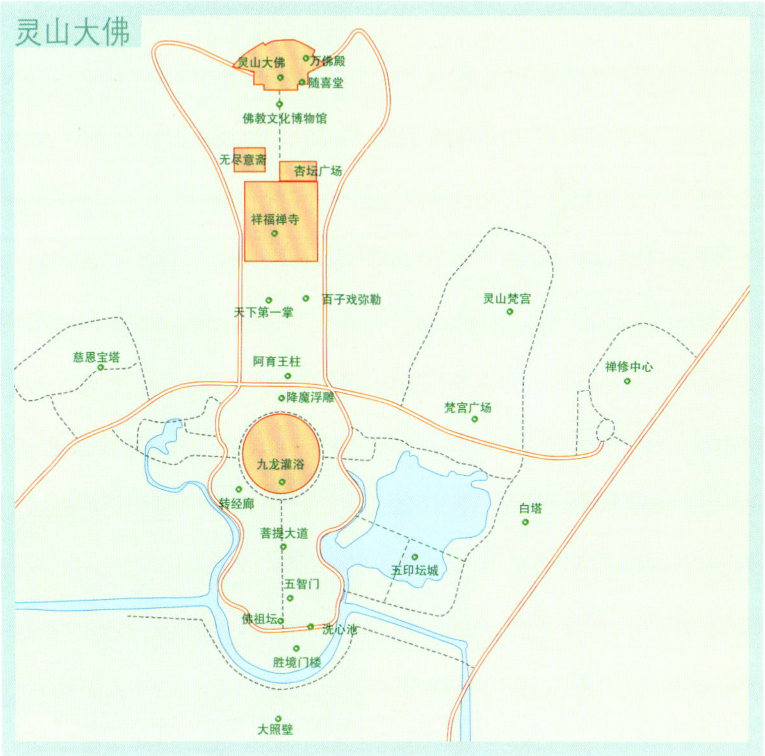

径1米，总重量达13吨，掌心的千辐轮，直径达2米。

佛教文化博物馆

佛教文化博物馆位于大佛基座，博物馆以神州五方五佛、中华四大佛山、藏传、南传、汉传三大佛教语系以及佛教文化艺术为展览主线，充分展示博大精深的佛教义理和文化。

灵山梵宫

气势恢宏的灵山梵宫与庄严神圣的灵山大佛比邻而立。总面积达72 000平方米的梵宫共4层，其中地下一层，地上三层。用料以坚固石材为主，高大的廊柱、大跨度的梁柱、高耸的穹顶、广阔的厅堂，给人以强烈的视觉冲击力。

照壁

照壁立于七色莲花池中，其规模为全国之最，全长39.8米，最高处7.2米。照壁的南面有“灵山胜会”石雕，其故事取材于佛祖西方灵鹫山说法。

龙头渚

神似游龙伏卧太湖

无锡市太湖国家旅游度假区最南端　25元

乘坐马山西环线可到

7:30～17:00

龙头渚位于无锡马山太湖国家旅游度假区最南端，其山脉如一条游龙，直伸入湖中，从龙舌、龙眼、龙耳、龙颈到龙背，全长2500米，共分为桃花春晓、沙坞风荷等7个景区。有龙门、沙坞湾、望龙亭、续颈桥、西青草堂、龙吟奇石科普馆、蛤蟆石等胜景。

龙头渚有三大观景点，第一是门口的龙门观景台。第二个是望龙亭，是陆路观赏龙头渚的最佳处。第三个在湖中，因为只有坐船出湖才能真正领略“青龙卧波”的气势。

玩家 攻略

度假区内的“七里堤”是马山迄今为止最好的景观大道，从灵山大佛至龙头渚只需5分钟车程，游客沿途可饱览太湖美景。

宜民山庄

观月之皎皎

无锡市滨湖区马山街道桃坞村　20元

85748681

宜民山庄是太湖之滨著名的观看湖上月起的旅游胜地，以“静态游”为主。

景区还根据四季、四时等划分出不同的旅游景点，如梨雨曲径（宜春），栈桥踏浪（宜夏），月白沙汀（宜秋）、西岑控梅（宜冬）、平湖涌日（宜晨）、鸥影带帆（宜昏）、隔帐听涛（宜月夜）、青山在门（宜四季）等。

玩家 攻略

小小的桃坞村距离太湖不到500米，吃湖鲜很方便。当地许多农家饭店也都有新鲜的湖鲜，烹制方法很简单，但味道鲜美。村子内的农家院很多，都可提供食宿，卫生条件都不错。

灵山大佛

景点推荐 江阴旅游区

江苏学政文化旅游区 AAAA
学署号称“江南官署之冠”

江阴市人民路步行街

江苏学政文化旅游区分学政衙署遗址、古民居、学政文化广场、雪浪湖景区4个区，由学政衙署遗址、中山公园生态休憩区、文庙、刘氏三兄弟故居、兴国园、要塞司令部等景点组成。

旅游区用现代科技手段演绎传统文化，创造了一个具有深厚文化底蕴，满足市民娱乐、休闲的现代都市开放空间，成为汇通古今江阴文化的江阴旅游新亮点。

学政衙署遗址

学政衙署设立于明万历四十二年（1614年），在现在的中山公园这里，当时此处称“清机园”。一般简称为学署，顾名思义，就是昔日八府三州考秀才的地方，园内景点众多，号称“江南官署之冠”。

“天开文运”牌坊：是遗址区的头门，站在牌坊前可以清晰地看到整个学署的布局。牌坊为石质，横匾“天开文运”4个大字出自康有为之手，其意思是“天降大任，文运勃兴”。

仪门：旧的学署十三进格局是按照风水理论中的穿宫九星法营造的布局，坐北朝南。如今的学署遵循原本的布局，在学政衙署古建筑十三进格局中，仪门的雕梁画栋是仅存的古建筑。

学政衙门大堂：是十三进格局中仪门后的一进，在清道光年间，大堂连同东西两旁的考棚一次可容纳考生1498名，可见当时之盛况。

学政衙署广场区

四碑记：这4块碑位于文化区的中轴线上，立于清康熙年间，分别为《重修江阴县督学察院记》《增修江阴考棚记》《增建江阴考棚记》和《重修江苏学政衙署遗址公园碑记》。

地碑：这里就是当年的考场，在中轴线的地面上镶嵌着10块地碑，记录了学政生平、诗文风格的简要述评。

学政组群雕塑：在江阴这块人杰地灵的土地上，历史上124任学政一般都是三品以上的官衔，位于广场上的学政组群雕塑便用现实主义手法呈现了他们其中的代表。如“刘墉、刘环之”雕塑，“张廷璐考场视学”雕塑以及“景福飞章报京”雕塑。

生态休憩区

这里包括中山广场区、万寿山景区、荷花池景区和玉带河景区，由中山纪念塔、六角船亭、忠邦亭、千年紫藤、万寿山、状元亭、墨华榭、心经碑等组成，既有人文景观，又有人文景点。

中山纪念塔：建于1925年，由南菁、励实两所学校的师生们用当时查抄日货的罚款集资而建，塔上有祝丹卿书写的“孙中山先生纪念塔”几个大字。

万寿山：又称梅花岭，这座山虽小，却颇有来历。清乾隆年间，人们称这座山为“江阴诸山归宿处”。现山上有香雪亭、万寿亭。

心经碑：是江阴“三奇”之一（另两奇为千古奇人徐霞客、梁代昭明太子萧统手植的红豆树），此碑之所以称奇，因为看似反写，实为正写；镌刻是阴文，却如阳文。现碑为清嘉庆三年（1798年）照摹本所重刻，所刻为《般若波罗蜜多心经》全文。

江阴滨江要塞旅游区 AAAA

古时的军事要塞

江阴市区东郊，鹅鼻嘴公园位于黄山路288号

观光塔15元

乘江阴8路、78路等路公交可到

86851868

江阴滨江要塞旅游区位于江阴市区东郊，北滨长江，因境处江阴黄山炮台军事要塞之地，民国以来即以要塞为乡、镇名。旅游区由鹅山景区、大湾景区、东山景区3部分组成，包含要塞森林公园、江尾海头、澄江古渡、盘古流泉等众多景点。

玩家攻略

赏景：登“江防城楼”凭栏远眺，可饱览江天一色、江桥一体的奇观；在明清古炮台区凭吊历史遗迹，可发思古之幽情；到“鹅鼻积雪”处，临江远眺，赏“江尾海头”巨石摩崖，遥思千古奇人徐霞客的踪迹，使人浮想联翩。

美食：刀鱼馄饨为江阴特色美食，曾被徐霞客称为“天下第一鲜味”。刀鱼又称“刀鲚”“毛鲚”，一般长约30厘米，体形狭长扁平似刀。江阴地处长江入海口南岸，是鱼群洄游的“黄金水道”，因此刀鱼产量居长江下游各县市榜首。

在鹅鼻嘴公园边上有外滩宾馆（86855999），在公园路上有澄北聚福楼酒楼、暨阳山庄（86851888）、火车主题餐厅等。

住宿：外滩宾馆可提供住宿服务，公园附近另有黄嘉喜来登酒店（86998888）、新扬子大酒店（86806688）等。

徐霞客故居 文

品位高雅的仰圣之地

江阴市徐霞客镇霞客路21号　12元

乘501路公交可到　8:00～19:30

徐霞客故居由故居、胜水桥、晴山堂、徐霞客墓和仰圣园组成。故居内现存有400年前徐霞客亲植的罗汉松，故居后院，便是徐霞客的明式移葬墓，墓地尽头的祭台前立有徐霞客塑像。

江阴滨江要塞旅游区

链接

徐霞客

徐霞客（1587—1641），江阴人，世界杰出的旅行家和地理学家。其幼年好学，博览图经地理志。因见明末政治黑暗，不愿入仕，专心从事旅行。

他从22岁始游历山河，历时34年，足迹遍及23个省市。其观察所得按日记载，留下了40余万字的资料，对地理、水文、地质、植物等都做了详细的记录。他死后，由季梦良（会明）等整理成著名的《徐霞客游记》，被称为“千古奇书”。

华西村

被称为“天下第一村”

江阴市华士镇西　130元　86216114

在无锡汽车站或江阴汽车站乘坐往华士的中巴前往　7:00～17:00

华西村面积30多平方千米，人口3.5万左右。它是中国首富村的一个标准样本，还创造了多项世界之最、中国之最，是中国目前最富有的村子，被称为“天下第一村”。

村内有十二生肖亭、二十四孝亭、六十花甲亭、七十古稀亭等建筑，有金塔（标志性建筑）、农民公园、龙溪湖等80多处景点。

华西金塔

华西金塔为华西村标志性建筑，被誉为“天下第一塔”，占地3600平方米，7级17层，高98米，塔顶上的金黄色葫芦，用35千克黄金镀成。金塔集餐饮、宾馆、商场、会客、观光于一身，7楼为宾馆，自窗口可眺望整个村庄。顶楼是观光层，满墙壁挂有中央领导的视察照片和题词。

新农村大楼

华西增地空中新农村大楼共74层，高328米，高度世界排名第15位，全国排名第8位，按照五星级酒店的标准设计。大楼内有5座空中花园，并设有以“金、木、水、火、土”五行为主题的5层会所，还有目前亚洲最大的360度空中旋转餐厅。

玩家解说

在华西村提起吴仁宝，无人不竖起大拇指，就是这位朴素的老人带领全村人民走上了富裕路。吴仁宝出生于1928年，华西村人，早在1957年任江阴县华士乡23社支部书记，1961年建村，任江阴县委书记、华西村党委书记等职。后历任江苏省政协常委、全国小康村研究会会长、华西村党、村企总办主任等职务。2013年去世。

华西村

更多本旅游区景点

江阴革命烈士陵园：一座融合古今建筑风格的现代建筑群，位于江阴市澄江街道，庄重古朴，气势雄伟而肃穆。

江阴长江大桥：中国首座跨径超千米的特大型钢梁悬索桥，位于江阴市与靖江市十圩村间，现已建成以观江观桥为主要特色的鹅鼻嘴公园。

华西村

景点推荐 宜兴旅游区

善卷洞风景区 AAAA

神奇瑰丽的七彩神洞

宜兴市张渚镇祝陵村螺岩山中 130元

87391169

乘坐202路可到

旺季7:30～17:00，淡季8:00～16:00

善卷洞与比利时的汉人洞、法国的里昂洞并称为世界三大奇洞。这里山清水秀，风光旖旎，洞景巧夺天工，素有“万古灵迹”“欲界仙都”之美誉。从古到今，胜景似绣，游人如织，历代名贤雅士、文人墨客留下了一篇篇千古传唱的诗文。

善卷洞分上、中、下洞和水洞，洞内飞瀑流水，钟乳密布，奇观胜景繁多。有砥柱峰、喷水乌龙、荷花倒影、白鹤苍鹰、喜雨亭等景点，是融溶洞观光、生态旅游、宗教朝拜、休闲娱乐和陶、茶文化等为一体的螺岩风景区。现已形成了洞前是公园，洞中是游园，洞后是乐园和紫砂园的著名旅游胜地。

善卷洞的奇妙之处，主要是下洞和水洞。洞分上中下3层，并相连，而且上、中、下洞和水洞又相通，宛如一幢石雕大楼。

玩家攻略

住宿：景区内螺岩山脚有螺岩山庄，住宿方便。另有迎宾旅馆（88587878）、利源大酒店（87391286）等。

美食：景区附近餐馆很多，胖头鱼、红烧土鸡、清炒山芋苗都是这里的代表菜肴，味道非常好。

竹海风景区 AAAA

华东第一竹海

宜兴市湖汉镇　87479616　80元

宜兴201路可到达

8:00～17:00

宜兴地区盛产竹，自古便有“竹海”之称。竹海风景区中心面积约666.7公顷，为华东地区最大的竹资源风景区，由于离太湖近，流域最明显，因而，从竹海山上流下的溪流有“太湖第一源”之称。

竹海景区以一望无际的浩瀚毛竹景观为主体，有“华东第一竹海”“太湖第一源”“苏南第一峰”之称，是中国竹风景、竹风情、竹文化的代表性景区。

景区内翠竹青青，溪流淙淙，翠鸟声声，并有绿荫茶座，凉亭小桥，幽廊古寺。现有门楼服务区、镜湖览胜区、水景瀑布区、竹海茶楼品茶区、翡翠长廊区、小海、中海观景区、夕照寺区等功能区。

玩家攻略

区内交通：景区内自行选择电动车，电动车分单、双乘，价格分别是10元和15元。

玩“竹”：徜徉于无边无际的竹海风景区，您可观竹、赏竹、用竹、吃竹，还可乘竹筏、赋竹诗、挖竹笋、听竹乐、嬉竹溪、探奇竹、购竹工艺品，在大竹海的怀抱中，尽情领略竹文化生态旅游的无穷乐趣。

住宿：在景区内有竹海国际会议中心（80308888），条件非常完善，景区附近另有喧雨楼饭店（87470626）、鑫豪酒楼（87479987）等价格实惠的吃住服务场所。

陶祖圣境景区 AAAA

探生态溶洞奇景

苏、浙、皖三省交界之处

陶祖圣境景区是太湖风景区阳羡景区的核心景区之一，是典型的生态溶洞风景区。景区面积20万平方米，以春秋战国大夫范蠡隐居的“慕蠡洞”与中国历史第一美女西施发现的“西施洞”联结而得其名。

景区内主要景观有慕蠡洞、西施洞、范蠡展馆、范蠡广场、望西楼、范蠡陶坊、范蠡古窑、太湖石林、竹林长廊等60多个。

团氿风景区 AAAA

感受宜兴风土人情

宜兴市宜城街道氿南路

7:30—21:00　30元

团氿风景区是太湖风景区阳羡景区重

要组成部分，以山、水、石、园林为主题，其中水面面积占60%。

这里是宜兴市内的大型公园，是当地人日常生活的一个重要组成部分，总能看到当地人在这里休闲娱乐，人间烟火甚浓，充分地展现了宜兴的风土人情、地方特色和文化传统。

风景区四周也都是景色优美的旅游区，东面为氿滨广场和任舫公园，西面为1000多米长的云溪大桥，南面为全长1.8千米景色宜人的氿南风光带和宜园，北面为氿北城市湿地公园。

龙背山森林公园 AAAA

景色天然的生态公园

宜兴市宜城街道南

龙背山森林公园占地550公顷，园内丘陵起伏，植被茂密，森林覆盖率95%。

园内分历史文化区、植物园区、游乐园区、休闲娱乐区4个大的游览区域，是华东地区规模最大的城中森林公园。

公园内有文峰塔、历史名人馆、艺术名人馆等景，有桂花园、杜鹃园、蔷薇园等专类园。此外，龙背山还有义牛、神虎、白螺等众多的民间传说和听秋轩、浮翠亭等名胜古迹，以及砚池、双龙潭、梅影潭、镜池、凤池、缀星池等十几个潭池。

宜兴陶瓷博物馆

宜兴陶瓷博物馆 AAAA

璀璨的“陶都之光”

宜兴市丁蜀镇丁山北路150号

它被誉为“东方明珠、陶都之光”，是国内最早成立的专业性陶瓷博物馆，分设古陶、名人名作、紫砂、精陶、均陶、青瓷等16个展厅。

馆内的紫砂、青瓷、均陶、彩陶和精陶早就饮誉海内外，被誉为“五朵金花”。

更多本旅游区景点

东坡书院：位于宜兴市丁蜀镇东北隅的蜀山山麓，建于北宋，院内建筑整齐壮观，古朴典雅，具有浓郁的民族风格。

龙池山：位于宜兴市张渚镇，是江苏唯一的、植物品种最丰富的自然保护区。

天一度假村：农业旅游示范点，位于宜兴市和桥镇，依托风光旖旎的滆湖，环抱古意盎然的私家园林，是开会、旅游、度假、休闲的好去处。

灵谷洞：位于宜兴市湖㳇镇阳羡茶场内，有上、下两个洞口，由灵谷文苑、灵谷舞台、百川汇海、水晶宫、仙阁宝殿、千佛山和龙宫凤府7个大厅组成。

玉女潭：位于宜兴市湖㳇镇张阳村莲子山上，是一个以山林野趣为主要特色，古迹甚多的风景名胜，主要分“玉阳洞天”和“玉潭凝碧”两大部分。

张公洞：又名庚桑洞，位于宜兴市湖㳇镇盂峰山中，相传汉代张道陵曾在此修道，唐代张果老在此隐居，故称张公洞。

攻略资讯

- 交通
- 住宿
- 美食
- 购物
- 娱乐

古运河

交通

飞机

无锡拥有一个民用机场——苏南硕放国际机场，全国主要城市都有航班直达。它位于无锡国家高新技术开发区内，无锡市区有开往机场的大巴，乘车地点为无锡火车站、无锡东站、无锡客运站、无锡汽车客运西站和机场候机楼一楼国内到达门外北侧。电话为96889788。

火车

无锡是沪宁铁路与新长铁路的交汇点，沪宁线上几乎所有的列车均停靠无锡。无锡有四个火车站，其中一个是位于市中心的无锡站，站内有普通列车和高速列车通过。其余三个均为高速列车通过的火车站。

无锡火车站：位于无锡市梁溪区车站路1号，乘坐地铁1号线可到。车站分为南广场和北广场，乘普通列车，建议从无锡站老的南广场入口进站，乘高铁、动车可以从新的北广场入口进站。

城际铁路无锡站：位于无锡站北面，有发往南京、上海等方向的高速列车。乘坐地铁1号线无锡站下车后步行可到。

城铁新区站：在硕放附近，新华路与珠江路口，主要服务往南京、上海方向的乘客。乘坐751、753、755路公交车在城铁新区站下车。

无锡东站：是较新的动车、高铁专用车站，京沪高铁经过无锡在此停靠，位于锡山区广信路，2号地铁线与远期规划的4号线在此交会。

轮船

太湖航线有游轮到湖州，大运河航线有游轮到苏州、杭州、镇江、丹阳等。

无锡江南国旅湖滨码头每日17:30有游船发往杭州，次日7:30抵达。在锡山码头和小箕山码头每天有无锡到苏州、常州、湖州的运河、太湖游航线，开船时间为每天8:30、13:00，满15人起航，游览时间在2~5小时之间，票价为35~98元不等。

汽车

无锡是沪宁线上的公路中枢，沪宁、沪宜高速公路通达上海市和南京市，京沪高速公路直达北京，宁杭高速公路直通杭州，沿江高速连接南京溧水和苏州太仓。312、104国道穿过无锡。沪宜、锡沙、镇澄、澄张、澄鹿等公路干线通向苏、浙、皖。无锡市内有多个汽车站，主要有无锡汽车站、无锡汽车南站和东站。

无锡汽车站：走高速公路的旅客多由该站发出，此外往江阴市各乡镇、常熟、张家港的中巴流水发车。它位于无锡市梁溪区镇沪西路227号。乘坐6、17、20等路公交车可到，电话为82588188。

无锡汽车南站：位于兴源中路无锡国际招商城内，多是发往省内的泰州、盱眙、连云港、镇江、南京等地的班车。可乘坐15、55、96等路公交车前往，电话为85035805。

无锡汽车东站：位于翠山路。开通了到全国各地的50多个班次的80多趟车。乘坐地铁2号线可到。

市内交通

无锡已开通两条地铁线，分别为1号线、2号线。可到达火车站、火车东站以及多个景点。

住宿

无锡旅游业发达，有很多世界知名酒店分店，如华美达广场酒店、1881半岛酒店。另有太湖饭店、锦江大酒店、湖滨饭店等。

●财富古运河酒店

酒店北枕闻名中外的千年运河，南依文化底蕴深厚的无锡市丝业博物馆，位处历史悠长的南长街中心地带，地理位置优越。 无锡市梁溪区南长街350号（丝业博物馆旁） 58220888

●美豪丽致酒店

酒店位于崇安寺附近，闹中取静。贴心细致的服务，高档的设施，精致的下午茶，很适合家庭出游居住。 梁溪区学前东路 88716666

●1881半岛酒店

位于世界名园蠡园和无锡影视基地之间，毗邻蠡湖中央公园、亚洲城。酒店拥有360°全湖景房、特宽观景窗边的超大浴缸以及独有的零距离泳池房。世界顶级之甜蜜睡床，开创了酒店先例。 无锡市蠡湖新城环湖路1881号 88681881

●书香世家酒店

酒店主要以书香吴地文化为主题装修，结合了儒家文化及泉水文化，亭台楼阁水乡、花窗木雕，仿若置身于诗情画意之中。 滨湖区震泽路899号 85175000

●更多住宿去处

名称	位置	电话
莫泰168	汉昌北街118号	82861666
君来湖滨饭店（五星级）	滨湖区环湖路1号	85101888
锦湖大酒店（四星级）	滨湖区马山梅梁路18号	85995888
瑞廷西郊酒店	滨湖区建筑路777号	66659999

美食

无锡饮食属“四大菜系八大帮”的苏菜系苏锡帮，总体上是口味偏甜。既有西施豆腐、太湖船菜等传统名菜，也有无锡小笼包、清水油面筋、三凤桥酱排骨等特色小吃。无锡主要美食街有崇安寺、中山路、青石路、穆桂英小吃广场等。无锡崇安寺与上海的城隍庙、南京的夫子庙、苏州的玄妙观并称为沪宁四大小吃集结地。

美食小吃

●太湖白鱼

太湖白鱼学名翘嘴红鲌，又称“白鱼”“白条”等，是远近闻名的“太湖三白”之一。其个体大、生长快，肉味又为鱼中上

太湖白鱼

品，鲜食或腌食都十分可口。

●梁溪脆鳝

又称爆鳝，由鳝丝经两次油炸而成，外观酱褐色，乌光发亮，口味甜中带咸，松脆适口。梁溪脆鳝在无锡已有100多年的历史，它是无锡冷盆菜肴中的明珠。

●无锡小笼包

无锡小笼包是无锡传统名点，已有百年历史。具有夹起不破皮，翻身不漏底，一吮满口卤，味鲜不油腻等特色。熙盛源（南禅寺店）位于梁溪区南禅寺美食街112—5号。这里的小笼包个头很大，皮薄，里面是满满的鲜甜汤汁，肉馅口感非常好。

小笼包

●油面筋

油面筋始于清乾隆时代，至今已有230多年历史。当初的制法是将筛过的麸皮加盐水用人力踏成生麸（又称面筋），再将生麸捏成块状，投入沸油锅内煎炸，成为球形中空的油面筋。清水油面筋的称呼在清代末年出现，无锡第一家挂出“清水油面筋”招牌的是笆斗弄的马成茂面筋店。

美食去处

●王兴记

王兴记以传统小吃而闻名，著名品牌有“鸡汤三鲜馄饨”“鲜肉小笼馒头”，风味独特，在江、浙、沪、香港和东南亚等地享有盛誉。✉ 无锡市梁溪区中山路223号 ☎ 82726484

●状元楼

状元楼是无锡的老字号，很有名气。无锡的特色菜在这里都能品尝到。银鱼羹、白水鱼、虾仁、酱排骨、手撕牛肉等都是这里的特色菜。✉ 无锡市吴桥东路禾嘉苑25号 ☎ 82607088

崇安寺夜景

购物

无锡是中国纺织丝绸的基地，在国内外享有“丝都”之誉，所以无锡蚕丝绸不可错过。太湖珍珠做成的各种工艺品也是价值很高的纪念品。惠山泥人、水蜜桃等也是远近闻名的特产。宜兴的紫砂壶名扬天下，更是难得的收藏佳品。

鸡汤三鲜馄饨

另外，无锡的土特产还有大浮杨梅、黑杜酒等，水中上品太湖“三白”——银鱼、白虾、白鱼也备受青睐。从胜利门至南禅寺，中山路云集了几百家店铺，是购物好去处。

酱排骨

无锡特产

●惠山泥人

惠山泥人

惠山泥人是无锡三大著名特产之一。无锡当地艺人取惠山东北坡山脚下离地面约一米以下黑泥，其泥质细腻柔软，搓而不纹，弯而不断，干而不裂，可塑性极佳，非常适合“捏塑”之用。惠山泥人造型饱满，线条流畅，色彩鲜艳，情趣盎然。

●太湖白虾

太湖白虾又名太湖秀丽长臂虾，太湖著名水产。其壳薄，通体透明，肉质细嫩鲜美，鲜虾可制虾仁，碎屑和虾子是美味虾子酱油的原料。

●太湖珍珠

太湖珍珠

太湖珍珠为人工培育的淡水珍珠。其粒大质优，色泽纯净，自然亮丽，晶莹滚圆，光彩夺目，在国际市场上享有“无锡太湖珍珠天下第一”的美称。

●阳山水蜜桃

无锡著名特产之一，已有近70年的栽培历史。产于无锡市阳山镇，以其形美、色艳、味佳、肉细、皮韧易剥、汁多甘厚、味浓香溢、入口即化等特点而驰名中外。阳山水蜜桃早桃品种5月底开始上市，7月15日前后，甜度最高的湖景桃也将大量上市。

无锡购物场所

●惠山泥人一条街

五里街原是无锡西门至惠山的一条大道，而惠山浜由于进出停泊的香船众多，久而久之形成了两岸精致的河街。水陆两路交会于惠山寺“古华山门”一带，这里以“惠山大阿福”为代表的泥人作坊比比皆是，还有著名的无锡泥人厂、无锡泥人博物馆等，形成了独具特色的泥人一条街。

●南禅寺文化商城

商城是依托古运河及河畔南禅寺、妙光塔三大景观精心规划建造的超大型文化市场，是闹市中心一座文化旅游城。商城集会展文化、收藏文化、园林文化、佛教文化、旅游文化和美食文化于一身，先后兴办了风味小吃市场、邮票钱币市场、花鸟鱼虫市场、古玩市场、书刊市场、工艺旅游品市场等专业市场。

娱乐

无锡的娱乐场所比较多，各种酒吧、咖啡馆遍布街头，主要集中在五爱广场、中山路等地。在唐城、三国城和水浒城内，还经常有各种表演活动。此外，继南京、扬州之后，1912街也进驻到无锡，打造无锡的新派夜生活。

●1912街

1912街坐落于无锡火车站对面、古运河畔，傍水而居，依托古运河文化，打造时尚休闲长廊，乱世佳人酒吧、玛索酒吧、A8酒吧、COCO酒吧等酒吧纷纷入驻，配套高档餐

南禅寺文化商城

无锡夜景

饮，成为无锡休闲娱乐的时尚地标。

●保利大剧院

剧院内设全球超一流的欧美风情式大型演艺广场和模特大酒城及多功能豪华贵宾商务包房，能同时容纳2000余人观看演出，堪称目前全球365天“天天演出”的同类演艺场所中最大的演艺航母。位于解放东路1000号保利广场3楼。

●无锡滋身堂茶楼

无锡滋身堂茶楼坐落在崇宁路60号文渊坊内庭院，以明清古家具陈设和文物古玩作为装饰点缀，为无锡市民提供了绝佳的茶水服务和休闲场所。同时茶楼还推出具有无锡地方特色的经典滋补菜肴，以弘扬无锡饮食文化。

锡剧

●更多娱乐去处

名称	地址	电话
无锡市锡剧院	解放南路558号3号楼5楼	85036014
碧富邑咖啡馆	中山路168号八佰伴6楼	82726688-8248
龙泉阁茶楼	人民中路97号	
汤姆熊欢乐世界	解放东路1000号保利广场3楼	82327069

节日和重大活动

节日	举办地	时间
泰伯庙会	锡山区梅村	农历正月初九前后
石塘湾庙会（土地神生日）	石塘湾	农历二月初二
无锡国际梅文化节	梅园	3月
无锡阳山桃花节	阳山镇	3～4月
西高山庙会	吴文化公园	4月
樱花之旅	鼋头渚	4～5月
宜兴陶瓷艺术节	宜兴市各景区	5月
胡埭镇庙会	胡埭镇	5月
太湖旅游节	无锡太湖各景区	9～10月

发现者旅行指南

苏州

概览

亮点

苏州园林

是苏州地区最具特色的景观，有着“江南园林甲天下，苏州园林甲江南”的美誉。

周庄古镇

被称为“中国第一水乡”。镇内环境清幽，流水潺潺，一派“小桥流水人家”的意蕴。

寒山钟声

诗人张继的名句“姑苏城外寒山寺，夜半钟声到客船”，让人们认识了寒山寺，寒山寺也因此诗蜚声内外。

虎丘山

被誉为“吴中第一名胜”，以丰富的人文景观和幽绝的自然景色著称，有“三绝九宜十八景”。

必逛街道

观前街：因其地处玄妙观前而得名，街边名店云集，古迹众多。

十全街：是享誉中外的餐饮、工艺特色街。著名的苏州饭店、南园宾馆和网师园坐落在这条街上。

山塘街：被誉为“姑苏第一名街”，街上有虎丘山、普济桥、明清江南服饰馆、古戏台、野芳浜等景。

线路

苏州深度四日游

第一天游览拙政园，参观沧浪亭，然后到狮子林逛一逛。第二天参观同里或是周庄。第三天早饭后拜谒寒山寺，游虎丘，逛山塘街。第四天到洞庭东山与洞庭西山景区观光。

苏州经典三日游

第一天是以盘山和网师园为主的山水游。第二天是园林主题游。早上去拙政园，观远香堂、荷风四面亭、玉兰堂等，随后去苏州博物馆，之后去狮子园，中午去观前街吃松鼠鳜鱼，下午去环秀山庄。第三天主要是以虎丘和寒山寺为主的名胜古迹游。

拙政园鸳鸯馆

水乡古镇二日游

第一天早上从苏州出发，来到同里古镇。乘坐乌篷船，沿途赏同里各式各样的明清古建筑。下午在古楼品茗，晚上住在周庄古城。

第二天早上站在双桥上看风景，去古戏台看一场昆曲，或去三毛茶馆喝杯阿婆茶。下午穿梭在锦溪小镇的十眼长桥里，漫步在青石的街道上，打江南走过。

为何去

大运河从苏州城区环绕而过，与长江、太湖、苏州护城河及城内数百条河道互通互融，这里河港交错，湖荡密布，堪比水城威尼斯。而盘门、虎丘塔、寒山寺等自然人文景致又为它增添了古朴雅致，使得古城苏州更加秀美典雅。

远眺寒山寺

何时去

苏州四季皆宜旅游，尤以春天最佳，大小园林此时万物苏醒、生机勃勃，无论是春光灿烂还是春雨缠绵，苏州园林都是一幅动人画卷。

虹饮山房

从2月开始，苏州相继举办西山梅花节、虎丘花会、虞山花会、拙政园杜鹃花会、郁金香花展、常熟尚湖牡丹花会、昆山琼花节等，其他如苏州国际旅游节、水乡花朝会以及各古镇的踏春节等，无不在春天来临之时，为苏州添一层春色。

另外，新年伊始之际，听寒山寺钟声也成为海内外人士新年祈福的活动之一。

苏州旅游示意图

为能演唱不同风格内容的《书调》，同时也吸收许多曲牌及民歌小调，如《费伽调》《乱鸡啼》等。

苏州评弹大致分为三大流派，即陈（遇乾）调、马（如飞）调、俞（秀山）调。经过百年发展，又不断出现继承这三位名家风格，且又有创新发展自成一家的新流派。其中“马调”对后世影响最大。

自然雅趣的苏州园林

苏州素来以山水秀丽、园林典雅而闻名天下，有“江南园林甲天下，苏州园林甲江南”的美称。

苏州古典园林的历史可上溯至公元前6世纪春秋时吴王的园囿。私家园林最早见于记载的是东晋顾辟疆所建的辟疆园。明清时期，苏州成为中国最繁华的地区，私家园林遍布古城内外。16~18世纪全盛时期，苏州有园林200余处，现在保存尚好的有数十处，因此素有“人间天堂”的美誉。

苏州园林一般占地面积较小，多采用变幻无穷、不拘一格的艺术手法，以中国山水花鸟的情趣、唐诗宋词的意境，在有限的空间内点缀假山、树木，安排亭台楼阁、池塘小桥，给人以小中见大的艺术效果。走在园林之中，曲折迂回，步移景换。

此外，苏州园林还有着极为丰富的文化底蕴，它所反映出的造园艺术、建筑特色以及文人骚客留下的诗画墨迹，无不折射出中国传统文化中的精髓和内涵。

名单 苏州历史名人

东吴大将陆逊
唐代“草圣”张旭
北宋文学家范仲淹
元末明初巨富沈万三
明代著名画家唐伯虎
“三言两拍”作者冯梦龙
明故宫设计者蒯祥
明末清初思想家顾炎武
清代书法艺术家翁同龢
近代著名民主人士柳亚子
中国历史地理学开创者顾颉刚
现代教育家、文学家叶圣陶

沈万三

吴侬软语话苏州

苏州话历来被称为“吴侬软语”，它最大的特点就是“软”，尤其是女子说来就更加动听。在普及普通话的今天，苏州话只能算是一种地方方言。但在唐代至清代期间，苏州地区的状元占所有状元的很大比例，上层社会的精英中较多的也是苏州籍，所以除了官方“普通话”京白以外，苏州话在当时的社会地位就相当于民间的“普通话”，甚至中国的国粹艺术京剧一开始的时候都曾使用过苏州话作为标准音演唱。

在古代上层社会，尤其是江南地区的上层人物大多以说苏州话为荣，甚至不同地区的人交流也使用苏州话，并且诞生了一部吴语小说——《海上花列传》，该小说是最著名的吴语小说，也是中国第一部方言小说。后世张爱玲曾将其翻译成国语普通话，命名为《海上花》。

芬芳四溢的碧螺春

太湖不但有风光绮丽的美景，还盛产一种珍品名茶——碧螺春。

碧螺春属绿茶，主产于苏州太湖的洞庭山，所以又称“洞庭碧螺春”，以形美、色

苏州园林直廊

艳、香浓、味醇“四绝”闻名于中外，为中国十大名茶之一。洞庭碧螺春茶产于洞庭东、西山，芽多、嫩香、汤清、味醇，已有1000多年历史。民间最早叫“洞庭茶”，又叫“吓煞人香”。

碧螺春茶条索纤细、卷曲，呈螺形，茸毛遍布全身，色泽银绿隐翠，毫风毕露，茶芽幼嫩、完整，无叶柄、无“裤子脚”、无黄叶和老片。叶芽幼嫩的绿茶经冲泡后茶味徐徐舒展，上下翻飞，茶水银澄碧绿，散发出天然茶香果味，清香袭人，口味凉甜，鲜爽生津。洞庭碧螺春独特的花果香，主要是因为它生长在果园之中，茶树、果树枝丫相连，根脉相通，茶吸果香，清香幽雅。

阳澄湖大闸蟹，首屈一指

阳澄湖大闸蟹，几乎是“正宗”大闸蟹的代名词，许多挑剔的食客非它不吃。

阳澄湖大闸蟹是闻名国内外的中国名产，在螃蟹家族中，它青背、白肚、黄毛、金爪，十肢矫健，与其他螃蟹不同。而且蟹肉丰满，营养丰富，历来被称为蟹中之冠。这与阳澄湖的特殊生态环境有关。

阳澄湖是长江口大闸蟹洄游路线上最近的湖泊之一。它水草茂盛，水质清澈，饵料丰富，特别适合大闸蟹生长，所以自古盛产优质大闸蟹。因为紧邻苏州和上海，“阳澄湖大闸蟹”因古今城市的兴盛而声名远播。国学大师章太炎的夫人汤国梨，曾经留下名句“不是阳澄蟹味好，此生何必住苏州。”

但近些年来，阳澄湖大闸蟹过度养殖，天然资源遭到严重破坏，大闸蟹产量不大，真正产自阳澄湖的大闸蟹已经越来越少。

真正的阳澄湖大闸蟹，一般个头儿不是很大，雄的最多半斤，雌的最多四两。一般在每年9月中下旬的金秋时节上市，到了11月末以后，阳澄湖就很少出蟹了。

阳澄湖大闸蟹

景点推荐

苏州园林

拙政园 AAAAA

天下园林之母

苏州市姑苏区东北街178号 7:30~17:30

962015 旺季90元，淡季70元

乘游1、游2、202、923等路公交苏州博物馆站下，东行100米可达

www.szzzy.cn

拙政园被誉为“天下园林之母”，是江南古典园林的代表。其基本上保持了明代“池广林茂”的特点，“以水见长，花木为胜”，大面积的水域空间，让园林充满灵气，给人辽阔舒适的感觉。另外，拙政园中少不了的便是花。园内有杜鹃花、山茶花、荷花三大特色花卉，每年都会以此为主题举办活动。园内许多景观、建筑都与植物有关，如远香堂、荷风四面亭、玉兰堂、雪香云蔚亭、听松风处、海棠春坞、枇杷园等。

拙政园整体分东园（明快）、中园（精华）、西园（情趣）、住宅（园林博物馆）4个部分。东园原称“归田园居”，为明代王心一所建，有秫香馆、兰雪堂等建筑；中园是拙政园精华所在，极具江南特色，布局以水为中心，亭台楼榭临水而建，以远香堂为主体，堂外有雪香云蔚亭和待霜亭；西园为“补园”，这部分在历史过程中改动最大，现以乾隆后期的建筑最具代表，“水面迂回，布局紧凑”是其特色，有卅六鸳鸯馆、十八曼陀罗花馆等建筑；园林博物馆按四进厅堂布置有“园原”“园史”“园趣”“园冶”4个展厅。

玩家攻略

赏花：拙政园每年3—5月举行杜鹃花节；6—10月举行荷花旅游节，可领略“日出江花红胜火，春来江水绿如蓝”“留连戏蝶时时舞，自在娇莺恰恰啼”的意境。游览约需3个小时。

顺路逛逛：出拙政园后，向西走100米可到太平天国忠王府、苏州博物馆、园林博物馆，沿园林路步行100米左右可到狮子林、苏州民俗博物馆。

美食：在拙政园这样的地方自然少不了吃饭的地方，既有颇具特色的地方小吃，也有烹饪当地菜肴的小厨，不管哪种餐厅，味道都不错，前提是要找对地方。在拙政园南边的东北街上的小河边主要有大阿二生煎铺（67522227）、螺蛳菜馆（拙政园对面）、远香面馆（67295320）、陆长兴（67539558）等。

住宿：距离拙政园较近的宾馆大多分布在东北街上，主要有花城饭店和华阳饭店（61686663），在拙政园西边的西北街上有景悦宾馆（67547655）。

玩家 解说

拙政园最初为唐代诗人陆龟蒙的住宅，但真正将其发扬光大的为明代御史王献臣，王御史生于苏州市东郊吴县，在其仕途失意之后归隐老家，买下这座园子，并请好友吴门画派的代表人物文徵明参与设计。园子用16年时间建成，借用西晋潘岳《闲居赋》中“拙者之为政”之意取园名，意思是把浇园种菜当做自己的事儿，并自贬为“拙者”。

历史总是富有戏剧性的，拙政园建成不久后，王献臣去世，其子一夜豪赌把整座园子输给阊门外下塘的徐少泉。在此之后的百余年中，徐氏子孙常住于此，为拙政园的主人，随着徐氏后裔的衰弱，园子逐渐荒废。在之后的几百年中，拙政园几经易主，一分为三。园子虽有变动，整体上仍为拙政园之旧貌，但到了清代，有两次较大的变动，一为清康熙年间，吴三桂的女婿王永宁在此大兴土木，将园子的面貌改变得与文徵明所记述的不相同；二为清顺治时期，大学士海宁陈之遴购得此园之后，重加修葺，使其在有典雅的书卷气之外，倍加奢丽。

链接

文徵明与拙政园

文徵明为苏州人，是明代中期最著名的画家、书法家。在绘画上，他与沈周、唐寅、仇英合称“吴门四家”；在诗文上，他与祝允明、唐寅、徐真卿并称“吴中四才子”。

文徵明绘画兼善山水、兰竹、人物、花卉诸科等，尤精山水。他的细笔山水属本色画，奠定了“吴派”的基本特色。他与园主王献臣交往甚密，园子建成后，王氏经常邀其宴饮、赏游，他对园中美景乐而忘返，于是拙政园便成了他创作的蓝本。他曾数次为拙政园作画，其中比较有影响、流传至今的《文待诏拙政园图》集诗、书、画于一身，各全其美，相互映发，堪称巨构杰作。

现在园中，文徵明当年亲手种植的紫藤历经400余年，仍身姿矫健，绿荫满庭。文徵明所作的《王氏拙政园记》石刻，现位于倒影楼下拜文揖沈之斋，石刻字体疏朗清秀，风骨自在，《千字文》置西部水廊内，系文徵明80高龄时所作。

兰雪堂

进入园子的仿古大门，穿过湖石砌成的花坛，走过刻有“入胜”和“通幽”的门额，便会看到拙政园的第一个景点——兰雪堂，此为该园东部的主厅，堂名取自大诗人李白的“独立天地间，清风洒兰雪”。兰雪堂坐北朝南，分前后两部分。堂内有两个看点，一个是前厅的漆雕《拙政园全景图》，另一个是堂内的四块大理石屏风，突显出江南园林主要厅堂的庄重、典雅。

秫香馆

秫香馆原为秫香楼，是拙政园东部最大的厅堂。秫是稷、稻的统称，这里的墙外原是北园，为园主的家田，之所以建此楼，原为观赏农桑田园之景。直到现在，秫香馆由于四周景色开阔，仍是拙政园内品茗的好地方。

梧竹幽居

梧竹幽居是一座背靠长廊、面对池塘的方形亭子，是拙政园中部池东的观赏主景。走到亭前，会看到匾额“梧竹幽居”4个字，据说为文徵明所题。这座建筑的绝妙之处在于在亭子四周的白墙上开了4个圆形洞门，从不同的角度可以欣赏到洞环洞，洞套洞的景观。

荷风四面亭

荷风四面亭，一听到这亭子的名字，便可知道这里是一处绝佳的赏荷之地。亭子不大，位于园中部的池中小岛上，四面皆水，夏日荷花盛开怒放之时，亭子半隐于田田的荷叶中，景色优美。

海棠春坞

海棠春坞是一座独立小院，院内种植数株海棠，庭院内的地面用青红白三色鹅卵石镶嵌而成海棠花纹，在院内的茶几上也装饰着海棠纹样，可以说处处景观都与海棠有关。每到初春时节，海棠花开，摇曳的花与静止的图案形成一动一静的景色。

小飞虹

古人以虹比喻桥，拙政园中的小飞虹就是一例。朱红色的桥栏倒映于水中，曲曲折折，宛若飞虹，是来拙政园必看、必拍的景点之一。这里是拙政园的经典景观之一，可以说是拙政园成就了小飞虹，而小飞虹也为拙政园增色许多。

远香堂

远香堂不仅是拙政园中部的主体建筑，更是拙政园的著名建筑之一。远香堂的一大特色是四面皆为落地长窗，并镶以玻璃，这在当时来看不得不称奇。既然四面通透，自然是赏景的好地方，堂北的平台宽敞，水面旷朗，水质清澈，是夏天赏荷的好地方。

卅六鸳鸯馆·十八曼陀罗花馆

卅六鸳鸯馆这座建筑为鸳鸯厅形式，南部称为“十八曼陀罗花馆”，曼陀罗花即为山茶花；北部称为“卅六鸳鸯馆”，因临池曾养三十六对鸳鸯得名。

众所周知昆曲源于苏州昆山，而在江南

拙政园

园林中亦都会留有戏台，拙政园中的卅六鸳鸯馆便是。馆内顶棚采取拱形状，既美观，又增强音响效果。

留听阁

留听阁取自李商隐的“留得残荷听雨声”之句，此建筑是一座抽象化的船厅，厅前平台如船头，而其左侧的池塘内种满了荷花，由此也会明白园主是在何时何种情景下来这里的。

与拙政园内的其他赏荷处不同，留听阁是欣赏残花的地方。

狮子林 AAAA

湖山奇石、洞壑幽邃

苏州市园林路23号，距火车站和汽车北站近3千米

旺季40元，淡季30元

乘518、112、55、262、202等路公交车可达，此外去苏州博物馆的公交车途经狮子林

7:30~17:30（3.1~10.15）；7:30~17:00（10.16~次年2月底） 67272428

狮子林为苏州四大名园之一，初建于元至正二年（1342年），最后重修于1917~1926年间。该园以湖山奇石、洞壑深邃著称，素有“假山王国”“桃源十八景”之誉。整座园子可分祠堂、住宅与庭园三部分，住宅区以燕誉堂为代表，亦是全园的主厅。

狮子林

园内主景为“揖峰指柏轩”，另有古雪松阁、贝生楼、荷花厅、真趣亭、暗香疏影楼、立雪堂、卧云室、问梅阁等建筑。园中最高峰为狮子峰，另有含晖、吐月等名峰。

燕誉堂

燕誉堂整座建筑高敞宏丽，堂内陈设雍容华贵，是园主招待贵客所用。此厅是一处有名的鸳鸯厅，分南北两部分，南厅的梁柱用方木，北厅的梁柱用圆木，此外，两厅的门窗图案、家具布置均各不相同，最大的不同还在于前厅是主人招待男宾所用，后堂为女主人招待女宾所用。

揖峰指柏轩

揖峰指柏轩是狮子林正厅，其最大看点为轩内正中屏门两侧的四扇银杏木隔扇，其上半部镂空雕有寓意多子多福的松鼠葡萄藤传统图案，夹堂正面刻有历史人物典故图案，从西至东依次是“羲之戏鹅”“茂叔爱莲”“云林洗梧”“渊明采菊”。

卧云室

“卧云”出自元好问的“何时卧云身，因节遂疏懒”诗句。这座建筑造型奇特，共上下两层，呈“凸”字形，上、下各6只戗角飞翘，苏州园林中独此一“室”。

花篮厅

花篮厅是一处小型厅堂，厅中步柱不落地，改成很短的重莲柱，柱端雕成花篮状及梅、兰、竹、菊。厅南14扇落地长窗，每扇窗上刻着一首唐诗，而在厅北的6扇长窗上刻着山水人物故事。

暗香疏影楼

楼名取“疏影横斜水清浅，暗香浮动月黄昏”的诗意。此楼依湖而建，景色绝佳，一层为通道，上楼后在南面可欣赏到大部分园景。

狮子林

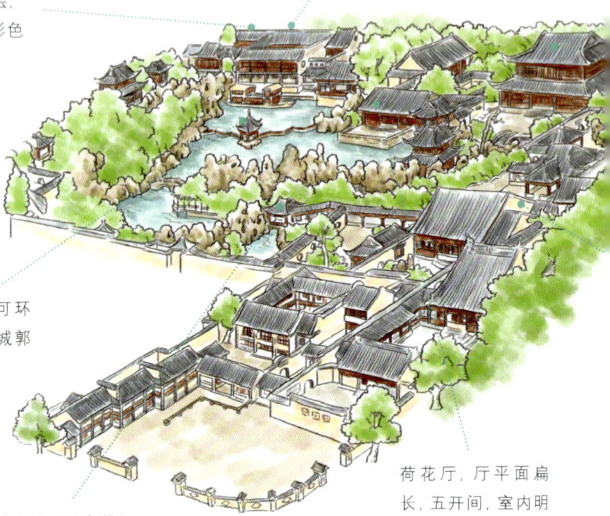

耦园

领略姑苏古典园林之美

苏州市姑苏区小新桥巷5～9号

8:00～17:00　67272717

乘301路、305路东园站下可达　淡季20元，旺季25元。全年免费提供评弹表演、民乐演奏

耦园是苏州保存最为完整的园林之一，园内以黄石假山作为全园主题，堆叠自然，气象雄浑。耦园占地约0.8公顷，因在住宅两侧有东、西二园，故名“耦园”。其东园为清雍正年间保宁知府陆锦致仕归里后所筑，原名涉园，又名“小郁林”，取意陶渊明《归去来兮辞》中的“园日涉以成趣”之意。至清咸丰年间，园子毁于兵燹。后至清同治十三年（1874年），沈秉成购得这座荒废已久的园子，并聘请画家顾沄设计，扩地营构，建成现状，并更名“耦园”。

耦（同“偶”）园，指夫妇皆隐居归田，一起耕种的意思。1876年，耦园落成，沈秉成夫妇在园内隐居8年，伉俪情深，为人所赞叹。目前，我们所看到的这座园林正是出自顾沄之手。

耦园处于平江历史保护区内，与其他苏州园林相比，周围环境江南水乡风韵十足。其三面临河，一面通街，前后设有河埠，南北驳岸码头，尽显姑苏“人家尽枕河”的特色。同样，耦园的住宅居中，有东、西两个园，这样一宅两园的布局，在苏州古典园林中独具特色。

耦园东园占地面积约0.3公顷，以山为主，以池为辅，主体建筑为苏州园林中较为少见的一组重檐楼厅，在其东南角有三处小院，总称“城曲草堂”。进入住宅大门，经揖峰指柏轩为两层楼建筑，体态高大，四周围廊，有栏杆围合，轩前古柏数株，为狮子林主景之一。

燕誉堂，堂名出自《诗经·小雅·车舝》“式燕且誉，好而无射”，意为燕而娱乐，始终不已。

门厅、轿厅，至大厅前西墙小门，即可进入西园。西园的面积更小，但宽敞明亮，幽雅清秀，具苏州书斋花园的特色，该园以书斋和织老屋为中心，前有月台，后有小院，中间隔山石树木建书斋一座。

玩家解说

沈秉成(1823—1895)，字仲复，自号“耦园主人”。他是清咸丰六年（1856年）进士，曾任广西、安徽巡抚，署两江总督。沈秉成不仅是一位大官，他工诗文善书法，喜欢收藏金石鼎彝、书法名画等，是一位颇富情趣的文人。在他仕途不顺的时候，他举家南迁至苏州，以3000两银子买下了一个几乎废弃的园子“涉园”，打算再次孤独终老。沈秉成当时选中荒废的涉园，很可能和这所园子所处的环境有关。其三面环水，只有一条小路与外界相连，而正门对着3丈高的城墙，是一处孤岛似的建筑，与外事隔绝。

之后沈秉成与小他15岁的严永华结成伉俪。严永华，字少蓝，是一位才女，能诗，善绘画，书笔超逸。

黄石假山

耦园中的黄石假山素有盛名，其就在东花园中。该黄石假山为苏州园林假山之上品，分东西两部分，中间并有谷道。其主山在东侧，因陡峭险峻，名“留云岫”，而西侧为小山，因山势平缓，名“桃屿”，两山之间有一道名为“邃谷”的谷道，而主山的东边为绝壁，直泻“受月池”，是全山最精彩处。

重檐楼阁读书楼建筑群

重檐楼阁读书楼建筑群为东花园主体建筑，其跨度40米，著名的城曲草堂、补读旧书楼、双照楼、还砚斋等都在此处。该建筑直至园东南隅的楼阁，使全园建筑散而不断。

整座建筑气势雄伟，楼中间设大厅三间，上层曰“补读旧书楼”，下层曰“城曲草堂”，其两侧有廊环抱，廊中有座半亭，亭壁有“抡元图”碑，该图出自清初名家王文治之手，上面还有沈秉成夫妇的跋文，沿着曲廊可到望月亭、吾爱亭，廊外修竹斑斑，景色宜人。

环秀山庄

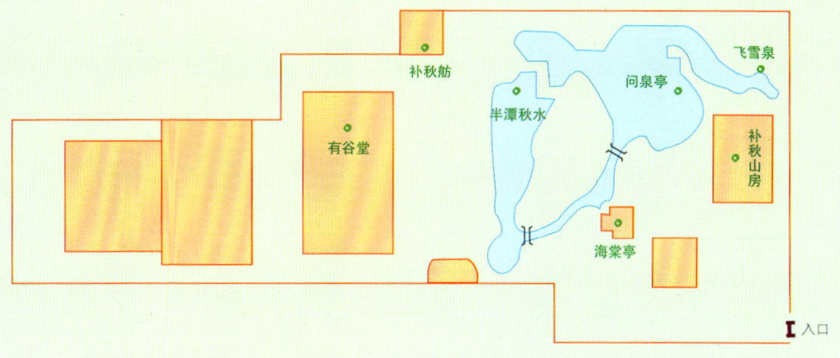

环秀山庄

小巧精致的私家园林

苏州市姑苏区景德路262号 15元

乘游1、313公交可达

环秀山庄又称颐园，最早可追溯到晋代王旬、王珉兄弟舍宅建景德寺，后五代吴越王钱镠之子钱元璙在此建金谷园，宋代为文学家朱长文的药圃，明代曾改为学道书院、督粮道署，后为私宅。清乾隆年间，蒋氏建有"求自楼"，并于楼后叠石为山，后经不断完善，环秀山庄逐渐成规模。

环秀山庄占地面积只有0.2179公顷，园虽小，但"有真有假，做假成真"，接近自然；富于变化，却极有气势。前为厅堂、庭院，后为池水、假山，其中假山主峰高7.2米，涧谷长12米，山径长60余米，盘旋上下，气象万千，为江南私家园林所少有。其以假山堆叠奇巧著称，被誉称"苏州三绝"之一。

怡园

假山环池、花木掩映

苏州市姑苏区人民路1256号

15元

乘坐地铁4号线到乐桥站即可 65249317

怡园又叫似园，最早为清初赵进美的别墅，建于清光绪年间（1875—1908年），园名取《论语》"兄弟怡怡"句意，是苏州所有园林中建造最晚的，其把各代园林风格融合一体，具有集锦式特点，如复廊、鸳鸯厅、假山、石舫等。

园景因地制宜分为东西两部，廊东以庭院建筑为主，廊西为全园主景区，池水居中，环以假山、花木及建筑。

怡园主要厅堂为藕香榭（锄月轩），是一座鸳鸯厅式的四面厅。东西两部还有王羲之、怀素、米芾等历代书法家的墨宝刻石101块，可供观摩欣赏，人称"怡园法帖"。内园有玉延亭、四时潇洒亭、坡仙琴馆（石听琴室）、拜石轩（岁寒草庐）、玉虹亭、石舫、锁绿轩、碧梧栖凤馆等主要景点。

藕香榭

藕香榭是怡园的主厅，为鸳鸯厅式，厅北取自杜甫"疏树空云色，茵陈春藕香"诗句，故名藕香榭。这里因盛夏可在平台赏荷观鱼，又名荷花厅。厅内陈设考究，陈列着一半天然、一半人工的黄杨、楠木树根桌椅。

坡仙琴馆

坡仙琴馆又名石听琴室，分东西两部

玩家解说

环秀山庄与王鏊祠（现为苏绣艺术博物馆址）一墙之隔，但从某种角度来看，王鏊祠实际上与环秀山庄是一体的，确切地说环秀山庄可以看作是王鏊祠的后部建筑和花园。祠堂坐北朝南，占地约0.1公顷，分头门、过厅、享堂三进，彼此以庭院过渡，两侧以廊庑相连。

在环秀山庄出现之前，这里是明代苏州籍宰相申时行的宅第之一，经几代经营，这里变成了申家的一个私家园林——蘧园。申家衰败之后，院子几经转手，到清乾隆年间，这片宅园被军机大臣兵部尚书孙士毅买下，而到嘉庆朝，孙士毅的后人请到了当时著名的园艺匠人戈裕良在院子中堆叠了一座假山，从此这座园林名声大噪。

环秀山庄

分。东为“坡仙琴馆”，因藏宋代苏东坡“玉涧流泉琴”而得名。西为“石听琴室”，室外庭院中有湖石，形如伛偻老人做俯首听琴状颇为传神。

拜石轩

拜石轩又名岁寒草庐，是怡园东园的主要建筑。轩北面庭院有许多奇石，因宋代米芾爱石成癖，见怪石即拜，故称为“米颠拜石”，久而转化成“拜石轩”。轩内可听苏州评弹及古曲演奏。

小沧浪亭

小沧浪亭处可见苏州沧浪亭的影子，起名字亦取《楚辞》内的“沧浪之水清兮，可以濯吾缨；沧浪之水浊兮，可以濯吾足”。亭为六角形，南临荷花池，立于亭中可纵览全园景色。在亭的东北方有怡园镇园之宝——三块造型独特的太湖石。

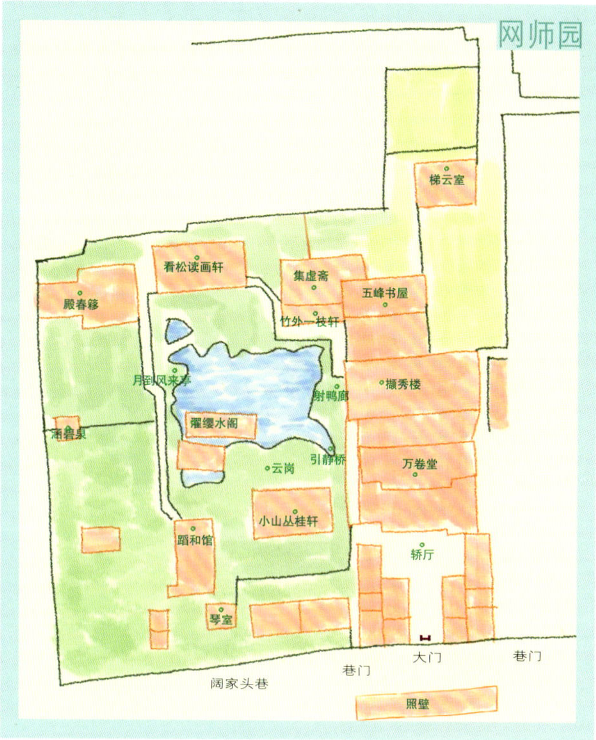

网师园 AAAA

感受风韵别样的江南园林

苏州市姑苏区阔家头巷11号　乘游2、202路公交可达　65293190　7:30～17:30、夜花园19:30～22:00（售票时间19:30～21:10）
旺季40元、淡季30元、夜花园100元（3月中旬～11月中旬）　www.szwsy.com

网师园始建于南宋淳熙元年（1174年），初名为“渔隐”，清乾隆年间更名为网师园，是江南中小古典园林的代表作品。

网师园以池水为中心，分5部分，东部为典型的仕宦宅第，中部花园以彩霞池为中心，西部为内园。在池子东南的溪上有座名为引静桥的石拱桥，长2.4米，宽不足1米，俗称“三步小拱桥”，是苏州众多园林中最小的石桥。

网师园现面积约0.67公顷（包括原住宅），体现了苏州清代官僚住宅的特征，被誉为苏州园林之“小园极致”，堪称中国园林以少胜多的典范。

网师园内的门楼雕刻非常精致，享有“江南第一门楼”的盛誉。位于主厅万卷堂前的砖雕门楼高约6米，宽3.2米，厚1米，已有300余年历史，仍保存完好，上面刻满了各种装饰图案，有“天地君亲师”5字牌位、砖细鹅头12对、镂空“寿”字、蔓草图、狮子滚绣球、“郭子仪上寿”立体戏文图（寓意福寿双全）、“周文王访贤”立体戏文图（寓意德贤文备）、蝙蝠、五福临门等。

在夜花园中，昆曲、评弹、江南丝竹、古筝、笛子等曲艺节目轮流在花园中不同的厅堂演出。表演有中国江南特色，环境又是著名的苏州园林，充满江南韵味。

玩家 解说

网师园中的殿春簃是中国第一座“出口”的古典园林，美国纽约大都会博物馆“明轩”，便是以此为蓝本而设计的。明轩建造在纽约大都会博物馆二楼的玻璃天棚内，庭院全长30米，宽13.5米，四周是7米多高的风火山墙，建有楠木轩房、曲廓假山、碧泉半亭、花界小景等，俨然是殿春簃的孪生姐妹。

殿春簃位于网师园的西北角，因其庭院一侧叠石为台并种植芍药，又称之为芍药园，此名也出自苏东坡“尚留芍药殿春风”之句。“簃”字比较罕见，是指楼阁旁边的小屋。这里是网师园的书斋，富有明代庭园建筑工整柔和、雅淡明快、简洁利落的特色。既然是读书之处，这里的对联写得也非常了得，如“巢安翡翠春云暖，窗护芭蕉夜雨凉”和“镫火夜深书有味，墨华晨湛字生香”。

沧浪亭

览清幽风景、园林之胜

苏州市姑苏区沧浪亭街3号　淡季15元，旺季20元　7:30~17:30　乘游2、游4等路公交可达　65194375

沧浪亭为北宋诗人苏舜钦所建，面积只有1公顷左右。沧浪亭名字取义于“沧浪之水清兮，可以濯吾缨；沧浪之水浊兮，可以濯吾足”。

园子整体自然和谐，构思巧妙，布园手法得宜，是宋代园林建筑艺术的上乘之作。但因几度兴废，已非宋代原貌，从园内的古木上可以看出宋代园林的风格。

沧浪亭以山林为核心，依地势而建，三面临水，既有山之幽旷，又取清水回环，是一座开放的园林，也是苏州现存最古老的园林。假山、花墙、碑石被誉为园中三胜。形状万千的廊壁漏窗为沧浪一绝。园旁有苏州美术馆暨颜文梁纪念馆（与沧浪亭一票制）。

沧浪亭的主体建筑为五百名贤祠，其中间3间东西北3面墙上嵌有从春秋至清代2500余年间苏州地区594位乡贤名宦的碑刻画像。另外，全园共有图案无一雷同的漏窗108式，环山59个，这在苏州古典水宅园中是独树一帜的。

园中最大的主体建筑是假山东南部面阔三间的“明道堂”，其取“观听无邪，则道以明”之意，这里是明、清两代文人讲学的地方。堂在假山与古木的掩映下，有树影婆娑的优雅，又不失庄严肃穆。在堂的墙上有3块宋碑石刻拓片，分别是《天文图》《宋舆图》《宋平江图》。

玩家解说

沧浪亭有一副对联很有名气，在亭的石额上。其上联为“清风明月本无价”，下联是“近水远山皆有情”。这看似风雅平淡的两句话，其中极具典故。上联选自欧阳修《沧浪亭》诗中“清风明月本无价，可惜只卖四万钱”；下联出于苏舜钦《过苏州》诗中“绿杨白鹭俱自得，近水远山皆有情”。诗中说的“可惜只卖四万钱”是指当年苏舜钦以四万贯钱买下废园之事，而这废园就是沧浪亭，据说这儿为五代时吴越国吴军节度使孙承祐的池馆。

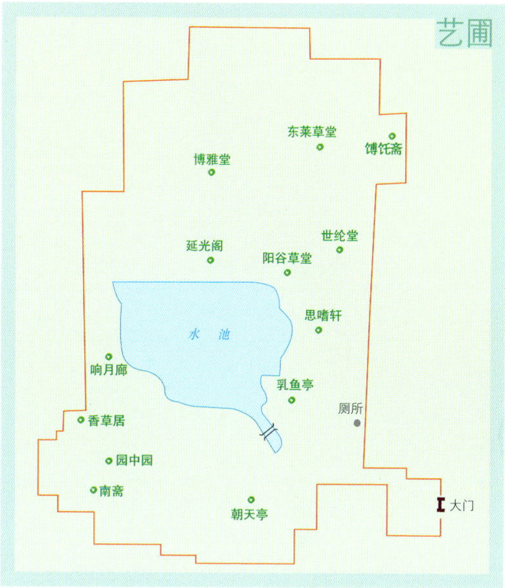

艺圃

明代园林典范

苏州市姑苏区文衙弄5号

乘31路、54路公交可达

10元　67271614

艺圃为苏州名园之一，建于明嘉靖年间（1522—1566年），为袁祖庚醉颖堂。至明万历四十八年（1620年），被文徵明的孙子文震孟购得，经重新修葺，更名为药圃。到了清顺治十六年（1659年），园子又转入山东莱阳人姜采手中，再次更名为颐圃，又称敬亭山房，几经变迁，园名又改为艺圃。

艺圃占地0.3公顷，园景开朗，风格质朴，以池水为中心，分住宅、花园两部分，有博雅堂、乳鱼亭等建筑，具奇秀之美、山林之趣，是个颇具明代艺术特色的小型园林，有世纶堂、东莱草堂、延光阁、浴鸥池、响月廊等景观。

浴鸥池

位于艺圃西南部，此池甚小，但布景合理，池子被两座小桥分割，显得富有层次。池子的南端有低矮的湖石花坛，而西南角用竹掩去墙壁。

艺圃的第二代园主文震孟的弟弟文震亨在他的著作《长物志》中写道：“阶前石畔凿一小池，必须湖石四围，泉清可见底，中蓄朱鱼翠藻，游泳可玩。四周树野藤细竹，能掘地稍深，引泉脉者更佳。忌方圆八角诸式。”而浴鸥池正是这一理论的实践版。

响月廊

“响”通“向”，“响月”即对月之向往。响月廊斜对园东的畅谷书堂，畅谷为日出前隐伏之处，向月则月尚未出，日月构成“明”字。有人认为其中寄托着园主人对明皇朝的向往，由此可见苏州园林之文化内涵的深邃。

留园 AAAAA

中国四大名园之一

苏州市姑苏区留园路338号

7:30～17:30　65337903

乘85、317、933路公交可达

淡季45元，旺季55元。旺季“吴歈兰薰”表演免费

www.gardenly.com

留园是清代具有代表性的园林之一，也是中国四大名园之一。留园为明代徐泰时的东园，清嘉庆年间，刘恕以故园改筑，名寒碧

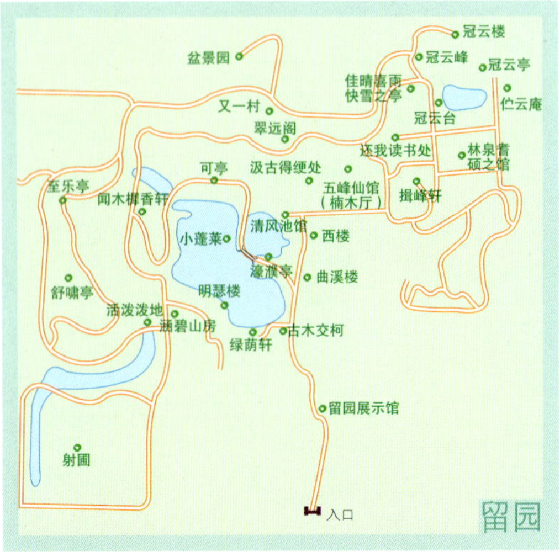

山庄，又称刘园。至清同治年间，此园又被盛旭人购得，重加扩建，修葺一新，取留与刘的谐音，始称留园。

留园占地约3.3公顷，共分中（以水景见长，全园的精华所在）、东（以曲院回廊的建筑取胜）、西（以假山为主，全园最高处）、北（存田园之趣）4个景区，其间以700余米曲廊相连。留园内的建筑数量在苏州诸园中居冠，厅堂、走廊、粉墙、洞门等建筑与假山、水池、花木等组合成数十个庭园小品。在留园一个园林中能领略到山水、田园、山林、庭园4种不同景色。园中聚太湖石十二峰，蔚为奇观。

留园以水池为中心，池西假山上的闻木樨香轩，为俯视全园景色最佳处，并有长廊与各处相通。池南涵碧山房与明瑟楼是留园的主要观景建筑。

链接

留园三绝

在留园的众多景点中有著名的“留园三绝”，分别是冠云峰、楠木殿、鱼化石。

冠云峰：留园独具风采的石峰景观，江南园林艺术的杰出典范。冠云峰乃太湖石中绝品，集太湖石“瘦、皱、漏、透”四奇于一身，相传这块奇石还是宋末年花石纲中的遗物。

楠木殿：是“五峰仙馆”的俗称，“五峰”出自李白的诗句“庐山东南五老峰，晴天削出金芙蓉”。该殿的柱子原来是上好的楠木加工而成，但是在抗战时，楠木殿成了马棚，饥饿的行军马把上好的楠木柱子啃得不成样子。后来抗战胜利后修葺园子时，不得不用水泥把楠木柱糊住，外面又刷上漆。

鱼化石：保存在留园的五峰仙馆内，号称“留园三宝”之一。该石是产于云南点苍山山中的大理石，直径1米左右，厚度仅有15毫米，石面是一幅自然形成的山水画。

玩家攻略

如果是雨天去留园，可以循着园中长廊而游，能体验到不湿衣襟而获雨中游园的雅趣。

五峰仙馆

五峰仙馆是留园内最大的厅堂，由于梁柱均为楠木，故被简称为“楠木殿”。此馆五开间，九架屋，硬山造。旧为徐氏“后乐堂”，刘氏时扩建为“传经堂”，盛氏时因得文徵明停云馆藏石，更名“五峰仙馆”。

林泉耆硕之馆

“林泉”指山林泉石，是游憩之地；“耆”指高年；“硕”指有名望的人。几个字连起来就是说，这里是老人和名流的游憩之所。此馆为一屋两翻轩，是留园内的鸳鸯厅。馆内南北装修各不同，最鲜明的特点是北为方梁，有雕花；南为圆梁，无雕花。馆内有两匾，南书“奇石寿太古”，北题“林泉耆硕之馆”。

可亭

可亭取自“香山可以容膝，可以息肩，当其可斯可耳”之意，说明此处有景，可以停留观赏。亭为六角，飞檐攒尖，结顶为一花瓶倒扣。此处在刘氏时，称为“个中亭”，到了盛

氏时，称“可亭”。

濠濮亭

“濠”即濠上，“濮”为水名，是古人观鱼的地方，此处借以为名。亭子为方形四角，单檐歇山造，北边挑出水面而筑，别具特色。刘氏时，称此亭为“掬月亭”，到了盛氏时，名为“濠濮想亭”，而今易为“濠濮亭”。

盛家祠堂

盛家祠堂位于留园大门西侧，建于清光绪十八年（1892年），义庄也是此时建造的，祠堂为义庄的一个重要组成部分。祠堂共分四进，前二进今辟为卖品部，后二进为楼，楼两侧建有烽火墙，楼下大厅为留园展示馆，展示介绍留园历史和文化艺术。

西园戒幢律寺 AAAA

梵音古刹、香烟袅袅

苏州市姑苏区西园弄，留园西侧不远处

25元

乘406、9002路公交可达

西园戒幢律寺是戒幢律寺和西花园放生池的总称，面积约0.67公顷。

寺庙布局严谨，有四大天王殿、大雄宝殿、五百罗汉堂、观音殿和藏经楼等建筑，尤以罗汉堂最吸引游客。

玩家攻略

西园路口的功德林素菜馆及街对面东南角的小小得月楼享誉中外，值得品尝。

罗汉堂

堂内塑有大肚弥勒像，寒山、拾得像，关公、韦驮像等，其中最为著名的是“疯僧”“济公”两像，堪称杰作。还有一尊特殊的佛像，四面有四个不同面相的脸，据说代表了佛教的四大名山及其主供神。

放生池

为一蝌蚪状大池，池内有很多鱼和鳖，大都是佛教徒放生。其中五色鲤鱼可与杭州玉泉媲美。

池中还有一只400多岁的大鼋，是明代所蓄老鼋繁衍的后代，只有在炎热天气才出水一现。现还有2只斑鳖（全世界现存3只，其中2只在西园寺）。

戒幢律寺

景点推荐 苏州城区景点

平江历史街区

领略苏州古城的缩影

苏州市平江路

乘坐地铁1号线到相门站下

平江历史街区位于苏州古城东北隅，东起外城河、西临临顿路，南起干将路、北至白塔东路，占地约116公顷，约相当于古镇周庄面积的3倍，是苏州古城内迄今保存最为完整、规模最大、最典型的历史文化保护区，堪称苏州古城的缩影。

现在历史街区内有许多名人故居，在平江路上从北至南分别有汪氏诵芬义庄、顾颉刚故居、郭绍虞故居、徐氏春晖义庄、潘宅、董氏义庄等，还有苏州评弹博物馆、中国昆曲博物馆等。

玩家攻略

美食：分布在平江路上的餐馆特别多，且中式、西式，各式菜系、各种类型的美食都有。在靠近蒋干路的苑桥附近有凯莱船餐厅（65218855），在凤凰街吃的较多，有小子寿司丽景店（65111969）、苏州醉厨师西餐厅（苏州市姑苏区干将东路636号3幢106–108室）、赛琳纳咖啡馆（苏州市姑苏区干将东路636号丽景苑）、润记餐馆（苏州市凤凰街2号）、本色酒吧（68989551）等。

住宿：平江路区域的宾馆主要集中在干将东路两侧，从东至西有北疆饭店（65114888）、苏州凯莱酒店（65218855）、美厨宾馆（65731278）、庆鸿大酒店（65239711）、公主花园宾馆（65810681）。在街区内部还有一些独具特色的旅舍、旅馆，主要有明堂青年旅社平江店（65816869）、平江客栈（65233888）、蓝色快舟营销人连锁旅店（65232821）等。

▣ 汪氏诵芬义庄

汪氏诵芬义庄又名汪家祠堂，位于平江路254号，建于清道光年间（1842年）。苏州为水乡，在过去船是主要交通工具，因此大户人家均沿河，并设有水墙门，现在义庄还有牌楼、门墙、石级码头等，不过有的建筑被沿河搭建民居时破坏掉了，但近年来已有修复。现在这里成为"上下若"茶座。

玩家 解说

义庄在苏州有多处，义庄是同姓氏的宗族共置的公产房屋，作为本族议事、举行活动、办理日常事务的办事机构，在义庄内一般还办有私塾学校。苏州最早的义庄是范仲淹所建的范氏义庄，范氏宗族富庶，义庄就建造得宏大，有多进深院。

▣ 顾颉刚故居

顾颉刚故居始建于明代，后废弃，现成为一条幽静的小巷子。顾颉刚故居在东路的第五进屋宇，分南北两部分，南部是顾氏祖宅，为清代早期建筑，两路四进。

链接

顾颉刚

顾颉刚（1893—1980），江苏苏州人，中国现代著名历史学家，中国历史地理学的奠基人，民俗学的倡

平江历史街区的古桥古巷

平江路全长1606米，两侧伸出众多历史悠久的小巷，如：大郎巷、钮家巷、邾长巷、肖家巷、中张家巷、南显子巷、卫道观前、悬桥巷、录葭巷、大新桥巷、丁香巷、曹胡徐巷、狮林寺巷、传芳巷、东花桥巷等。

平江路西侧的平江河是苏州城内主干河道"三横四直"之第四直河北段，共有13座桥跨越其上，是古城内桥梁分布最密的一条河道。以下列举几例：

● 潘家桥（原名通济桥）

始建于明万历年间。现为20年前重新修建的单孔花岗岩石拱桥，桥栏两端有抱鼓石做装饰，桥面正中有浮雕花卉图案。

● 保吉利桥

古称打急路桥，原为重建于清嘉庆九年（1804年）的石拱桥，现已改建为平桥。桥栏为花岗岩，上面有抱鼓石、云纹望柱，两侧栏板上各镌五幅浮雕，有翠竹双龙戏珠花卉等图案。

● 胡相思桥

重建于清乾隆九年（1744年），是一座花岗岩石拱桥，桥堍有水踏步，可拾级而下。该桥旁有一座叫唐家桥的石梁桥，因两座桥呈直角，桥洞一圆一方，形成颇有情趣的"钥匙桥"。

● 雪糕桥

因"张孝子挎雪为糕以奉亲"而得名。于清乾隆十八年（1753年）重建，现为石板梁桥。在桥上原有一座观音堂，后拆除，现在桥上原有建筑已重建。

● 苑桥

相传因春秋时吴王阖闾在此建苑囿而得名。现为平桥，两侧的花岗岩桥栏上镌有各式花卉，刀工精细、传神。在桥旁有一方不大的绿地，内有美人蕉、湖石、翠竹等，颇有情趣。

● 钮家巷

位于临顿路南段东侧，西起临顿路，东至平江路。原名"蓝家巷""銮驾巷"，后改名为"钮家巷"。巷子内多深宅大院，如2号的田家花园，3号的潘世恩府第。

● 肖家巷

位于临顿路南段东侧，西起临顿路，东至平江路。据说，这里早期叫"周将军巷"，因三国时期，东吴都督周瑜曾在此居住过。后来这里成为"萧家巷"，是因齐梁时期萧氏贵族居此。但久而久之，巷名在接地气的改变中，成为了"肖家巷"。

● 录葭巷

西起临顿路，东至横跨平江河的通利桥。巷子内绿树成荫，古建筑颇多，有49、50号的陈宅，10、11号的天宫寺，31号是苏州佛教居士林。

● 大、小柳枝巷

南侧紧邻柳枝河，其西接平江河，东连内城河。大柳枝巷内有9号的清慎堂王宅，13号的徐宅，18号的邓氏宗祠。

● 大、小新桥巷

首尾相衔，原名星桥巷，因星桥而得名。后一分为二，称大新桥巷、小新桥巷。大新桥巷西起平江路，东至仓街；小新桥巷西起仓街，东至内城河，两条巷子隔仓街相望。巷子内古迹众多，有清代顾宗泰所居月满楼，21号的庞宅，28号的笃佑堂袁宅，12、13、20号为现代著名学者、文学家郭绍虞故居。

导者，古史辨学派的创建人，是国内外享有盛誉的史学大师，其主要论著有《古史辨》《崔东壁遗书》《当代中国史学》《汉代学术史略》等。

■ 中国昆曲博物馆

中国昆曲博物馆位于平江路中张家巷全晋会馆内，其前身是苏州戏曲博物馆，现在该馆内藏有全国最多的昆曲抄本和珍贵脚本以及数以千计的昆曲文物、实物和资料。并设有清代古戏台、"昆曲江湖角色行当行头展示""与古人交——昆曲文物史料展""兰苑书香——昆曲作家与作品"等多个展室、展厅。

苏州评弹博物馆

苏州评弹博物馆位于平江路中张家巷，建筑面积839平方米。这座博物馆本着“贴近民众，雅俗共赏”的理念而设计，重点展示评弹的历史发展全貌和名家流派的表演特色。

昆史厅

昆史厅以历史为纵，以人物、作品、事件为横，充分展示昆曲发展史。博物馆的“镇馆之宝”清末民初堂名“宝和堂”的紫檀木堂名担亦陈列于此。

大殿室内戏厅

大殿室内戏厅是昆曲博物馆内的主要表演场所，观众席上复原明式厅堂陈列与家具、匾额、对联，铺上红氍毹，组成明代厅堂红氍毹演出形式。

观前街·太监弄

苏州城里一道靓丽的风景线

苏州古城中心观前街一带

乘坐地铁4号线到察院场站下即可

观前街位于苏州古城中心，是苏州最繁华的商业区，也是苏州步行街的所在地。观前街是成街于清朝时期的百年商业老街，之所以称之为“观前”，是因为这条街在玄妙观的前面。

观前街是中国最早的商业区步行街，现在也是苏州最靓丽的一道风景。街两侧商贾云集，除了有各大知名商场，还有苏州当地

观前街铜雕

出售真丝制品的商店。

与琳琅满目的商品比起来，更有具有诱惑的美食，苏州著名的太监弄美食街隐匿其中。太监弄不长，只有200多米，与观前街呈平行走势，因明代苏州织造局的太监们聚居于此而得名，现在这里是苏州最有名的美食街，苏州最有名的菜馆在此均有身影。

玄妙观 文

苏州香火最旺的地方

苏州市姑苏区观前街94号　¥ 10元

乘坐地铁4号线到察院场站下即可

玄妙观这座距今已有1700余年历史的道观，始建于西晋咸宁三年（276年）；宋改称天庆观；到元代开始称为玄妙观；而发展至明代称其为“正一丛林”；到清康熙时期因避玄烨之讳，一度改“玄”为“元”或“圆”，称“圆妙观”；1912年恢复“玄妙观”旧称。

观内正中及西厢共有大小殿宇26座，连绵不绝。观内的三清殿是江南最大的木构古建筑，殿内供奉的三清（上清、玉清、太清）塑像，堪称宋代雕塑的上佳之作。观中还有唐吴道子画像，玄宗题赞，颜真卿书，

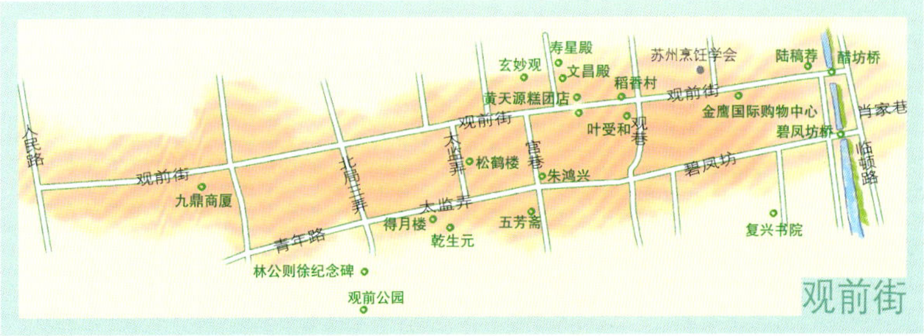

宋代刻石高手张允迪摹刻的“四绝”碑，是目前国内仅存的两块老子像碑之一，弥足珍贵。

玄妙观在极盛时有殿宇30余座，是当时全国最大的道观。发展至今，有山门、主殿（三清殿）、副殿（弥罗宝阁）和21座配殿。三清殿为该观的主殿，重建于南宋淳熙六年（1179年）。殿重檐歇山造，殿柱排列，很有讲究。

玩家 攻略

年画：三清殿内是传统的年画市场，在此可买到苏州当地桃花坞出版的各种画张，如《送子图》《百寿图》《神轴》等，还有独具特色的民国以后上海的彩印美女图、风景画等，种类之多，令人眼花缭乱，但不失为选购苏州桃花坞年画的好地方。

小吃：说到小吃，这里可以说是苏州小吃最为集中的地方之一，有著名的观振兴面店、小有天藕粉店、专售梨膏糖的文魁斋、王源兴酒酿豆浆店、五芳斋、六芳斋、七芳斋、有百年历史的三万思茶馆和品芳茶馆。

杂耍：观内空地经常演出各种江湖杂耍，最常见的要数耍猴戏、西洋镜、古典戏法、木偶戏、说露天书等。玄妙观的医卜星相是当地一大特色，有宣称祖传秘方，专治气喘、痨疾、筋骨酸疼的江湖郎中，很有意思。

太平天国忠王府 ㊆

保存完整的农民起义军王府

苏州北寺塔路（原东北街）

忠王府是清代农民起义政权太平天国忠王李秀成的王府，是当年太平天国留存下来的最完整的建筑物，也是中国历史上遗存下来最完整的农民起义军王府。它与拙政园相邻，建筑风格属于江南小巧玲珑型，营造出了一种“小桥流水、山石花卉”的氛围。它主要包括公署、邸宅、花园等部分。园内保留有玉兰堂、见山楼等建筑，邸宅位于公署的左右两侧，至今仍保存得很好。

苏州戏曲博物馆

领略戏曲文化的魅力

苏州市姑苏区中张家巷14号　乘坐地铁1号线到相门站下即可　8:30～16:30　67273741

位于全晋会馆内的苏州戏曲博物馆是中国地方性艺术历史专业博物馆，该会馆建于清光绪五年（1879年），为山西寓苏商人集资兴建，是苏州历史上100多所会馆、公所中迄今保存最为完整的一座，其规模之大、雕饰之美相当少见。

馆内的古典戏台是全晋会馆整座建筑的精华所在，其坐南向北，每边宽6米，围上弓形的“吴王靠”。戏台中上方有一高大的穹窿藻井，其底色为大红色，镶黑涂金，在盘旋向上凝聚在穹窿藻井顶端的铜镜片上，有18条324只黑色蝙蝠浅雕与18条306颗金黄色云头圆雕相依相绕，雕刻非常精巧。

玩家 解说

博物馆常年展出昆剧历史陈列、评弹历史陈列和茶园书场评弹展演，此外，还组织戏曲、音乐、舞蹈专场演出及传统戏曲专题讲座，感兴趣的朋友可以提前来电咨询。

苏州博物馆

观赏苏州的文物瑰宝

苏州市东北街204号

9:00～17:00（16:00停止入馆，周一闭馆）

游1、游2、游5等公交可直接到达

苏州博物馆于2006年10月建成新馆，为苏州地方综合性博物馆，由著名华人建筑师贝聿铭先生设计。

博物馆的馆址为太平天国忠王李秀成的王府，是至今保存最完整的一座太平天国王府建筑。苏州博物馆新馆分为东、西、中3部分，馆内藏品1.5万多件，以古代书画、瓷器、工艺、出土文物为主，展区设有“吴地遗珍”“吴塔国宝”“吴中风雅”“吴门书画”4个富有苏州地方特色的常设展览。

玩家 解说

苏州博物馆之所以名气大，还有一个原因，就是新馆与“修旧如旧”忠王府交相辉映，从而使苏州博物馆新馆成为一座融现代化馆舍建筑、古建筑、创新山水园林三位一体的综合性博物馆。新馆的设计结合了苏州传统建筑风格，从粉墙青瓦的外观便可看出，为了使建筑物与周围环境相协调，把博物馆置于院落之间，而该馆的主庭院又等于是北面拙政园建筑风格的延伸和现代版的诠释。即使对于一个不懂建筑的人而言，来到这里也会为新与旧、现代与古典的两座建筑倾倒。

在博物馆内，贝聿铭先生设计了一个主庭院和若干小内庭院，布局非常精巧，既让人感觉如身处江南园林之中，又有恍惚之感，因为这些建筑之中弥漫着现代气息。在这些小庭院中，最为独到的是中轴线上的北部庭院，可以透过大堂玻璃一睹江南水景特色，而且庭院隔北墙直接衔接拙政园之补园，将新旧两园的景观有机融为一体。

报恩寺塔 文

傲然耸立、笔挺秀逸

苏州市姑苏区人民路652号

地铁4号线到北寺塔站下即可　25元

报恩寺塔现称北寺塔，位于苏州市内报恩寺中。该寺始建于三国时期，相传是孙权之母吴太夫人舍宅而建，古称“通玄寺”，是当时苏州城内重要一景，在《平江图》碑中已经刻出。报恩寺塔有“江南第一塔”之誉，登塔可俯瞰苏州全景。

报恩寺塔占地约0.1公顷，砖身木檐，八角九层，塔全身高76米，塔身由外壁、回廊、内壁和塔心室组成，各层都有平座栏杆，底层有副阶，宝塔宏伟中蕴涵着秀逸，体现出江南建筑艺术风格。

苏州博物馆

苏州国宝钱币博物馆

了解钱币的历史

苏州市狮林寺巷35号

乘9012路公交车可直达

8:00~16:00　67271530

苏州国宝钱币博物馆建筑面积近400平方米，陈列共分12部分，主要陈列历代铸币、纸币，从中国远古祖先充当货币使用的海贝，春秋战国时期的布、刀、圜和蚁鼻钱等四大类金属铸币，至清代的各个朝代的铸币、纸币，还藏有近代中国和外国的铸币、纸币、纪念币等。

目前，馆藏约7000余件，有贝币、布币、刀币、圜钱、蚁鼻钱、方孔圆钱、机制币、纸钞，纪念币（章）及部分外国货币，分别有金、银、铜、铁、铝、铅、镍、纸等材质。

苏州丝绸博物馆

中国第一所丝绸专业博物馆

苏州市姑苏区人民路2001号

地铁4号线北寺塔站下，步行约200米可达

9:00~17:00（16:00停止入馆，周一闭馆）

67535943

苏州素有“丝绸之乡”的美誉。苏州丝绸博物馆的建筑主题就是“丝绸之路”，馆内由序厅、古代馆、蚕桑居、织造坊、近现代馆、丝路花雨厅等组成。

玩家攻略

在苏州丝绸博物馆主馆的东北面有一处绸庄，来此参观的人可以用人民币兑换成专用的仿古钱币，在此选购各式绸缎，别有一番风趣。

丝绸

博物馆内大量运用与丝绸有关的元素，如博物馆的整体色彩以白色为主，墙顶直立一排变体桑树，墙前分别装饰着采桑女、浣纱女、织绸女3尊汉白玉雕像，中央石壁上刻着“蚕、桑、丝、帛”4个甲骨文字，历史传说中第一位养蚕的“蚕神”——黄帝妻子嫘祖的雕像，顶上无数乳白色的半透明蚕茧形的吊灯等。

盘门景区 AAAA

北看长城之雄、南看盘门之秀

苏州市姑苏区东大街1号

39、47、305等路可到

白天40元(7:30~17:00)、夜花园40元（17:30~21:30）

65260004

盘门位于苏州古城西南端，是保存较为完整的古城遗址，有著名的“盘门三景”，即盘门（水陆城门）、吴门桥、瑞光塔。这里基本保持元末明初旧观，是苏州现今唯一保存完整的古水陆城门，也是全国仅有的一座水陆并存城门。

盘门始建于公元前514年，当时吴王阖闾命伍子胥筑，是当时吴国“阖闾大城”八门之一，现存盘门为元至正十一年（1351年）修筑。盘门由两道水关、两道陆门、瓮城、城楼和两侧城垣组合而成，易守难攻。

水陆城门

盘门水城门是国内外唯一保留完整的水陆并列古城门，水城门由两重拱式城门和水瓮城贯穿而成。

瓮城

“瓮者，口小腹大”，而“瓮城”与盘门陆城两门非轴线同朝向，中间为边长约20米的方形空地。盘门处的瓮城为元末张士诚重建，后经明清两代续修，仍具原有形制。

瑞光塔

北宋砖塔，塔中曾多次发现珍贵文物。相传，瑞光塔最初建于三国东吴赤乌十年

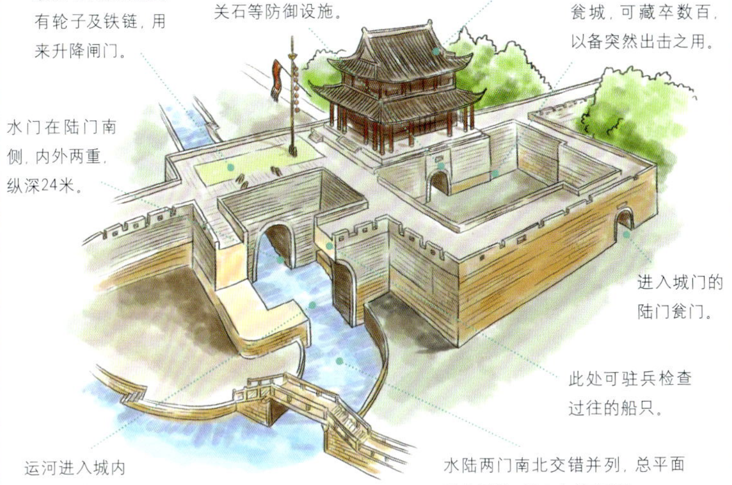

（247年），当时孙权为报母恩，在普济禅院建造了一座舍利宝塔，又名报恩塔，此塔是苏州历史上最早的佛塔。

吴门桥

始建于北宋元丰七年（1084年），重建于清代，是苏州市区现存最高的一座单拱石桥。站在桥上，远山近水的风景尽收眼底。

伍子胥祠

人们为了纪念苏州城的缔造者伍子胥，在盘门内设立伍相祠。祠堂由厅堂、廊亭和

玩家攻略

夜游盘门：时间为每天17:30—21:30，内容包括：吴王迎宾（大门广场）、吴国夜市（塔园广场）、国照讲经（四瑞堂）、吴国点将台和古代兵器展示（中门）、瓮城之战（瓮城内）。

出入口：盘门景区有三个出入口。其中北门（离瑞光塔最近的门）出售25元，48元两种门票。其他两个门，中门、南门（离盘门较近）只售48元门票。提示：要谨防在景区附近的车夫及闲杂人员，他们会欺骗游客说看盘门必须进中门。

登城墙：从城垣北侧石板坡道登上城墙，可以看到整个陆门、水门套城的布置和结构全貌。

框景

盘门瑞光塔

花园3部分组成，在大殿内展示了伍子胥及吴国的有关史料。

七里山塘景区 AAAA

姑苏第一名街

苏州市姑苏区山塘街

可乘地铁2号线到山塘街站下

进街免票，各景点单独售票；船票根据线路不同分别为55元、100元

山塘河街区是最具苏州街巷特征的典型街巷，它东起阊门渡僧桥，西至苏州名胜虎丘山的望山桥，全长约3600米，所以苏州俗语说“七里山塘到虎丘”。

山塘河街区可以分为东西两段，东段从阊门渡僧桥起至半塘桥，这一段大多是商铺、当地居民住户，其中星桥一带最为热闹繁华。西段从半塘桥至虎丘山，这一段渐近郊外，河面也比较开阔，河边绿树成荫、芳草依依，名胜古迹较为集中。

玩家 解说

山塘街始建于唐代，距今已有1100多年历史，当年白居易到苏州任刺史后，组织凿渠修路，水路和陆路同时开通，水路便是山塘河，陆路就是山塘街，因此当地百姓还把山塘街称为“白公堤”。这里与许多名人、名事相关，格局最能代表苏州街巷的特点，是极具吴地特色的旅游胜处，被誉为“姑苏第一名街”。

山塘街自古以来不仅吸引了众多文人墨客，还吸引了清乾隆皇帝。乾隆皇帝对山塘街分外青睐，在他写的诗中，有9首直接提到山塘。1761年，乾隆在太后七十大寿时，在北京万寿寺紫竹院旁沿玉河以山塘街为蓝本建了一条苏州街。

要想体会姑苏人家的生活方式，来这里是不

山塘街

错的选择，清晨的时候街两边的店面还没开门迎客，街上非常安静，而街边的山塘河氤氲着的满是梦中的江南。走入山塘街里面会看到操着苏州话的老人家长里短地说着什么。此时也正是吃早点的时候，很多街边小店把新出炉的各式点心小吃摆在门口，等待食客光顾。在这里吃到的东西不敢说是原汁原味，但却是当地人每天必吃的地方美味。

玉涵堂

玉涵堂即吴一鹏故居，俗称阁老厅，是苏州最大的古建筑群，现有房屋可分三路五进，汇集了中国的各种房间形态，厅、堂、楼、阁、斋等，玉涵堂是这里的主厅，面阔三间16米，进深六檩14米，属明代遗构。

通贵桥

通贵桥始建于明崇祯十三年（1640年），为单孔石级拱桥，是苏州桥梁的代表作之一，此处亦是欣赏山塘街风貌的好去处。

五人墓

五人墓位于山塘街775号，是明代苏州反对魏忠贤斗争中殉难的颜佩韦、杨念如、沈扬、马杰、周文元等5位义士之墓。墓门朝南，山塘河在门前静静流过。

古戏台

古戏台共上下两层，高约七八米，梁柱古朴，上层摆放着一组架子鼓及打击乐器，戏台两边厢房分别陈列着昆曲的剧照、脸谱、服饰。这里最早是用来为祈求风调雨顺、国泰民安而祭神的社戏表演场所，后来逐渐演变为欢庆节日、举办庙会的娱乐场所。

枫桥景区

夜半钟声到客船

苏州市姑苏区枫桥镇　25元

乘坐苏州好行6号线、7号线可直达；乘地铁1号线滨河路站下可达

枫桥景区是含寒山古寺、江枫古桥、铁岭古关、枫桥古镇和古运河“五古”的省级风景名胜区，著名的景点有寒山寺、枫桥、江村桥、铁岭关、江枫洲等，其中枫桥、江村桥横卧古运河之上，站在桥上，姑苏城外山水风光尽收眼底。

寒山寺

苏州市姑苏区枫桥镇寒山寺弄24号　20元

65348048　8:00~17:30

寒山寺为国家4A级风景名胜区，始建于梁代（502—527年），原名“妙利普明塔院”，因唐贞观年间，寒山、拾得两位高僧由天台山来此做住持而得名。寒山寺以钟声闻名天下，主要建筑有大雄宝殿、霜钟楼、枫江楼等，寺内还有《枫桥夜泊》石碑，仿唐大钟。寒山寺周边有江枫古桥、铁铃古关、枫桥古镇、古运河等景。

位于藏经楼内的寒拾殿是寒山寺较有特色的地方，楼的屋脊上雕饰着《西游记》唐僧师徒西天取经的故事，寒山、拾得两位高僧的塑像也立于殿中。

玩家攻略

除夕之夜，寒山寺从23：42开始敲钟，当钟声不多不少，刚好敲响了108下之后，就进入了新的一年。在寒山寺法师敲完108下除夕钟声后，可由游客自己动手敲响新年幸运钟声，此活动因具有极强的参与性而备受青睐。

寒山寺法师要敲108下除夕钟声，表示一年的终结，有除旧迎新之意，因为一年有12个月，24个节气，72个候（古时候一年为360天，每5天为1候），合计为108，而按佛教教义，人生有108个烦恼，元旦听108响钟声，便可得到层层解脱，预祝人们来年幸福安康。

江枫古桥·铁铃关

江枫古桥简称枫桥，位于寒山寺北，是一座横跨于古运河上的单孔石拱桥，以其优美古朴的造型、独特的地理位置在苏州众多古桥中独树一帜。明代高启曾有诗云：“画

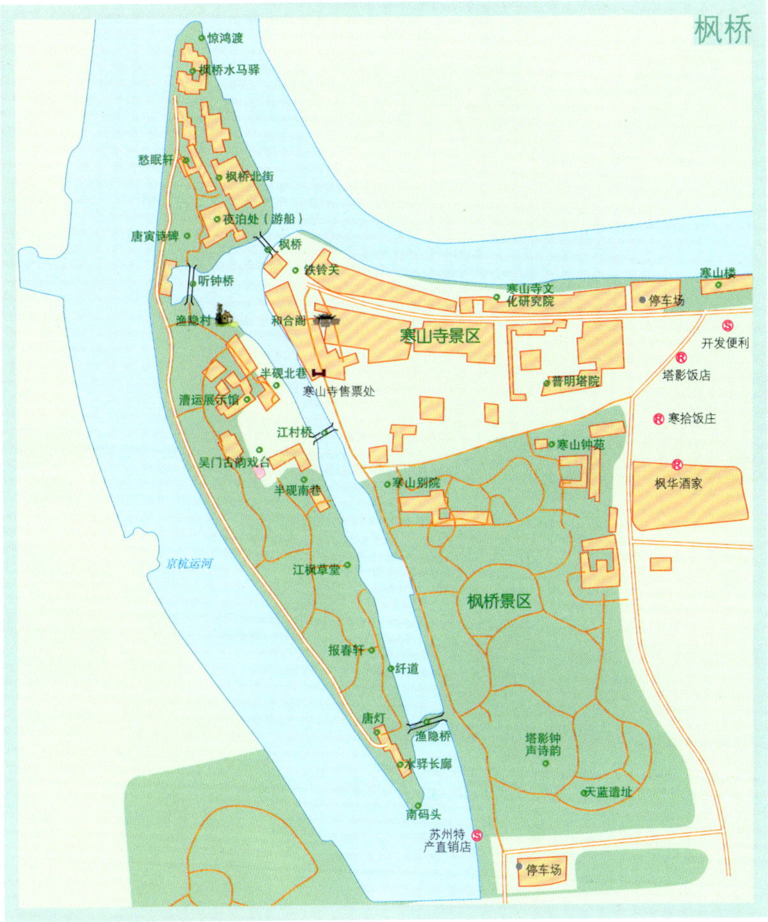

桥三百映江城，诗里枫桥独有名。”

铁铃关，又称枫桥敌楼，始建于明嘉靖三十六年（1557年）。据史载，自1554年起，倭寇烧劫阊门、枫桥一带，一年后，又从浒墅关窜犯枫桥。苏州军民英勇奋战，终于全歼寇贼。为了保卫苏州城，加强枫桥至阊门一带的防卫，建起了枫桥敌楼——铁铃关。

枫桥古镇

京杭运河游船30元

枫桥古镇位于大运河、古驿道和枫江的交汇处，沿河形成两条市街——枫桥大街和寒山寺弄，随河成市，因水成街，具有独特的水乡风韵。

唐伯虎有诗：“金阊门外枫桥路，万家灯火迷烟雾。”清代，枫桥已成为全国最大的粮食集散地，有“枫桥塘上听米价”之说。咸丰十年（1860年），太平天国进军苏州城，清军放火烧城，使十里枫桥塘化为废墟。现在的枫桥古镇保持了粉墙黛瓦、石板街道、前街后河、错落有致的古朴风貌，两条工艺古街交会于枫桥铁铃关景点，是游客观光、购物、休憩的好去处。

景点推荐

苏州近郊景点

金鸡湖旅游区 AAAAA

休闲娱乐的“人间新天堂”

苏州市工业园区　免费　4007-558-558

www.sipjinjilake.com

金鸡湖位于苏州工业园区，是苏州工业园区的核心景区，它总面积1150公顷，其中水域面积740公顷，湖面开阔。金鸡湖分8个景区，依次为湖滨大道、城市广场、水巷邻里、望湖角、金姬墩、文化水廊、玲珑湾、波心岛。

金鸡湖以前是苏州著名的渔场，湖中盛产鲢、鳙、鳊、鲫等鱼类和青虾、河蚌等水产品，为苏州市重要的水产基地之一，曾创造过万亩湖面亩产150千克鲜鱼的全国高产纪录，珍珠、泥鳅等还远销国内外。

圆融雕塑

圆融的意思就是和谐，圆融雕塑既是苏州工业园区的标志，也是国际合作的象征。湖滨新天地是园区的时尚地标，早晨和黄昏，总有不同国籍、不同肤色、不同年纪的人

虎丘塔

在这里流连忘返，让我们感觉世界就走在园区的湖滨大道上。如果说传统苏州的元素是小桥、流水、人家，那么现代苏州工业园区的元素就是湖水、雕塑、广场。

金鸡湖摩天轮

摩天轮项目位于苏州工业园区金鸡湖东畔，包括120米的摩天轮及配套游乐设施的游乐公园。建成后的摩天轮是湖东的一个制高点，吸引人们眼球的同时更为湖东带来超高的人气。

金鸡湖月光码头

月光码头由园区商旅倾力巨献，引进多家国际机构：苏州翰尔酒店（月光码头店）、瑞芙臣、欧菲丽酒吧等。致力于打造以“夜天堂”为核心理念的苏州月光经济产业模式，通过高级会所、量贩KTV、异国风情餐饮、时尚酒吧等业态的有机组合，成为以休闲、娱乐、主题餐饮为特色的苏州园区环金鸡湖商圈的又一大亮点。

虎丘山风景区 AAAAA

有“吴中第一名胜”的美誉

苏州市虎丘山门内8号

乘坐地铁1号线可达

65323488

淡季60元，旺季80元

www.tigerhill.com

虎丘山风景区以丰富的人文景观和幽绝的自然景色著称，其前山美，后山幽，被古人誉为“苏州的双面绣”。这里集中了吴文化的精华，与海渊源甚深，是苏州标志性景观，被誉为“吴中第一名胜”，至今仍保持“出城先见塔，入寺始登山”的特色。

经历代精心营造，虎丘形成了“三绝九宜十八景”，其建筑从五代延续至当代，呈现出宋、元、明、清、民国等不同时期的建筑风格。园内主要景观有千年虎丘塔（苏州的象征）、“天下第三泉”、断梁殿、憨憨泉等景点。

玩家 攻略

活动：虎丘是苏州民间集会的重要场所。一年两会已成为苏州特色旅游项目中的热点节目。每年春季这里都举办艺术花会，展出牡丹、郁金香、比利时杜鹃、百合等大批名贵花卉17万盆，数百个品种；秋季举办民俗风情浓郁的民俗庙会（虎丘庙会），展演南北交融的民俗节目。

虎丘十八景：入虎丘后，沿山路而上，一路可见虎丘十八景。这些名胜古迹都有许多引人入胜的历史传说和神话故事。

绿色虎丘：虎丘西麓的万景山庄汇集苏派盆景之精华，借山光塔影，恬美如画；虎丘后山植被茂密，林木丰富，形成了宜人的绿岛小气候，成为鸟类争相栖息的乐园，每至秋日，有万千苍鹭绕塔盘旋，蔚为壮观，成为一绝。

住宿：虎丘山庄位于虎丘山麓（虎丘路557号），毗邻市中心、火车站、长途汽车站，客房内提供免费宽带上网。酒店设有中餐厅，主营苏帮菜，同时酒店还设有商务中心、票务、停车场（免费）等服务设施。

婚纱：苏州虎丘婚纱一条街位于虎丘路，临近虎丘风景区，是国内著名的婚纱礼服生产基地。这里的婚纱价格低、款式新，很多江浙沪地区的新人结婚都会到这里选购婚纱。在虎丘风景区正大门前的天赐婚纱广场是新开发的婚纱购买地，这里汇集了很多家婚纱商铺。

头山门

远古时期，虎丘这里是一片汪洋大海，虎丘山是众多绿岛中最矮小的一座，随着潮起潮落在海面时隐时现，因此被称为“海涌山”。现在正山门广场上立着“海涌”的石碑，在头山门的照墙上有着“海涌流辉”4个大字。

相传在春秋时期，吴王阖闾在与越国的槜李大战中受伤死去，后葬于此，三日后一只白虎蹲在山上，这里便改名为虎丘山。

真娘墓

真娘原姓胡，名瑞珍，原是北方人，因父母双亡，唐安史之乱时，随亲戚逃亡到苏州，不幸坠入青楼，并成为当地花魁，与当时杭州的苏小小齐名。真娘虽为青楼女子，却守身如玉。而当时苏州的一个叫王荫祥的大财主，贪恋真娘美色，重金贿赂老鸨，企图在真娘那里

留宿。真娘得知之后，自尽而死。事后王荫祥大为震惊，为真娘修建此墓，并发誓今生不再娶。

双井桥·虎丘剑池

双井桥位于虎丘剑池上，桥面由整块的青石板铺就，桥上有两个并列的圆孔，可以用吊桶向剑池提水。

所谓剑池，是虎丘塔下一窄如长剑的水池。吴王阖闾墓可能在这里，相传当时曾以鱼肠剑和其他宝剑三千为吴王殉葬，故名剑池。剑池水终年不干，清澈见底，据说味道甘甜，曾被唐人陆羽封为“天下第三泉”。

链接

第三泉

相传，“茶圣”陆羽在唐贞元年间来到虎丘，挖一口井，并以此井的泉水做标准对比各地水质，写了中国第一部《茶经》。由于此井水清冽、味甜，被陆羽命为“第三泉”。

泉池四周石壁呈赭色，天然形成的纹理犹如铁花，所以取苏东坡“铁华锈崖壁”诗句，又称此为“铁华崖”。

虎丘塔

虎丘塔又称云岩寺塔，为虎丘十八景之经典。虎丘塔现残高47.5米，为八角仿木结构楼阁式7层砖塔，是江南现存唯一始建于五代的多层建筑，由于塔顶轴心向北偏东倾斜约2°40′，被称为“东方比萨斜塔”。

玩家解说

“虎丘剑池”这四个大字，据说是出自唐代大书法家颜真卿的手笔。后因年久，石面经风霜剥蚀，“虎丘”两字断落湮没。明万历年间，由一个名叫章仲玉的苏州刻石名家照原样钩摹重刻。所以在苏州有“假虎丘真剑池”的谚语。也有人说这句话是指阖闾之墓的秘密。

虎丘剑池

大殿

大殿是虎丘云岩禅寺现存唯一的一座佛殿。这里最开始是一座宣扬禅宗的场所，现在这里是以小乘教的陈列方式排列的。大殿往下走一共有53个台阶，据说善财童子一心想成佛，于是他向每一位师傅磕头求教，可是，拜了52个都未成功，最后经文殊菩萨点化终于成佛。

千人石

这是苏州虎丘著名的石景之一。相传，千人石下是2500多年前吴王阖闾的坟墓。据载，吴王阖闾坟墓修好后，吴王怕这些工匠们泄露了坟墓内的机关，便把成千上万的能工巧匠杀死在千人石上，工匠们的鲜血渗透了千人石。于是，每当雨天，千人石便幽幽地渗出淡淡的血色，传说那是被杀的能工巧匠向游人们诉说着那无尽的怨情。

现代科学技术解开渗血之谜：千人石下有一层名叫流纹岩的岩石里含有铁元素，在晴日太阳的暴晒下，铁元素与空气中的氧元素发生反应，形成了氧化铁，经千百年风霜雨雪的吹打侵蚀，流纹岩里的氧化铁游离在千人石外，每当遭受狂风暴雨的侵袭后，氧化铁就被雨水冲刷带了出来，故雨水呈现出淡淡的红色。

西溪环翠

“虎丘十景”之一，原为唐陆龟蒙祠堂，现有的景点多为2004年修复的，在原址上修建了环翠阁、清风亭、桂子轩、斗鸭池等景点，重现了“林皋生众绿，西溪春欲来。野旷鸟声静，风和花意催”的历史胜境。

冷香阁

在冷香阁的庭中种植着300株梅花，每逢仲春，红苞绿萼，疏影暗香，因此又被称为“小香雪海”。此处环境幽雅，东、西、南三面环以廊，别有情趣，是虎丘内品茶观景的最佳场所。

苏州乐园 AAAA

享受游乐园的刺激与欢乐

苏州市虎丘区狮子山麓（玉山路近玉山公园）

乘坐322、356、357路可达森林小镇，338、319路可达四季悦水游村

森林小镇80元，四季悦水游村198元

苏州乐园是一座融现代高科技设备、欧美城镇风光和秀丽的自然山水景色为一体的现代化游乐天堂，被誉为“东方迪斯尼”。它包括欢乐世界和水上世界两部分，以“北娱乐，南观赏”为布局，共分为欧美城镇、儿童世界、未来世界、苏格兰庄园、威尼斯水乡、百狮园、皇座广场等9大景区。

石湖景区

访吴越遗迹、赏田园风光

苏州市吴中区越溪，距苏州古城7千米

8:00～20:00　68135804

乘602路、415路公交石湖站下可达

旺季35元，淡季30元，索道往返25元

石湖景区是以吴越遗迹和江南水乡田园风光见胜的景区，是太湖风景名胜区的重要景区，由石湖度假村、风景游览区、影视文化区、风情餐饮区组成，有天镜阁、范成大祠、行春桥、华南虎养殖基地等景，附近的上方山上还有楞伽塔、范家祠、潮音寺等景。

石湖精舍

南宋末，著名田园诗人范成大归隐石湖，自号石湖老人。他筑石湖别墅，又名石湖精舍，建有北山堂、农圃堂、寿乐堂、天镜阁、千岩观、玉雪坡、锦绣坡、梦鱼轩、说虎轩、倚云亭、盟鸥亭等多处景观。

余庄

1932年，书法家余觉在天镜阁故址建别墅，俗名“余庄”。其主厅为慈禧太后所赐“福寿堂”，堂南临湖新建望湖亭，可畅览石湖、上方山景色。景区还有茶室、鱼塘等游乐设施。

越堤烧烤基地

越堤烧烤基地是目前苏州最大的野外烧烤基地，并有10余艘小船、竹筏可游玩。风和日丽的日子，您可坐于绿树环绕之中，也可泛舟湖中，享受碧波荡漾、绿草如茵以及烧烤的诱人香味。

玩家攻略

苏州乐园啤酒节（7月25日至8月3日）：可畅饮啤酒、品尝美食，赏歌舞综艺、明星献演，并有震撼抽奖和趣味竞赛。这个狂欢大舞台，每位参加活动的游客都可用自己最喜欢、最擅长的方式，释放无限激情，从中真正享受乐园“娱乐”大餐。

苏州乐园啤酒节

宝带桥

中国十大名桥之一

苏州市吴中区长桥镇东方大道与吴东路交界处附近

宝带桥又名长桥，始建于唐元和十一年至十四年（816—819年），是中国古代多孔薄墩联拱石桥，傍运河西侧，跨澹台湖口，与赵州桥、卢沟桥等合称为“中国十大名桥”。现桥由明清两代修建，是驰名中外的石拱桥。

全桥用金山石筑成，桥长316.8米，桥孔53孔，是中国现存的古代桥梁中最长的一座多孔石桥。宝带桥堍为喇叭形，桥两端各宽6.1米，并各有石狮一对，另有石塔、碑亭等附属文物。

白马涧生态园 AAAA

感受生态自然之美

苏州市虎丘区枫桥街道西部

苏州城区内的自然生态型休闲度假区，占地700公顷，现开放的龙池风景区是活化石桃花水母的发现地，其秀水、灵山、幽林犹如天堂仙境，被人们俗称为城市中的世外桃源。

木渎古镇 AAAA

姑苏“聚宝盆”

苏州市吴中区木渎镇　66253688

www.mudu.com.cn　苏州市内乘2路、38路、64路直达。镇内禁外地车，人力三轮车起步2元

8:30~17:00（4~10月）；8:30~16:30（11月至次年3月）

联票78元（含严家花园40元、虹饮山房40元、古松园20元、榜眼府第10元），游船10元/人

木渎古镇位于苏州城西，太湖之滨，迄今已有2500多年历史，由于其位于天平、灵岩、狮山、七子等吴中名山环抱之中，故有“聚宝盆”之称。木渎地处沟通苏州城与太湖枢纽的地方，在明清两代是苏州城西最繁华的一处商埠。

木渎是江南唯一的园林古镇，境内除了有山川林石之美外，更有小桥流水之秀，古宅深巷之幽，深宅大院毗连，明清时有私家园林30多处，迄今仍保留了10余处，尤以严家花园、虹饮山房、榜眼府第和古松园等私家花园为最。

玩家攻略

节庆：木渎地区长期形成的水乡习俗是吴文化的重要组成部分，节庆习俗多姿多彩，如春节“拜喜神”，“走三桥”中的走“永安”“吃年酒”“烧头香”；农历正月十三举行的“碰瘌痢会”；二月二的“撑腰搞”；立夏时的“吃甜酒酿，尝三鲜”；十二月二十五的“送灶神”等不胜枚举。

美食：木渎的美食有数百年的历史，有享誉华东地区的“藏书羊肉”，有着美丽故事的“四月初八吃乌米饭”等。石家饭店（66261351）名满江南，有名菜鲃肺汤；木渎镇乾生元松子枣泥麻饼、石家酱方也非常有名。

住宿：位于木渎镇金山路56号的锦绣江南（66579818）提供住宿、休闲等服务，木渎镇翠坊北街32-18号的如家快捷酒店（66519666）住宿便捷。

严家花园

严家花园位于木渎镇王家桥畔，是乾隆的老师沈德潜的故居，后归木渎首富严国馨

改今名，是古镇内名气最大、造园艺术最高的园林。

全园由春夏秋冬4个各具特色的小景区组成，其中路为五进主体建筑，由门厅、怡宾厅、尚贤堂、明是楼、眺农楼组成。

虹饮山房

虹饮山房位于严家花园东200米左右处，为南北园林不同风格之集大成者。园子主人叫徐士元，是名落第秀才，一生不慕功名，只喜居家读书和与朋友在家饮酒作诗，因其酒量极大，号称“虹饮”，又因宅子毗邻虹桥，取“虹所饮者，桥下之香溪也”，因此这里被称为“虹饮山房”。

古松园

古松园是清末木渎富翁蔡少渔旧宅，典型的清代宅第园林风格。置身局促小园，而能领略山水之妙、自然之趣、人文之美的莫过于古松园，园中雕花楼精雕细琢，与洞庭东山雕花大楼一样，为清末民初苏州著名雕刻艺人赵子康作品，堪称南北姐妹雕花楼。

榜眼府第

榜眼府第位于木渎镇下塘街，是林则徐弟子，洋务运动先导、著名政论家冯桂芬的故居，该园为典型的清朝早期江南宅第园林建筑风格。冯桂芬是道光二十年（1840年）一甲第二名进士，故邑人称其宅为“榜眼府第”。

灵岩山

灵岩山位于木渎镇西北方向，可乘坐63、64等路公交前往。灵岩山多奇石，因灵岩塔前有一块“灵芝石”十分有名，因此得名，享有“灵岩秀绝冠江南”“灵岩奇绝胜天台”和“吴中第一峰”等美誉。

玩家解说

沈德潜（1673—1769），清代诗人，苏州人。乾隆四年进士，曾任内阁学士兼礼部侍郎，著有《沈归愚诗文全集》。沈德潜终年97岁，被誉为中国最长寿的诗人，死后追封太子太师，乾隆皇帝为其写了挽诗，以钱（陈群）沈二人并称“东南二老”。

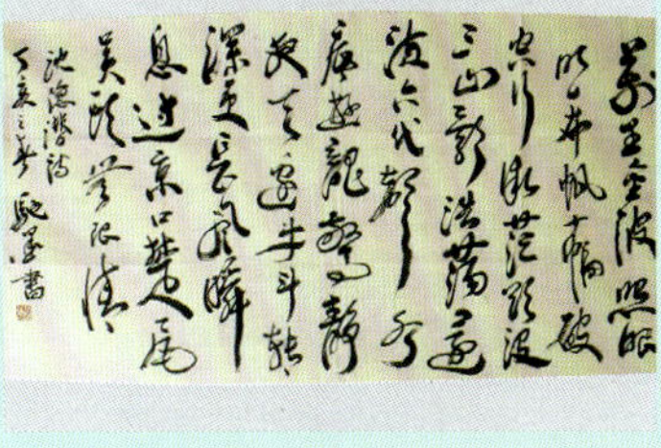

玩家攻略

节约技巧：来灵岩寺，若绕过灵岩山馆，可免去30元的门票。如果买票进灵岩山馆后，有小门可连接上灵岩山寺的主路。

观日落：落红亭是观日落之佳处。其西有西施洞，相传越王勾践与范蠡献西施给吴王夫差于此等候。落红亭左折而上约300余步，人称“百步阶”，为乾隆帝登灵岩时所筑御道的一段，山势陡峻。

玩家解说

相传吴越春秋时期，在灵岩山顶赏月就已成为风尚。西施爱月，夫差为了讨好她，专门在灵岩山为她修建了玩月池。历代名人雅士亦喜爱登灵岩山赏月，而苏州民间也有中秋到灵岩山赏月祈福的传统。

天平山

天平山古称白云山，后因其顶平正，被人称之为天平山，这里为北宋名臣范仲淹先祖归葬之地。天平山是太湖风景名胜区的重要景区之一，有“吴中第一山”“江南胜境”之美誉。

白象湾生态园

位于木渎镇藏书藏北路，是一个可以深呼吸的快乐山村，北倚天池山脉，东邻木渎古镇，境内群峰环抱，草木葱茏，更有一泓湖水荡漾其中，清幽秀绝，是繁华都市的生态绿肺，太湖之滨的快乐“桃花源”，还是名副其实的“长寿村”。

玩家攻略

美食：藏书羊肉是享誉全国的特色美食，更是秋冬进补的佳肴。据考证，藏书羊肉始创于元末明初。藏书羊肉美食街，位于白象湾南侧1千米处，整条街上有大小羊肉店50多家，其中，中华老字号2家，四星级羊肉示范店6家，随您挑选。

购物：藏书地区气候湿润、植被丰富，是长三角地区著名的苗木之乡。该地有占地120多亩的藏书花木市场，品种齐全，价格适宜，每逢节庆必吸引大量的江浙沪地区购买者。

阳澄湖半岛旅游度假区

享受阳澄湖的美丽风光

苏州工业园区阳澄湖半岛慈云路9号

作为苏州工业园区重点打造的“金鸡湖、独墅湖、阳澄湖”三大功能板块之一，阳澄湖半岛旅游度假区立足“精品高端及绿色生态”的发展定位，在这里不仅能享受自然亲水的精致景观，感知丰富深厚的多元文化，更能沉浸在宁静纯美的静谧森林，体验新颖独特的旅游项目、时尚高端的商业载体。

巴城老街

位于巴城古镇区，街道两边均为清至民国时期建筑，东西向全长200米，宽仅容三人并肩同行，由花岗条石铺设而成。

老街老房子是临河而筑，面街枕河，鳞次栉比，沿河一窗，粉墙黛瓦；石岸斑驳，河埠错落有致，市河（杨林塘）水色清洌，舟楫如梭，一派江南水乡风情。

崇宁寺

始建于南北朝时期梁天监八年（509年），距今近1500年的悠久历史，是当时昆山著名的佛教丛林之一。20世纪三四十年代遭到侵华日军破坏，仅存有山门、后殿与斗姆阁，先后改建为小学校舍。

草鞋山遗址

遗址堆积厚、内涵多，文化堆积层厚11米，可分10层，从马家浜文化、崧泽文化、良渚文化到春秋吴越文化，整个序列几乎跨越太湖地区乃至长江下游一带新石器时代，到先秦历史的全部编年，被中国考古界称为“江南史前文化标尺”。

崇元寺

崇元寺建于南北朝梁武帝天监二年，与寒山寺、灵岩寺、保圣寺同时代，具有佛、法、僧三宝具足的佛教道场特色，距今已有1500多年历史。

虹饮山房翠幄亭

更多本旅游区景点

大阳山森林公园：位于苏州市高新区浒墅关开发区阳山环路999号，西濒碧波万顷的太湖，主要山体包括鸡笼山、大荒山、凤凰山、观山、火烧山、青山、阳山等。

上方山国家森林公园：位于苏州市虎丘区，是一处以吴越遗迹和江南水乡田园风光取胜的天然公园，山水相依，风景如画。

唐寅墓：位于苏州市横塘乡王家村，由冲天式牌坊、唐寅纪念陈列室、墓区等部分组成。

天池山：位于苏州市吴中区藏书镇，山腰有池，池旁有寂鉴寺石屋。附近有真彼岸、金蟾峰、比丘石、天灯楼等古迹。

上方山国家森林公园

景点推荐 吴中太湖旅游区 AAAAA

太湖风光美，精华在吴中。太湖是吴文化的发源地，是天然的历史文化博物馆。吴中太湖旅游区境内有“中国碧螺春之乡”东山景区、“天下第一智慧山”穹窿山景区和“苏州最美的山村”旺山景区。这里湖不深而辽阔，山不高而清秀，群峰隐现于波涛，盈盈碧水、点点风帆，俨然一幅绝佳的江南山水画卷。

苏州西南隅的太湖之滨

乘坐58路、63路可达

联票185元（含东山、穹窿山、旺山）

洞庭东山 镇

山水一色，如诗如画

苏州市吴中区东山镇

乘629路公交可到

联票138元（含启园、紫金庵、雕花楼、陆巷古村、三山岛国家湿地公园）

www.ddts.js.cn

洞庭东山景区是太湖主要风景区之一，简称东山，是太湖中的一个半岛，由东山半岛和18座岛屿以及渡村、浦庄、横泾镇的景点组成。东山是一个文化浓郁的太湖

旁古镇，镇上现有石板古街1000米，街道两侧38条古巷小弄，主要有雕花楼、启园（席家花园）、紫金庵、三山岛、明善堂、陆巷古村、轩辕宫等景观。东山还是著名的水果产地，盛产白沙枇杷、乌紫杨梅、银杏、板栗等。

玩家攻略

徒步环岛：徒步游览各景点，大约需要4小时，半岛上也有出租车可乘。东山上有环岛公交车，可到达各个景点。东山环山公交线以陆巷为中心分两条线路，一条从陆巷古村、环山公路、紫金路、洞庭路至东山镇；另一条从陆巷古村、环山路、启园路、洞庭路至东山镇。环山公交线首班时间为5:00，末班时间为18:30。

购物：万顷太湖有三宝：银鱼、白虾和梅鲚，广受游人赞誉。除此之外，白沙枇杷、乌紫杨梅、银杏、板栗和碧螺春茶（中国的十大名茶之一）等均是东山特产。但正宗的碧螺春东山每年出产不多，现在全国市场上的碧螺春茶叶估计有90%的数量是假冒的，购买时需注意。

雕花楼 ㊫

雕花楼又称春在楼，取“向阳门第春常在”之意，此楼以各类雕刻著称，且“无处不雕，无处不刻”，享有“江南第一楼”之誉，俗称“雕花大楼”。“藏宝阁、神秘暗道、孩儿莲”是景区的神奇景观，“进门有宝、伸手有钱、脚踏有福、抬头有寿、回头有官、出门有喜”是大楼的精华。

雕花楼建于1922年至1925年，为东山最大的地主金锡之、金植之兄弟二人的一座庄园式仿明建筑，金氏当时用3741两黄金打造此楼。该楼外观二层，实为三层，雕刻最细致的地方为主楼下的大厅。厅内所有的梁、柱、窗、栅处处精雕细刻，仅梁头就刻着几十幅三国演义组画，窗框刻有二十四孝组画。在大厅雕有178只凤凰，又称“凤凰厅”。

陆巷古村 (村)

陆巷古村背山面湖，南宋时成村落，明清两代名人辈出，是一处集自然风光、名胜古迹、人文景观于一身的游览胜地，远望如一幅“水是眼波横，山是眉峰聚”的传神画图。

陆巷古村内至今保存完好的明清建筑多达30余处，是苏州吴县古建筑群中数量最多、保存较好、质量最高的一个村庄，且这些建筑堪称香山帮建筑的经典之作。现有王鏊故居、惠和堂、粹和堂、遂高堂、晚山堂、怀德堂等古建筑。在长达500米的紫石街上，栅栏店门，茶肆酒店，古色古香，遗风犹存，还建有“探花”“会元”“解元”三座明代牌楼。

玩家攻略

陆巷这一带颇受电影导演们青睐，电影《橘子红了》就是在东山拍摄的。田壮壮执导的电影《小城之春》主要拍摄地点就在陆巷这个小村庄。张艺谋的《摇啊摇，摇到外婆桥》、李少红的《红粉》等影片的外景地都距此不远。

玩家解说

王鏊（1450—1524），字济之，明代吴县东山陆巷人。曾任户部尚书兼文渊阁大学士，著有《姑苏志》《震泽集》《震泽长语纪闻》《震泽编》《守溪文集》等。

王鏊的门人都相当有名，其中最著名的有唐寅、沈周、文徵明等。据说民间杜撰的“唐伯虎点秋香”就发生在这里。

紫金庵 ㊫

始建于唐代，清代重修。现主要建筑有一殿一堂。紫金庵虽小，却以罗汉塑像闻名海内外，16尊罗汉神态各异，栩栩如生。

启园

原为席启荪的私家花园，俗称席家花园，占地30余公顷，由庭院、花园、柳毅小院3个部分组成。启园始建时间不长，为1933年席氏为纪念上祖在此迎候康熙而建。

三山岛

三山岛为三山、泽山、厥山3个山岛，有“小蓬莱”的美誉。现存姑亭、板壁峰、叠石、十二生肖石、香炉石、牛背岩、龙头山、金鸡石、仙人洞、牛背石、马脚印等景，还有“三山文化”旧石器遗址。因岛上家家户户都培植盆景，这里才被称为“水碧山翠小蓬莱”。

从东山镇乘中巴车或雇人力三轮车前往陆巷码头，约30分钟车程。陆巷码头每天有渡轮去三山岛（约1小时船程），包快艇（约15分钟船程）100元/艘，来回150元/艘，渡船价格6元/人。

玩家攻略

东山沙滩码头班船时刻表：

非周末每日一班，出岛7:00（夏时制），上岛14:30。

周六、周日及节假日每日两班：上午一班：出岛8:00，上岛10:00；下午一班：出岛14:00，上岛

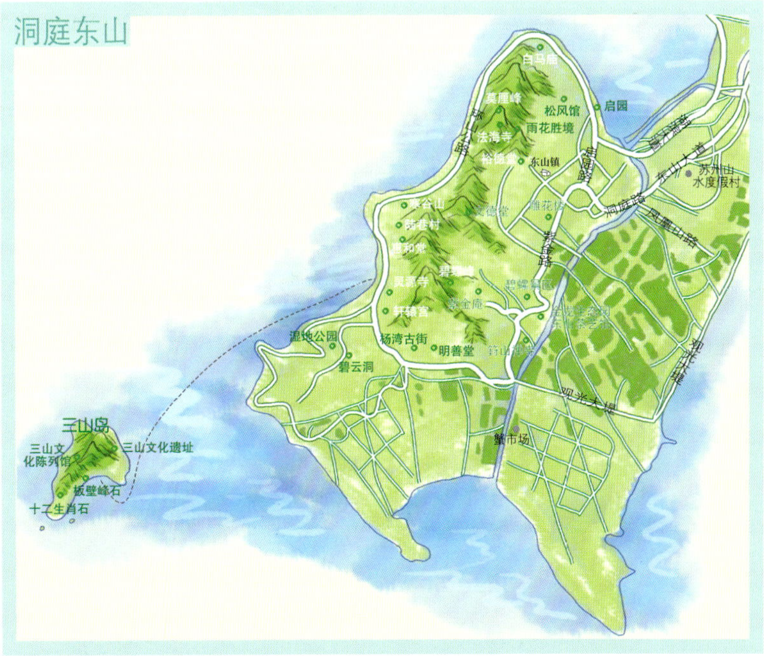

15:30。行船时间约45分钟，票价6元/人。

提示：出岛是指班船从三山岛开出至东山沙滩山码头，上岛是指从东山沙滩山码头开向三山岛。

穹窿山

苏州第一名山

苏州市吴中区 80元 8:00~16:00

乘43、64路公交可达

穹窿山为苏州第一名山，地域宽阔，绵延光福、藏书、胥口三镇，主峰“箬帽峰”，海拔341.7米，为太湖东岸群山之冠，素有“吴中之巅”之称，有兵圣堂、茅蓬坞、孙武苑、穹窿寺、宁邦寺、上真观、洞天福地、玩月台等景。

孙武苑

“孙武苑”建在东吴国家森林公园穹窿山景区，这里便是当年孙武隐居地。据说孙武在此写出天下第一兵书《孙子兵法》。环顾四周，连绵的穹窿山群背靠太湖，丛林密布纵深幽静，果然是一处胜地。木结构房共分三间，正中间的堂屋放着一座孙武铜像，旁边的桌上堆放了多卷竹简，墙上还挂了一幅用金文画的《作战图》。左右两边的屋子一间是卧室，一间是厨房，里面有斗笠蓑衣，还有古代的灶具。

兵圣堂

兵圣堂体形是根据战国时河南辉县3座享堂的残存样图设计的，建筑保持了四面凌空、四面开门、四周有廊的春秋建筑风格。堂里面陈列着各种中外文版的《孙子兵法》，最珍贵的为丝绸版。

宁邦寺

宁邦寺始建于梁代，当时称“海云禅院”，重建于南宋绍兴十二年（1142年）。当时抗金名将韩世忠隐退苏州，在穹窿山隐居参禅。离开了朝廷的韩世忠依旧希望国家和平安宁，因此将“海云禅院”改称“宁邦寺”。

宁邦寺内非常开阔，从山门殿到山顶的钟楼，共有台阶578级，落差达百余米。这在苏州是绝无仅有的，在国内也比较少见。宁邦寺的海云禅洞内有被誉为“江南第一彩卧佛”的卧佛造像。造像全长18.8米，高3.8米，仿唐代佛像为主，主彩按唐彩彩绘，非常精美生动。

穹窿山

旺山

自然美丽的田园梦乡

苏州市吴中区越溪街道旺山村　8:30~17:00

旺山村免费，旺山景区35元

旺山景区处于天然山林环抱之中，是一处山林植被、农业生态、田园村落、历史古迹保存良好的田园梦乡。旺山以都市农业为定位，把生产、生态、生活相结合，充分利用景区内的秀美山水和田园风光，打造了一个融现代农业、乡村文化、度假旅游为一体的观光体验式旅游区，真实地展现了“吴中生态绿同，旺山诗梦乡里”的田园梦境。

钱家坞

钱家坞是一个原生态的自然村落，田园气息浓厚、村舍院落整洁有序、环境宁静优美，现已被规划为专门的农家乐旅游区。景区结合现代都市人的休闲理念，把淳朴的农家乐服务打造成景区特色，主要经营地道的农家餐饮和农家住宿，呈现出别样的旅游风格。

玩家攻略

钱家坞景区的西面有一个农耕园和一个葡萄采摘园。景区会提供多样的蔬菜种子，游客可以根据自己的不同喜好来挑选，并在农耕园里进行耕种，体验农耕的趣味，在大自然的怀抱中享受劳动带来的快乐。在葡萄采摘园里，游客可以在葡萄成熟时进园采摘，享受回归自然、收获果实的乐趣。

钱家坞景区

天颐温泉

天颐温泉位于旺山景区的环秀晓筑度假村内，是苏州首家山谷室外温泉，是中国十大温泉之一。

天颐温泉室内外大小温泉共有39池，根据不同功能分为六个泡汤区，其中精心设置了假山、瀑布、小桥流水，充盈五彩亲亲鱼的鱼疗池、中央水景舞台、戏水瀑布等，让人在泡泉之余尽享游乐体验。天颐温泉又陆续推出“养生药浴”、特色花浴和特色石板浴等，是华东地区特色的养生温泉。

叆叇岭

从旺山村口前行，不足十分钟，即可遥见叆叇岭。这是一个以茶文化为主题的景区，分为入口景观区、茶叶生产区、品茶赏景区和登高览胜区。

“叆叇”的意思为“浓云遮日”，叆叇岭因毗邻的太湖产生的水汽和山风在山口会聚，常显现云雾繁盛缭绕之貌，故得此名。沿山而上，一路可见龙洞、清道光摩崖石刻、巨石阵、仿城楼建筑、宝云禅寺遗址地等名胜古迹。

玩家攻略

叆叇岭旁有尧峰山，历来是登临的好地方，也是游客登山览胜的入口。站在尧峰山之巅，极目远眺，湖光山色尽收眼底，为整个旺山的赏景佳处。

宝华寺

千年古刹宝华寺坐落于旺山腹地，在竹林的掩映之中更显清静。宝华寺始建于南朝梁天监二年（503年），距今已有1500余年的历史了，历史上曾是苏州西南重要的佛教圣地。

宝华寺里有观音池，因为池内雕有观音像而得名，也是寺中放生池。池中观音塑像为汉白玉材料，观音手持净瓶，神态慈祥，通体洁白无瑕，象征菩萨的慈悲之心和无私胸怀。

在观音池旁，有一六角亭，亭子里有一口井，井水清澈，这便是苏州的又一处憨憨泉。

在宝华禅寺中，亦可欣赏翠竹碧绿，雾色清濛，而且更有“出入惟山鸟，幽深无世人”的感觉。

太湖国家湿地公园

水上田园般的自然生态景观

苏州市太湖之滨

苏州太湖国家湿地公园位于苏州市区的西部，是苏州高新区西部生态城的“中心花园”。景区与“中国刺绣之乡”镇湖毗邻，规划总面积460公顷，一期开放230公顷。截至2013年，该公园是环太湖地区规模最大、原生态保护最完善的省级湿地公园。景区融原生态人文自然保护、休闲观光旅游、科普教育及吴文化展示为一体，规划了生态展示、渔业体验、生态培育、科普教育等7大功能区，全面展现了现代水上田园的自然生态景观。

光福古镇

湖光山色，洞天福地

苏州市吴中区光福镇

苏州汽车南站有中巴前往

石竹园15元，司徒庙25元，香雪海20元（梅花盛开时）

光福古镇位于邓尉山麓，太湖之滨，具体说它是一座嵌入的半岛。光福古镇山水如画，

香雪海

花果遍地，渔家生活别有风情，被誉为“湖光山色，洞天福地”。南朝梁代的九真太守舍宅为寺，取其“光福”，此地由此得名。现有光福寺、光福塔、天寿圣恩寺、石竹园等景，附近有司徒庙、东崦草堂、石嵝庵、石壁永慧禅寺等景，还有邓尉山，自古就为赏梅胜地。

邓尉山

相传东汉光武帝时，因太尉邓尉隐居于此而得名。该山是一座斜插入太湖的半岛，登至山顶可观望太湖渔家景色。邓尉山以梅花闻名，有“邓尉梅花甲天下”之称，是中国四大赏梅胜地之一。乾隆曾六至邓尉访梅。因邓尉山的梅花似海、似雪，故得“香雪海”美称。

玩家攻略

山上有度假别墅、特色餐馆、孙武茶楼等休闲配套设施。其中，望湖园是集观赏、休闲、疗养于一身的休闲中心，园内有配套别墅，大小茶室，会客厅、会客室和可供200多人同时用餐的野味餐馆。

司徒庙

也叫邓尉庙、古柏庵、柏因社、柏因精舍，是东汉光武帝的大司徒邓禹的祠庙。该庙的始建年代历史上未有记载，现存建筑为清末民初重建。

光福寺

光福寺本名舍利佛塔，又名光福讲寺，位于光福镇龟山上，始建于梁大同年间（535—545年），距今1400多年，目前保留有大殿、西方殿、寺桥、光福塔等建筑。其中寺桥长约16米，宽约3米，为宋代旧物。

洞庭西山

有着“花果成林”之美

苏州市吴中区西山镇

石公山、林屋洞各50元，两景点联票65元

乘坐694、695路公交可达

66271547

洞庭西山景区简称西山，南北宽11千米，东西长15千米，面积近8000公顷，是中国淡水湖泊中最大的岛屿。西山景区由太湖中的34座小岛屿组成，而湖中72峰有41峰在西山，山上不只四季有花，四时有景，更产有味道鲜美的水果，如柑橘、杨梅、青梅、枇杷、桃、李、杏、柿、枣、石榴、樱桃、葡萄、银杏、板栗等，是名副其实的花果之乡。景点有兵场村、消夏湾、石公山、林屋洞、包山寺、罗汉寺等。

玩家攻略

西山“月月有花、季季有果，一年十八熟”。无论你什么季节来西山，这里都能满足你的购物心愿。西山的特产1月有枇杷花，4月有洞庭山碧螺春茶，5月有枇杷，6月有乌紫杨梅，8月有桃子、枣子、九家种板栗、水晶石榴，10月有大佛手白果，11月有橘子。

石公山

石公山是位于西山镇东南边的一座山峰，其三面临水，山上怪石嶙峋，岩壁陡峭，洞穴

众多，有归云洞、夕光洞、蟠龙洞、明月坡、旱井、云梯、御墨亭、一线天、来鹤亭等胜景。

林屋洞

林屋洞俗称龙洞，为天下第九洞，石景丰富多彩，以石多、涧多、泉多、桥多而闻名。林屋洞为石灰石地下厅式浴洞，已开辟景区面积达18公顷，有石室、龙床、银房、石钟、石鼓、金庭、玉柱、白芝、金沙、龙盆、隔凡门、石燕、隐泉等石景。这里还出土过唐代的金龙、玉简、神像等道教文物。在林屋洞南侧，为宋代无碍居士隐居处，因此称“无碍精舍”。

林屋洞附近有万亩梅花，是赏梅佳处，“鸡笼梅雪（即林屋梅海）”闻名于世。

禹王庙

禹王庙是西山人民为纪念治水有功的大禹而建的祠庙，现为太湖中仅存的一座禹王庙。景区占地约3.3公顷，由山门、牌坊、梨云亭、大禹像、太平军土城遗址、禹王殿、财神殿、天妃宫、古码头等景点组成。

在禹王庙东南角有一座花岗岩的古码头，为明代遗物，码头长65米，宽3.4米，高1.8米，堪称“太湖之最”。

古樟园

古樟园原为城隍庙，俗称双观音堂，后因园内有两棵宋代古樟而得名，并享有“江南第一樟，吴中第一树”的美誉。两棵古树主干周长8.5米，巨臂虬枝，姿态万千。园内还有纳胜门、慈航堂、兰舟榭、独悟亭、石牌坊等景点。

在园内的池塘内种有荷花、睡莲、水生鸢尾、茭白等多种水生植物，已形成优雅的水生植物观赏区，夏季到来非常值得观赏。

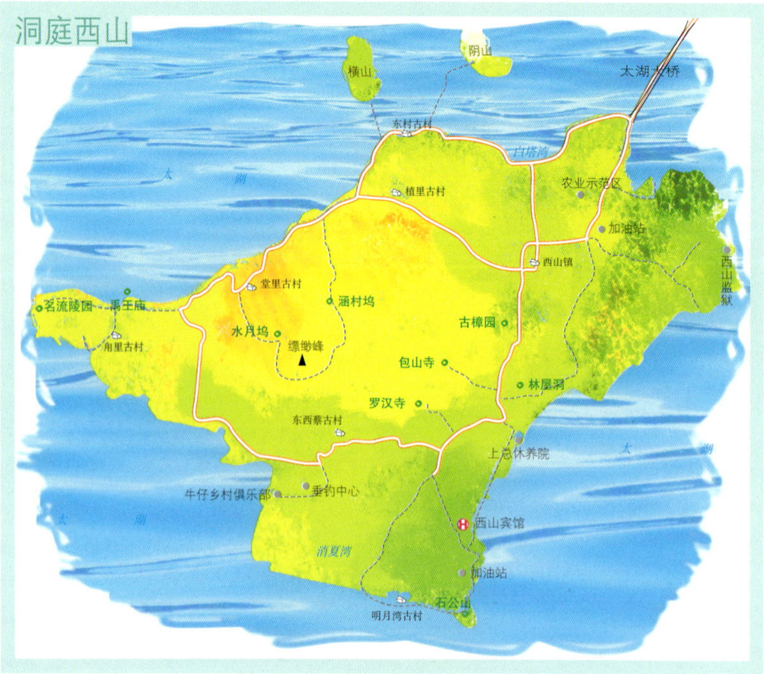

景点推荐

吴江旅游区

同里古镇 AAAAA

有着"东方小威尼斯"的美誉

苏州吴江区同里镇　联票80元

400-698-2990

www.tongli.net

同里建于宋代，至今已有1000多年历史，古镇四面临水，被同里、九里、澄湖、沐庄、白砚、叶泽、南星、庞山湖八个湖环抱。镇内被"川"字形的15条河道分隔成7部分，49座古桥把这7块连成一个整体。同里有3多：明清建筑多、水乡小桥多（大小桥梁40多座）、名人志士多。古镇内有明清两代园宅38处、寺观祠宇47座、士绅豪富住宅和名人故居数百余处。同里自南宋1247年至清末，先后出状元1人，进士42人，文武举人93人。一园（退思园）、两堂（崇本堂和嘉荫堂）、三桥（太平桥、吉利桥和长庆桥），都是同里古色古香的造型。

同里古镇素有"东方小威尼斯"之誉，是江苏保存最完整的古镇。

玩家攻略

购物：明清街（中川桥东边）是古镇重要商

业街之一，这里卖的手工画、扇子、丝绸、紫砂壶和各式各样民族工艺品，可自由杀价。不过丝绸多数卖的是人造丝，所以价格一般在十几到几十块钱，真丝的价格较高，一般少有游客购买。

美食：同里的芡实（俗称鸡头肉）被称为“水中人参”，为同里土特产中的佼佼者。同里状元蹄、酒酿饼、时令糕点“赤豆糕”等更是深受欢迎……耕乐园附近有许多临河的露天茶铺，搭有凉棚，看着风景，边吃小吃，边品茶是一件很惬意的事情。另外有空闲的话最好还是去有“江南第一茶楼”之称的南园茶社，品品茶、听听曲，那确实是一种雅逸的享受。

住宿：旺季去同里，为避免麻烦，最好提前预订。如果想免门票，最好订好客栈，老板一般会到车站接送。有的老板可做导游或提供很多当地信息，并且有的客栈还提供上好的饭菜，价格相对便宜。

同里的敬仪堂客栈（三桥水边新明清街138-58号），是江南典型的三合院的房舍，还有恩泽堂客栈（同里镇东溪街20-3，过古戏台向前20米）、正福草堂（63320576）、古风园（东溪街55号）等也很不错。

链接

走三桥

同里古桥多，在同里有象征着吉祥和幸福的“走三桥”习俗。每逢婚嫁喜庆，在欢快的鼓乐鞭炮声中，要喜气洋洋绕行三桥，口中会长长念一声“太平吉利长庆”。于是，沿街居民纷纷出户观望，上街道喜祝贺；凡逢老人66岁生日，午餐后必定也去“走三桥”，以图吉利。

随着时代的发展，“走三桥”同样赋予了新的内涵：走过太平桥，一年四季身体好；走过吉利桥，生意兴隆步步高（亦有曰：官运亨通步步高）；走过长庆桥，青春常驻永不老。

退思园

退思园建于清光绪年间（1875—1908年），全园占地约0.65公顷，园主任兰生落职回乡建此宅园，园名取《左传》“进思尽忠，退思补过”之意。

退思园占地虽小，却手法多变，布局紧凑，亭、台、楼、阁、廊、坊、桥、榭、厅、堂、房、轩一应俱全，并以池为中心，如浮水上，堪称园林精品。受地形所限，退思园总体结构为横向建造的西宅东园。西侧有轿厅、茶厅、正厅，为婚丧嫁娶、迎送宾客之用；东侧内宅，建有南北两幢畹香楼，并在楼之间有东西双重廊相连，俗称“走马楼”。园用以水为中心，四周建筑如贴水面而建，是中国园林建筑贴水技法的代表作。退思园的主景是退思草堂，由此可见园主建园的动机。站在堂前的平台上放眼望去，三曲桥、眼云亭、菰雨生凉轩、天桥、辛台、九曲回廊、闹红一舸舫、水香榭、览胜阁等如画卷一般，一一呈现眼底。

静思园

静思园位于同里镇往西3千米处，是2003年由民营企业家陈金根先生花费10年时间新建的大型私家园林，虽是新园，但园中不乏百年古物，会聚了楠木厅、揭普丰会馆、弘雅堂、拜石轩、福寿厅、静远堂、绣楼等精美建筑，多由园主陈金根花费心血，精心保

退思园岁寒居

护移建过来的。

静思园中最不可错过的便是石头，镇园之宝“庆云峰”更是被奇石收藏界人士叹为观止的奇石。

崇本堂

崇本堂原为“西宅别业”的部分旧宅，位于同里镇富观街长庆桥北边，于1912年被钱幼琴购买后翻建而成。该堂建筑面积不足0.07公顷，整个建筑群体沿中轴线向纵深发展，共五进，由门厅、正厅、前楼、后楼、厨房等组成。该堂以婚庆为主题，最吸引人的为其雕刻，由正厅至内宅堂楼有内容各不相同的木雕100多幅，如象征多子多孙的“松鼠葡萄”，寄意喜事登门的“喜鹊红梅”等雕刻。

后楼是崇本堂所有雕刻的精华所在，这里共有木雕58幅，刻有“福禄寿禧”“渔樵耕读、琴棋书画”“八仙”等图案，刀法圆转娴熟。

嘉荫堂

嘉荫堂门窗梁栋皆雕刻精美，位于同里镇竹行街尤家弄口。主建筑“纱帽厅”（因梁头棹木像明代官帽的帽翅，故名）高大宽敞，五架梁处处皆刻有精美图案，梁头棹木上刻有“三英战吕布”等8幅戏文透雕，形象逼真，呼之欲出。内宅堂楼衍庆楼内有许多名人轶事木雕，观者无不为之倾倒。

罗星洲

罗星洲最早建于元代，是一块集佛教、道教、儒教三教合一的圣地，是浮现在湖面上的一个小岛，有城隍殿、文昌阁、斗姆阁、旱船、曲桥、游廊、荷池、鱼乐池等。每当夕阳西下，由岛上可远望同里湖万家灯火，别有一番意境。

玩家攻略

罗星洲是离同里古镇区最远的景点，可乘三轮车、电动车（游览观光车）、游船抵达。步行是绝对不行的。建议乘坐游船，沿途可赏同里湖烟波浩渺、渔帆点点的水乡景色。而放眼望去，眼前的以烟雨景观闻名的罗星洲寺庙，则会像是浮在碧波上的仙境。

吴江古纤道

参观古代水利工程

苏州市吴江区吴江汽车站附近

古纤道位于吴江段运河西侧，旧称“九里石塘”，始筑于唐元和五年（810年），“以通驿道，利纤挽”。宋庆历八年（1048年）大修，宋治平三年（1066年）始垒石岸。元至正六年至七年（1346—1347年）以巨石修筑，并开水窦136处，以泄水势。其后明、清两代数度修治。吴江古纤道为目前江南运河仅存的一条古纤道，是中国古代水利工程的杰出范例。

吴江运河古纤道现存石桥三座，从南到北依次是北七星桥、三山桥、南七星桥。北七星桥原为梁桥，20世纪90年代中期有关部门依照盛泽白龙桥将之改建为三孔石拱桥。位于南北七星桥之间的片段长约150米，乃是保存最为完好的一段。

链接

江南运河

吴江古纤道位于江南运河沿岸，江南运河是世界遗产中国大运河在江苏段的一部分，也是大运河运输最繁忙的航道。它北起江苏镇江、扬州，绕太湖东岸达江苏苏州，南至浙江杭州，一路风光无限。

角直古镇 AAAA

亭桥相连、古建林立

苏州市吴中区角直镇

78元（联票）　66191668

乘坐521、523路可达

角直古镇距今已有2500余年的历史，有“神州水乡第一镇”的美誉。

角直古镇内河网交错，小桥纵横，如平顶桥、双桥、姊妹桥、平桥等，其中比较著名的有宋桥、正阳桥、东垂虹桥、西垂虹桥等。镇上有9街58巷，“9街”的街面都以卵石及花岗石铺成，“58巷”中最深的巷子长达150米。镇内现有沈宅、万盛米行、保圣寺、白莲花寺、孙妃墓、夫差行宫等景点。

玩家攻略

美食：甪直美食以甫里蹄和甫里鸭两道菜最为有名，蘑菇、河蚌也很有名，点菜时不要错过。

八角红菱是甪直的特产，如果赶上收获季节，一定要品尝品尝。

住宿：若要体会甪直"水巷小桥多，人家尽枕河"的意境，建议在古镇留宿一晚。可入住甪直迎宾馆或金澄湖畔的鸿运花园度假村，也可住私人旅馆。

购物：如果要购买"苏州少数民族"甪直妇女的服饰、绣花鞋、包头巾等，一定别错过，只有在这里才买得到。

玩家 解说

甪直原名为甫里，因镇西有"甫里塘"而得名。后因镇东有直港，通向六处，水的流形酷似"甪"字，故改名为"甪直"。

又传，古代独角神兽"甪端"巡察神州大地路经甪直，见这里是一块风水宝地，因此就长期落在甪直，故而甪直有史以来没有战荒，没有旱涝灾害，人们年年丰衣足食。

保圣寺 ㊈

保圣寺原名保圣教寺，位于吴中区甫澄路，建于南朝梁天监二年（503年），寺内有唐代著名雕塑家杨惠之所塑的九尊泥塑罗汉。元代书法家赵孟頫曾为寺题抱柱联："梵宫敕建梁朝推甫里禅林第一，罗汉溯源惠之为江南佛像无双。"另外，保圣寺内还有二山门、天王殿、斗鸭池、清风亭、澄湖出土文物馆等景。在天王殿院内有两大件文物，一是唐代的青石经幢，二是铸于明末清初的铁钟，该铁钟为佛寺的镇山之宝。

沈宅

沈宅位于保圣寺对面，是苏南贤达沈柏寒先生的故居，建于清同治十二年（1873年）。沈家原为富豪，房产广布，时有"沈半镇"之称。沈宅建筑由干墙门、仪仗厅、大厅、乐善堂、书房、楼厅等组成，布局有亦仕亦商、前店后宅、左坊右铺的特色，也是"洋务运动"后，民族工商业在沿海古镇崛起的缩影。

沈宅的精华部分乐善堂内的两副抱柱

沈宅乐善堂

联非常有名，为人所津津乐道，时至今日也非常具有意义。两副对联分别是"经济有成，事业俱自苦志起，读书最乐，俊彦都由名教来"和"和气祥光，请声美行，尊德乐义，合泽戴仁"。前一副是教育子孙后代的话，后一副与堂名有关。

万盛米行

万盛米行位于古镇南市河东岸，原型是甪直的老字号店铺万成恒米行，其始建于民国初年。叶圣陶的小说《多收了三五斗》中的万盛米行，再现了民国年间江南的米市风貌，堂内陈列着江南旧式稻作农具和加工谷米的器具，成为一处独具水乡风情的"农具博物馆"。

周庄古镇 AAAAA ㊉

被称为"中国第一水乡"

昆山市周庄镇　57212109

www.zhouzhuang.net

日游（8:00～16:00）联票100元，3天内有效，夜游（16:00～21:00）80元（含水上巡演、双桥情思、张厅怀古、富安桥叶酸、感受老街）。

周庄处于澄湖、长白荡、淀山湖、白蚬湖、南湖的环抱中。据记载，北宋元祐元年（1086年）周迪功郎在这里设庄，因其信佛，后舍宅为全福寺，当地百姓感谢他的恩德，将这片土地称为“周庄”。周庄虽历经900多年沧桑，仍完整地保存着原来水乡集镇的建筑风貌，被称为“中国第一水乡”。这里的民宅大都临水而建，毗连深宅大院、过街骑楼、临河水阁、河渠廊坊、石栏水埠、墙门踏渡等。镇内“井”字形河道流贯全镇，并形成八条长街，河上保存着元明清历代石桥数十座，著名的有双桥、富安桥、贞丰桥、太平桥等，还有张厅、沈厅、周厅等明清时代的建筑及60余栋雕砖门楼，它们共同构造了一幅美妙的“小桥、流水、人家”的水乡风景画。

玩家攻略

周庄国际旅游艺术节：每年4月中旬在周庄

举行，有评弹、京剧、锡剧、越剧等戏曲表演，还有很多富有水乡风情的民俗活动，而且每年都有一个主题。

民俗：周庄深厚的文化积淀形成风格别具的水乡民俗风情，阿婆茶、摇快船、斜襟衫，让人品不尽、道不完……在周庄的古戏台上，每天都有昆曲演出，您可以免票入座。带着音律，带着江南的呼吸，再长的历史，都在典雅清幽的曲调中凝聚。

美食：有位游客为周庄编了一则顺口溜："走在小桥岸边，眼看明清古建，坐进茶楼酒店，口尝乡味水鲜。"是的，几乎所有光临周庄的游客，除了观赏、寻梦，还少不了品尝一下周庄的美食：万三蹄、蚬江水鲜、虾糟、万三糕、麦芽饼、豌豆糕、童子黄瓜、三味圆、撑腰糕等，定让您吃得乐不思蜀！

住宿：古镇内有银都旅社、隆兴客栈、江南人家家庭客栈、贞固堂客栈（57883333）等，住宿方便。

沈万三故居—沈万三水底墓

沈万三故居位于周庄镇东垞，故居参照沈万三致富的各种传说、经商的坎坷历史、一生的传奇经历和沈家生活起居的场景，通过铜像、砖雕、漆雕、实景模型、版面、布景箱、泥塑、连环画等艺术手法予以展示。

沈万三水底墓在镇北银子浜底。人们传说银子浜尽头有水一泓，水通泉源，旱年不枯，水下有一古墓，非常坚固，这里埋着沈万三的灵柩，河面上泛起的粼粼波光，酷似无数碎银在闪烁，笼罩着神秘色彩。

链接

江南巨富沈万三

沈万三，名富，字仲荣，号万三，元末明初充满传奇色彩的人物。他祖籍浙江南浔沈庄漾，元代末年随父亲沈祐迁往周庄，躬耕起家，广辟田宅，富累金玉，以东走沪渎、南通浙境之水路，实施竞以求富为务的通番贸易，成为"赀巨万万""田产遍于天下"的江南第一豪富，协助明太祖朱元璋修筑南京城墙。

张厅—沈厅

张厅前后七进，房屋70余间，占地1800多平方米，雕梁画栋，金碧辉煌。厅旁箬泾河穿屋而过，正所谓"桥自前门进，船从家中过"。

沈厅是周庄最大的民居建筑，典型的"前厅后堂"建筑格局，七进五门楼，第五进中安放着江南豪富沈万三的坐像，他的面前有金光闪闪的聚宝盆。

周庄

玩家攻略

环镇水上游：由特色画舫“万三号”“周庄号”承运，游线始于白蚬湖，经东垞港，抵南湖码头，全程数千米，可点上一杯清茶，沿江东去，欣赏两岸田园美景。官网日游游船140元/船，可乘坐1～6人。

夜游周庄：可以在沈厅对面的游船码头上船，进行周庄夜游，160元/船，可乘1～6人。

昆曲：昆曲被誉为“百戏之祖”，在周庄的古戏台能听到最地道的昆曲，具体演出时间和曲目可查询周庄官网。

聚宾楼评弹表演：在聚宾楼里设有专门的评弹表演台，两把椅子，一张案几，上手三弦，下手琵琶，将聚宾楼带上了一个艺术的台阶。一壶阿婆茶，几碟茶点，亲朋好友，围坐一桌，聊天解乏，悦听评弹。

全福讲寺

宋元祐元年（1086年），里人周迪功郎，舍宅为寺，位于白蚬湖畔。后经历代扩建，梵宫重叠，香火旺盛，成为远近闻名的寺院，即全福讲寺。寺庙主要建筑有山门、指归阁、大雄宝殿、藏经楼等，整座寺庙结构严整，借水布景，巧夺天工。全福讲寺既有佛教文化的博大精深，又有建筑艺术的美轮美奂，园林景色，如诗如画，令游人流连忘返。

富安桥

富安桥始建于1355年，后由沈万三的弟弟沈万四出资重建，变成石拱桥，改名富安桥，期望既富贵又平安。富安桥是一座桥与楼联袂结合的独特建筑，桥身用金山花岗岩精工而筑，桥栏和桥阶用武康石堆砌，桥侧有桥楼四座，在水上遥遥相对，是古镇周庄的象征。

双桥

双桥，俗称钥匙桥，由一座石拱桥——世德桥和一座石梁桥——永安桥组成。清澈的银子浜和南北市河在镇区东北交汇成十字，河上的石桥联袂筑，显得十分别致。因为桥面一横一竖，桥洞一方一圆，样子很像是古时候人们使用的钥匙，当地人便称之为钥匙桥。这两座石桥，始建于明万历年间（1573—1619年）。

链接

双桥的故事

双桥的出名，是由于双桥有这样一则动人的故事，1984年春天，上海著名旅美画家陈逸飞乘坐小船来到周庄，由于时间短促，陈逸飞不能采取在画板上一一写生的办法，只能用摄影这种最便捷易行的方法记录周庄，而周庄小桥、流水、人家的景致深深地吸引了陈逸飞，他觉得自己仿佛回到了记忆中的童年。于是，他就以双桥为背景，创作了一幅题名为《故乡的回忆》的油画。后来，这幅画连同他的37幅作品一起在以美国西方石油公司董事长阿曼德·哈默名字命名的哈默画廊中展出，引起轰动。后来，这幅《故乡的回忆》油画被阿曼德·哈默用高价购藏。同年11月，哈默先生在访问中国的时候，将这幅油画送给了邓小平。1985年，这幅画又经过陈逸飞的加工成为当时联合国首日封的图案，深受集邮爱好者和各界人士的青睐。经新闻媒体宣传，周庄古镇声名鹊起，陈逸飞的画使默默无闻的双桥走向了世界。钥匙桥不是钥匙，却胜过钥匙，因为它开启了周庄与国际交往的友谊之门。

周庄博物馆

博物馆原为清末民国初期一朱姓人家住宅，新中国成立后为镇政府办公之处，90年代中期修缮整理后作为景点开放。建筑面积1000多平方米。馆内主要展示了民间的生活用具、农具等，还有当地出土的一些中国有名的黑皮陶器。

周庄舫

周庄舫是一艘古朴优雅的固定式画舫，泊于周庄云海度假村内的白蚬湖畔。这里湖

周庄全福讲寺

水清澈，波浪拍岸，垂柳依依，曲廊亭台，环境幽静。穿过云海阁，走过木质栈桥，就上了周庄舫。它为2001年亚太地区经济合作组织（APEC）贸易部长非正式会议而建，长49.71米，宽15.68米，钢质船体，楼屋房宇，飞檐翘角，雕花漏窗，古色古香，宛如水上粉墙黛瓦的江南人家。

怪楼

怪楼是周庄唯一的一座集观赏性、娱乐性、参与性、趣味性、艺术性于一身的全新概念的旅游景点设施。穿墙走壁、隐身人、空中浮游、小人国、从巨蛇口中脱险等，在"怪楼"的幻视馆里，您不仅能看见而且还能亲身经历和实现这些匪夷所思的幻觉体验。

震泽古镇 AAAA 镇

历史悠久的蚕丝之乡

苏州市吴江区震泽镇

联票75元（含慈云塔、师俭堂、文昌阁等）

南门汽车客运站有车发往震泽　8:00~17:00

震泽古镇是江南水乡古镇，有2000多年历史，同时是中国著名的蚕丝之乡。古镇内名胜古迹甚多，主要有慈云寺塔、师俭堂、王锡阐墓、禹迹桥等。

玩家 解说

在当地地方志上记载，震泽有"八景"，分别是慈云夕照、飞阁风帆、复古桃源、虹桥晓眺、张墩怀古、普济钟声、康庄别墅和范蠡台。

师俭堂

师俭堂位于宝塔街上，坐北朝南，三面临河，与许多江南水乡建筑一样，"可前门上轿，后门下船"。宅院名字虽给人简朴的感觉，但占地面积达133余公顷，房屋有147间。

慈云寺塔

慈云寺塔为震泽八景之最——"慈云夕照"的所在，该塔相传建于三国时期，距今已有1750多年历史。塔高38.44米，由回廊、塔壁、塔心组成。春秋两季，夕阳时分是登塔赏风景的最佳时节。

文昌阁

文昌阁建于清乾隆三十六年（1771年）。

与该地的老景观相比，这里被称为震泽新景。文昌阁内供奉文昌帝君神像。“水流天目至，山色洞庭来”是清代人张芹所描述的阁所见之景色，由此可见此地景色非同一般。

禹迹桥

禹迹桥位于吴江震泽宝塔街东，建于清康熙五十四年（1715年），是当地人为纪念大禹治水功绩而建。后于清乾隆四十四年（1779年）重建。桥呈南北走向，为单孔石拱结构，宽4.3米，长43.5米，南堍宽6.2米，北堍分设东西两向石级踏跺。

王锡阐纪念馆

王锡阐纪念馆原为王贤祠，是为了纪念明末清初的天文学家王锡阐所建。时任苏州巡抚林则徐曾筹款为王锡阐营建墓地，墓前立了题刻“高士王晓庵先生之墓”的碑石，墓东建造了“王贤祠”，设有王晓庵纪念馆。

黎里古镇 ㊀镇

赏精雕细琢的缆船石

苏州市吴江区黎里镇

可在吴江汽车站乘中巴前往

据记载，黎里古镇唐代成村落，南宋成集市，明代为江南大镇，镇内至今保存宋元古井、清代牌坊以及9万多平方米明清古民居。

镇内“丁”字形市河全长2000余米，河上横卧23座建于元代至清代的古石桥，驳岸和河埠边有254颗雕刻着各式各样的缆船石，为江南古镇之最。

两岸有99条弄堂，结构极为奇特，其中57%以姓氏命名，弄堂长度多数超过60米，有5条超过百米。镇内现有柳亚子故居、鸿寿堂、洛雅草堂、端本园、写韵楼、新咏楼、周宫傅祠堂、居退一步处等景点。

柳亚子故居本是清乾隆时期工部尚书的私邸，里面有乾隆题写的“福”字和梅花碑、刘墉与人合作的《祝嘏图》。

先蚕祠 文

古朴的江南祭蚕神庙

苏州市吴江区盛泽镇五龙路口

¥ 10元

先蚕祠又名蚕王殿，始建于清道光二十年（1840年），为盛泽丝业商人公建，是祭祀蚕丝行业祖师的公祠，已经有170余年历史。祠内供奉轩辕、神农和嫘祖3座塑像，是江南仅存的行庙。附近有东方丝绸市场。

黎里古镇

景点推荐 昆山旅游区

锦溪古镇 AAAA 镇

中国民间博物馆之乡

昆山市锦溪镇

周庄汽车站有直达车，半小时一班。苏州火车站或苏州旅游集散中心乘旅游专线车直达

锦溪古镇以溪得名，是一座被淀山湖、澄湖、五保湖、矾清湖、白莲湖包围着的江南水乡，距今已有2000余年历史，素有“中国民间博物馆之乡”的美誉。镇内有里和桥、普庆桥等著名桥梁，人们常以“三十六座桥，七十二只窑”来形容锦溪的桥多。五保湖中有若隐若现的陈妃水塚，古莲寺内有风铃悦耳的文昌阁。

玩家攻略

民俗：锦溪民俗风情多姿多彩，有丝弦暄卷、舞龙灯、舞狮、打连厢、摇快船和民间山歌等许多广为流传、极富地方特色的传统文化，其中丝弦暄卷堪称“锦溪一绝”。

美食：锦溪美食有水晶脍、塞肉鲃鱼、酱熏白鱼、鸡烧河豚、酱汁肉等诸道名菜；也有袜底酥、长隆月饼、马蹄糕、酒酿饼、海棠糕等特色糕点。而袜底酥历史悠久，是宋孝宗时期的宫廷御用糕点，其形如袜底，一层层油酥薄如蝉翼，咬起来清香松脆，吃在口中甜中带咸，煞是好吃，是馈赠亲朋好友的绝佳礼品。

千灯古镇 AAAA 镇

“百戏之祖”昆曲的发源地

昆山市千灯古镇

8:30~16:30

www.chinaqiandeng.com

苏州北站有直达千灯的专线车，每天6班，19元。昆山火车站乘2、107路到汽车站，有转往千灯的中巴前往。上海青浦汽车站有中巴至千灯镇

千灯镇被誉为“金千灯”，有着2500余

年历史，在这片面积只有8400公顷的土地上，先后孕育出以顾炎武为代表的先贤文化、以昆曲为代表的戏曲文化、以延福古刹为代表的宗教文化、以少卿山遗址为代表的良渚文化和江南水乡农耕文化。

千灯古镇在昆山市顾炎武的故乡，有“三宝”，即秦峰塔、少卿山、亭林墓，还有石板街、三桥、余宅、顾炎武故居、顾坚纪念馆等古迹。

玩家 攻略

美食：千灯肉粽数千年来闻名遐迩，它外形娇俏玲珑，闻之香气扑鼻，入口油而不腻。油煎虾花饼、田螺肉炒蛋、螺蛳佳肴等传统小吃也是各有风味。

住宿：大唐花苑酒店（恒升路向南大唐时间广场，50310888）；

嘉元酒店（少卿中路83号，57461001）；

福雪宾馆（千灯古镇牌楼外（秦峰路上），55220295）；

明都大酒店（千灯秦峰南路，55886772）

玩家 解说

千灯是昆曲发源地。早在元代，昆山地区就已有昆山腔，发展至明代经改良为新腔，因其幽雅婉转，唱词典雅华丽，称“水磨腔”，一时风靡全国，并在以后的600年时间里几经发展，几经演变，被很多种戏曲吸取其精华所在，其中最为有名的为京剧。正因如此，昆曲也被誉为“百戏之祖”。

昆曲的创始人为顾坚，昆山千灯人，是元末明初戏曲家，被誉为“昆曲鼻祖”。

亭林园 AAAA

江南之山良秀绝

昆山市玉山镇马鞍山东路1号

¥ 20元

亭林公园建于1906年，初称马鞍山公园，是纪念顾炎武先生的公园。园内古迹众多，素有“江东之山良秀绝”“真山似假山”的美称，现有昆曲博物馆、龙泉池、迎华亭、翠微阁、遂园等景。玉峰山景色秀丽，还有玉峰三宝：昆石、琼花、并蒂莲。有“江南园林甲天下，二分春色在玉峰”的美誉。

链接

玉峰三宝

昆石：在亭林园内的马鞍山中，有色白如玉的昆石，昆石为“中国古代四大名石”之一，其至今已有数千年历史，因此马鞍山又被称为“玉峰山”。

琼花：园内最大的一棵琼花树已有300多年树

千灯古镇

阳澄湖大闸蟹

龄，堪称今世“琼花之最”。此树每年的4月中旬开花，花期10天左右，届时盛况空前。

并蒂莲：又名“千蕊莲”，相传为元代人从印度带回，原栽种在正仪镇东亭，在20世纪50年代又迁至亭林园。目前，该园的并蒂莲有双萼并头、九品莲台、四面拜观音等品种。

金澄蟹舫

“虾兵蟹将”养殖场

昆山市巴城阳澄湖迎宾西路

金澄蟹舫位于阳澄湖蟹舫苑新区，养殖面积达40公顷左右，经营正宗阳澄湖大闸蟹、野生甲鱼、鳜鱼、黄鳝、草鸡、野生鳊鱼、阳澄湖河虾，现已有上海、北京、广州、厦门、深圳等各沿海城市以及台湾经销商的业务洽谈。同时，它不断在打造“金澄牌”大闸蟹，其特征为：青背、白肚、金爪、黄毛。金澄蟹舫指定规划养殖区，绿色生态淡水养殖面积百余亩。金澄蟹舫的大闸蟹产品不仅畅销全国，而且出口日本、新加坡等地区。

千艺陶工坊

体验陶艺的魅力与乐趣

昆山市千灯镇尚书路上郡商业广场5号

千艺陶工坊是青年朋友交友的理想场所，在这里，大家可以在制陶过程中尽情交流谈心，在学习陶艺的同时也享受着交友的快乐。千艺陶工坊更是老年朋友不可多得的修生场所，老年朋友可以感受传统的制陶工艺，畅谈历史，谈古说今，也可以在制陶的同时，尽情展示自己的书法、国画，开阔心胸，修身养性。情侣们可以以陶艺传情，身临其境地感受电影中的独特魅力，也可以私人订制属于两个人的纪念物品。千艺陶工坊还为广大兴趣爱好者准备了精美的彩绘陶器，孩子们可以尽情享受彩绘的乐趣。

景点推荐

太仓旅游区

浏河古镇

有着“万里长江第一港”之美誉

太仓市浏河镇

浏河古镇为江苏最大的渔业基地，被誉为“万里长江第一港”。古时浏河被称为浏家港，位于长江入海口南岸，早在元代已享有“六国码头”之誉，明代著名航海家郑和下西洋即从浏河扬帆起锚。

古镇上现有天下第一码头、郑和纪念馆（天妃宫）、明德楼、梅花草堂等景。

石拱桥

弯弯拱桥，宁静质朴

太仓市境内

水乡太仓历来桥梁甚多，但在一条数百米距离的河上有3座元代石拱桥，这在国内也属罕见。目前太仓市区致和塘上最有价值的周泾桥、州桥、皋桥保存完好，它们距今已有660多年的历史。

沙溪古镇 镇

亭台楼阁，古色古香

太仓市沙溪镇 30元，讲解费50元/次

太仓汽车站每15分钟发一班车前往沙溪。苏州汽车站有直达车，车程约2小时。从浏河镇过去可乘市镇公交301，每40分钟一班，运营时间6：45—16:30

沙溪古镇保留了很多古朴的建筑，少了很多粉饰。沙溪古镇内的三里古街保存完好，“天下第一古巷”的标牌赫然在目，古街两旁古宅鳞次栉比，其中最引人注目的是龚氏雕花厅，满厅雕梁画栋，雕刻精细别具一格。

此外，镇内还有印溪书舍、南野斋居、连蕊楼、普济寺、乐荫园、延真观等古建筑。

玩家 攻略

香火民风：沙溪自古香火很旺，尤以普济寺、长寿寺、延真观最甚。另外，沙溪镇民俗风趣，民风淳朴，民间灯会妙趣横生……

购物：灯笼和蟋蟀等沙溪特色产品备受游客青睐；沙溪汤包、蟹壳黄、猪油米花糖、桃珍糕、盘香饼、涂松山芋等风味小吃远近闻名。

张溥故居

古朴典雅的明代民居

太仓市城厢镇西门街8号　¥20元

张溥故居是一座工艺精湛的明代典型建筑，原是张溥伯父、明崇祯时工部尚书张辅之的宅第，后为张溥所得。故居始建于明代天启年间（1621—1627年），现存三进组合式的通转走马楼房屋，硬山造，内设市博物馆与唐文治、俞庆棠事迹陈列室，还有复社纪念堂、太仓名人馆和“四王”纪念馆等。

链接

张溥

张溥（1602—1641），太仓人，字天如，号西铭，明代著名文学家、政治活动家，官至庶吉士。崇祯年间，张溥组织了著名的文人社团——复社，以“兴复古学，务使有用”为宗旨，进行政治和文学活动。张溥一生著述极多，有《七录斋集》等，为纪念反对魏忠贤“阉党”专权被害的苏州五义士而撰写的《五人墓碑记》，是后代传诵的名篇。

海天禅寺

幽静古朴的佛教寺院

太仓市板桥镇

前身俗称为“红庙”。乡里人以寺庙创建之初由红光现瑞及创始人陈丹外号“红脸人”之故，遂称之为红庙。此庙相传初建于三国时期孙吴赤乌年间（238—250年），至明宣德年间（1426—1435年）达于全盛，后毁于“文革”。重建的海天禅寺建筑气势恢宏，可谓“江东一绝”。

海天禅寺大雄宝殿

景点推荐 张家港旅游区

鉴真东渡苑

拜访高僧鉴真东渡起航处

张家港市塘桥镇区域204国道和338省道交会处

乘201、211等路公交可达

鉴真东渡苑景区是全国最大的纪念唐代高僧鉴真的场所，景区位于唐天宝十二年（753年）唐代高僧鉴真大师第六次东渡日本成功起航处，由牌楼、东渡寺庙区、东渡纪念馆、东渡桥、碑亭和经幢等建筑组成，占地百亩。

链接

鉴真

鉴真，本姓淳于，广陵（今扬州）人，14岁出家，22岁受"大戒"，后任大明寺住持，专宏戒律。唐天宝元年（742年），鉴真应日本留学僧人荣睿、普照等邀请，出海东渡，因当时交通工具非常不发达以及其他原因，故先后五次东渡都以失败而告终。

天宝十二年初秋，当时已66岁的鉴真不顾双目失明，不畏路途艰辛，毅然率弟子僧众，于飒飒西风中在黄泗浦扬帆起航，开始第六次东渡。皇天不负有心人，终于第六次东渡成功，鉴真一行人在日本九州南部登岸，翌年，鉴真在东京东大寺建筑戒坛，传授戒法，从而成为日本律宗的创始者。鉴真住奈良，直至辞世的10年间，所行所为，影响深远。他不仅筹划建立唐招提寺（后被日本尊为国宝），讲述经法，弘扬释教，介绍中国的建筑、雕塑技艺，还把汉语声韵文字、印刷术、医药学等介绍到东瀛。鉴真身体力行，为中日两国文化交流作出了卓越贡献，从而受到日本朝野的尊崇，和中日两国人民世代相传的由衷景仰。

香山风景区 AAAA

登上山顶览美景

张家港市金港镇　20元

张家港港城汽车站乘班车至金港镇，再换乘当地三轮可到景区

香山风景区由大、小香山组成，大型寺庙香山寺坐落在香山主峰。历来有“香山十八景”之说，还有香山寺、香山陵、东山村文化遗址、望江亭、老虎嘴、滴血岩、仙牛背等景点，尤其登高远眺，长江美景和张家港全景尽览眼底，极目天舒，令人进入一番别有风味的意境。

苏州江南农耕文化园

四星级乡村旅游区

张家港市妙丰公路与永钢大道交汇处

苏州江南农耕文化园是江苏省四星级乡村旅游区，占地33余公顷，主体种植果树、花卉、苗木等。在果树花卉绿荫丛中，设置了9个农耕文化功能区域：农耕历史区、土地整理区、江南养殖区、农家休闲区、乡村能源区、江南作坊区、农耕谚语区、农户设施区和生肖区，是回归自然，亲近农耕文化的佳处。

金凤凰温泉度假村

享受温泉的滋养

张家港市金谷路1号

金凤凰温泉度假村拥有143余间现代化高标准商务客房和十余栋风格各异的高档商务休闲度假别墅，是一所按国际超五星标准设计与建造的特色大型度假村。

度假村整体采取中国禅风设计理念，以南洋景观为主要布置重点，采取高低起伏落差，柔化主题建筑。室内设计充分体现中国特色，配以明窗露台以充分利用阳光，以绿色环保为主要建筑材料，并充分利用自然能源，是休闲度假的理想之所。

恬庄古村落 镇

幽静典雅的江南古村落

张家港市凤凰镇恬庄古街　30元

恬庄又叫田庄，明代奚浦钱氏为收取田租而创建，清乾隆、嘉庆年间达到鼎盛，现在是张家港市重要的历史文化遗产之一，存有完整的明清历史建筑群和历史街巷。

恬庄及周边地区共涌现出历史名人65位，其中状元4位，榜眼1位，进士31位，这些文人雅士给凤凰镇留下了丰厚的文化遗产。现存恬庄古街的榜眼府、杨氏孝坊、杨氏南宅、蒋宅都是这些历史名人流传后世的珍贵古建筑。

更多本旅游区景点

凤凰山：位于张家港市港口、凤凰、西张三镇交界处，因山体犹如丹凤展翅而得名，其南麓有永庆寺（为南朝四百八十寺之一）。山中稀有名木红豆树，相传为南朝梁武帝萧衍长子萧统所植。

双山岛：位于张家港市金港镇，是苏州在长江中的唯一大型岛屿，完整地保存了恬静古朴的自然风貌和良好的农业生态环境，被誉为长江中的“处女岛”。

恬庄古街

景点推荐 常熟旅游区

虞山尚湖旅游度假区 AAAAA

峰林秀貌、湖甸烟雨

虞山在常熟市虞山镇；尚湖在常熟市练塘镇

虞山30元，尚湖65元

乘118、128路直达虞山；乘116、117路公交可到尚湖 8:00~16:00

虞山尚湖旅游度假区位于常熟城区西部，处在苏、锡、通等城市的环抱之中。临秀丽明媚的阳澄湖畔，全区以"芦花放，稻谷香，岸柳成行"之独特的江南水乡田园风光崛起于旅游市场。

虞山国家森林公园是我国吴文化的重要发源地。其主峰高300米，东西绵延6.5千米，因其形式卧牛，故有"十里青山半入城，山南尚湖如映带"之誉。有辛峰、兴福、三峰、石洞、宝岩、维摩、剑门等7个景区，有维摩旭日、辛峰夕照等18个景点，尤其宝岩生态观光园是人们亲近自然的好去处。

尚湖公园被常熟人称为"尚湖湾"，与十里虞山山水相映，相传因商末姜尚避纣时曾垂钓于此而得名，有"湖甸烟雨"和"湖桥串月"之称，有拂水长堤、桃花岛、钓鱼渚公园、荷香洲等景点，其中荷香洲占地13.7公顷，为湖中最大的洲岛。八百公顷湖水清洌，

水质之优居苏南各湖之首，有“秀水甲江南”的美誉。近千亩湿地奇观，遍布池杉、芦苇、蒲草，给景区的生态提供了无限生机。良好的生态使这里成为了鸟禽的天堂。

玩家 解说

常熟历代名人墓葬成群，多集中在虞山之上，这些都是虞山文化精华的体现。其中，东麓有常熟最古的墓葬——商代江南先祖虞仲（即仲雍）之墓。此墓北有“南方夫子”言子之墓，南侧

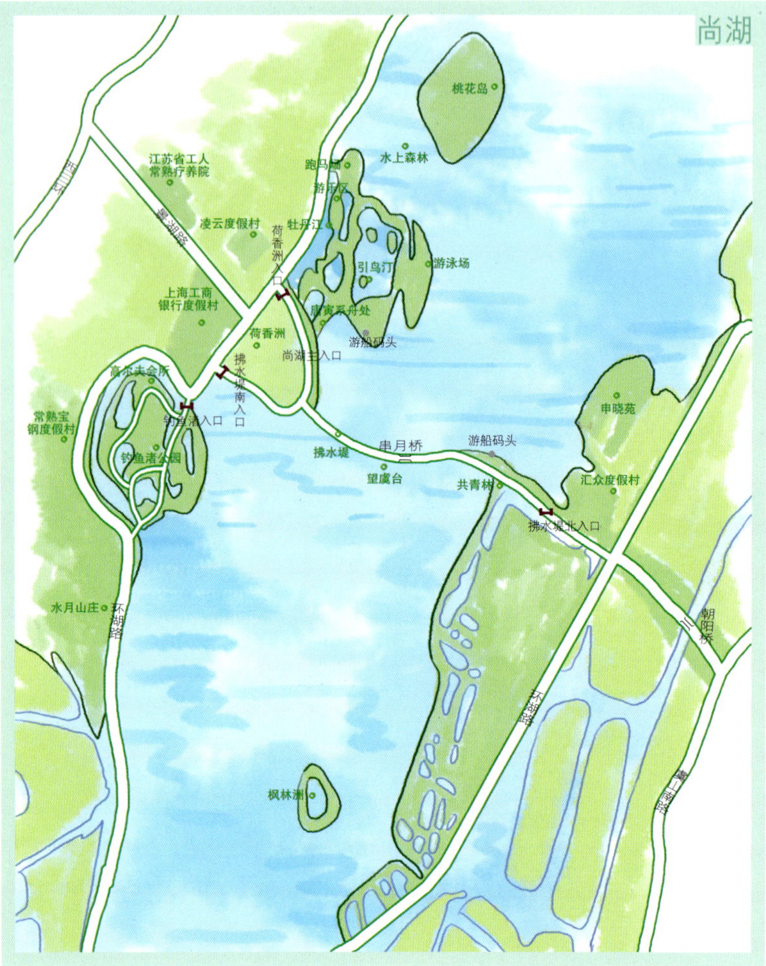

为吴国第一代国君周章陵墓。

维摩山庄

维摩山庄是利用昔维摩寺遗迹兴建的园林景点。现山庄内外有葫芦池、金粟堂、望海楼、静远阁等胜迹，磴道通石屋涧。早春踏雪探梅、金秋品茗赏桂，衣袂留香。

钓鱼渚

钓鱼渚公园在尚湖东南，景点有高尔夫俱乐部，占地大约10公顷，有俱乐部会所、迷你型球场、标准球道区、水上练习场等。公园数千株池杉，吸引了白鹭、夜鹭等鸟类来此成群栖息。

小石洞

小石洞位于虞山西鹁鸽峰北，洞深3米，洞内泉溢成池，称“冽泉”，俗称露珠泉，其石壁刻有“天下名泉”四个大字。洞顶长有古树，洞口有明代紫藤，盘根错节。盛夏之时，绿荫将洞口遮住，使洞口极为隐蔽。在小石洞东南方有元代四大画家之一，常熟画派创始人黄公望的墓地。

书台公园

书台公园有昭明太子读书台，四周景观层次丰富，有仓圣祠、巫咸纪念亭、雅集亭等景。"书台积雪"为"虞山十八景"之一。

荷香洲公园

荷香洲公园占地面积13.7公顷，为尚湖最大洲岛。公园内主要景点有：紫藤长廊、唐寅系舟处、曲廊、外湖码头、四景园、山色涛声、博雅堂、水上森林、流香馆、湖桥串月、欢乐岛、烧烤区、拂水堤、望虞台、串月桥、挹水问鱼、钱谦益墓、柳如是墓等。

石屋涧

石屋涧位于虞山之北，相传姜子牙曾隐居于此。在涧西有舜过泉，泉水清洌，相传因舜饮用此水而名，此泉还是酿酒的佳选，据说王四酒家曾用此泉酿桂花酒。

拂水山庄

拂水山庄为明末清初东南文宗钱谦益的私家别业，也是见证钱谦益和一代才女柳如是白发红颜传奇的爱情之园。山庄原址位于虞山十八景之一"拂水晴岩"的拂水岩下，如今古朴典雅的爱情园林在尚湖得以重现。山庄内耦耕堂、花信楼、燕楼、秋水阁等拂水八景，错落有致、古朴典雅、意趣盎然，堪称明清私家园林建筑中的精品。

方塔园古迹名胜区 AAAA

古典风格的新园林

常熟虞山镇古城区东塔弄2号

常熟市城市古迹名胜区主要含常熟古城区的三大古典园林方塔园、曾赵园、燕园。方塔园因方塔而得名，建于20世纪80年代初，是一座具有古典风格的新园林，有兴福寺塔、月季园、常熟市碑刻博物馆、常熟市名人馆等

尚湖

景。方塔原名崇教兴福寺塔，与宋代古井、古银杏并称为“园中三宝”。曾赵园水面宽广，布局得宜。曾园有归耕课读庐等12景；赵园有赵烈文藏书处、能静居等景。燕园园景隐约幽深，有燕谷假山等16景。

奇趣海洋世界

感受海洋的深邃与浪漫

常熟市昆承湖风景区穿湖大堤北侧

海星岛奇趣海洋世界与苏州海洋馆由同一设计师专业设计，是华东地区展示视窗最多、海底隧道最具特色的国内第四代海洋馆，馆内拥有海洋生物800余种，10 000余尾，集生物观赏、表演、人鲨共舞、海洋互动科技、科普教育于一身。在领略亚马孙热带雨林、大西洋深海探秘、伊恩海底隧道、澳洲珊瑚海、尼姆珍宝馆的神奇后，361°科技互动厅、极地天地、海星科普、海豚海狮美人鱼表演团又组成一次全新的体验之旅。

梅李聚沙园

享受度假休闲之乐

常熟市梅李镇梅东路1号　¥ 10元

聚沙园位于梅李中心镇区东侧，占地面积6.4公顷，因全园主体为始建于南宋的“聚沙百福宝塔”而得名。园内设有屏山听泉、聚沙塔影、古木清风、荷浦熏风、莲峰谈艺、孝廉梅李、濠濮间想以及名家碑刻回廊、名胜古迹展厅、中共常熟县委重建的常熟人民抗日武装纪念碑、健身中心、茶座等旅游景点和休闲场所。

沙家浜风景区 AAAAA 镇

回顾经典样板戏中的古镇风采

常熟市沙家浜镇　¥ 旺季100元，淡季80元

52500000

常熟至沙家浜的班车（15分钟一班，票价3.5元）即可直达

8:00～17:30（海星岛：8:30～16:30）

沙家浜位于秀丽明媚的阳澄湖畔，境内河

沙家浜风景区

港纵横，芦苇葱郁，是全国爱国主义教育示范基地、全国百家红色旅游经典景区。设有革命传统教育区（有瞻仰广场和沙家浜革命历史纪念馆）、水产观赏区、红石村民俗文化村（有沙家浜史料馆）等多个功能区，有春来茶馆、芦苇迷宫（华东地区最大）等景点。沙家浜水面芦苇荡达180公顷，现已建成湿地生态保护区，占地面积66.5公顷，是华东地区最大的湿地生态保护和旅游观光胜地之一。

玩家 攻略

游乐：芦苇荡是沙家浜整个景区的核心。农家园是芦苇活动区的一个亮点，水车、牛车、风车、高竖桅杆的农船和船舫尽现农家生活的乐趣；踩水车、竹林嬉戏，尽享农家生活乐趣，与芦苇迷宫相得益彰。

美食：沙家浜沿湖风景带除了经营休闲垂钓、棋牌休闲等娱乐，还提供各地名茶、咖啡等饮品，地方特产、特色小吃等美食。金秋十月提供阳澄湖三宝（另二宝：河虾、鳜鱼）之一阳澄湖大闸蟹，还可自己捕捉、自己加工等。俗话说“十月雄蟹黄白鲜肥，不食螃蟹愧对腹”。

住宿：沙家浜度假村（沙家浜镇镇西沙南路101号），建有10幢英法式别墅，并有多项娱乐设施，尽显欧陆风情。从上海市区上高速到度假村，仅需80分钟。

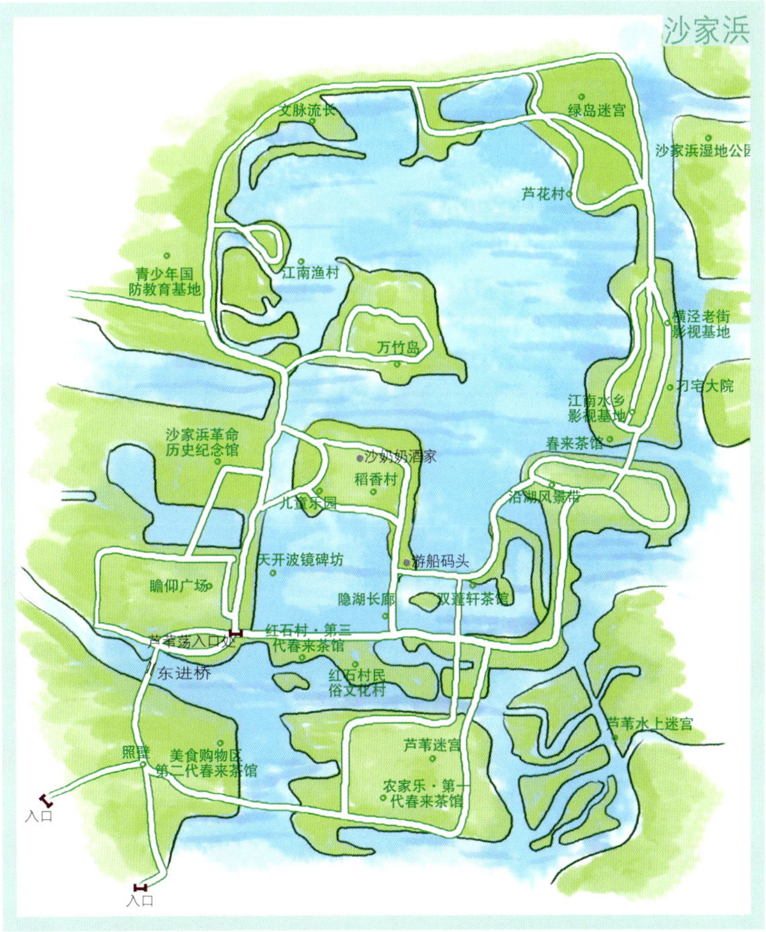

玩家 解说

沙家浜是因了那部几易其名的经典戏剧而蜚声遐迩。最先是作家崔左夫依据《你是游击兵团》而演绎成沙家浜的故事，并由文牧定名为《芦荡火种》。1964年，以《沙家浜》为京剧重新命名。到如今，剧中的《智斗》一场戏，还是各种晚会中的叫座节目。快携上淡淡怀旧情结和浓浓好奇情思，踏上沙家浜之旅，去亲眼看看沙家浜，看看春来茶馆，看看阿庆嫂吧！

沙家浜景区

沙家浜革命历史纪念馆

沙家浜革命历史纪念馆占地67万平方米，总建筑面积达4492平方米。

纪念馆以爱国主义教育和革命传统教育两大主题为中心，采用历史图片、仿真环境、实物展出、半景画、声光电等手法，展示了沙家浜的革命历史、新四军在此开展抗日游击战的战斗历程、后方医院伤病员养伤的情况、沙家浜部队的发展历史以及广为流传的京剧《沙家浜》的诞生历程等，真实生动地反映了沙家浜的革命斗争史实。

芦苇迷宫

沙家浜以一片片茫茫无际的芦苇荡而闻名，历史上这里曾开展了一场场斗争，而现在这里已被开发成水上和陆上芦苇迷宫两大区域，纵横交错的河港和茂密的芦苇，形成一个个大大小小的迷宫，野趣横生。

红石民俗文化村

红石民俗文化村集江南水乡特色建筑之大成，再现抗日战争时期江南水乡小村风貌。村内有文昌阁、土地庙、根雕馆、婚俗馆、古船馆、春来茶馆、古戏台等景点，其中古戏台每天9:30～10:00和13:30～14:00演出京剧《沙家浜》著名唱段，如《智斗》等。

芦苇迷宫

攻略资讯

- 交通
- 住宿
- 美食
- 购物
- 娱乐

古运河

交通

火车

沪宁铁路穿过苏州境内，沪宁线上几乎所有列车都在苏州停靠。沪宁城际高速铁路的开通，更加快了苏州与各城市间的往来。苏州市区除了苏州火车站外，还有苏州新区站、苏州园区站、高铁苏州北站等火车站。

苏州火车站： 位于苏州古城区北端外城河北岸。不少列车经苏州站驶往上海。从苏州至上海往返的火车平均每隔20分钟就有一班，约40分钟车程。乘坐地铁2号线、4号线可到。

玩家攻略

去苏州前最好买好返程票，比较省事和省时，在苏州旅游旺季时，火车票比较难买。

苏州北站： 苏州北站位于苏州市西北，相城区元和街道、澄阳路以西，为京沪高速铁路的过路车站。现有开往北京、天津、青岛、济南、上海等地的高速列车。乘坐地铁2号线可到。

汽车

苏州是江苏省通往上海、浙江的“东南门户”，北起江苏常熟，南到浙江杭州的苏嘉杭高速公路，沟通了沿江高速、沪宁高速、沪杭高速等主要干线。市内主要有4个长途客运站：苏州汽车客运北站、苏州南门汽车客运站、苏州汽车客运西站、苏州吴中汽车客运站。

玩家攻略

苏州各汽车站每日有发往上海的汽车，行程约1小时，票价26～30元。

苏州汽车客运北站： 位于苏州市姑苏区西汇路29号，是苏州目前最大的公用型客运中心之一，也是苏州旅游交通集散中心的主站，担负着苏州至皖、鲁、鄂、豫、浙、粤、晋、闽、沪等8省1市及江苏境内的中长途旅客运输和苏州大市范围内的短途客运

苏州火车站

任务。乘坐10、119等路公交车可到，电话为67517583。

苏州汽车南站：位于苏州市南环东路迎春路口，每日有发往常熟、昆山、盛泽的班车，20分钟一班；往杭州、张家港、无锡、镇江、同里、南浔、湖州、嘉兴，半小时一班；往吴江区各乡镇中巴流水发车；往浙江方向的长途汽车也多在这里始发；另有开往南京的快客。乘坐3、16、39路可达公交车可达，电话为87181605。

市内交通

苏州目前已开通3条地铁线路，分别为1号线、2号线、4号线，可到达苏州火车站、苏州火车北站以及木渎、苏州乐园、平江历史街区、山塘街等多个景点。

玩家攻略

1.苏州的景点较集中，可骑自行车走街串巷。火车站东侧的平门桥有租车店，需要身份证及押金300元。

2.苏州的水运有时会晚点，行程也比较慢，要有心理准备。

3.乘出租车时可选服务较好的绿色、黄色和深蓝色出租车。

住宿

苏州酒店住宿业发达，各个档次的都有。宾馆多集中在市区的繁华街区，景区附近也有不少住宿的地方。

太湖桥

观前街附近

●书香门第精选酒店

共有三层楼，客房54间（套），灰瓦粉墙、木格小窗、庭院小筑、长廊曲径，独特的苏州园林式建筑。院后的三味书屋为住店客人提供自助式早餐，并开设下午茶，店内设有足浴、棋牌室、商务中心、会议室及商品柜，并为住店商务客人提供票务服务及代办苏州一日游。✉ 姑苏区三香路333号 ☎ 68286688

●星程酒店

位于甪直镇政府正对面、甪直古镇附近，闹中取静，地理位置优越。酒店环境干净整洁、舒适，基础设施齐全。✉ 吴中区鸣市路24号 ☎ 81882999

●苏州华侨饭店

共有房间173间，分设三幢楼，拥有康疗中心、会议中心、购物中心、休闲俱乐部、旅游车队等设施。周围景点有虎丘、西园、留园、苏州乐园、石路商业中心。✉ 姑苏区三香路 ☎ 68261888

● 苏州国信雅都大酒店

酒店位于古城核心地区，邻近5A级及世界文化遗产景点，是旅游者理想的下榻之处。附近公交地铁，十分便利，酒店房间干净舒适，提供免费早餐。✉ 姑苏区三香路488号 ☎ 68291888

太湖附近

●欢墅·度假别墅

环境幽静而怡人，周边比邻的有太湖新天地、高尔夫球场、美国独资游艇俱乐部。假日酒店拥有82间（套）太湖观景客房，59幢观景豪华别墅，另有风味厅、桑拿、棋牌室、健身房、KTV等齐全的设施设备。✉ 太湖度

宝岛花园酒店

假区湖滨路18号 ☎ 66056800

●宝岛花园酒店

设计风格独特典雅，与别墅区融为一体，共同构成宝岛花园。酒店设有多个餐饮设施，提供中西美食，汇集了海内外的名品佳肴。客房设施先进齐备，酒店水疗设施一流舒适。✉ 太湖国家旅游度假区长沙岛18号 ☎ 82276999

●更多住宿去处

名称	位置	电话
园外楼饭店（四星级）	留园路477号	85888588
苏州金鸡湖新罗酒店	吴中区旺墩路现代休闲广场	62968888
苏州雅致·湖沁阁酒店	金鸡湖景区斜塘老街42-44幢	62738998

美食

苏州著名的菜肴有阳澄湖大闸蟹、松鼠鳜鱼、清汤鱼翅、响油鳝糊等。苏菜的特点是选料严谨，做工精细。小吃有蜜汁豆腐干、松子糖、枣泥麻饼、猪油年糕、采芝斋糕点等。同里有状元蹄、百果蜜糕、糕里虾仁、三丝鱼卷等名菜。周庄的蚬江三珍最有名（鲈鱼、白蚬子、银鱼），还有著名的周庄三味圆、阿婆茶、万三家宴。甪直镇的两道名菜为甫里蹄和甫里鸭。

苏州比较有名的饭店有得月楼、松鹤楼（苏帮菜馆中声誉最高的老字号）、老苏州茶酒楼等。主要美食街有太监弄、十全街、学士街、嘉馀坊、凤凰街、干将路等。

玩家 攻略

苏州菜的甜是出了名的，连面条都是甜的，所以不习惯太甜或是不能吃糖的游客一定要事先叮嘱厨师。

美食小吃

●叫花鸡

叫花鸡即常熟叫化鸡，又称煨鸡，选用当地著名的鹿苑鸡（即四黄鸡）。煨鸡皮色有光泽，异香扑鼻，鸡肉酥烂，味透而嫩，原汁原味，上筷骨肉即离，腹藏配料，鲜美异常。

叫花鸡

●周庄三味圆

周庄三味圆又称汤面筋，是昆山市周庄镇的名肴特产。皮以面筋为料，馅用鸡脯肉、鲜虾仁、猪腿肉加葱、姜、黄酒等调制剁细精制而成。用鸡汤烧煮，皮薄馅嫩，晶莹剔透，汤清味鲜，轻轻一咬，鲜汁直淌，堪称上品。

周庄三味圆

●甫里鸭羹

甫里鸭羹

唐代文学家陆龟蒙曾长期隐居甪直甫里，自号“甫里先生”。他平素喜养鸭取乐，至今甪直镇仍留有陆龟蒙“斗鸭池”遗迹。据说他还常以鸭招待客人，这“甫里鸭羹”，相传便是他当初款待皮日休的一道菜。

●鲃肺汤

鲃肺汤

这是木渎石家饭店的十大名菜之一，也是苏州传统名菜，原称斑肝汤。鲃鱼，太湖水域特产，状似河豚，背部青灰色且有斑点，因此又称“斑鱼”；受惊后腹部会鼓起如球，俗称“泡泡鱼”。

美食去处

●得月楼菜馆

这是一家著名的苏菜馆，在江苏享有盛名。得月楼菜馆保持了苏州菜炖、焖、煨、焐的传统技艺，四季供应各种菜肴近300个品种。春季名菜有白汁鼋菜、笋腌鲜、樱桃肉；夏季菜肴有西瓜鸡、响油鳝糊、精蒸鲥鱼、荷叶粉蒸肉；秋季有白汤鲫鱼、松鼠鳜鱼等；冬季有美味酱方。✉ 太监弄43号 🕐 11:00—14:00、17:00—21:00 ☎ 65238940

得月楼

观前街

●松鹤楼菜馆

该店以烹饪苏式菜肴驰名海内，其规模、名声居苏州诸菜馆之首。该菜馆始创于清乾隆四十五年（1780年）。相传乾隆帝南巡时曾到该馆用过膳。清代的松鹤楼仅是一个供应中低档菜肴的小店，辛亥革命后，聘请名厨掌勺，在原有基础上创制新品种，高中档齐备。✉ 观前街太监弄72号 ☎ 67700688、67272285

●观前街

在古城中心，名店云集，古迹众多。有稻香村、乾泰祥、黄天源等多家百年老店。

●十全街

位于苏州古城内宾馆区，是享誉中外的餐饮工艺特色街。

购物

在苏州购物是一种生活情趣和文化熏陶。中国24个大类工艺美术中，苏州有22个。购物首推苏绣、碧螺春茶、丝绸、宋锦、桃花坞木刻年画、苏扇等名特产。苏州主要购物街有观前街和石路街。此外，淮海街也是苏州有名的商业街。还有十全街是旅游纪念品一条街，皮市街是花鸟市场，虎丘路和火车站前是婚纱和摄影器材一条街。

苏州特产

●苏绣

苏绣发源地在苏州一带，现已遍衍江苏省的无锡、常州、扬州、宿迁、东台等地。两千多年前的春秋时期，吴国已将刺绣用于服饰，清代是苏绣的全盛时期，皇室享用的大量刺绣品，几乎全出于苏绣艺人之手。

●宋锦

宋锦与南京云锦、四川蜀锦一起，被誉为中国的三大名锦。宋锦色泽华丽，图案精致，质地坚柔，因兴盛于宋代而得名。

●兰莉园刺绣商场部

兰莉园刺绣商场部特设富有传统工艺的操作工场间和展示厅，供国内外游客观摩其活泼多变的针法及精妙绝伦的绣工，特别是异色异样的双面绣，以其精、细、雅、洁著称，深受海内外游客的青睐和好评。苏州市虎丘立交桥北境 可乘坐公交游1、游2、949路至虎丘终点站下，向南走100米即达 65331166

购物去处

●枫桥大街

枫桥大街是枫桥风景名胜区具有浓郁地方特色的文化旅游商业街，明清建筑，风貌古朴。林立的店铺，汇集了江南几乎所有的工艺商品，有丝绸、苏绣、书画、文房四宝、红木雕刻和檀香扇等，还有各色古玩店、珍珠店、茶壶店、书画家自产自销的画廊。

娱乐

在苏州既可领略传统娱乐项目的博大精深，又可以尽情参与许多现代娱乐项目。喜欢苏州传统艺术的，可去苏州乐园品味昆曲、评弹，或找个茶馆听听说书；喜欢现代娱乐方式的，可去会议中心看一场大型现代芭蕾杂技表演等。

观前街喝星巴克咖啡，大光明看电影，十全街赏夜景、泡酒吧，金鸡湖李公堤享受主题餐吧（乘142、100路公交可达）都会使你乘兴而去，尽兴而归。

●日本酒吧风情街

日本酒吧风情街长1000米，有80多家日本料理店、酒吧，相当热闹。商业街所属的苏州新区是日本商人在中国投资最密集的区域之一，百余家日企千余名日商催生了这条“日本街”。

●苏州开明戏院

该戏院地处繁华的观前北局商业文化区，集合了舞台现场表演、电影放映、录像放映，是苏州市民休闲娱乐的好去处。戏院整体环境相当不错，音响效果达到全国影院一流水准。

节日和重大活动

节日	举办地	时间
玄妙观迎财神	玄妙观	农历正月初五
西山太湖梅花节	西山	3月上旬
丹花会	常熟市练塘镇尚湖	3月26日
虎丘花会	虎丘	3～5月
拙政园杜鹃花会	拙政园	3～6月
留园吴觎兰薰戏曲节	留园	3～6月
角直水乡服饰文化节	角直	4月
周庄国际旅游艺术节	周庄	4月中旬
苏州啤酒节	苏州乐园	7～8月
拙政园荷花节	拙政园	7～8月
虎丘庙会	虎丘	9～10月
中国丝绸旅游节	苏州	9月
寒山寺除夕听钟声	寒山寺	除夕之夜

寒山寺钟楼

发现者旅行指南

南通

概览

亮点

狼山风景区

西临长江、山水相依，由狼山、马鞍山、黄泥山、剑山和军山组成，其中以狼山最为挺拔险峻，为五山之首。

濠河风景区

是国内保存最为完整的古护城河之一，整个濠河曲曲折折，迂回激荡，素有“江城翡翠项链”之称。

必逛街道

南大街：是南通最主要的商业街，有“苏北第一商圈”之称，汇集了文峰百货、南通新百货大楼、南通金鹰、八仙城、大润发等众多大型商场和超市。

濠河夜景

线路

南通休闲一日游

上午游濠河风景名胜区，乘画舫游荡、泛舟赏两岸风景，亭台桥榭掩映其间，品嵌桃麻糕、西亭脆饼和“白蒲茶干”。午后去南通博物苑，参观自然、历史、美术三部文物、标本陈列馆。

南通二日精华游

第一天游狼山、南通珠算博物馆、南通博物苑。第二天上午去定慧禅寺，游览水绘园，最后参观余东镇。

水绘园掠影

为何去

南通江海交汇的壮观，长寿健身的神奇，花园城市的幽雅，无不传递着富饶的信息。张謇创造的辉煌至今犹存，濠河的环绕，狼山的绵延，更使得这里迷人多姿。

南通美景

何时去

南通的一年四季都适合来旅游。

如东海滩

春天来南通，春光明媚，树木吐绿，桃花、樱花纷争吐蕊，船只梭行于濠河风景区，风景如画；公园里百株桃花盛开，春花烂漫。春暖花开之时，更是文峰公园放飞风筝的好时候。

夏天到南通可体验如东长沙海滩和启东圆陀角海滩“迪斯科”带来的真正乐趣。

南通有“博物馆之城”之称，如果南通之行的目的主要在于感受南通深厚的历史文化底蕴，那么一年四季皆是参观众多博物馆、名人故居、文物古迹的好时候。

区域解读

区号：0512

面积：约8554km²

人口：约730万人

地理 GEOGRAPHY

区划

南通辖3区（崇川区、港闸区、通州区）、4市（如皋市、海门市、启东市、海安市）以及1县（如东县）。

地形

南通滨江临海，三面环水，全境地域轮廓东西向长于南北向，似不规则的菱形，平原辽阔，水网密布。南通位于江海交汇处，正当长江入海口，是由长江北岸的古沙嘴不断发育、合并若干沙洲而成，属长江下游冲积平原。

6000多年前，长江水从上游夹带大量泥沙不断沉积在江口，南通由此成陆，并逐渐自西向东、向南延伸扩展，海安最早，如皋渐次。

南通除狼山低丘群外，都为低平原。吕四渔场是全国四大渔场、世界九大渔场之一。

气候

南通地处中纬度地带、海陆相过渡带，属北亚热带湿润性气候区，海洋性季风气候明显。

该气候特点是四季分明，光照充足，雨水充沛，全年气候温和，春秋两季比较短，无霜期长。常有台风、暴雨、寒潮、高温、大风等气候，是典型的气象灾害频发区。每年6月、7月间常有一段梅雨。

历史 HISTORY

历史大事记

今南通市海安市西部、如皋市西北部约在6500多年以前即已成陆，1973年在海安市西北沙岗公社青墩大队发现大量新石器时代遗物，说明远在新石器时代就有人类在这一地区生息活动。

唐初，胡逗洲（今南通市市区）作为盐亭场，属扬州广陵郡管辖。唐玄宗开元十年（722年）设置盐官，后来由于军事上的需要，狼山为浙江西道节度使管辖，狼山北的胡逗洲也就成为浙江西道常州的辖地了。

唐玄宗天宝七年（748年），鉴真和尚第五次东渡日本时过“常州界狼山”。

南宋末年，通州（今通州区）一度落入金、元之手，特别是南宋理宗淳祐二年（1242年）11月10日，蒙古人攻入南通，惨烈屠城。

1938年3月17日，日寇侵占南通城，连日进行大烧杀，制造了“血泪滩惨案”。

南通风光

1949年2月2日，南通全境解放。南通迎来了新生。

张謇与南通的历史渊源

说到南通，不可不提张謇，南通的很多文化都与他有关。在近代历史上，张謇是个了不起的人物，1853年5月25日，他出生在南通海门，16岁考上秀才，但直到41岁才中状元。张謇身处清王朝崩溃与北洋政府执政的混乱时代，中日《马关条约》签订后，激于义愤，主张兴实业、办教育，以挽救危亡的中国。有抱负、有进取心的他脱离政界，回家乡南通创工厂、开农垦、发展交通、修水利、办教育，埋头潜心建设南通这座城市。可以说，他的一系列创举本身就是一个了不起的“早期现代化试验”。

张謇先生建设家乡时，有很多综合的城市理念。如：突出城市的人文功能，解决好人和自然，农村和城市的关系等。另外，南通现今辉煌的教育成就也与他的努力是分不开的。张謇认为实业是救国之父，教育为救国之母，主张以实业养教育，以教育促实业。1902年，他创办了国内第一所师范学校——通州师范，后来又创办南通女师和纺校、农校、医校等十多所专业学校以及幼儿园、小学、中学等。在他的出生地常乐镇他创办了4所学校，其中张徐女校是海门最早的女子完小。张謇还在外地倡导资助建立吴淞商船学校、吴淞中国公学、复旦大学、龙门师范等小学、中学、师范总共370多所学校，为中国近代教育事业做出了杰出贡献。1905年，他在通州建立了国内第一所博物馆——南通博物苑；1915年，建立了军山气象台；此外还陆续创办了图书馆、盲哑学校等。

张謇一面办工厂，一面造家园。在他的强国梦中，既要让工业领先，又不忘国民精神素质的提升和生存环境的营造。他重视南通，不仅因为是他的家乡，更主要的是这里有能施展他救国方略的条件。作为“洋务派”的一员，他看到的不仅仅是“船坚炮利”，而是“软”“硬”兼顾，全面发展。作为一个旧王朝出身的人，却拥有高瞻远瞩的新时代目光，他在南通留下的许多遗迹都反映了中国一代时代先驱者的强国梦。

张謇，这位极具思想与智慧的南通老人，正是他，让现在南通的每一个地方都展现出了富有南通特色的文化。张謇纪念馆位于海门市常乐镇状元街东首，是一所灵秀的江南园林式建筑。通过园内珍藏的上千件珍贵图片和实物，可以看到张謇艰苦创业、实业救国的一生。在濠河边，后人绘制了一幅长达70米的巨型浮雕《强国梦》，南通人追随着张謇的梦想和追求在继续前进。

名单　南通历史名人

明代著名外科医学家陈实功

清"扬州八怪"之一李方膺

近代著名民族实业家张謇

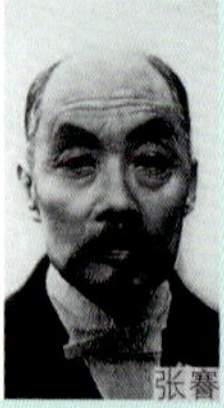

张謇

文化 CULTURE

粗狂淳朴的通剧

通剧是南通地方戏曲剧种，原为童子戏。所谓"童子"，就是民间职业巫师，南通有一种富有本地特色的巫师，被称为南通童子。童子在祭祀、祈祷、招魂等活动中进行舞蹈歌唱，渐渐把一些故事、七字调加入唱词中，这种歌唱方式为百姓所喜闻乐见，于是就慢慢传播开来，最后登上舞台，形成了通剧。

新中国成立后，童子摒弃其祭神驱鬼的迷信内容，利用其说唱形式，演现代剧，推陈出新，逐步改造成为通剧，在编导、表演、音乐、舞美等方面都有提高。近年来，南通童子不仅被列为专门课题重点研究，而且越来越引起国内外学者的注重和兴趣。

通剧伴奏简单粗糙，比较原始，主要是锣鼓打击乐，唱腔粗犷淳朴，唱词通俗易懂，很受南通人民的喜爱，并展示了中国傩文化的原始风貌。通剧的经典剧目有《陈英卖水》《白马驮尸》《花子街》《李兆庭》《好书记》等。

喜乐优美的海安花鼓

海安花鼓是海安当地的一种特色花鼓，早在明嘉靖年间即开始流传，有着鲜明的地域特色。主要表现了面朝大海、背朝田庄的黄海渔村的渔妇生活，通过渔妇穿梭织网于花前月下的"颔首、摇肩、展臂、舒腕"等各种动作展现了渔妇的热情奔放，质朴自然。

海安花鼓的传统歌舞动作为18把滚莲湘，杂耍中的高难动作是翘荷花。如今的海安花鼓，歌舞表演部分有所创新。海安花鼓的原始表演形式分为两个部分，一为"打场子"，亦称"上秧鼓"，常为八男八女之歌舞；二为"杂戏"，亦称"唱奉献"，其剧目或为歌颂英杰，或为传说故事，或为倾吐爱情。

海安花鼓活泼的舞蹈形式再现了村姑渔妇悠然自得的劳作生活，洋溢着美好的欢乐情怀，很值得一看。

海安花鼓参与过不少大型活动，曾在中南海怀仁堂献艺演出，1999年在首都天安门广场参加过国庆50周年联欢晚会，2008年参加过奥运会开幕式垫场表演。

海安花鼓

景点推荐 狼山风景区 AAAA

在辽阔的江海平原上，有五座高山拔地而起，雄峙江边，山姿秀丽，像五颗绿色的翡翠镶嵌在扬子江畔，这就是狼山风景区。

风景区由狼山、军山、剑山、马鞍山、黄泥山5座小山和啬园组成，以狼山最为挺拔险峻，文物古迹众多，其他四山如众星拱月，狼山为五山之首，素有“天然水石盆景”之美誉。

南通市崇川区狼山镇　乘5、86、88路公交可达

85705215　www.chinalangshan.gov.cn

狼山

钟灵毓秀的旖旎风光

旺季6:00—17:30，淡季6:30—17:00

旺季70元，淡季50元。广教寺18元

狼山海拔104.8米，宋淳化年间（990—994年）州官杨钧以“狼”字不雅上书改为“琅”，又因山岩多紫色故又称为紫琅山。狼山正当江面最宽阔处，水天一色，风光绮丽，人们把它概括为“南畅北幽”。

南麓有著名的广教寺（法乳堂、幻公塔、大圣殿、支云塔等）；北麓有北麓园（有“不游北麓，乃为憾事”之说），以山为屏而成园，山崖上多题刻。

玩家攻略

圣母堂：狼山之北的狼山圣母堂为苏北重要的天主教活动场所，每年有大量的天主教徒寻访而来，到此朝拜。

火把节：每年元宵之夜这里最为热闹。狼山火把节颇具特色，人们手举火把，四处奔走，呼喊号子，祈求风调雨顺、五谷丰登，景象壮观。

美食：狼山有江鲜一条街，可品尝南通海鲜

名菜及地道的狼山童子鸡。

骆宾王、金应、刘南庐墓

骆宾王、金应、刘南庐墓三墓并列于狼山东南麓，骆墓居中，金、刘二墓分别在东、西两侧，各有墓碑，墓南合建石坊1座。墓前芳草萋萋，尽显岁月的沧桑，给人以无尽的遐想。而大才子骆宾王之死更是给眼前之景增加了几分传奇的色彩。

紫琅禅院

紫琅禅院是狼山广教寺山腰下最大的建筑群，唐总章二年（669年）在此建大雄宝殿及诸殿阁、佛塔、方丈室。清康熙十三年（1674年），因缘紫琅山名，于藏经楼东建紫琅禅院，由当时总兵诺迈铭刻碑石1块，现镶嵌于藏经楼西壁。

幻公塔

幻公塔位于狼山南坡，为7层实心砖塔，建造于明嘉靖四十五年（1566年），是为纪念广教寺中兴始祖智幻而建，故称幻公塔。

望江亭

望江亭位于狼山半山腰，原建有“望海楼”一座，动乱时期拆除，1976年建望江亭。亭为重檐，八角高台，亭侧有两株合抱参天的银杏，周围广植花木，砌叠山石，树木葱茏，花明草绿。在这里可俯瞰长江浩荡东流，可仰望支云塔浮云，风光绮丽，景色秀丽壮美。

葵竹山房

葵竹山房为狼山广教寺南坡腰腹处的建筑群，又称准提庵，始建于明嘉靖三十二年（1553年）。现存的“葵竹山房”石额由张謇书题，用大理石镌刻。山房依山取势，布局不俗，院内四季花木茂盛，古迹罗列。

御碑亭

御碑亭位于葵竹山房前，坐北朝南，北壁嵌立两块石碑，即御碑，是为清康熙皇帝玄烨的题诗而镌刻的石碑，康熙以书题《夜对月再成》诗赐给狼山总兵刘含高，又书写朱熹诗赐予通州知州施其礼。

原御碑亭分建于山道两旁，后二亭为风雨所毁。乾隆十三年（1748年）重建碧云天半阁，并将二碑合立于内，今日的御碑亭亦可称碧云天半阁。

大观台

大观台位于山顶支云塔院西山门前。大观台取“洋洋大观”之意，站在这里放眼南望，脚下有9千米开阔的长江江面；江边有军山、剑山、马鞍山、黄泥山；远眺长江南岸，可见常熟境内的福山、虞山、君山。大观台正中矗立着一具造型俊美、工艺精湛的铁铸万年鼎。

支云塔院

支云塔院位于狼山山顶，为广教寺的主体建筑群，包括圆通殿、支云塔、大圣殿等建筑。

支云塔建于北宋太平兴国年间。塔高35米，砖木结构，五级四角，呈正方形，每层各有三小门，绕以木栏，腰檐呈翘形，刹顶有相轮七重和宝珠、金铎等物。历史上曾多次大修。现在的支云塔，朱漆雕栏，檐面饰以金黄色琉璃瓦，十几里外，人们就可以看到它的雄姿，成为南通的标志性景观。

林溪精舍

林溪精舍位于狼山北麓，为张謇所建别墅之一，建成于1916年。该建筑为砖木结构，面对悬崖，背临曲溪，造型精致，掩映于丛花树荫之中。房西有近溪岩两块，分别镌有书画家吴昌硕所题“磊落矶”“小磊落矶”篆书，“磊落矶”石背面镌有张謇撰书《新辟林溪记》。

军山

宫观林立的军山

¥ 60元 ☎ 85700918

在5座山中，军山最东、最高，为观日出佳地。昔日军山寺庙、宴堂多达百余处，为东南佛门圣地，山中现有燕真人洞、东奥山庄、白云泉、四贤祠、董其昌碑刻、民办气象台、普陀别院、圆通宝殿等景。

山门

山门是上军山的必经之路。山门上“大山门崖”4字，是民国年间所刻，其东石壁有测量海平面的刻记，门西有张謇《气象台新路记》一文刻于石上。普陀岩上方旧有一枝庵，为军山咽喉，山路从庵前而过。

军山气象台旧址

军山气象台建于1917年，是中国最早的私人设立的农业气象台。台址设在军山顶，此地原为昔日的炮台，建筑为砖木结构，平顶，明间中后部有一小楼。

骆宾王墓

剑山

文殊菩萨在南通的道场

¥30元

文殊菩萨是智慧、知识的化身，又称为“大智文殊”，是佛祖释迦牟尼的左侍从。剑山北门就有一尊文殊菩萨卧像。

文殊菩萨卧像

文殊菩萨卧像位于剑山北门，连佛座在内高7.8米，长13.8米。整个造型优雅圆润、古朴庄重、浑然天成，采用仿青石材料，重金聘请能工巧匠精心雕刻而成。

陈实功纪念碑

陈实功纪念碑位于剑山西北麓，碑身为黑色大理石，阳面镌“明代杰出外科医学家陈实功先生纪念碑”，阴面为碑文。碑高约2.5米，坐北朝南，周围圈以石栏，雕饰典雅、质朴，环境幽静、肃穆。

重阳亭

重阳亭始称“玄檐事”，因南通方言“檐”与“阳”谐音，又因落成于九月九重阳节前，故更名为重阳亭，以表达对所有老人的尊爱。这里悬岩陡立，松柏苍郁，极目远眺，对面狼山支云悬空，楼台亭阁，青翠山色一览无遗。夜观更是万家灯火一派太平盛世，是中老年人修身养性观景悦目的好地方。

马鞍山

梅花点点、暗香浮动

¥15元

马鞍山因山形似马鞍而得名，它位于狼山向西500米处，西坡的梅林春晓是一座具有江南园林风味的建筑群。院内曲径廊道连接7个亭阁，依山势起伏联成一体。古朴典雅，造型别致。早春时节，暗香浮动，是赏梅佳处。临江悬崖上设有茶室，窗外大江东流，烟波浩渺，观江听涛，其乐无穷。马鞍山另有沈寿墓、虞楼、有有亭等景。

虞楼

虞楼亦称望虞楼，位于马鞍山顶，建于1921年，系张謇为怀念其老师翁同龢所筑。楼为砖木结构，坐北朝南，高两层，东西两侧为平房，前有围墙，组成院落。

张謇与翁同龢交往甚密，他们在反对李鸿章主和、支持光绪皇帝亲政、进行维新变法等重大政治主张上，彼此观点相近。

翁同龢被朝廷革职后，经济窘困，张謇时常给予接济。翁同龢死后，葬在常熟虞山。由于站在马鞍山顶能望到江南虞山，因而张謇建此楼以望虞山。

沈寿墓

沈寿墓位于马鞍山东南麓，圆冢，花盆

链接

陈实功

陈实功，南通人，字毓仁，号若虚，明代著名外科医学家。少年学医，从事外科40余年。他根据自己的丰富经验，继承了明以前外科学方面的部分成就，于明万历四十五年（1617年）撰成《外科正宗》，对中医外科学的发展有较大贡献。

陈实功平时生活十分艰苦。他有两个外号，医术上他被称作“陈半仙”，另一个叫“陈半升”。“陈半升”是说他平时买米，只买半升，吃了再买。但他用平时省吃俭用积累下的钱在南通造了2座石桥，3座木桥，共5座桥。

陈实功雕塑

式墓顶。墓前有石阙，上书“世界美术家吴县沈女士之墓阙”。1921年立碑，碑阳刻沈寿灵表，张謇撰书，碑阴刻沈寿肖像。

沈寿是“仿真绣”创始人，曾任清政府女子绣工科总教习，为南通近代刺绣工艺的发展打下基础。她刺绣的意大利皇帝像、皇后像、耶稣像等，均在国际上获奖。

有有亭

有有亭位于马鞍山的东南坡，初建于清乾隆十二年（1747年）九月，系清代寓居南通的福建人刘名芳所建。有有亭取名于“山不在高，有仙则名；水不在深，有龙则灵”之义。有有亭建成后，引得四方文人骚客来此观赏江景，吟诗作赋。

黄泥山

观日出、听涛声的好去处

黄泥山因山中多黄色土壤而得名，又因为山上有狮子峰，所以早年也叫狮山。狮子峰中峰之上，筑一四面高亭，略朝东南，叫狮踞亭，是观日出、听涛声的好去处。

龙爪岩在黄泥山的最西部，多半浸于江水中，那嶙峋黑褐、凸凹不平的脊石，如龙爪伸进江中，故名。岩头建有全国第一座风力发电航标灯。山中还有龙爪园、鉴真东渡纪念塔等景。

啬园

清幽秀美的植物观赏园

¥ 旺季20元，淡季15元　☎ 85705980

啬园是南通清末状元、中国近代著名实业家张謇先生的墓园。张謇晚年自称“啬翁”，所以这里旧称“啬公墓”，包括墓茔、张氏飨堂、憩厅、鱼乐廊等部分。园内植物计万余株，为南通规模最大的植物观赏园。

张謇墓 文

张謇墓是啬园最主要的景点，墓阙石额正面镌刻有“南通张先生墓阙”7个大字。墓茔是坐北朝南的方形陵台，四周有石雕栏杆，外围环植高大的龙柏树。墓墩在陵台中央，后面是方形墓碑，碑上立着张謇先生全身铜像。

啬园花展

玩家 解说

张謇自号啬翁，“啬”也有节俭的意思，他一生自奉节俭，墓上不铭不志，只嘱咐家里人在他的墓阙上刻上这几个字。石额背面，镌刻着墓阙铭。石额正反面的篆隶书，都出自著名书画家李苦李手笔。墓阙石柱上刻有张謇门人陈保之（邦怀）撰写的石柱铭。

环溪观鱼

环溪观鱼由池塘里的曲桥、鱼乐廊、“迎宾小筑”和“环溪映山楼”等建筑组成，荟萃了金鱼、热带鱼、锦鲤3大类80多种，1万多尾观赏鱼。

张氏飨堂

“张氏飨堂”是一座具有江海文化特色的四合院式建筑，是张謇后人祭祀的场所，也是人们缅怀张謇丰功伟绩的纪念场所。飨堂青砖粉墙、回廊相通，前有场院，后有天井，小巧精致。堂内主要陈列张謇不同时期的照片、与社会各界名人及家人合影、别墅、家书等照片。

景点推荐

南通市区景点

濠河风景区 AAAAA

历史悠久的古老护城河

南通市崇川区 乘15、33、37路可达

60元（含船票）

85593995（订船热线）、85092901（咨询热线）

濠河是南通的母亲河，它位于南通市区中心，绕城而流，是这座城市的古护城河，其宛如珠链，被誉为南通城的“翡翠项链”，南通的城市之美，亦得益于此河。千百年来，它担负着防御、排涝、运输和饮用的重任，被称为“人身脉络”。

据史料记载，在后周显德五年（958年）即有濠河的雏形，至今这条河长10千米，水面72公顷，水面最宽处达215米，最窄处仅10米，是国内保留最为完整、位于城市中心的古护城河，亦是中国国内仅存的4条古护城河之一。濠河水清如镜，河岸两侧景观丰富，植被葱郁，江南风格的亭台楼阁掩映于桃红柳绿之中。这里的自然生态环境保护得很好，现有江鸥、野鸭、鱼鹰等自然生态群落。

目前，在濠河两岸分布着南通极具代表性的景点，如南通博物苑、光孝塔、天宁寺、北极阁、文峰塔、濠东绿苑、濠西书苑、映红楼、文峰公园、环西文化广场以及著名电影演员赵丹、中国近代实业家张謇等人的故居等。

玩家 攻略

每逢中秋之夜，濠河曲水回环，亭台桥榭掩映其间，乘画舫游荡、泛舟赏月，并品尝时令特产（芋头、莲蓬、豆角、菱藕等），更享濠河迷人风情。

夜游濠河（约需1小时），沿途可赏光孝塔、文峰塔等景点，感受南通迷人夜色。怡园码头上船，费用40元；也可在人民公园南入口附近码头上船，小船30元，两三人包电动船合适，60—100元。

盆景园

风景秀美的古典园林

南通市崇川区濠西路17号 ¥5元

盆景园位于濠河的西侧，临河而建，是江南古典园林，亭台楼阁依水而立，景色优美。全园分为入口广场区、景石区、主景区、山林草坪区。

链接

通派盆景

通派盆景的显著特色，是选用尖短小叶罗汉松（俗称雀舌罗汉松）为材料，攀扎成"二弯半"的格局，即主干攀成二弯半，每个弯上有3个主枝，每枝又扎成扁平如云的片干，看上去形象如狮，端庄稳重，像是一幅立体的画，深得人们的喜爱。

中国珠算博物馆 AAAA

妙趣丛生的珠算博物馆

南通市崇川区濠北路58号 公交15、33、37路均可到达 9:00～11:30，14:00～16:30（周一闭馆） 85053103（展览部）

中国南通珠算博物馆占地2公顷，建筑面积0.6公顷，由博古鉴今馆（展厅）、开心启智园（少儿珠心算学校）、滨河风情区（景观）3部分组成，是目前世界上最大的珠算专题博物馆。它是展示、教育的平台，是学习、科研的基地（有与展厅毗连的南通少儿珠心算学校），也是旅游、休闲的场所。

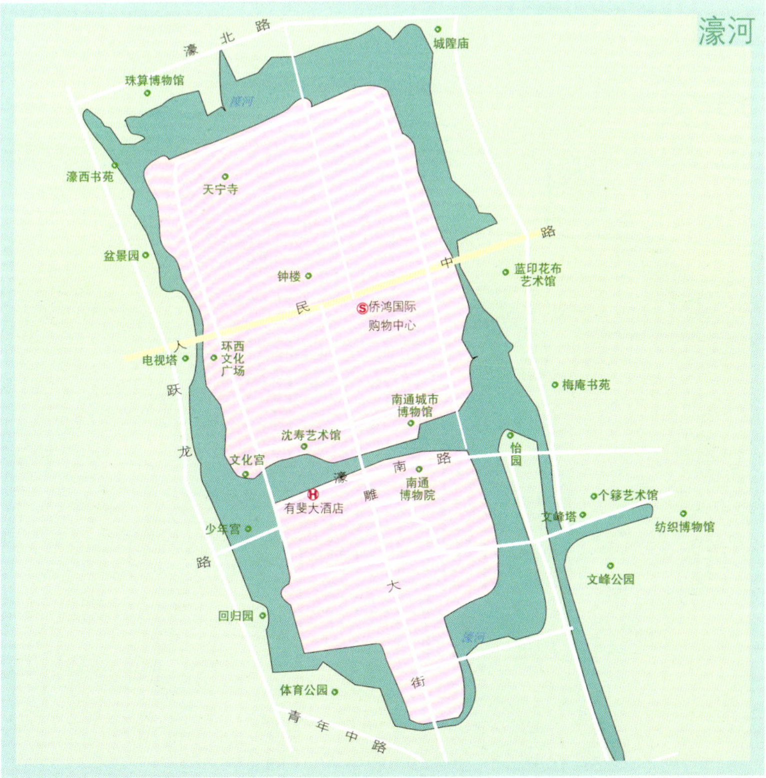

博物馆内分布有珠算史厅、算盘精品厅、紫檀算盘厅。珠算史厅展现了中国珠算悠久的发展历程；在算盘精品厅内陈列着大大小小、形状各异、质地各异、不同时期的算盘，让人大开眼界；在紫檀算盘厅内，展示着一个价值连城、造型古朴、结构独特的巨型紫檀算盘，堪称“镇馆之宝”，此算盘集紫檀工艺与算盘制作工艺于一身，是一件不可多得的稀世之宝。

玩家攻略

馆内另向游人提供许多便民服务，包括提供舒适的休息场所、纪念品等，游人还可以在现场亲试由馆内开发的智能化算珠，与算珠亲密接触。

沈寿艺术馆

领略刺绣大师的“妙手生花”

南通市崇川区濠阳南路23号　10元

85529886　公交8、12、53路均可到达

8:00~11:30，14:00~17:30（周一闭馆）

沈寿艺术馆建于1992年，由“女红传习所”改建而成，主要研制和服腰带、肖像绣、双面绣、彩锦绣等刺绣工艺品和民间工艺品。该馆内展示了中国近代刺绣大师沈寿的照片、刺绣实物，并详细介绍了沈寿的艺术业绩和其弟子的刺绣艺术精华。

在艺术馆内陈列了众多刺绣艺术作品，如韩熙载的《夜宴图》、张萱的《宴乐图》和《荷香鸭肥》等，在二楼陈列室中，可以看到当年沈寿刺绣作品《耶稣像》和《女优绣像》的复制品。在馆内也有两件沈寿亲自设计绣制的真品，一件是1918年绣制的《马头》，另一件是《蛤蜊图》。

悬挂在北京长城饭店内的，当今世界最大幅面的壁画《万里长城图》就是该所制作。

链接

沈寿

沈寿（1874—1921），初名沈云芝，字雪君，号雪宦，别号天香阁主人。她从小学绣，16岁时在当地已颇有绣名。1904年，沈寿绣了八幅作品进献朝廷为慈禧太后祝寿，慈禧非常满意，赐“寿”字，遂易名为“沈寿”。她创立“仿真绣”，开辟了刺绣的风格，为中国近代刺绣史开拓了新篇章。

珠算博物馆展品

风筝博物馆

感受厚重的风筝文化

南通市崇川区环西路一号（劳动人民文化宫内）

85580858

公交22、30、45路均可到达

8:30～11:30，13:30～17:00（周一闭馆）

风筝博物馆建于2005年，全馆分4个展厅——厚重的风筝文化，巨大的风筝贡献，精彩的风筝世界，独特的南通板鹞以及风筝制作室、影视厅。

南通风筝俗称“板鹞”，起源于北宋年间，因其外形美观精巧，飞上天后产生独特的音响效果，故被称为“空中交响乐”。在南通风筝博物馆中，可以全面欣赏来自民间的、历史悠久的“嗡声”“啜子”“哨子”“葫龙”等器乐，了解风筝是如何“唱歌”的。另外，还可以欣赏到最老“大嗡声”的风筝，经专家鉴定其可追溯到清朝道光年间，距今已有163年历史。除此，还有60多年历史的“七星鹞”、50多年历史的“龙凤呈祥鹞”等风筝。

链接

南通风筝

作为南派风筝的代表，清代末期南通板鹞与北京、天津、潍坊等地的风筝齐名而享誉全国。风筝不仅是娱乐放飞的休闲品，更是具有观赏和收藏价值的艺术赠品。

选筝技巧：板鹞风筝大者丈余，小者尺盈。形状分正方、长方、六角、八角、由六角相连的七星、一九联等。一般风筝爱好者喜欢外形美观，对称而稳定的七星鹞，它已成为装备哨口的最佳选择。

南通风筝

开沙岛

体验岛屿的休闲生活

南通市通州区五接镇境内

开沙岛是长江下游、南通市近郊的江中岛屿，岛内空气清新，环境宜人，土地肥沃，无任何污染源，适宜居住和植物生长。现已建成宾馆别墅区、观光农业区、水上游乐园区、原始狩猎区、华能休闲度假区等五大区域，有乡村俱乐部、高尔夫球场、室内游泳池、江鲜阁、水族馆、林果场、田园居、珍禽园、江水漂流、水上游乐、环岛跑马、风筝放飞、原始猎场等设施。

更多本旅游区景点

文峰公园：位于崇川区文峰路，因文峰塔而得名，公园三面临水，只有东边与纺织博物馆相连，是典型的“水包园，园包水”。

南通纺织博物馆：位于崇川区文峰路4号，被誉为融历史、科技、园林为一体的纺织大观园。整个建筑群由10多幢具有民族风格的建筑组成。

范家花园：位于崇川区濠河东南角，附近的小院里有著名的映月楼，夏可赏荷。范家花园原址上建有古典园林建筑三友馆，馆内设梅庵书苑。

个簃艺术馆：位于崇川区文峰路2号，处在南通文峰塔畔，建于1989年，是为弘扬画家王个簃先生艺术业绩而建的一座书画美术馆。

朱理治铜像及其故居：位于通州区余西镇。朱理治塑像以纯铜制作，神情庄严。朱理治故居建于清末，房屋是较简单的2间坐西向东的瓦房和3间坐北朝南的正屋。

景点推荐 南通各县景点

水绘园 AAAA 文

风景清幽的天然图画

如皋市碧霞路299号 ¥50元

87691561

水绘园始建于明，江南才子冒辟疆曾携秦淮佳丽董小宛在此栖隐过。园内以水为贵，既秀且雅，被誉为“徽派风格的海内孤本”。水绘园包括人民公园、雨香庵和水明楼3个部分，风格独特，古城南北东西的水道都汇集在这个园子里面，它凭借水流在地面上自然而然地形成了一幅美丽的图画。

链接

如皋内外城河风光

如皋市内外城河在国内城市建设史上独树一帜，外圆内方，形似古钱币，实属罕见。城河沿线景观资源丰富，景色秀丽怡人，“水环城，城包水”的奇特景观有很高的观赏价值。6千米长的双环河两岸，护栏蜿蜒，灯光绚丽，绿地成片，四季常绿，绿柳成荫，百花争艳，形成了双环河两岸景色秀丽的风光带。

灵威观

江苏省三大道观之一

如皋市碧霞路

如皋的道教始于唐宋，盛于明清。全县有道观30多所，灵威观为道观之首，享誉大江南北，是如皋唯一幸存的道观，与句容茅山道观、苏州玄妙观并列为江苏省三大道观。灵威观自宋代以来，多次修缮，计有殿堂14座，寮房、斋堂、库房、医室、药房、棺栈、赈粥厂等200余间。

玩家 解说

传说本方道长汉代乐子长，唐高宗赐誉他为“道家祖师”。武当山三位道长玉公、信公、静公遂到如皋建祖师观。宋徽宗政和元年（1111年），道士丁志伦扩修祖师观，祖师观遂成规模。宋政和年间（1111—1117年），提举苏均到观中拜谒真武大帝，适逢雷鸣电闪，忽见一条金蛇从殿间绕出。他大吃一惊，以为是龙虎山张天师在此显示灵威。这件事传到朝廷，崇信道教、有“道君皇帝”之称的宋徽宗闻，即赐“灵威”匾额。从此，祖师观易名为灵威观。

余东镇 镇

苏北“小周庄”

海门市余东镇，距海门25千米

南通每天有数班中巴直达古镇

法光寺10元

余东，古称余庆，又名凤城，始于唐，盛于明清，基于煮海为盐而逐步发展形成，有古运盐河、保安桥、程氏大门堂（余东传统民居的标志）、余东钱粮房、郭利茂银楼（余东古镇辉煌一时的标志性建筑）、法光寺（人称“第二狼山”）等景。

玩家 攻略

美食：余东镇特色小吃有重阳糕、红印糕、缸片饼、凤城脆饼灯，还有香芋、香糯玉米、六月白毛豆、绿皮蚕豆、大红袍赤豆等农产品，好吃不贵哦！

购物：洋溢着浓郁的盐业文化气息的凤城刻纸以及凤城青描绘远近闻名。

凤城刻纸

蛎岈山

牡蛎之岛

海门市东灶港镇东北方向4海里的黄海中

蛎岈山是一个天然两栖生物岛，由黄泥灶、泓西堆、大马鞍、扁担头、十八跳等大小不等的60余个牡蛎堆坨积而成，方圆440公顷，沙丘起伏，岛上资源丰富，因盛产牡蛎而闻名。整个蛎岈山似山非山，似岛非岛，别有天地，可谓世上一奇。

玩家 攻略

蛎岈山生态旅游航线已开通，首推旅游项目有：渔港风光游览、海上休闲、蛎岈奇山观赏、海上观日出、滩涂采集、捕海洋生物、坐骡马彩车等。

圆陀角风景区

赏日出、霞光万丈

启东市寅阳镇东南角

南通长途汽车站有开往启东市的班车

20元

圆陀角风景区处于长江、东海、黄海三水交汇处，启东市寅阳东南角，为江苏省的最东端。这里寅时（早晨五时）即可见到日出，比他地约早1小时而得名“寅阳”，是观日出佳处。

圆陀角是中国最大的淡水湿地保护区，有长江入海纪念碑、大禹石雕巨像、寅阳楼、人造湖、度假村、廊亭等景。

玩家 攻略

圆陀角三面环海，沿海滩涂宽阔，春、夏、秋3个季节里，坐着牛车沿着海滩观光，可见拾泥螺、踩文蛤的游客，优美的动作犹如跳“海上迪斯科”。

江海风情园

领略江海民俗风情

海门市海门镇　15元

江海风情园位于海门南郊沿江风光带上，融江海风情和民俗文化为一体，有科技馆、江海民俗博物馆、海门老街、五谷塔等景。五谷塔被誉为“海门第一塔”，登塔鸟瞰，江海风情园尽收眼底。塔下是海门民俗文化博物馆。

张謇纪念馆

纪念张謇实业救国的一生

海门市常乐镇状元街东首

9:00~17:00（周一闭馆） ¥30元

张謇纪念馆内珍藏有上千件珍贵文物，从各个不同侧面反映了张謇先生艰苦创业、实业救国的一生。纪念馆为江南园林式建筑，园内古朴凝重、曲径深幽，具有小桥流水的诗意。

海安博物馆

韩国钧先生故居

南通市海安市海安镇宁海北路58号 ¥10元

海安博物馆是民国时期江苏省省长、爱国老人韩国钧（紫石）先生的故居，为一组保存完好的晚清建筑。故居青砖小瓦、火巷回廊，火车车厢式小花厅是当年韩国钧先生倡议召开的“联合抗日座谈会会址”。博物馆辟有韩国钧生平业绩等4个展厅。

长沙海滩

海产丰富的秀美沙滩

如东县长沙镇黄海村

长沙海滩滩涂上遍是野生的文蛤。这里盛产的文蛤驰名中外，号称“天下第一鲜”，唐代就是上贡珍品。周边的风力发电站可以参观，还可以品尝文蛤、黄泥螺、西施舌、沙蟹、海葵等几十种新鲜的海产品。

玩家攻略

踩文蛤是近年来长沙海滩所形成的一种别具风格的旅游项目。野生文蛤在沙土下，当你踩沙时，文蛤受压力就向上移，踩一下就上移一点，踩着踩着它就移到上面来了，乖乖地让你捉拿。一般一个小时踩下来，可收获几斤文蛤，就可成为当晚你餐桌上的美食。

更多本旅游区景点

地藏寺：位于如皋市九华镇，有苏北“小九华”之称，距今已有800多年历史，自古就有“去狼山烧香，不到九华地藏寺，功德只有一半”的说法。

法宝禅寺：位于如皋市白蒲镇，原名圣教寺，始建于唐大和四年（830年），后不幸遭火。到宋至和元年（1054年）在原址重建，规模恢宏，被列为淮扬八大丛林之一。

文庙大成殿：位于如皋市城东南隅如皋师范附属小学院内，是如皋文庙建筑群中唯一幸存的大型古建筑，为明代全楠木结构。

定慧禅寺：位于如皋市如城镇曙光路17号，是一座建筑风格独特的山门北向的千年古刹，是如皋市历史最久、规模最大、僧侣最多的寺院。

如东县长沙海滩

攻略资讯

- 交通
- 住宿
- 美食
- 购物
- 娱乐

交通

飞机

南通兴东机场位于市区东北12千米的通州区兴东镇，是江苏省最早投入使用的民用机场。机场现已开通南通至北京、广州、成都、武汉等地航班。211、213等公交车可直达机场，电话为86560050。

南通兴东机场

火车

南通境内有宁启铁路、新长铁路通过。境内主要有南通火车站，市县内还有如皋站、海安站等小站。

南通火车站位于南通市港闸区永兴大道。直达列车及动车组列车可通往北京、上海、南京、重庆、太原等城市，可到达的省内城市较少。乘32（来往南通长途汽车站之间）、41、44路公交可达。

南通港

汽车

南通公路网发达，境内有沈海高速、沪陕高速、启扬高速等多条高速路线。南通长途汽车站位于人民西路86号。长途客运班车通往省内大部分城市和省外主要城市。乘坐4路公交车可到，电话为83512816。

南通火车站

住宿

南通住宿方便舒适，市区各个档次的宾馆酒店齐全。南通的景点集中在市区，住宿也多集中在市区一带，方便旅游、购物和休闲。

●鹏欣花园国宾酒店

由一栋豪华综合会所和26栋风格迥异的独立别墅组成，位于狼山旅游风景区。酒店兼集商务、会议、休闲、餐饮、宴客、娱乐等功能于一身，拥有普通客房及套房，邻近著名古迹广教寺等多项景点。✉ 南通市山水路1号 ☎ 80768888

●南通樱花公寓

南通首家专业日式酒店服务公寓，地

处小石桥核心商圈，交通便利。公寓内部设有套房，客房装饰风格以古朴的明清风格为主，装修中融入“环保”与“安全”的居住理念。此外，公寓还有日式料理、健身房及超市等服务设施。工农路459号（小石桥十字路口北150米） 85288222

●南通大饭店

临近濠河风景区，特色文化商业步行街环绕着酒店，地理位置得天独厚。房间干净整洁，大厅高端大气。崇川区青年东路81号 68588989

●更多住宿去处

名称	位置	电话
新有斐大酒店（五星级）	濠南路8号	85050888
南通诺华廷酒店	港闸区北大街2号	55088888
南通中城亚朵酒店	崇川区人民中路69号	85202666

美食

南通菜偏咸，海产丰富，清蒸扇贝、清蒸彩虹鱼、清蒸文蛤、白汁鮰鱼、文峰双竹、海门提汤羊肉、糖醋黄鱼等都是地道的南通菜，尤其是文蛤十分有名。

南通当地的糕点也不可错过，嵌桃麻糕与西亭脆饼，为南通两大闻名特色产品。茶后小吃白蒲茶干，久吃不腻。还有颇具特色的金钱萝卜饼、芙蓉藿香饺、韭菜盒子、狼山鸡等，味道都不错。

金陵华侨饭店

美食小吃

●天下第一鲜

文蛤

为南黄海滩涂盛产的文蛤，古代曾列为贡品上献给朝廷，有“天下第一鲜”之美誉。文蛤肉有爆炒、煨汤、烧烤、生炝等多种食法，铁板文蛤、金钱文蛤饼等为南通名菜。

●糖醋黄鱼

是南通名菜，黄鱼含蛋白质、脂肪、糖、维生素、钙、铁等多种营养成分，大黄鱼胶更是高级营养补品。黄鱼吃法较多，产于吕四渔场的大小黄鱼，是中国最古老最重要的经济鱼类之一。

●海门提汤羊肉

海门提汤羊肉

清末即负盛名，海门山羊素以肥嫩鲜美著称，当地名厨选用经阉割育肥的山羊为原料，经过独特烹调而成，兼有暖中补虚、开胃健身之功能。

●文峰双竹

主要原料是竹蛏，配以竹笋爆炒而成。竹蛏主要产于本市如东滩涂，形似竹管，肉质如玉，为海鲜中的上品。秋冬季节到清明前后收获的竹蛏体肥味佳。

●白汁鮰鱼

鮰鱼又名白吉鱼，长吻鮠，品种繁多。南通狼山一带江段出产的鮰鱼，白中隐红，刺少肉嫩，为长江长吻鮠中稀有的名贵

白汁鮰鱼

品种。

●芙蓉藿香饺

藿香味清凉芳香，是良好的中药材。南通的点心师利用藿香叶做饺皮，桂花豆沙做馅心，软炸而成的藿香饺，犹如芙蓉花蕾含苞待放，入口清凉留香。

●金钱萝卜饼

创制于清朝末年（约20世纪70年代），南通点心师又根据《随园食单》加以改进，使成品色泽和谐悦目，形如金钱，纹路清晰，皮子酥松，馅心腴美鲜香。

●韭菜盒子

沿自清乾隆年间袁枚所著《随园食单》。韭菜盒子一般选春季头刀韭菜做馅，适宜于春季食用。该制品表皮金黄酥脆，馅心韭香脆嫩，有不用油酥而酥松，不用米粉而糯软之效，是适时佳点。

韭菜盒子

美食去处

青年中路：著名的“美食一条街”，分布有奇香堂、扬扬大酒店、和福满楼、悠仙地茶吧、牵手茶餐厅等。乘5、6、13、53路公交可达。

狼山静海商贸街：南通特色小吃、美食、购物一条街。乘5、13、22、35路公交可到。

购物

南通物产丰富，著名的蓝印花布，具有强烈的民族风格，风行国内外。南通风筝，色彩缤纷，工艺精湛，买一只让亲朋好友也欣赏一下会“唱歌”的风筝。此外，被誉为“官礼茶点”的嵌桃麻糕、全国三大名腿之一的如皋火腿、白蒲茶干和西亭脆饼等土特产，都是购物首选。

南通主要商业街区集中在人民中路、青年中路、南大街及八仙城一带。到海门可逛逛三星绣品城（三星镇叠三路188号，电话82282181），这里是全国最大的绣品专业市场。

●蓝印花布

南通最具代表性的民间工艺品之一，始于明代，流传至今。蓝印花布上人工无法描绘的自然冰纹，是蓝印花布艺术的灵魂。而花布上图案全凭手工镂刻，每幅刻好的纸版都似剪纸艺术。

●颐生酒

产自海门颐生酒厂，20世纪初由张謇始创。该酒以黏籽红高粱酿造的优质大曲酒为酒基，加入茵陈、佛手、红花、陈皮等10多种药草汁液，经半年以上贮存而成。1906年在意大利举办的万国博览会上获金奖。

●红木雕刻

南通红木雕刻久负盛名，它讲究美术造型，具有结构精巧，木纹清晰，做工精致的特点。南通红木雕刻厂生产的“金爵”牌红木小件和红木家具，早在20世纪80年代就被众多外商誉为“中国之最”“中国家具第一”。

节日和重大活动

节日	举办地	时间
旅游交易会	南通市周边地区	2~3月
海门金花节	海门市	4月
通州风筝节	通州市	4月
海鲜节	启东	5月
花鼓龙舞节	海安市	6月
南通国际江海旅游节	南通市濠河风景区内	9月或10月
盆景艺术节、长寿文化节	如皋市	10月

发现者旅行指南

泰州

概览

亮点

■ **溱湖风景区**

与海洋、森林同列，每年举办"中国姜堰·溱潼会船节""湿地生态旅游节""溱湖八鲜美食节"等一系列重大节庆活动。

■ **凤城河风景区**

以水为脉，以文为魂，望海楼、桃园景区内30多个景点汇集了泰州历史、戏曲、民俗、商贾4大特色文化。

■ **必逛街道**

坡子街：坡子街是有着600多年历史的泰州老街，也是泰州最繁华的商业街道。这里商铺林立，有不少著名的老字号店铺。

溱湖风景区

线路

■ **泰州精华三日游**

第一天游览梅兰芳纪念馆、凤城河风景区、新四军东进泰州谈判纪念馆、中国人民解放军海军诞生地纪念馆。第二天参观黄桥古镇、古银杏群落森林公园、刘国钧故居·岳王庙（午尝江鲜宴）、孤山风景区。第三天上午游溱湖国家湿地公园，下午拜谒郑板桥故居和纪念馆。

■ **泰州休闲二日游**

第一天游览参观国家级湿地公园——溱湖风景区。第二天上午先参观京剧大师梅兰芳纪念馆，后去看乔园景区，然后游览泰州老街。

乔园

■ **泰州周边一日游**

上午去下河地区规模最大的人工湿地森林生态保护区兴化李中水上森林公园，下午去看兴化的千岛油菜花，也可登塔眺望，将整个千岛菜花尽收眼底。

为何去

光孝寺

泰州素有“汉唐古郡”之称，历代名人辈出。泰州境内旅游资源丰富，有千年古刹光孝寺、施耐庵陵园等人文景观；有溱湖风景区、黄桥战役纪念馆等旅游景点；更有享有“溱潼会船甲天下”美称的中国溱潼会船节等民俗节庆活动。

何时去

溱潼会船节

作为历史文化名城的泰州，一年四季皆适合前来旅游。每年4~5月，泰州都会举办大型的溱湖八鲜美食节、靖江江鲜汤包美食节，是品尝当地特色美食的最佳时节。10~11月的梅兰芳艺术节、郑板桥艺术节相继登场，使整个泰州弥漫着浓厚的文化气息。春末初夏乘坐橹船畅游溱湖湿地，于热闹的溱潼会船节上观赏一场惊心动魄的会船争赛，更可为泰州之旅锦上添花。

区域解读

区号：0511

面积：约5788km²

人口：约465.19万人

地理 GEOGRAPHY

区划

泰州市辖3区（海陵区、高港区、姜堰区）和3市（兴化市、靖江市、泰兴市）。

地形

泰州位于长江北部，黄淮平原。境内河网密布、纵横交织。泰州北部地区地势低洼，水网呈向心状，由四周向低处集中。

江淮分水线由西向东从中部穿过泰州市，境内河流大致以通扬公路为界，路北属淮河水系，路南属长江水系。习惯上，把属于长江水系的老通扬运河和与之相连接的河流称为“上河”，而把属于淮河水系的新通扬运河和与之相连的河流称为“下河”。

在南部的靖江市，有长江东北岸、南通之上、南京以下，苏中大平原唯一的一座小山，名叫孤山，名副其实。孤山海拔55.6米，占地面积5公顷，是浙江天目山向东北延伸的余脉之一。

气候

泰州市四季分明，具有夏季高温多雨，冬季温和少雨，无霜期长，热量充裕，降水丰沛，雨热同期等气候特点。

因位于亚热带湿润气候区，受季风环流的影响，泰州具有明显的季风性特征。但受季风的影响，降水不稳定。

一般情况下，泰州四季气候特征比较明显。但冬春季节，易受寒潮侵袭。冷锋过境时（北方冷空气南迁），大风降温，并时有雨雪天气；冷锋过境后，天气转晴，形成“三日寒，四日暖”的寒暖交替的天气变化过程。春季，天气多变，时寒时暖，乍晴乍雨。所以去泰州旅行，夏秋季节比较适宜。

历史 HISTORY

历史大事记

南宋时期，泰州和邻近的扬州都是抗金的前沿阵地之一，大小战争不断，岳飞、韩世忠等都曾在此英勇抗金。

1939—1940年，为开辟苏北抗日根据地，陈毅三进泰州城，联合泰州地方武装李明扬和李长江的队伍，保证安全东进，打响“黄桥战役”，顺利打开苏北抗战局面。

1949年4月23日，中国第一支海军——华东海军诞生于泰州市白马庙，人民解放军在这里开始了渡江。

泰兴油菜花海

名单 泰州历史名人

《水浒传》作者施耐庵
明"泰州学派"创始人王艮
明末清初著名评话艺术家柳敬亭
清代"三大棋圣"之一黄龙士
清"扬州八怪"之一郑板桥
著名京剧表演艺术家梅兰芳
中国地质事业奠基人之一丁文江

文化 CULTURE

热闹繁盛的溱潼会船节

溱潼位于泰州市姜堰区北部，处于泰州与盐城的交界地带。每年清明节后的第二天，在这个水乡古镇的溱湖上就会上演热闹纷呈的溱潼会船节。除了溱潼之外，临近的桥头、兴泰、俞垛等乡镇，也有这个风俗习惯。每逢清明节时期，溱潼水乡人就开始忙碌地准备起会船节。

关于溱潼会船的历史起源说法较多，一是祭拜真武大帝说；二是朱元璋寻祖坟说；三是神潼关抗倭说；四是岳飞抗金说，但不管怎样，溱潼会船有些历史年月了。

每逢清明时节溱潼会船节这一天，里下河水乡四邻村民以及那些来自外地的游客、摄影师、记者挤满了湖岸。

会船通常分为篙船、划船、花船、贡船、拐妇船等5种类型，以篙船为主。他们以村为单位，每船30人，人手一长篙，篙尾扎红布，篙手头扎毛巾，青衣白裤，并裹白布绑腿，腰围红绸。船上插旗，并标上村名。站船头的为头篙，负责指挥，把握船的走向；另外还有一个敲锣的，"扬锣"传令。

会船当天凌晨，人们开始装扮贡船，准备祭祀。他们从村口一口大锅里取出事先收集到的"百家饭"，伴随着低沉的锣声，乘船前往石桥外的水垛，向先人的坟茔撒出"百家饭"，添上坟头，然后折下柳枝，祈求好运。祭扫完毕，船只随锣声驶进赛区。贡船上竖起旗幡，会船开始。

晌午时分，"当！当！"两声锣响，准备好的船只从水面腾起，千舟竞发。获得优胜的会船上，一片欢呼声中，篙手披红挂彩，获得殊荣。

会船后，还有秧歌、社戏、龙灯等极富水乡民俗特色的表演，热闹非凡。当晚欢聚宴饮上，每船选出一名公认的"头篙"，并将其竹篙送与未育夫妇，寓意为早生贵子，接受头篙人家需放鞭炮迎接。

溱潼清明会船已被列入全国十大民俗节庆活动之一，国家旅游局将其列为全国四大民间传统旅游项目之一。如今在会船节上，一系列融合文化、民俗、体育、旅游、经贸等多种内涵的活动相继展开，俨然成为了一个独特的“水上庙会”。

香飘四海的溱湖八鲜美食节

溱湖不仅有热闹的会船节，美丽的湿地风光，每年4月初到5月，这里还有一项味觉盛宴——溱湖八鲜美食节。

姜堰地处长江水系与淮河水系的交汇处，境内溱湖是中国著名的湿地之乡，中国第二家国家湿地公园。溱湖水草里繁育生长的水生动物肉质细嫩，味道鲜美，营养丰富，素有“溱湖八鲜”之美誉。

“八鲜”菜系，主要由溱湖簖蟹、溱湖青虾、溱湖甲鱼、溱湖银鱼、溱湖“四喜”、溱湖螺贝、溱湖水禽、溱湖水蔬组成，几乎囊括溱湖水产。其中，“四喜”有“大四喜”和“小四喜”之分。“大四喜”为青(鱼)、白(鱼)、鲤(鱼)、鳜(鱼)，“小四喜”为昂(刺)、旁(皮)、罗(汉)、鲹(鱼)。

溱湖八鲜宴肉质细嫩、味道鲜美、富含蛋白质、各种氨基酸营养以及多种矿物质微量元素，并以溱湖簖蟹、虾球、鱼饼和甲鱼为代表品种。经过多年提炼萃取，溱湖八鲜宴已形成了包括200多种菜肴在内的菜系。

2007年，“溱湖八鲜”正式被录入《中国名菜大典·江苏卷》。

寻常的食材，原汁原味的淮扬烹饪技法，造就了溱湖八鲜特殊的菜肴品牌。从2004年起，姜堰每年都举办“溱湖八鲜”美食节，通过菜肴评选活动，不断打造以溱湖八鲜为代表的姜堰旅游餐饮品牌。经过不断创新推广，溱湖八鲜乡土特色菜肴声名远播，产生了广泛影响。近年来，溱湖国家湿地公园还打造了“溱湖八鲜”年夜饭，在这里既能尝遍溱湖美食，又能体验湿地野趣。一经推出，就受到了上海游客的热烈追捧。

三月三上孤山，感受庙会热闹

靖江的孤山是南通狼山以西、连云港云台山以南、苏北平原唯一的山。历史悠久，闻名遐迩。

靖江孤山与天目山、黄山（江阴）同出一脉，为天目山的余脉，文人雅士喜爱孤山，普通百姓更把孤山当做圣土膜拜。靖江有句民谚，叫“三月三，上孤山”，靖江的三月三庙会便是由纪念观音菩萨诞辰而来。

一年一度的三月三庙会，上万名游客喜聚孤山，集市更是从山脚向南北绵延数千米，一派热闹景象。在过去，孤山庙会上，大多游客焚香点烛，祈富求安。除了进香，顺带还要赶集，山下就是盛大的节场。如今，随着农村生活水平的提升，以前只是烧香赶集的庙会现在已经演变成看民俗、享服务、买绿色的平台，甚至招聘会都搬到了现场，传统而又时尚。

另外，孤山文化站还经常邀请讲经名家，现场向游客讲解《土地卷》和《大圣卷》，展示了靖江的宝卷文化，弘扬了家乡的历史文明。

景点推荐

泰州城区景点

凤城河风景区 AAAA

流水依依，古色古香

泰州市东南园10号 乘301公交可达

8:00~17:30 桃园40元

凤城河风景区，依傍凤城河，以水为脉，以人为魂，集中而又完整地体现全国不多见的一种都市水韵，彰显了泰州悠久的历史文脉。景区内的主要景观有望海楼、文会堂、桃园、碑苑、州城遗址、古城池地雕广场等。泛舟河上，可充分领略到“州建南唐”的历史厚重。

望海楼

初建于南宋绍定二年（1229年）。此楼屡毁屡起，大多毁于兵火而起于盛世。现为凤城河风景区核心景观，更领江淮雄风，有“江淮第一楼”的美誉。

桃园

桃园与望海楼隔河相望，取孔尚任寄寓泰州陈庵创作《桃花扇》之意，与泰州梅园戏剧、柳园评话相连，三园一线，形成全国独一无二的“戏曲文化三家村”人文旅游景观。景区内，凤凰姑娘、飞来钟、斋汤桥等一个个美丽的民间传说更是令人流连忘返。

泰州老街

它是桃园东侧600米长的麻石老街，青砖黛瓦，展现了明清至民国时期的泰州古街巷，街上的每座商铺，门前都会有砖雕、砖饰、门枕石、门楼、透空花脊等装饰，充分显示了这里的文化气息。

文会堂

文会堂位于泰州东城河畔，内有范仲淹、滕宗谅、胡瑗、周孟阳、富弼5人的塑像。据记载，此5人在北宋时期相会于此地。

乔园 AAAA ⓧ

亭台楼阁、花木芬芳

泰州市海陵区海陵北路68号　8:00~17:30

40元　86221988

乔园是明代万历年间（1573—1620年）修建的私家园林，原名日涉园，源于陶渊明《归去来辞》中"园日涉以成趣"之语意。后为两淮盐运使乔松年所有，遂称"乔园"。现分核心景区、次景区、衬景区以及宅院式功能区，有山响草堂、因巢亭、松吹阁等建筑，还有来青阁、皆绿山房等14景。

光孝律寺

历史悠久的江淮名刹

泰州市海陵区五一路90号

10元（逢初一、十五免票）

乘3、9、游1路公交车可达　8:00~17:30

86231420

光孝律寺始建于东晋，为江淮名刹，寺内规模宏大，气势雄伟，珍藏贵重文物较多，有《汝帖》、贝叶经等。寺内的"千华戒坛"为僧徒受戒之用，为现今江苏省仅存的两座戒坛之一。

乔园

玩家攻略

光孝律寺在每年公历岁末年初，都要举行"听钟声、迎新年"活动。您可于岁末之夜提前入寺，领略夜色下的古寺雄风。丰富的民俗表演、诱人的风味小吃、喧天的锣鼓定会让您陶醉其间。夜深时，您还可参加寺内的祈祷法会，聆听大师的祝辞。若有兴趣，还可登上钟楼与方丈一同敲钟祈福。

泰山公园

垒土成山的"小泰山"

泰州市海陵区泰州公园路20号

86222505

南宋绍兴年间因泰州开挖东、西河，垒土成山，以泰州的州名取名泰山。后建成市民游乐公园，园以泰山为主景，取名泰山公园。公园分为4个区，分别为人文景观区、盆景观赏区、街头绿地游乐区、滨水休闲区。

安定书院

北宋教育家胡瑗讲学处

泰州市海陵区迎春路西江苏省泰州中学内

安定书院为北宋教育家胡瑗讲学旧址。书院创建于南宋宝庆二年（1226年），是江苏省最古老的书院之一。主建筑为蝴蝶厅（外形似蝴蝶，故名）。书院西侧有960多年的古银杏一株，枝繁叶茂，传为胡瑗手植。书院附近有胡公祠。

泰州市博物馆

参观泰州历史文物

泰州市海陵南路657号

泰州市博物馆是一个以收藏历史文物为主的综合性博物馆。博物馆占地面积1000余平方米，拥有各类藏品近万件，文物收藏中，又以古代书画、明代服饰、六朝青瓷等尤具特色，在国内博物馆界有较好的影响。

天德湖公园 AAAA

水韵绿城、印象苏中

泰州市海陵区海军东路8号

天德湖公园2009年9月建成，原是第六届江苏省园艺博览会“水韵绿城，印象苏中”的主题公园，简称“园博园”，现改称“天德湖公园”。

园呈长方形，以“山为骨、水为脉、绿为肤”，总占地面积约100公顷，注重挖掘泰州地理、历史、人文资源，在提升园林的地域特色和人文内涵的基础上，形成了特有的景观特色。

解放军海军诞生地纪念馆 文

感受海军诞生地的历史风采

泰州市高港区白马镇　乘18路公交可达

夏时9:00～17:30，冬时9:00～17:00（周一闭馆）

20元

中国人民解放军海军诞生地位于泰州市白马庙，这里原有一座地主庄园，1949年中国人民解放军准备渡江时，渡江战役东线指挥部设于此。1949年4月23日，中国人民解放军的第一支海军——华东海军在这里宣告成立。

中国人民解放军海军诞生地纪念馆分为海军诞生地旧址和新馆两部分，新馆主体建筑外形酷似军舰，陈列舰、炮、航模、训练器材及渡江木船等大量实物，内容丰富。

链接

胡瑗

胡瑗（993—1059），字翼之，北宋泰州人，因世居陕西路安定堡，故称“安定先生”。景祐初，由范仲淹推荐被任命为秘书省校书郎，后以兴学育才为己任，先后为苏州、湖州府学教授和太学直讲。20余年，随胡瑗从学弟子数千，名臣学者多出其门，深受各家赞誉。宋神宗称之为真先生；范仲淹誉之为“孔孟衣钵，苏湖领袖”；王安石尊之为“天下豪杰魁”；苏轼推之为“章为万世程”；文天祥敬之为“一代瞻仰，百世钦崇”；司马光颂之为“苏湖之教，造士有术”；米芾赞之为“宽厚纯诚，躬行力践”……胡瑗有《易传》《论语说》《尚书会解》《武学规矩》等百余卷著作传世。

安定书院

引江河风景区

南水北调东线工程的源头

泰州市高港区杨湾　8:00～17:30

86988888

引江河枢纽工程全长24千米，雄伟壮观，集灌溉、水利调控、航运、旅游等功能于一身，是国家南水北调东线工程的源头工程。景区生态环境幽雅，“春到引江”“绿荫护夏”“红叶迎秋”“梅香竹海”的四时景观，镶嵌在东西两岸。

雕花楼

雕梁画栋，匠心独运

泰州市高港区口岸镇　8:00～17:30

雕花楼始建于清乾隆四年（1739年），俗称“四方楼”，系四合院式两层砖木结构建筑。楼内天井四周、门扇、梁枋等处雕有大量寓意深刻的精美图案花纹，为江苏省内所罕见（古雕花楼在江苏境内只存两处，一处在苏州东山镇，一处即在泰州高港区）。

崇儒祠

探访泰州学派的历史渊源

泰州市海陵区五一路114号

8:00～18:00

10元　86236719

崇儒祠又名泰州学派纪念馆，是明代

泰州学派创始人王艮的祠堂，始建于明万历四年（1576年），前后4进，每进3间，天井相通，构造精致，体现了明代泰州地区建筑特色。第四进为贤人堂，陈列泰州学派文物资料。

泰州城隍庙 ㊋

感受古老城隍庙的民俗

泰州市海陵区邑庙街22号

8:00~17:30

86612223

泰州城隍庙又称邑庙，据传始建于唐代，是江苏保存最完好的城隍庙，也是省内现存最大的城隍庙。殿宇巍峨，气势宏伟，建筑风格与旧官衙相似，现存山门殿、审事厅、大殿、东西两边班房、福神祠、土地祠及二十四司等房屋70余间。

学政试院 ㊋

中国最大的乡试试院

泰州市海陵区政府东侧，鼓楼路西、府前路北

8:00~17:30

修复后的学政试院，通过集中展示中国科举制度的历史资料图片和实物，再现当年千余学子赶考秀才的壮观场景。该院是中国科举制度的实物见证，也是泰州曾是江淮地区重要文化中心之一的历史见证。

东河风景区

花木扶疏，景色天然

泰州市区之东，东城河沿岸

东河风景区位于市区之东的东城河沿岸。景区由天滋烟雨、天滋园、东河公园、柳敬亭公园、桃花扇公园、迎春植物园、滨河乐园和梅兰芳纪念馆等景区组成。

泰州城隍庙

景点推荐 泰州北部旅游区

溱湖国家湿地公园 AAAAA

享受湿地的生态自然之美

姜堰区溱潼镇 8:00~17:30

www.qinlake.com

溱湖国家湿地公园72元，溱潼古镇40元，溱湖国家湿地公园、溱潼古镇、农业生态园联票130元

溱湖国家湿地公园地处泰州市的姜堰西北部，有“水乡明珠”之称。公园内的溱湖规模较大，东西长1.4千米，南北长1.5千米，形似玉佩，湖面开阔，湖中岛屿星罗棋布，湖水清纯甘洌，是省内外难得一见的未被污染的水体。湖区盛产鱼虾、菱藕、水瓜等无公害绿色食品。以溱湖鱼虾制成的鱼饼、虾球，白如玉璧，红如珊瑚，被称为“溱湖双绝”；闻名遐迩的“溱湖簖蟹”更以其肉质腴嫩、膏体丰厚被评为蟹中上品。

玩家 攻略

游乐：景区娱乐项目众多，有湿地探险乐园、溱湖军体乐园、沙滩浴场等娱乐设施，水上娱乐项目还包括水上摩托自驾艇、情侣自划艇、水上步行球、水上降落伞等。

码头：游船码头是溱湖湿地公园湖东片区水路交通起点站，这里负责摇橹船以及电瓶船的统一调度，游湖可在此上船。

溱湖景区

溱湖景区的正门造型非常独特，它是由五条篙子船的造型相叠而成，其寓意是象征着一年一度的溱潼会船节在此举行，也表达了溱潼人民“以船会友，以节招商”的美好愿望。

进入景区，首先见到一湾湛蓝的湖泊，那就是溱湖。因当地生态环境非常好，吸引了许多喜鹊在此筑巢定居，又因喜鹊是吉祥喜庆之鸟，所以当地人都习惯称溱湖为喜鹊湖。溱湖是天然形成的湖泊，登高而望，从四面八方通达湖区的主要河流有9条，自然形成“九龙朝阙”的奇异景观。溱湖南岸的波浪形台地式造型的建筑就是景区会船观礼广场，会船节当天这里可容纳5000名贵宾和30 000名游客，整个会船观礼广场包括表演舞台、发令台及服务设施。

溱潼古镇

溱潼古镇俗称“存中”，因这里地处南通、盐城、泰州三市交界处，有“犬吠三县闻”之说。古镇四面环水，夹河穿镇而过，孕育出丰茂的水草，有麋鹿“千百成群”、农民“不耕而作”的说法。

现在古镇内有保存完好的明清古建筑群达2公顷以上，老井当院、麻石铺街等景

链接

溱潼会船

溱潼会船源远流长，相传南宋时岳飞旗下的义军与金兵曾在溱湖鏖战，此后，当地百姓于清明时节撑船祭奠阵亡将士，形成风俗。

溱潼会船是中国目前唯一的、保存最完整、最具原生态特质的“水上庙会”。每年清明时节，溱湖上一年一度的溱潼会船节更以其恢宏壮观的场面、惊心动魄的比赛、多姿多彩的表演，堪称民俗文化之大观，水乡风情之博览，无怪乎海内外人士盛赞“天下会船数溱潼”。

溱潼会船

象随处可见。与这些景观相比，溱潼还有更为值得观看的景色，这便是古树，按朝代的次序来看，有唐代的国槐、宋代的万朵古山茶、明代的黄杨和皂荚、清代的木槿，尤其是那株万朵古山茶为名贵的松子品种，始植于宋代末期，非常罕见，堪称“神州茶花王”。

古镇内有众多的古民居、古街巷与古刹，主要景点有古海陵仓遗址、普济庵、玄帝观、禅院古槐等。

玩家攻略

活动：4月初，古山茶院万朵古山茶观赏节期间，东观归渔、院士旧居、禅院古槐、水云楼等“溱潼八景”盛装迎客。溱潼灯会（农历九月十六）期间，更是热闹非凡。

美食：以溱湖鱼虾制作的鱼饼、虾球，被称为溱湖双绝。以溱湖簖蟹、溱湖青虾、银鱼、甲鱼、水蔬等水产品为主的“溱湖八鲜”更是闻名遐迩。溱潼烧饼香酥可口，物美价廉。提示：在溱潼吃晚饭一定要赶早，晚了店家都不愿再接待客人。

住宿：溱潼住宿价格非常便宜，宾馆可以讲价，一般标间50～150元，民居10～30元/间。

溱湖湿地

溱潼古镇的下方是湿地景区，湿地科普馆是这里的代表性景点。科普馆分三层，一层主题为“溱湖寻迹”，主要通过水孕溱湖、观鸟天堂、麋鹿故乡、绿影生灵、溱湖夜色、足迹星空、溱湖叠韵、沉浸溱湖等8个展区，介绍溱湖湿地的动植物、四季溱湖美景；二层主题为“探本溯源”，设有探本览胜、湿地银河、溱湖会船、溱湖砖瓦、危机与恢复、地球之肾、生态花园等展区，介绍溱湖的地理位置、地方文化特色和风俗，展示和解释湿地的作用；三层为大型场景“百鹊归巢”，讲述全球范围内人类在保护湿地、保护自然过程中所走过的足迹。

玩家攻略

观光区还有一处吸引人的景点，即湿地风车。这是一种借助风力的提水工具，它由一个大大的圆架做底盘，底盘上竖8个桅杆，每杆上挂一合帆篷，组成6～8合帆篷的风车，风吹帆布，大盘转动带动拨齿而让龙骨车转动，水就被提入田间。

垛田风光带

油菜花海好风光

兴化市缸顾乡东旺村　100元

兴化市缸顾乡东旺村境内河沟纵横交错，垛岸星罗棋布，好像一座座小岛漂荡在水面之上，由此被称作“千岛之镇”“千岛之乡”。这里有菜花，每年的4月份进入盛开期，“河有万湾多碧水，田无一垛不黄花”是最好的写照，届时在阡陌般的水面上形成一片金黄色“花海”，一望无际，震人心魄。

垛田风光带

玩家 指路

南京有到兴化市的汽车，车程3小时，车票69元/人。泰州到兴化市的班车，每5分钟一班，车程1小时10分钟。从兴化市区农公站乘坐缸顾班车直达千岛菜花风景区。

施耐庵陵园

著名文学家施耐庵先生之墓

兴化市新垛乡施家桥村 8:00~17:30

83516601

施耐庵陵园以施耐庵墓为中心，陵园内陈列有施氏家世表、与施耐庵及其后裔有关的各类文物以及《水浒传》的各种版本资料。园内还有芦花荡、施耐庵文物陈列室、赵朴初“重修施耐庵墓记”碑刻等。

施耐庵墓地四面环水，墓成圆形土堆，立“大文学家施耐庵先生之墓”石碑一块，碑前有三门砖砌牌坊。

玩家 解说

施耐庵（1296—1370），本名彦端，祖籍泰州海陵县或苏州吴县阊门（今江苏苏州），一说钱塘人。元末明初小说家，《水浒传》作者，卒于淮安，其孙述元遵遗愿葬于此。

施耐庵博古通今，才气横溢，举凡群经诸子，辞章诗歌，天文、地理、医卜、星象等，一切技术无不精通。35岁曾中进士，后弃官归里，闭门著述，与拜他为师的罗贯中一起研究《三国演义》《三遂平妖传》的创作，搜集整理关于梁山泊宋江等英雄人物的故事，最终写成“四大名著”之一的《水浒传》。关于其生平，有《施氏家簿谱》存世。

李中水上森林公园 AAAA

景色天然的人工生态基地

兴化市李中镇

李中水上森林生态园区是全省最大的人工生态林基地，目前栽植有10万株水杉、池杉等树木，已成为高大茂密、生机盎然的水上森林园区。李中水上森林不同于平常的树木栽种方式，它采用特殊的林垛沟鱼的立体模式，形成“林中有水、水中有鱼、林内有鸟”的独特水乡景观。公园还定期举行野鸭放飞、鱼鹰捕鱼等渔家表演项目，让游客真实体味“野凫眠岸有闲意，老树著花无丑枝”的休闲快意。

更多本旅游区景点

郑板桥纪念馆：即兴化博物馆，位于兴化市昭阳镇牌楼北路2号。迎门有大型郑板桥石雕像，陈列室有郑板桥生平介绍、遗物及书画真迹。

上方寺：建于明崇祯年间，被誉为“苏北第一刹”。位于兴化市昭阳镇北郊乌巾荡，是全国最大的水上佛教圣地，有方竹、磬古腊梅、枯枝牡丹“三宝”。

李园：位于兴化市武安街13号，原为清代富商李小波私家花园，有门楼隐壁二门、南北耳房、前庭井、坐北朝南花厅，古木参天，幽静典雅，具晚清风格扬州园林特色。

拱极台：拱极台古名玄武台，始建于宋朝初年，位于兴化市城北海子池畔。台高6米，上有海光楼、绿波亭等建筑。

高二适纪念馆：位于姜堰区古田路1号，系仿清风格的庭院式结构，馆舍坐南朝北，包括有高二适作品陈列馆、翁文炜美术展览馆、费在山与当代文化名人馆等部分。

张郭古镇：位于兴化市张郭镇，是远近闻名的“水乡都市”。镇域内河网纵横，水域面积广大，素有“水乡明珠”“里下河地区的金凤凰”之美誉。

曲江楼：位于姜堰区南大街219号，古运盐河拐弯处而得名。1940年，新四军苏北指挥部曾驻此，现被辟为姜堰区新四军革命纪念馆。

刘熙载故居：位于兴化市府前街西首，是清代文艺评论家刘熙载曾生活居住过的地方。现有坐西朝东门楼，坐北朝南前堂后屋，家居式穿堂、天井、古桐书屋等建筑。

景点推荐 泰州南部旅游区

泰兴公园

亲近自然，享受休闲之乐

泰兴市国庆东路6号 8:00~18:00

87732222

泰兴公园由以自然景观为特色的东北郊新园和以人文景观著称的仙鹤湾风光带组成，一园两块，两园合一。新园分5大功能区：生态群岛区、水上活动区、花卉景观区、人文纪念区、休闲娱乐区。人文纪念区位于公园中部西侧，其主体是中安轮遇难烈士纪念馆，为纪念新四军苏浙军区北撤渡江遇难的八百烈士而兴建的。

玩家解说

畅游公园还可观赏到两处特别的景致：一是古黄杨，位于公园中部。经专家鉴定，两株古黄杨已有200~250年的树龄，在泰兴市的同类树种中应属最长者。二是情侣石，位于公园西大门。按照男左女右的说法，男石居左，女石在右；男石高6米，高大伟岸，英俊潇洒；女石娇小玲珑，妩媚动人。这一对石头寻自宜兴，乃天然石笋，在江苏十分罕见。

黄桥古镇 镇

清幽恬淡，古色古香

泰兴市黄桥镇 泰州有直达黄桥镇的公交

60元

黄桥古镇建于北宋神宗元丰年间，历史

黄桥古镇

上素有“北分淮倭，南接江潮”的水上枢纽之称。古镇现有东、南、西3片传统古街区，内至今保留完好的明清建筑2000余间，还有少量的宋代建筑。镇内的小巷多达72条，古寺庙3座、宗祠7座以及大批的唐宋明清四个朝代的石刻、木匾。景点主要有何氏宗祠（有“江北第一祠”的美誉）、顾孝子亭、丁文江故居、黄桥战役纪念馆（黄桥米巷10号丁家花园内）、千年古刹福慧禅寺、黄桥公园、明清建筑群、御史府等。

玩家 解说

黄桥烧饼是黄桥人民奉献给民族解放事业的珍贵遗产，黄桥人民以此作为联结历史、文化、经济的精神纽带。这里有中国黄桥烧饼节，向世界展示了充满活力的新容颜。

何氏宗祠

何氏宗祠位于黄桥镇珠巷街124号，始建于明代，改建于清初，已有500余年历史。祠堂坐北朝南，由大门堂、仪门、大厅、振裔楼组成。

玩家 解说

何氏为黄桥的一大家族，明清时代，黄桥何氏先后出了4名进士（何家祠堂的大厅堂就是明弘治十五年［1502年］进士何棐任御史时所建），10名举人，30名贡生，300名秀才，且任职官员中多正直廉洁之士。就一座古镇、一个家族而言，有此成就，较为鲜见。

福慧寺

福慧寺始建于北宋天圣四年（1026年），原有山门、金刚殿、观音殿、罗汉堂、大雄宝殿、都天宫、藏经殿等建筑，后毁于战火，仅存罗汉堂一座。现大雄宝殿按原形制修复。

福慧寺既是宗教场所，又是革命旧址。1940年黄桥决战期间，“中国的保尔”吴运铎领导的新四军枪械所和子弹厂曾设在该寺的大雄宝殿里（吴运铎所著《把一切献给党》一书中有记载）。

何御史府

何御史府为明陕西道监察御史、太仆寺少卿何棐的府第，原有房屋200多间，其中多数房屋建于明成化之前。何棐做了京官后，于明正德年间在原主要房屋的东边修建了坐西朝东的大门堂和二门堂，从此人们称何棐家房屋为“御史府”。

御史府现存房屋100多间，保存较好的有六进，包括大门堂皇、门楼、二门堂、天井、堂屋和神主楼等。第六进的神主楼原是神龛和佛堂皇，砖木结构，共18间，俗称“18间楼”。楼上楼下均有走廊，楼板双层，木格门窗、栏杆古色古香，至今保存完好。

明清民居建筑群

明清民居建筑群位于黄桥镇十桥中路黄桥小学南侧，坐西朝东，取“紫气东来”之意。有明建筑8间，清建筑54间，明清门楼各一座。

建筑群分为两个组合，第一组合前后8进，在一条中轴线上，门楼为明代建筑，门当石两块，有麒麟、鹿鹤浮雕；第二组合位于第一组合北侧，门楼为清中期所建，飞檐为3层仿木结构，上层方形，中层圆形，下层为龙衔珠，砖雕有鹿鹤、蟾蜍、牡丹、芙蓉等图案。

刘国钧故居·岳王庙

逛名人故居，缅怀英雄岳飞

靖江市生祠镇中街，东为岳王庙，西为刘国钧故居

泰州汽车东站乘开往靖江的班车可到

8:00~18:30

84386766

刘国钧故居由旧居、敬修堂和国钧堂组成。整座建筑既有回廊相连，又有天井相隔，几井几楼，疏密有致，浑然一体，极具江南

岳王庙

黄桥镇古街巷

明清时期，黄桥是如皋、泰兴、姜堰、靖江四地通衢之地，周边县市的物资都经黄桥集散，黄桥因此百业兴旺，市井繁荣。现保存有24条较为完好的古街巷，其中珠巷、罗家巷、王家巷等街巷仍保留着典型的晚清建筑特色。

● **珠巷**

珠巷位于镇区东进中路北侧，旧时店铺鳞次栉比，有典当、烟店、布店、百货店、杂货店、中医诊所、棺材铺、钟表店、棉花店、客栈、水龙局、白玉池浴室等。

珠巷长320米，两侧古建筑120间，巷内有千年古刹福慧寺，规模宏大的明代建筑何氏宗祠，文化部副部长、喜剧大师丁西林故居，世纪老人、书画家韩秋岩故居，清末举人李弼余故居等。

● **罗家巷**

罗家巷位于镇区东进中路北侧，原为商业繁荣、人气旺盛的古街巷，南北走向。巷中商店林立，有银匠店、笼匠店、当铺、碗店、钟表店等。

罗家巷现长110米，两侧古建筑共64间，巷南端有创建于清顺治三年（1646年）的百年老店“老太和国药店”。巷北端有始建于清道光年间的“李步云笔铺”，规模宏大的明清建筑群“何御史府”也坐落在此巷中。

● **王家巷**

王家巷位于十桥中路中段西侧，东西走向，东起布巷口，西止永丰巷。王家巷原先也是商贸集市，东首是鱼行、菜场，西首是草市，巷内粮行、蜡烛坊、染坊、纸店等店铺较多，十分繁荣。至今巷内仍保存原先店铺的挞子门。

王家巷现长120米，共有民宅80间。北侧有宗镜庵，从庵内石碑记载可知，王家巷建于明初，已有600多年历史。王家巷内还有辛亥革命元老朱履先故居、沈毅（中共泰兴县委第一任书记）1925年为发展革命力量而创办的“中和小学”遗址、韩氏故宅（原有房屋6进，现存5进10多间，仿木结构的砖雕门楼）、何氏故宅（20多间）等明清古建筑群。

园林特色。

岳王庙原名岳王生祠，紧邻故居，建于岳飞在世之时，为宋式建筑，敦重庄严。正中大殿名思岳殿，岳飞坐像置于殿中。后殿为思岳轩，岳飞像碑立于其中，李纲、韩世忠的诗文镶于外壁。

链接

刘国钧

刘国钧（1887—1978），生于江苏省靖江县生祠镇。早在20世纪30年代初，刘国钧就以一个成熟的企业家登上了中国民族工业的历史舞台。以后，他在这个大舞台上有声有色地编演了纺织印染工业光彩耀日的场景，令世人瞩目，被誉为中国现代杰出的实业家，著名的爱国民族工商业者。

孤山

风光秀美的海山孤岛

靖江市孤山镇

泰州汽车东站乘开往靖江的班车可到

8:00～18:30

孤山是靖江最早的陆地，原为海上孤岛，成陆于距今约7000万—250万年。孤山与天目山、黄山（江阴）同出一脉，是天目山的余脉，也是南通狼山以西、连云港云台山以南苏北平原唯一的山。

玩家解说

每年农历三月三，孤山举行庙会，分为吉祥民俗活动、美食购物活动、游乐休闲活动三大板块。除了进香，顺带还要赶集，山下就是盛大的节场，有数以万计的群众从事各种贸易活动，场面十分壮观。

魁星阁

魁星阁

形似宝塔，巍峨耸立

靖江市境内

魁星阁始建于清嘉庆四年（1799年），又叫巽阁。“巽”是八卦中的一卦，代表风，亦指东南方。魁星阁外形独特巍峨，共有3层，坐落在约1.5米高的石基上。高约14米，形似宝塔。阁呈六角形，18只飞檐高高翘起，宛若翩翩起舞一般。

玩家解说

魁星阁建在老县城的东南角上。当时建造的目的一是兴文运，二是镇风水。镇风水与当时靖江的特定情况有关。清嘉庆十九年（1814年）前，靖江没有江堤，那时的县城又紧邻江边，每当江潮上涨，临江的陆地只有听凭潮水的冲击，不是造成涝灾，就是出现江坍。清嘉庆十八年（1813年），就出现了一次大规模的江坍，南门外的天后宫、关帝庙、文峰塔先后坍入江中。有意思的是，本是想镇风水的魁星阁，没有镇住江坍，自身反倒岌岌可危，不得已只得拆卸了。

更多本旅游区景点

马洲书院：位于靖江市第一中学内，是靖江创办最早、历史最长、影响最大的书院。南宋时由孔子51世孙孔元虔所建，后于明、清两代复建。书院现为一座水泥结构的仿宫殿式建筑。

古银杏群落森林公园：位于泰兴市宣堡古镇，素有“中国银杏第一镇”的美誉。该镇银杏分布核心区张河一带，古银杏密集程度世所罕见。

攻略资讯

- 交通
- 住宿
- 美食
- 购物
- 娱乐

交通

飞机

泰州与扬州合建扬州泰州国际机场，位于扬州市江都区丁沟镇机场路。机场已开通北京、广州、成都、重庆等多条航线。从泰州市泰兴、姜堰均有前往机场的大巴。

火车

泰州铁路以新长铁路、宁启铁路等为主干线。泰州火车站位于海陵区东部泰州北郊5千米处，现有开往北京、哈尔滨、杭州、广州、深圳及省内南京、南通、盐城、扬州等地的列车。乘1、4、5、29路公交可达。

汽车

京沪高速公路与宁通高速公路在泰州交会，从泰州走高速公路过江阴大桥到上海仅需3小时。市内目前有泰州客运总站（南站）、泰州汽车西站、泰州汽车东站等3个主要长途汽车站。

泰州汽车客运总站：是泰州最主要的长途汽车站，位于青年南路2号，大部分的省际及省内城市长途汽车都从这里发车，现有发往北京、河北、河南、湖北、山东、合肥等省市地区及省内南京、镇江、扬州、宿迁等地的班车。市区乘公交8、10、28路无人售票车，1元直达客运总站，电话为86883786。

泰州夜色

泰州汽车东站：主要发往姜堰及所辖各乡镇的市内班车。它位于南通路62号。乘1、3、6路公交可达，电话为86222320。

泰州汽车西站：主要以省内班线为主，有发往南京、苏州、常州、南通、扬州、镇江等地的班车。另外还负责北京、上海、青岛等大中城市的少量班次。它位于海陵区扬州路。乘2、6路公交可达，电话为86601171。

住宿

泰州作为新兴的旅游城市，宾馆酒店行业发达。市内从星级饭店、经济型酒店到招待所、私人旅店等，各个档次的住宿地点可以满足游客的差别化需求。

●泰州宾馆

坐落在风景优美的东城湖畔，毗邻梅兰芳公园。宾馆设计新颖、建筑华丽、装潢典

泰州火车站

泰州宾馆

雅、设施先进、环境优美。房内陈设豪华、洁净典雅、宽敞舒适。设有各类中西餐厅20余个。 海陵区迎宾路88号 80828888

●美丽华大酒店

酒店设计新颖，装饰富丽堂皇，高贵典雅，设有各类风格独特的中西餐厅30余个，提供新派精品粤菜、淮扬菜等中餐、西餐。酒店还拥有商务中心、精品商场、棋牌室、歌厅、桑拿洗浴中心、健身房、美容室等各类配套设施。 海陵区凤凰东路66号 86396660

●嘉銮国际大酒店

酒店为大型涉外综合性酒店，毗邻著名凤凰河风景区，环境幽雅，交通便捷。酒店客房装饰精美，温馨舒适。各式辅助设施齐全，配套有精品桑拿、健身房、美容美体中心、水疗中心为一体的休闲娱乐中心。

海陵区鼓楼南路336号 6399995

●更多住宿去处

名称	位置	电话
泰州金汇宾馆	海陵区扬州路588号	86556666
泰州华尔街酒店	海陵区永兴路25号	86839888
清沐连锁酒店（泰州姜堰大道店）	姜堰区姜堰大道445号	88150666

美食

泰州菜的招牌美味有五味干丝、八宝刀鱼、红烧大乌和鳜鱼烧羊肉等。泰州菜属于淮扬菜系，选料严谨、因材施艺；制作精细、风格雅丽；追求本味、清鲜平和。当地盛行溱湖八鲜宴、梅兰宴、板桥宴、江鲜宴、全羊席。泰州市内的税东路是美食一条街，凤城景区桃园古街有百余家传统风味小吃和私房菜馆，构成苏中地区的第一小吃街，可享泰州美味。

美食小吃

●泰州梅兰宴

此宴共有21道菜、9道面点和小吃，其中有18道菜取名于梅兰芳的代表剧，如锦凤还巢、林黛玉怜花、楚霸王别姬、杨贵妃醉酒等。“梅兰宴”以淮扬风味为主，用料考究，制作严谨；追求食物的本真味道，外观好看。

●长江三鲜

长江三鲜包括刀鱼、鲥鱼、河豚，属洄游性鱼类。刀鱼肉质细嫩，腴而不腻，鱼形狭长而薄；鲥鱼体扁而长，色白如银，肉质鲜美肥嫩，列全国“鲥、甲（中华鲟）、鲳、黄”四大名鱼之首；河豚古称“鯸鱼”，有毒，改革开放后，人工网箱和围栏养殖获得成功，无毒或微毒河豚菜肴堪称一绝。河豚富含胶原蛋白，有滋容养颜等功效。

长江三鲜

●蟹黄汤包

蟹黄汤包是中华六大名点之一，享誉大江南北已有近200年的历史。其特点稠而不油、油而不腻、皮薄如纸、汤多味美；刚出笼时“放在盘里

蟹黄汤包

凤城河风光

如座钟，夹在筷上像灯笼”，蟹油金黄，轻轻晃动，宛如一枚软壳蛋。

●刁铺羊肉

刁铺羊肉

选用精心饲养的山羊，制作方法独特，无膻味，冷切、红烧、白烧均别具风味，老少食之皆赞不绝口。“高港全羊席”更为特色名宴，每到冬季，四面八方慕名品尝的人络绎不绝。

美食去处

●凤城小筑

以香辣醇鲜、酱鲜香浓、色艳味厚的风格著称。主营黔式干锅与经典川菜。独家秘制的干锅调料有别于市面上的其他干锅菜式，并有匠心独创的“创新水煮鱼”“香辣虾”等独特菜式。泰州市鼓楼北路36号 80997777

水煮鱼

●碧波舫

碧波舫是坐落在上方寺旁的水上特色餐厅，有兴化第一舫之称。餐厅以江鲜、湖鲜为主，有风格多样的包间，环境幽雅舒适。

兴化市上方寺西侧 83237776

●更多美食去处

名称	位置
刘大家常菜馆	泰州市税东街5号（图书馆斜对面）
百岁鱼餐饮泰州店	泰州市税东街9～11号
草原小肥羊火锅城	泰州市税东街34号
丁山大酒店	泰州市青年南路139号
高二家常菜馆	泰州市青年南路138号
王师傅家常菜馆	泰州市青年北路212号
王府大饭店	泰州市五一路泰山行宫内

购物

泰州特产有黄桥烧饼、金松皮蛋、猪肉脯、中庄醉蟹、小磨麻油、梅兰春酒、泰兴大佛指银杏、泰兴木偶、面塑、天然叶雕和靖江竹编等。

泰州市内的商业街主要集中在人民路

一带，其他商业区还有坡子街（推荐坡子街商业中心，地址为人民路与海陵路交汇处北侧）、海陵路、五一路（乘1、4、9路公交可到）、青年路（素有泰州秋叶原之称）、东进路（乘5、8、9路公交可到）一带以及河滨公园对面的高档商业区。

泰州特产

●黄桥烧饼

历史上，黄桥曾是江淮一带的粮食集散地，黄桥烧饼为挑夫们的快餐。在黄桥决战中又成为支前的主食，并入选开国大典国宴。现分普通和精细两大系列20多个品种，用料考究、制作精细、色泽黄亮、香脆可口。

●梅兰春酒

梅兰春酒系选用优质高粱、小麦为主要原料，采取高温制曲、高温蒸馏工艺，经过长期贮存，精心勾兑而成。色泽微黄、清澈透明、香气幽雅、酒体醇厚。

●靖江肉脯

选料精细，配方独特，历经10余道传统制作工序，薄如纸，形方正，色如玛瑙红玉之艳。脱净油脂，细而不腻，甜咸适中，酥而略脆，味兼鱼肉两鲜之美，入口甜、鲜、香，回味悠长，吮指留香。靖江肉脯有猪肉脯系列、牛肉脯系列、肉松系列等品种，主要品牌有“双鱼”“伊香”等。

●泰兴银杏晶

选用泰兴大佛指银杏经去壳打浆等工艺，再配以进口奶粉等原料加工而成。采用先进低温真空烘干工艺，避免了高温破坏，最大限度保留了银杏的特有风味和营养功效成分，是纯天然的健康饮品。

泰州购物去处

●坡子街中心商圈

采用国际流行的Shopping Mall设计理念，与泰州文化古城及坡子街周边环境搭配得相得益彰。复式广场建筑设计既保留了传统步行街的精华，又克服了传统商业街一楼热闹二楼以上冷清的弊端。 泰州市人民路与海陵路交汇处北侧

●中百一店

泰州最早的大型购物中心，位于海陵区东进西路西坝口，以服装为主，集电器、通信、数码、珠宝、化妆品销售于一身的大型购物中心。 泰州市东进西路西坝口

●金鹰国际购物中心

集购物、休闲、餐饮等诸多服务功能于一身，以其舒适高雅的购物环境、琳琅满目的商品、温馨周到的服务设施功能，全力打造苏中地区档次最高、品类业态组合最齐全、服务最优之高级时尚百货店。 泰州市东进东路18号

●财富广场商业中心

该中心位于泰州第一商圈海陵路商圈，西临青年路，东临海陵路，北临人民路，南临五一路，地处繁华地段，面面临街，是泰州自古以来商贾云集之处。 泰州市五一路与海陵路交汇处

娱乐

泰州市酒吧、茶馆等休闲之地众多，市区有三水湾休闲街区，是娱乐休闲的好地方，KTV、影城等更是将现代生活的激情与热烈演绎得淋漓尽致。去泰州旅游，可在张

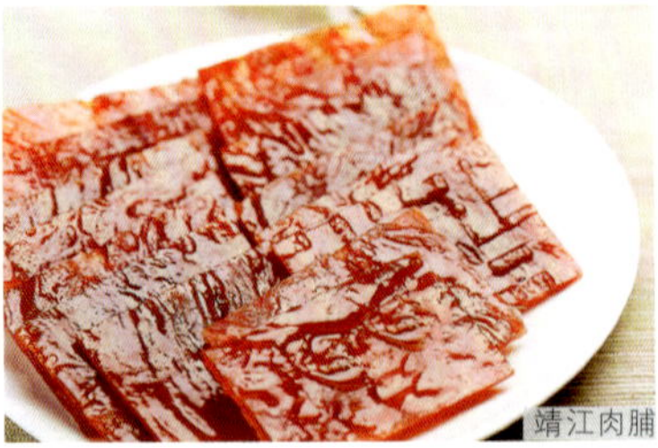

靖江肉脯

茶馆

弛之间尽享城市生活的丰富多彩。

●泰州大剧院

泰州大剧院位于市区繁华大道鼓楼路和海陵路之间，主体建筑为一个拥有1149个座位的综合大剧场，大剧院舞台为经典的品字形设计。剧院与市博物馆、图书馆、青少年活动中心、会议中心等建筑群共同组成泰州市文化中心。✉ 海陵区海陵南路300号(近永兴路) ☎ 86899100

●单程票酒吧

在忙碌的脚步中，喧嚣的城市里，听听纯音乐、沙哑的民谣，总有一种不一样的放松。这里的莫吉托，红粉佳人都还可以，值得尝试一下。✉ 城南街道万达金街G116号 ☎ 13040155555

●钱塘茶人

钱塘茶人是中国国内最大规模的连锁茶楼品牌，被誉为中式茶楼里的“星巴克”。钱塘茶人首创于苏州。50元人民币的最低消费，选择一杯中国绿茶（红茶、乌龙茶、普洱茶及其他特色茶）的同时，在自助餐台上可任意取食数十种茶点、菜肴，还可以在现场加工区等候现烹现制的各类中国传统小吃。✉ 泰州市三水湾时尚街区G栋 ☎ 80801717

●BANILLACOFFEE百怡咖啡

北美品牌咖啡特许经营体系的推广运营专家，将蕴含北美风情的咖啡文化注入生活之中，服务上乘、环境幽雅。✉ 泰州市三水湾时尚街区K栋 ☎ 86571777

节日和重大活动

节日	举办地	时间
河横菜花节	姜堰区沈高镇河横村	4月初
万朵古山茶观赏节	姜堰区溱潼镇	4月初
靖江孤山庙会	靖江市孤山镇	4月中旬（农历三月初三）
中国姜堰溱潼会船节	姜堰区（溱湖国家湿地公园）	4月6日到5月6日
溱湖八鲜美食节	姜堰区等地	4月初到5月
靖江文艺节	靖江市	9月底到10月初
泰兴银杏节	泰兴古银杏森林公园	10月到11月
郑板桥艺术节	兴化市（郑板桥故居、纪念馆）	10月底到11月初
梅兰芳艺术节	海陵区（梅兰芳公园）	11月
溱潼灯会	溱潼镇	11月
光孝寺“撞钟祈福迎新年”	泰州光孝寺	12月31日

泰兴银杏节

发现者旅行指南

扬州

概览

亮点

瘦西湖

是我国湖上园林的代表，以外形纤瘦而著称，既有北方之雄，又有南方之秀。有“园林之胜，甲于天下”的美誉。

大明寺

名扬四海的千年古刹，由宗教区（核心景区）、文人雅士区、东花园区和西花园区四大景区组成。

何园

是一处始建于清代中期的汉族古典园林建筑。亭台楼阁，花木奇秀，被誉为“晚清第一园”。

东关街门楼

必逛街道

东关街：是扬州历史上最早的盐商聚居地和繁华的传统商业区，也是扬州目前保存最为完好的古街巷。众多扬州著名的老字号商铺会聚于此。

线路

扬州休闲一日游

早饭后前往冶春园参观，之后游览瘦西湖，接着拜谒大明寺及其附属建筑，最后游览美丽的个园。

扬州经典二日游

第一天游蜀冈、瘦西湖风景名胜区（瘦西湖、大明寺等）。第二天参观何园、个园、扬州八怪纪念馆。

扬州寻古二日游

第一天参观西园曲水、冶春园、佛教文化博物馆、史可法纪念馆。第二天游览瘦西湖、大明寺、扬州东关街、扬州古运河。

个园假山

为何去

扬州的生活是随意而舒服的。瘦西湖上凭舟荡，任细柳斜，随暗香浮。畅游扬州园林，不负如许春光。于个园中，领略竹影葱茏。何园里，复道回廊忆闺秀。千年古刹大明寺的前院依旧落琼花。乘坐三轮车游览东关街，巡游怀古。

瘦西湖五亭桥

何时去

春秋两季是到扬州旅游的最佳季节。

唐代诗人李白早有“烟花三月下扬州”的名句，说的正是“烟花三月”即为出游扬州的好时机。“烟花三月”实际上是阳历的四月份。届时，阳光明媚，柳絮纷飞，琼花盛开，景色无边，还能赶上“烟花三月经贸旅游节”，美不胜收。

钓鱼台

在9、10月份前往则能欣赏到烟雨扬州的另一番景致：泛舟于湖上，品香茗，赏美月，邀友鸣笛，偷得浮生半日闲，而且还能亲自感受扬州“二分明月文化节”的无限魅力。

扬州旅游示意图

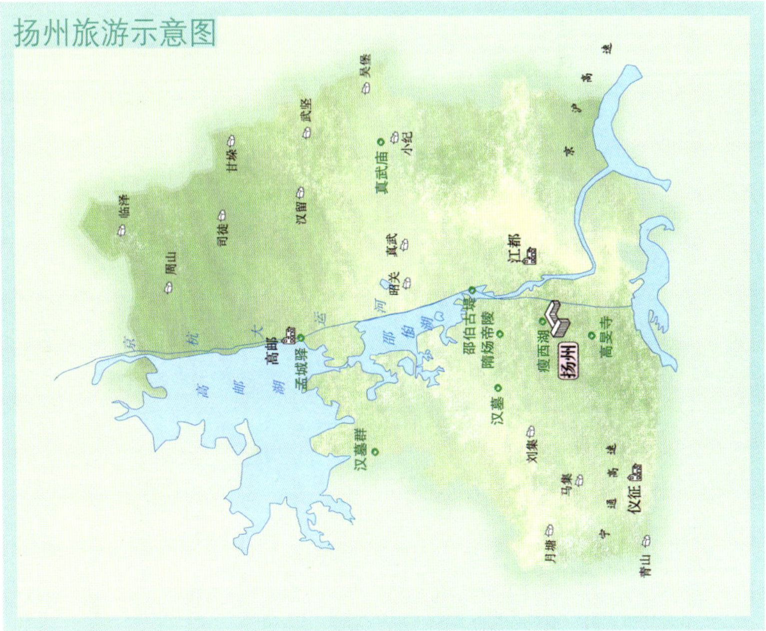

区域解读

区号：0514
面积：约6634km²
人口：约458万人

东门老街

地理 GEOGRAPHY

区划

扬州市辖3区（广陵区、江都区、邗江区）、2市（仪征市、高邮市）和1县（宝应县）。

地形

扬州地处江苏中部，长江下游北岸，江淮平原南端。扬州境内地形西高东低，从西向东呈扇形逐渐倾斜，仪征市、邗江区、扬州市郊区北部为丘陵地带，仪征市境内的大铜山，海拔149.5米，为扬州境内最高点。京杭运河以东、通扬运河以北为里下河地区，沿江和沿湖一带为平原。

京杭运河纵穿腹地，由北向南沟通白马、宝应、高邮、邵伯4湖，连接长江，全长143.3千米。此外，主要河流还有宝射河、大潼河、北澄子河、通扬运河、新通扬河等。

气候

扬州属亚热带季风性湿润气候向温带季风气候的过渡区，盛行风向随季节有明显的变化。扬州冬季偏长，有4个多月；夏季次之，春秋季较短。

扬州因地处江淮平原南端，受季风环流影响明显，气候温和，四季分明，自然条件优越。特别是春季，适合旅游。

“烟花三月下扬州”的诗情画意令无数游人神往。春季是扬州的旅游旺季，此时的扬州烟雨蒙蒙，桃花灼灼，一派烟雨江南的风情……

历史 HISTORY

历史大事记

●春秋至西汉

公元前486年，吴王夫差筑邗城，开邗沟，连接长江、淮河。

汉代，吴王刘濞“即山铸钱、煮海为盐”，开盐河（通扬运河前身），景观盛极一时，促进了经济的发展，开始了扬州历史上的第一次繁华时期。

●隋唐时期

隋炀帝开大运河连接黄河、淮河、长江，扬州成为水运枢纽，不仅便利了交通、灌溉，而且对促进黄河、淮河、长江三大流域的经济、文化的发展起到重要作用，奠定了唐代扬州空前繁荣的基础。

唐代的扬州是中国东南第一大都会，时有“扬一益二”之称，专设司舶使，经管对外友好通往来。

唐朝末年，江淮乱世。唐昭宗天复二

大运河夕照

年(902年)，淮南节度使杨行密在扬州受封吴王。

天祐十六年(919年)，杨渭(杨行密次子)正式建吴国，为五代十国之一。杨渭以江都为国都，改扬州为江都府。

吴天祚三年(937年)，南唐灭吴，以金陵(今南京)为国都，以扬州为东都。

●南宋时期

南宋时期，扬州地区是金兵南下、宋军抵御的前沿阵地，战争不断。岳飞、韩世忠等名将在扬州境内抗金。

南宋德祐元年(1275年)，蒙古元帅伯颜在攻克南宋都城临安(今杭州)后，围攻扬州城，扬州守将李庭芝、姜才拒不受降，准备死守，后来守城副将朱焕投降，李、姜两人被俘遇难。

●清至当代

清顺治二年(1645年)清军南下攻打扬州城，4月15日至25日，督师扬州的兵部尚书史可法带领将士们死守扬州，后史可法壮烈牺牲，史称“扬州十日保卫战”。扬州城破后，清军屠城，死难80万人。

1982年，扬州被国务院首批公布为中国24座历史文化名城之一。

2014年，第38届世界遗产大会召开，在扬州牵头推动下，所经过的沿线城市共同努力，中国大运河成功入选《世界遗产名录》。

英雄之城，淮左名都

拥有瘦西湖的扬州不仅是一座繁华、风雅之城，也是一座英雄之城。南宋时，扬州成为抗金、抗元的主战场之一。扬州城里城外，曾有过多次捍卫民族尊严的殊死战斗。岳飞、刘锜、韩世忠等抗金英雄在扬州捷报频传，留下佳话。

南宋建炎四年(1130年)春，金兀术攻陷扬州后，为占有运河通道又攻击承州(今高邮)，完颜昌也率军从山东南下楚州(今淮安)接应。赵构急诏岳飞出任通泰镇抚使兼知泰州，负责扬州以东从泰州到通州的防卫，率兵保卫承州、援救楚州。

岳飞接到诏令后，先入泰州，接着率兵移屯三墩(今高邮三垛)，1个月内和金兵3次交锋，三战三捷，承州捷报频传。然而岳飞孤军作战，无法分兵北上援救楚州。楚州坚守了3个月，最后守将阵亡而沦陷。楚州失守后，赵构诏令岳飞回守泰州，以江阴沙上(今靖江，当时还是江中沙洲)为退守底线，以确保江南安全。

岳飞在泰州水八卦打败金兵来犯后，又在郭家村(今江都嘶马镇)、沙洼(今江都果园)一线设伏。打得金兵丢盔弃甲，落荒而逃。同一时期，韩世忠也取得了大仪(今扬州西北）之战、天长（今安徽天长）之战以及承州之战的胜利。

这几场胜仗，粉碎了金兵再度南下的美梦，确保了宋政权能在南方立足。这一系列战斗的起始在承州，所以史称“三垛伏击战”或“承州之战”。后人为了纪念岳飞的战绩，更改了很多与战争有关的地名。另外，在今高邮三垛以及大仪镇还分别立有岳飞和韩世忠的雕像。

《扬州慢·淮左名都》形象地描述了金兵洗劫后扬州的残破景象，也表现出作者对南宋衰亡局面的伤悼和对金兵暴行的憎恨。扬州城这座淮左名都也正是在这些大大小小的战争中成就了一座英雄之城。

马可·波罗与常州的历史渊源

马可·波罗，大家熟知的世界著名旅行家、商人，其著作《马可·波罗游记》享誉世界。书中记载，马可·波罗17岁时跟随父亲和叔叔，在中国游历了17年，《马可·波罗游记》就是他回国时所写。

那么，在《马可·波罗游记》里，究竟是怎样谈到扬州的呢？这本书的第一百四十三章《扬州城》里写道，他曾奉大汗之命，在扬州城治理达3年之久。对此，读者们感觉颇有争议。但如果马可·波罗真的在扬州做了3年官，那他做了什么官呢？游记中没有写明他担任什么官，据推测可能与他的官职较低有关。也许只是个担任盐务管理的官。

对于马可·波罗这个外国人物，老扬州人在谈到他的时候，还很自豪，他们中很多人还认定了这位外国人曾经做过3年扬州总管。

无论马可·波罗在扬州任官情况如何，其在扬州住过3年应该是没有问题的。扬州天宁寺中有一座马可·波罗纪念馆，门前的铜狮雕像是由马可·波罗的故乡意大利威尼斯市赠给该馆的。2011年4月新建于扬州古运河畔东关古渡的马可·波罗纪念馆也正式对外开放，并穿越时空再现了《马可·波罗游记》中“神奇东方之旅”的场景。

链接

李庭芝、姜才双忠守扬州

南宋末年，蒙古元帅伯颜率军攻下临安，宋恭帝投降，南宋朝中投敌者不在少数，却也有如文天祥一样的忠烈之士，这就是扬州保卫战中的李庭芝与姜才。

李庭芝时任淮东制置使，姜才是员猛将。1275年，伯颜派阿术进攻扬州，筑起长围将扬州团团围住。入冬，城内粮尽，饿死者满道，已有人开始吃死尸。扬州军民仍坚守不降。南宋太皇太后谢氏投降后，向各州郡发布投降诏书，派人至扬州城下劝降。两人拒不受降，还发箭射退来使。后来，由于副将朱焕投降，城破，两人被俘后遇难。

李庭芝、姜才雕像

史可法忠义护扬州

“数点梅花亡国泪，二分明月故臣心。”这是清代诗人张尔荩撰的联，写的是明朝大忠臣史可法。

明崇祯帝在煤山（今北京景山）上吊自杀的消息传到明朝陪都南京，南京的大臣们一片慌乱。他们立了一个逃到南方的皇族、福王朱由崧做皇帝，在南京建立了一个政权，历史上把它叫作南明。朱由崧是个不成器的皇帝，终日迷恋酒色，不理朝政。南明政权兵部尚书史可法，本来不赞成让朱由崧做皇帝，为了避免引起内部冲突，才勉强同意。朱由崧即位以后，史可法主动要求到前方去统率军队。史可法到扬州后，将长江北岸的其他将领分配在扬州周围驻守，自己则亲自坐镇扬州指挥。

没多久，清军在豫王多铎带领下，大举南下。史可法坐镇扬州，初期也打了一些胜仗。但后来大量清兵逼近扬州后，周边各镇将领都不敢到扬州守卫，史可法也只好孤军奋战。

多铎亲自出马，连发5封书信，史可法都不启封，全部付之一炬。史可法清楚地知道，在这样艰难的情况下要想取得胜利是不可能的，他只能抗战到底，以一死报国。

史可法把全城官员召集起来，勉励他们同心协力，抵抗清兵。扬州军民奋勇作战，把清兵的进攻一次次打回去。后来多铎下了狠心，用大炮狂轰西门，终于把城墙轰开了缺口，大批清军蜂拥进城。史可法见大势已去，准备拔剑自刎。部下夺刀制止他后，在出小东门时被清军发现被俘。

多铎以礼相待，口称先生，当面劝降，并许以高官厚禄，但史可法严加拒绝。史可法终被清军处决于南城楼上，时年仅44岁。多铎因为攻城的清军遭到很大伤亡，心里恼恨，遂下令屠城。屠杀延续了10天，史载死难近80万人，历史上把这件惨案称作“扬州十日”。

大屠杀之后，史可法的养子史德威进城寻找史可法的遗体。因为尸体太多，天热又都腐烂了，怎么也认不出来，只好把史可法生前穿过的袍子和用过的笏板，埋葬在扬州城外的梅花岭上。这就是今天我们看到的史可法“衣冠墓”。

文化 CULTURE

热闹鼎盛的观音山香会

中国民间历来有敬奉观音的习俗，扬州也不例外，而且还形成了独特的观音山香会。

每年农历二月十九是观音出生日，六月十九是观音成道日，九月十九是观音出家日。每逢这三日，扬州北郊观音山山上山下，人潮如海，四乡八镇的善男信女纷纷涌入，形成了繁盛的观音山香会。

观音山三次香会，各具特色：二月以乡市居盛，九月以道场为主，六月则兼具乡市道场特色，且集湖上画舫荷灯等胜景。所以观音山香会，以六月十九最盛。香会期间，远近香客陆续赶来进香敬奉，往往十八日晚即有人上山敬香，十九日天未亮即有人到寺里烧头香。

进香时，所有进香者都身穿清洁的青色衣裤，膝绑草纸等软物，肩背写有“朝山进香”字样的黄色香袋，手持红色小木凳。敬过正香，有的给佛前长明灯施舍灯油，有的献长幡，有的献幔帐，有的给观音佛像献披风。也有给僧人献素果、糕点等食品之类。

有时候，在这一天，还会举办庙会。观音山周边，集中了各种卖小玩意儿的商贩以及江湖杂耍人，格外热闹。

名单

扬州历史名人

唐代著名诗人张若虚

唐代佛教高僧鉴真

扬州评话艺术家王少堂

鉴真坐像

古老纯正的评弹艺术

中国的南北曲艺中，评弹占据了半壁江山，而评弹是由评话和弹词组成，这一点，扬州很有发言权。

扬州话是江淮方言的代表，至少也有三四百年的历史了，至今还有很多古汉语词汇，以及一些生动的、有意思的口头语。而扬州知名的曲艺扬州评话、扬州弹词、扬州清曲都是以扬州方言为载体，这些曲艺都已经被列入《国家非物质文化遗产保护名录》。

扬州评话，生动的曲种

扬州评话，又叫扬州评词，是以扬州方言说表古老的汉族曲艺说书形式，现在主要流行于江苏北部和南京、镇江、上海等地。

扬州评话以描写细致入微、结构严谨、

首尾呼应、头绪纷繁但井然不乱见长，讲求剧情细节丰富，人物形象个性鲜明，语言生动有趣。

扬州评话艺人除了说传统书目外，还努力改编上演《烈火金刚》《红岩》《林海雪原》《小二黑结婚》等书目，并在表演中吸收电影、戏剧的一些手法，加以变革创新。

扬州评话的代表人物为王少堂，他的作品《武松》《宋江》《卢俊义》是扬州评话艺术的代表作。他的表演，细腻传神、形神兼备、张弛有致、口齿清雅，赢得了“听戏要听梅兰芳，听书要听王少堂”的赞誉。

扬州弹词，方言说唱表演

扬州弹词是以扬州方言为基础的弹词系统曲种，原名弦词，是用扬州方言说唱的一种曲艺形式。它和扬州评话同出一流，约始于明末清初，早期一人说唱，自弹三弦伴奏，故名弦词。

扬州弹词最主要的流派为“张派”，代表人物清代张敬轩。代表曲目有“张氏四宝”：《双金锭》《珍珠塔》《落地扇》《刁刘氏》。

相对于苏州评弹，扬州弹词就比较难唱，也许正是由于“好听不好唱”，才阻碍了它的传播与普及。如今，扬州弹词已入选《国家非物质文化遗产保护名录》，传承人李仁珍。

扬州清曲，古老的曲艺

清代著名文学家郑板桥曾在诗中写道：“千家养女先教曲”。那教的什么曲呢？说的就是扬州清曲。扬州清曲是江苏既古老又有影响力的曲艺之一，曲词题材广泛，曲目丰富。

过去从事扬州清曲艺术活动的人，除了青楼歌妓和流动卖唱的民间艺人以外，大多是男性自娱，没有正规的组织，但是他们的文化艺术水平较高，对扬州清曲的发展与提高做出了很大的贡献。

如今，扬州清曲中的一些绝技，如“碰酒杯”“敲瓦碟”近乎失传，或只有一两个老艺人掌握。所谓“碰酒杯”就是一手拿两只粗瓷酒杯，打出“金鸡报五更”“凤凰三点头”的节奏；而“敲瓦碟”则是用筷子敲击瓷盘，用于伴奏。

扬州剪纸，妙手新“裁”

扬州是中国剪纸流行最早的地区之一，剪纸题材广泛，有人物花卉、鸟兽虫鱼、名胜古迹等，特别是四时花卉剪得最好。

隋代，隋炀帝三下扬州，广筑离宫，恣意游乐。到了冬天，见到花树凋零，池水结冰，便令宫女们仿照民间剪纸，用彩锦剪为花叶，点缀枝条，挂于树上，看上去赏心悦目。

到了唐代，扬州已有剪纸迎春的风俗。那时剪纸还有一些特别用途，民间剪纸人剪纸钱用来祭奠鬼神。

明清时，扬州剪纸既用于妇女儿童的装饰，又作为刺绣的底样，剪制鞋花、枕花、台布花、床单花等各种花样，同时也用于民间风俗，如年节图案、喜庆图案、门前花饰、灯彩花、龙船花、斗香花之类。

著名老艺人张永寿，是扬州剪纸艺术的优秀代表。他从艺70多年，创作了数千幅剪纸。主要作品有《百花齐放》《百菊图》和《百蝶恋花图》3部剪纸集。

现代扬州剪纸的主要传承人以张金盛和张永寿父子为代表。另外，省级剪纸大师张秀芳、张慕莉在扬州剪纸博物馆办班带徒，培养了大量的剪纸后备力量。

扬州剪纸灯笼

景点推荐 蜀冈—瘦西湖

蜀冈—瘦西湖风景名胜区包括瘦西湖景区、蜀冈景区、唐子城景区、笔架山景区、绿杨村景区5部分，是个以古城文化为基础，以重要历史文化遗迹和瘦西湖古典园林群为特色的国家级风景名胜区。

玩家 攻略

在扬州，有一条著名的乾隆水上游黄金线路，它从天宁寺开始，依次经过冶春园、卷石洞天、绿扬城郭、长堤春柳、四桥烟雨、月观、二十四桥等景点，最后抵达大明寺。

瘦西湖公园 AAAAA 文

园林之胜甲天下

扬州市邗江区西湖镇大虹桥路28号

¥ 3、4、5、9、10、11月100元，2、6、7、8月60元，1、12月 30元 8:00~18:00

乘坐旅游专线、5路、11路、39路都可到达

87357803 www.shouxihu.com

瘦西湖位于扬州西北郊，原是唐罗城、宋大城的护城河遗迹，南起北城河，北抵蜀冈脚下，是一段自然河道。经过历代的疏浚治理，到了明清时期，许多盐商在沿河两岸建造园林，有的更不惜重金聘请造园名家经营，构筑成为独具特色的水上园林。再加上文人的吟咏，逐步发展成一处名胜，“两岸花柳全依水，一路楼台直到山”是其最好写照。

瘦西湖狭长的河道呈“L”形，站在全园的顶点，全湖景色尽收眼底。清代诗人汪沆这样形容瘦西湖：“垂杨不断接残芜，雁齿虹桥俨画图。也是销金一锅子，故应唤作瘦西湖。”瘦西湖由此得名，蜚声中外。

玩家 攻略

活动：瘦西湖的特色节庆活动有：迎春画展、烟花三月经贸旅游节（4月18日至5月18日）、

荷花展、二分明月文化节（9月8日至10月8日）、金秋赏花游园会、金秋菊展。

联票：在扬州游玩，可以购买几个景点的联票，价格上会便宜一点。联票160元，包括：瘦西湖、何园、个园、古运河水上观光，两日内有效。

盆景园：瘦西湖门票除可游览瘦西湖公园外，还可游览相隔500米左右在瘦西湖东南方向的盆景园。

美食：瘦西湖大门前的大虹桥路上好吃的餐馆特别多，当然来了扬州一定要吃淮扬菜，景区大门东面有中山扬州炒饭、淮扬菜肴（扬州市大虹桥26-5）、隆福源酒楼（扬州市大虹桥路3号楼）、扬州情缘酒家，景区大门西门有如意小吃（大虹桥路）、三和餐厅（扬州市大虹桥路70号）等，景区大门北面有钜源茶食(柳湖路)等。

住宿：景区大门附近宾馆酒店很多，距离景区最近的为丹桂苑宾馆（87345600），走大景区只有100米。在其西北方向200米左右，有过客青年旅馆（87310013），景区大门西边有虹舒商务宾馆（87318711）、大虹桥度假村（87809002）、唐人街客房（87931578）、华山宾馆（85072899）等，公园东边有著名的扬州迎宾馆（87809888），这里虽然价位高，但有的房间推开窗就可看到瘦西湖风景，环境非常棒。

娱乐：来到扬州少不了做两件事，就是洗澡和修脚，这是最具扬州特色的日常生活项目。在瘦西湖景区大门西边有永强浴室（82180100），逛累了可以去感受一下。

链接

乾隆水上游览

在瘦西湖内有乾隆水上游览线路，瘦西湖风景区内全程4站：南大门—徐园（小金山）—熙春台（二十四桥）—香雪亭—大明寺。

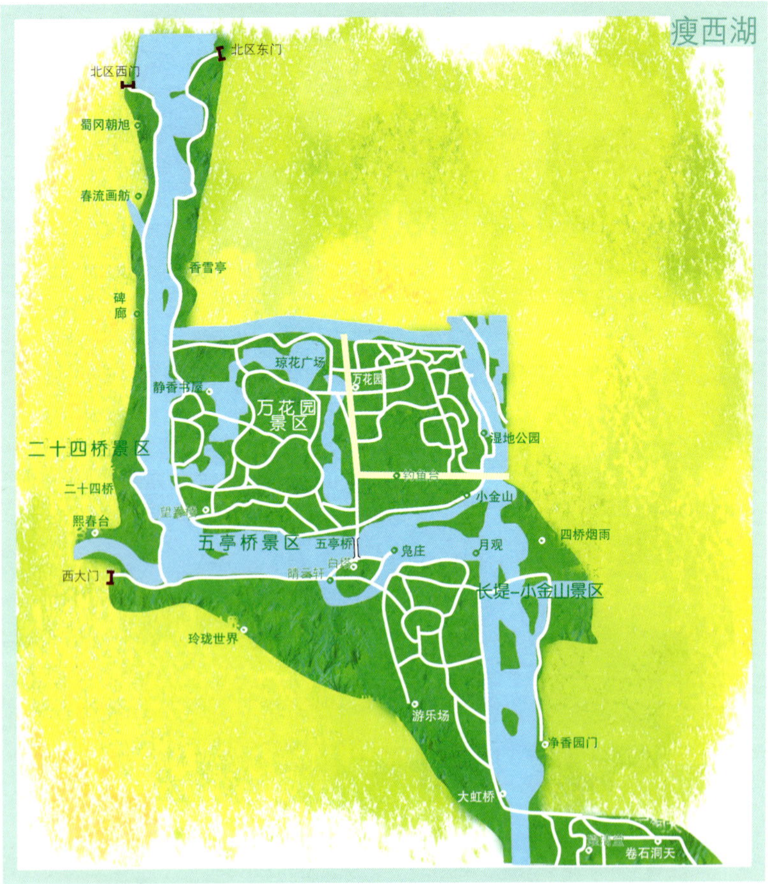

熙春台

船只类型	核载人数	单价	备注
豪华画舫船	20人	每人每站20元	包船限价每站400元
电瓶小画舫	20人	每人每站10元	包船限价每站200元
摇橹船	16人	每人每站15元	包船限价每站240元
水上巴士	电瓶小画舫20人	每人每站10元	每隔15分钟定时定点发船，不可包船
	摇橹船16人	每人每站15元	

虹桥

“扬州好，第一是虹桥。杨柳绿齐三尺雨，樱桃红破一声箫，处处驻兰桡。”说的就是这里。之所以称此为第一景，是因为从瘦西湖大门进入后，看到的第一个主要景点就是虹桥，因此有人说，过了虹桥才是真正游览瘦西湖。

自古，虹桥吸引了众多文人在此留下墨迹，其中最有名的当属康熙时王渔洋的“红桥飞跨水当中，一字栏杆九曲红；日午画船桥下过，衣香人影太匆匆”。

玩家解说

旧时，虹桥为“红桥”，围以赤栏。据说当年拍摄琼瑶电视剧《青青河边草》时，来此选景，第一眼便看中了虹桥，并将此景设定为电视剧的开篇镜头之一。

徐园

徐园是从瘦西湖景区大门进来最先看到的景点，是辛亥革命时期军阀徐宝山的祠堂，建于原“桃花坞”旧址之上。徐园不大，里面有一馆、一亭、一榭，内有池塘，外有曲水，园子布局合理，精致精巧。

园中听鹂馆取义于“两只黄鹂鸣翠柳，一行白鹭上青天”，馆内的楠木罩隔，是扬州现存罩隔中的精品。

玩家解说

徐宝山（1866—1913），镇江丹徒人，诨名“徐老虎”。在袁世凯窃取辛亥革命果实后，他拥袁，曾任第二军军长。

小金山

小金山是瘦西湖中最大的岛屿，是湖上建筑最密集的地方，这里集中了风亭、吹台、琴室、书屋、棋室、月观等建筑。小金山为仿镇江的金山而造，前面冠以“小”字与瘦西湖前面的“瘦”字相呼应，突出了这里玲珑的景色。

“扬州好，入画小金山。亭榭高低风月胜，柳桃错杂水波环，此地即仙寰。”小金山上的风亭是瘦西湖景区内的制高点，站在这里可以欣赏到瘦西湖的全部景色。风亭上有一楹联，上联是“风月无边，到此胸怀何以”；下联为“亭台依旧，羡他烟水全收”。由此可知“风亭”这一名称的来历。

五亭桥

《望江南百调》中说道：扬州好，高跨五亭桥，面面清波涵月影，头头空洞过云桡，夜听玉人箫。五亭桥建于清乾隆二十二年（1757年），它不但是瘦西湖的标志，也是扬州城的标志。以至于很多人都知道此桥，但却不知道其在瘦西湖内。

白塔

白塔看上去和北京白塔很相像，它确实

也是仿北京北海白塔建造的。据说，乾隆四十九年（1784年），乾隆到此之后感慨此处风景缺少像北京白塔这样的建筑，当地盐商听说之后，一夜之间用白色的盐包打造出一座白塔，这就是在扬州流传至今的“一夜造塔”的故事。

熙春台

熙春台出自老子的“众人熙熙，如登春台”，形容这里人来人往、摩肩接踵的繁华场面。熙春台是扬州“二十四景”之一的“春台明月”，这一带的建筑风格与秀丽的江南园林不同，主要体现出皇家园林的富贵气派。

月观

扬州是中国著名的“月亮城”，自然少不了赏月的好地方，月观便是绝佳之处。月观坐西朝东，玉兔东升时，湖面上的月亮与天上的月亮交相辉映，是体会月光如水的好地方。

望春楼

望春楼建筑从属于熙春台，色调清心淡雅，体现了南方之秀，是瘦西湖内最具江南园林特色的建筑之一。望春楼下层有南北两间，分别为水院和山庭，巧妙地将山水景色引入室内。卸去楼上的门窗，这里变身为露台，是中秋赏月的好地方。

小李将军画本紧邻望春楼，小李将军指的是唐代画家彭国公李思训的儿子李昭道。

虽冠以将军之名，但其却未曾带过兵，只是拥有当时的将军封号，享有将军待遇。这对父子是当时著名的画家，开创了中国唐代金碧山水画派。这里取名为“小李将军画本”，是因为该处的景色与他的山水画意境相近。

玩家解说

李昭道世称“小李将军”，家族为唐朝宗室，其曾为太原府仓曹、直集贤院，官至太子中舍人。他擅长青绿山水，兼擅鸟兽、楼台、人物，并创海景。其画风巧赡精致，画面繁复，线条纤细。

二十四桥

二十四桥桥长二十四米，宽二点四米，两端各24级台阶，有24根栏柱，栏板皆雕月镂云而得名。历史上，杜牧笔下的“二十四桥明月夜，玉人何处教吹箫”或是姜夔的“二十四桥仍在，波心荡，冷月无声。念桥边红药，年年知为谁生？”已不复存在，现在看到的二十四桥是瘦西湖重修的二十四桥景点。二十四桥为单孔拱桥，汉白玉栏杆，形如玉带，桥长24米，宽24米，栏柱24根，台级24层，似乎处处都与24对应。

玩家攻略

这里是来到瘦西湖必会留影的地方之一，春天的时候杨柳依依，桃吐丹霞，选择在距离二十四桥还有一定距离的地方拍照最为合适。

玩家攻略

站在五亭桥上向东看，湖光水色尽收眼底，一幅典型的江南山水图呈现在面前。这里不仅是瘦西湖内的风景，更是瘦西湖内一处欣赏风景的好去处。

《扬州画舫录》中记载：“每当清风月满之时，每洞各衔一月。金色荡漾，众月争辉，莫可名状。”说的是满月之夜，五亭桥下的十五个桥洞中每个洞都含着一个月亮。在乘船游览的时候要注意这一景象。

五亭桥

瘦西湖

万花园

万花园着重恢复完善瘦西湖“石壁流淙”“静香书屋”“白塔晴云”等景色的景区。万花园强调的是“花”，里面从多个角度展示了花与国家、花与城市、花与名人、花与诗词、花与民俗、花的寓意等花卉文化。每年的扬州国际经贸旅游节，万花园会举行大型灯会等活动。

扬州盆景园

扬派盆景大观

扬州市邗江区西湖镇大虹桥路15号

87345247

扬州盆景园建于1984年，占地5公顷，有卷石洞天、西园曲水、绿扬城郭、虹桥修禊四个景区，共陈列4000多盆扬派盆景（中国盆景五大流派之一）。

“卷石洞天”景区以水相连，以长廊相接，利用以小见大的造园手法造就了“洞中有洞，洞中有天，水中有洞，水中有天”的景色。

“西园曲水”景区以水取胜，水中有岛，岛外有桥，水路两边有明清两代的建筑特色，如歌吹厅、薜萝水榭、拂柳亭、南漪石舫、浣香榭等。

“虹桥修禊”景区为清代倚虹园旧址，清顺治年间修禊虹桥，现在所看到的景观为1997年复建的，这里现为扬派盆景精品展区。

玩家 解说

扬派盆景是中国优秀的传统艺术之一，被列为中国盆景五大流派之一。历史悠久，风格独特，技艺精湛，造型别致，为中国盆景艺术之精品。

淮扬运河段巡游

2014年6月，第38届世界遗产大会宣布，中国大运河项目成功入选世界文化遗产名录，成为中国第46个世界遗产项目。淮扬运河段是大运河最早修凿的河段，介于长江和淮河之间。北接中运河，南接江南运河，长170余千米，又称为里运河，流经江苏省淮安市和扬州市，自清江浦至瓜洲古渡入长江。

淮扬运河段有清口枢纽、总督漕运公署遗址、淮扬运河扬州段三个组成部分。清口枢纽的遗产要素有淮扬运河淮安段、清口枢纽、双金闸、清江大闸、洪泽湖大堤；总督漕运公署遗址是总督漕运公署遗址的遗产要素；淮扬运河扬州段的遗产要素有淮扬运河扬州段、刘宝减水闸、盂城驿、邵伯古堤、邵伯码头、瘦西湖、天宁寺行宫、个园、汪鲁门宅、盐宗庙、卢绍绪赛。

千年大运河由南至北长流不息，流淌着的盐和大米富庶了临河而居的人们，也创造出灿烂的运河风光。

● 清江闸

清江闸是中国运河史上极为罕见的一大工程建筑，位于江苏省淮安市，建于明朝永乐年间，已有近600年的历史，至今仍保存完好，岿然屹立。大闸经清代康雍乾嘉道各朝重修加固，最后将闸口放宽至7米多。闸下溜塘深广，但却是漕粮所必经之咽喉要道。每当运粮季节，万艘漕船绵亘数里，蔚为壮观。

链接

清江闸

清江闸曾是京杭大运河南北的咽喉地带。2009年9月26日，国家邮政局发行一套《京杭大运河》特种邮票6枚，当中第4枚是位于江苏淮安的清江闸。该枚邮票上还印有清江闸旁的总督漕运部院。

● 漕运总督部院遗址

漕运总督部院遗址位于淮安市淮安区城区中心，是明、清两代统管全国漕运事务的漕运总督的官署建筑群，规模宏大，占地约2万平方米。1860年，漕运总督署迁往15千米外的清江浦，这里的建筑逐渐废弃。

政府在这里兴建了漕运总督署遗址公园，又在遗址的北侧建有中国漕运博物馆，是目前国内唯一反映大运河漕运主题的大型专题博物馆。

● 天宁寺行宫

天宁寺居清代扬州八大名刹之首，被乾隆誉为“江南诸寺之冠”。它位于扬州市西北，临近瘦西湖南端，是一座以天王殿、大雄宝殿、万佛楼等建筑为主体的规模宏大的寺庙。最早建于唐代，后经历代不断增修改建。

天宁寺与大运河关系紧密，康熙六次南巡，五次驻跸扬州，其中有两次驻跸天宁寺内。乾隆帝六次南巡，至少有五次驻跸盐商们为他兴建的天宁寺行宫内。帝王们从运河而下，抵达扬州登陆之处，也正是天宁寺行宫站外的“御马头”。

《全唐诗》《佩文韵府》等中国文化史上的经典典籍在此刊刻。珍藏着七部《四库全书》其中一部的“文汇阁”，历史上也坐落于天宁寺内。

● 汪鲁门宅

汪鲁门宅位于扬州古运河边，始建于清光绪年间（1875—1908年），是江南典型的盐商大宅，建筑面积1700余平方米。现存遗产面阔三间，在同一中轴线上，前后九进，分别为门楼、大厅、二厅、住宅楼等，总长115米。

链接

汪鲁门

汪鲁门名叫汪泳泊，字鲁门，是当时扬州非常著名的徽商。

清代盐商主要有窝商、运商、场商、总商等名目。他们在食盐流通过程中具有不同的职能，其中以总商的势力最大。总商，又叫商总。清政府盐运使衙门选择家道殷实、资本雄厚者为总商。其主要任务是为盐运使衙门向盐商征收盐课。总商经济实力雄厚，和官府交往密切，是盐商中的巨头。汪鲁门就是总商。

● 盐宗庙

盐宗庙在扬州市东南隅康山街20号，紧邻清光绪年间盐商卢绍绪豪宅之东。它由两淮众盐商捐建，是扬州盐商在此举行祭祖仪礼场所。原有殿宇五进，庙后还有戏台，作为祭祀夙沙氏、胶鬲、管仲等盐业历史著名人物的祭祀场所。后改为祭祀曾国藩的祠堂。2006年修复后对外开放。

京杭运河淮扬段

扬州盆景园

其始于唐代，盛于明清两代，深受当时画风、古城造园、养花传统的影响。扬派盆景善于仿效名山大川，借鉴山水名画，方寸之间，意境阔大。

扬州盆景园是扬派盆景的专业盆景园，与广州的西苑、四川的杜甫草堂、上海的龙华植物园、苏州的万景山庄齐名。

大明寺 AAAA ㊫

典雅庄严的千年古刹

扬州市邗江区蜀冈中峰平山堂一号

乘25路与旅游专线可到

8:00～17:30 大明寺45元，登塔10元，观音禅寺10元 87331089 www.damingsi.com

蜀冈景区由三峰组成：中峰有大明寺（含栖灵塔、鉴真纪念堂）、平山堂（谷林堂、欧阳祠）；东峰有观音禅寺等景；西峰自然风光秀丽，有生态公园。

大明寺号称“淮东第一观”，因建于南朝刘宋孝武帝大明年间（457—464年）而得名。让其名扬四海的是鉴真法师。唐朝天宝元年，鉴真法师东渡日本前曾为大明寺住持。现在大明寺共分为宗教区（核心景区）、文人雅士区、东花园区和西花园区四大景区，由牌楼、天王殿、大雄宝殿、平远楼、平山堂、御园、鉴真纪念堂、栖灵塔、天下第五泉等组成。

平山堂

平山堂位于大殿西侧，为北宋文学家欧阳修任扬州太守时所建。堂前的对联十分有名，上联“过江诸山到此堂下”，下联“太守之宴与众宾欢”。此后，苏东坡任扬州太守，在平山堂后建造谷林堂、欧阳河。

天下第五泉

天下第五泉位于平山堂之西的西园内，

西园又叫御苑、芳圃，始建于清乾隆元年(1736年)。园中有一湖，湖中便是唐朝人品评出的“天下第五泉”，唐人张又新《煎茶水记》有载。现在，园内还有御碑亭，里面有乾隆皇帝御碑三块。

鉴真纪念堂

大明寺最有特色的建筑是建于1973年的鉴真纪念堂。整个建筑分为两组同布在一条中轴线上，一组为清式四合院，北为门厅、南为纪念馆；另一组为仿唐四合院，有纪念碑亭、纪念堂，园内种植樱花。寺前有梁思成先生设计的唐鉴真和尚遗址碑，该碑仿日本奈良唐招提寺模式，由碑亭、长廊、纪念堂3部分组成，总面积达700平方米。

绿杨村景区 文

赏园林之美、访古迹之幽

绿杨村景区与老城区毗邻，有史公祠、梅花岭、天宁寺、重宁寺、御码头、冶春园（清代扬州八大名园之一，园林和茶肆结合）、绿杨村等众多文物古迹和风景园林。

玩家攻略

在冶春园内赏景、品茗、尝小吃，既领略了当地民间的乡风习俗，亦享受了古朴风情的自然乐趣。尤其冶春茶社，是扬州著名的茶社，相传为清高宗南巡时供沿途饮茶水而始。汤包8元一只，茶4元一杯，魁龙珠、四色锅饼、蟹黄汤包、大煮干丝等特色菜也十分美味。

京华城休闲旅游区 AAAA

新兴生态休闲旅游区

扬州市邗江区京华城路168号

扬州京华城休闲旅游区是一座生态、亲水型，融旅游、商务、商业、休闲、住宿等多功能为一体的全新概念的现代休闲旅游业示范点（城）。景区是长三角地区自驾游的首选之地，被誉为“世界最漂亮、功能最全、未来面积最大的Living Mall全生活广场”“全省人民的大客厅”。

更多本旅游区景点

唐子城景区：位于扬州市邗江区平山堂东路，是汉隋唐宋城池叠加保存下来的遗址，有隋宫、唐子城、宋保祐城及其城墙、护城河、唐西华门、唐诗碑廊等景观。

观音山禅寺：位于蜀冈景区的东峰之上，是扬州地势最高的地方。寺院随山势筑殿，使五台山文殊、峨眉山普贤、九华山地藏、普陀山观音4个道场，供奉于一个寺院。

笔架山景区：位于蜀冈-瘦西湖风景区东部，以宋代文化著称，有宋夹城、宋夹城护城河、宋夹城城墙遗址。另有较原始的生态湿地环境。

玩家攻略

迎新祈福：一年一度的扬州迎新祈福盛典在大明寺内举行，有开启山门、迎宾入园、法会祈福、福酒众身、舍利出塔、沐浴佛光、撞钟吉祥、共获如意等祈福活动，热闹非凡。

登塔：登上大明寺的塔，视野特别开阔。在塔上可以看见个园、古运河。

美食：大明寺的素菜特别有名，口味独特，来此处可以品尝一下。

大明寺

景点推荐 扬州城区景点

史公祠

纪念抗清英雄史可法

扬州市广储门外街24号

公交27、30路车可到达

20元

史可法纪念馆为明代史可法的衣冠墓，是一处融历史、文物、风景为一体的景点。墓园分地面和地下建筑两部分，内有寒梅数棵，与其高风亮节相符。清代诗人张尔荩撰写了"数点梅花亡国泪，二分明月故臣心"，这副名联悬挂在院中"飨堂"前。在遗墨厅中，有史可法《复多尔衮书》《临难家书》，以及他的墨迹拓本联对："琴书游戏六千里，诗酒清狂四十年""斗酒纵观廿一只，炉香静对十三经"等。

玩家解说

史可法(1601—1645)，明末政治家、军事家，著名的抗清英雄。曾任明南京兵部尚书东阁大学士，曾督师扬州，抗清殉城，铮铮铁骨，不屈而死，令后世敬佩。郭沫若在史可法诞辰360周年曾作诗："国存与存亡与亡，巍峨庙貌甚堂堂，梅花岭下遗香在，铁何时返故邦。"

扬州八怪纪念馆

领略"扬州八怪"的艺术风采

扬州市驼岭巷18号

公交6路、17路都可到达

8:30～17:20　旺季25元，淡季15元

纪念馆占地4452平方米，为宣传"扬州八怪"艺术成就的专业纪念馆，是在"扬州八怪"之一金农曾寄居的西方寺古建筑群基

础上建的，现存古建筑有明代的楠木大殿，现已开辟为主展厅，展示18世纪扬州的风土人情、繁荣的经济。

玩家解说

“扬州八怪”是清代活跃在扬州画坛上的一批具有创新精神的画家，分别是罗聘、李方膺、李鳝、金农、黄慎、郑燮、高翔、汪士慎。他们八位最喜欢画梅、竹、石、兰，以“梅的高傲、石的坚冷、竹的清高、兰的幽香”表达自己的志趣。

普哈丁墓 文

中国伊斯兰教先贤古墓

扬州市文昌中路167号　公交2路可到达

12元

普哈丁墓建于南宋末年，明、清时代都有不同程度的保护和修缮。普哈丁南宋时来扬州传教，此墓园原专安葬普哈丁，后又陆续安葬了一些阿拉伯人。墓园为阿拉伯式建筑，面积约14平方米。墓园坐东朝西，墓亭为阿拉伯制式。

玩家解说

据传，普哈丁是伊斯兰教先知穆罕默德女婿阿里支系第16世裔孙。南宋年间来扬州传教，后病逝于由天津南下的舟中，遵其嘱葬于扬州城东古运河畔高岗。

卢氏盐商住宅 文

扬州晚清盐商最大的住宅

扬州市康山街22号

公交旅游专线和19路都可到达　15元

卢氏盐商住宅建于清光绪年间，宅主为商界巨富卢绍绪，是扬州晚清盐商中最大的住宅，据说当年兴建此宅耗银7万余两。现在这里有保存完好的门楼、住宅楼、藏书楼等。

玩家攻略

这里推出以卢氏菜谱中的蒸饺、汤包、五丁包等为主的茶点，味道极为正宗，且可以在古宅中品尝淮扬特色茶点，何等有情趣。

何园 AAAA 文

诗意秀美的晚清名园

扬州市广陵区徐凝门街77号　淡季30元，旺季45元　87239626　6路、19路、旅游专线公交到何园站下，沿徐凝门街北行200米即到

www.he-garden.net

何园原名寄啸山庄，始建于清光绪九年（1883年），是一座扬州清代晚期园林的代表作品，被誉为“晚清第一名园”。

何园在中国造园艺术上有四个“天下第一”：全长1500米的复道回廊，享有“天下第一廊”的美誉；而复道回廊上的花窗被称为“天下第一窗”；片石山房是画坛巨匠石涛和尚叠石的“人间孤本”，被誉为“天下第一山”；西园池中央的水心亭，以水池居中，因此被称为“天下第一亭”。

何园还是国内著名的影视取景的天然基地，《红楼梦》《还珠格格》续集、《苍天有泪》等近百部影视剧在此取景。

玩家解说

何芷舠在清光绪年间任湖北汉黄道台、江汉关监督。说起何家，知道的人恐怕不多，但这个家族背景显赫，曾与中国近代史上几个大家族有着密切的关系。如与光绪皇帝的老师翁同龢以及清廷重臣、洋务派代表人物张之洞有姻亲关系；与李鸿章、光绪皇帝老师孙家鼐是同乡加儿女亲家。

何家的后代也是人才辈出，何芷舠的两个孙子何世桢、何世枚均在美国密歇根大学获法学博士。二人学成后，在20世纪20年代创办了持志大学，也就是今天的上海外国语大学的前身。

何园风光

船厅

是因其外形为船形，在建筑物的四周用鹅卵石、瓦片铺成水波纹状，在意境上达到了以水而居的效果。

串楼

串楼是何园建筑艺术的最大特色，它将东园与西园连接起来，分为上下两层，即使在下雨天，出入园子也很方便，串楼长1500余米，绕园一周，非常具有实用性。

水心亭

水心亭是专供园主人看戏、纳凉赏景用的，是中国仅有的水中戏亭。很多影视作品均在此取景，如《红楼梦》《还珠格格》等。

玉绣楼

玉绣楼是何园的居住区，100多年前，何家全家都生活在这里，在这两座砖木结构的二层楼上，上演着他们自己的人生。。

清楠木厅

是目前扬州保存最大、最完整的一座楠木厅。楠木厅在整体上运用中国传统建筑技法的同时，融入了西方建筑手法，最令人赞叹的就是这里的整块4平方米大、9毫米厚的玻璃，营造出极好的采光效果。

片石山房

片石山房是何园的一大看点，它是明末清初画坛巨匠石涛叠石的人间孤本。现在看到的片石山房是1989年复修后的，门楣上的“片石山房”四个字为移用的石涛墨迹。片石山房以石涛画稿为蓝本，表现出了“四边水色茫无际，别有寻思不在鱼；莫谓池中天地小，卷舒收放桌然庐”的意境。

何园

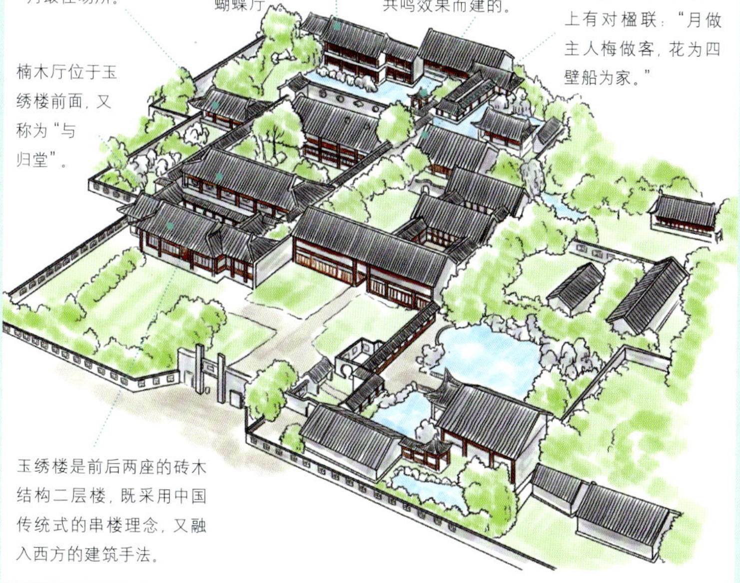

个园 AAAA

假山如林、花开似海

扬州市邗江区盐阜东路10号

旺季45元，淡季30元　87347428

乘坐27路、旅游专线

旺季7:15～18:00，淡季7:15～17:00

www.ge-garden.net

个园建于清嘉庆二十三年（1818年），是清代两淮盐业商总黄至筠的私人园林，是扬州盐商园林中历史最悠久、保存最完整、最具艺术价值的一个。园名与园主的名字有关，“筠”指的就是竹，而园中的“个”字，取“竹”字的半边，应和了庭园里各色竹子。

园内采用分峰叠石的手法，选用不同颜色的石料，巧妙地表现出春季的山林、夏天的荷塘、秋日的残阳和隆冬的雪狮四季景色，号称“四季假山”，游园一周如历春夏秋冬四季，为国内孤例，是扬州园林中最具特色的一景。

玩家解说

个园四季假山各具特色，分别表达出“春山艳冶而如笑，夏山苍翠而如滴，秋山明净而如妆，冬山惨淡而如睡”的诗情画意。春景使用石笋，表现勃勃生机；夏景用以青灰色太湖石，给人以清爽，秋景用黄山石为原材料，黄山石呈棕黄色，与秋山特征相吻合，冬景中的假山用宣石堆叠，这种石质晶莹雪白，石头几乎看不到什么棱角，符合冬山的特性。

扬州博物馆 AAAA

馆藏天下之宝

扬州市邗江区文昌西路明月湖西侧（扬州国际展览中心西侧）　85228001

乘88路公交到双博馆站下　周二至周日9:00～17:00，周一全天闭馆（国家法定节假日除外）、春节前3天闭馆

扬州博物馆，由扬州中国雕版印刷博物馆、扬州博物馆新馆组成，简称杨州双博馆，两馆实行统一管理。馆内现珍藏着扬州历史文物3万多件，有汉代漆器、玉器、铜器、陶器，中晚唐的瓷器以及以扬州八怪为主的清代书画等。

个园

广陵潮

广陵潮厅内共陈列856件文物，以历史为主线，从春秋邗城开始讲起，经过汉广陵城、唐城、宋城、明清城的发展变化，简明地勾画出扬州的发展历史，以及这座历史悠久的城市所发生的故事。

国宝厅

“国宝厅”听着名气大，进去会发现这里原来仅陈列1件展品，便是“镇馆之宝”——元霁蓝釉白龙纹梅瓶，为元代景德镇所产文物，高43.5厘米、口径5.5厘米，造型端庄隽秀，是梅瓶中的极品。

玩家解说

扬州博物馆有两件“镇馆之宝”，一件是霁蓝釉白龙纹梅瓶，另一件是元代蓝釉。据说，霁蓝釉白龙纹梅瓶的市场价达3.6亿元，堪为天价。为何如此贵重呢？这种梅瓶目前传世仅见3件，其余两件为：一件现存于北京颐和园，为宫廷旧藏；一件藏于法国巴黎吉美博物馆。此两件都有残损。不但如此，这3件梅瓶相比起来，只有扬州博物馆的梅瓶器型最大、纹饰最为精美。

扬州古代雕刻厅

扬州古代雕刻厅内展示了135件文物，这些展品按照材质而分，有木雕类、玉雕类、砖雕类、漆雕类、竹雕类、瓷雕类、核雕类等。这些艺术品不仅有浓郁的扬州地方特色，更诠释了中国古代精湛的雕刻艺术，非常值得观赏。

玩家攻略

讲解费：5人以下团队基数50元，5人（含5人）以上团队按每人次不超过10元（含10元）计费，每批次团队导游讲解收费不超过150元。

美食：距离个园最近，而又最具特色的饭店当属富春花园茶社（87348748）。除此，还有富春嘉客多（87348748）、金聚德酒店（87341777）、阿得宝酒楼扬州店（87337887）等。

住宿：距离个园较近的有水利宾馆（87347370）、长乐客栈（87993333）、个园国际青年旅舍（87348333）等，稍微远一点的（距离个园500米左右）有扬州御龙半岛商务酒店（87708555）、扬州宾馆（87805888）。另外，金聚德酒店也提供住宿服务，值得说一下，该酒店与史可法纪念馆仅一桥（史公桥）之隔。而扬州宾馆距离天宁禅寺非常近，距离不超过100米。

扬州园林

馆藏明清书画厅

馆藏明清书画厅展示了66件文物，并分为扬州八怪书画精品展和馆藏明清书画展。既然是扬州八怪的故乡，自然少不了此八位画家的代表作，展览中的春兰秋菊最具特色，既体现出此八人的性情，又具有很高的艺术价值。

中国雕版印刷博物馆

扬州中国雕版印刷博物馆是中国唯一的一座雕版印刷博物馆，分为中国馆与扬州馆两大部分，其中“扬州馆”还以“仓储式”陈列有10余万片古代雕版。

琼花观

赏琼花、感受诗意之美

扬州市邗江区文昌中路360号

旺季（3～5月，9～12月）8元，淡季5元

乘18、26路公交到琼花观下　8:00～17:00

琼花观现为扬州市一中校址，古称“后土祠”，因琼花而得名。有三清殿、无双亭、玉钩古井、诗额长廊、蒋衡写经楼遗址、吴敬梓读书处等景。

链接

琼花

琼花是一种具有传奇色彩的花卉。琼花原物现今虽已不存，但长期以来，扬州人民约定俗成，已把聚八仙花视为琼花，为扬州市的市花。每当暮春三月，琼花观内琼花盛开，迎接中外游人。

传说，琼花观和琼花有着解不开的渊源。汉代扬州城东曾有一株琼花，当时有人特为之建“琼花观”。宋朝欧阳修做扬州太守时，又在花旁建“无双亭”，以示天下无双。宋仁宗、宋孝宗都曾移植琼花于皇宫内，均不得活。宋亡元兴，这株琼花神秘凋零而死。

仙鹤寺

古朴秀美的清真寺

扬州市邗江区汶河中路西侧

乘1、5、6等路公交或旅游专线可达

仙鹤寺与杭州凤凰寺、广州怀圣寺、泉州麒麟寺齐名，并称中国四大清真寺院。为南宋时普哈丁来扬州传教时募款所建。仙鹤寺融合了伊斯兰建筑和中国古代建筑的风格特点。每逢伊斯兰教节日，中外信仰者往往在这里聚礼，今日仙鹤寺已成为扬州和阿拉伯友好交往的一个标志。

扬州文昌阁

扬州闹市中的佳景

扬州市邗江区文昌路和汶河路交叉处

乘6、17、20路公交可达。另外镇扬城际公交（扬州平山堂发往镇江焦山公园），也停靠文昌阁

扬州文昌阁八角三级砖木结构建筑，阁的底层四面辟有拱门，与街道相通。第二、三两层四周虚窗，登楼四眺，远近街景，尽收眼底。每于节庆之夜，阁上彩灯辉耀街衢，为扬州闹市的一处佳景。

文昌阁往北一站路是四望亭，四望亭西的四望亭路是扬州出名的美食街。

玩家 解说

文昌阁建于明万历十三年（1585年），因是扬州府学的魁星楼，名为“文昌阁”。旧日阁上悬有“邗上文枢”匾额。扬州府学文庙建筑，已陆续圮毁，现在仅余文昌阁，阁高24.25米，矗立于广场中心。

凤凰岛生态旅游区

风景秀美的湿地天堂

扬州市邗江区泰安镇金泰南路88号

乘10路公交可到

旺季45元，淡季30元　www.yzfhd.cn

凤凰岛生态旅游区是南水北调东线水源区，也是江淮平原上自然生态环境保持最完好的一块平原——湖泊类型的湿地景观，素有“七河八岛”“百鸟天堂”之称。这里还设有众多游乐项目，有瓷艺坊、农艺坊、钓鱼台等项目可供游客亲自参与体验。

竹西公园

古竹西寺遗址

扬州市邗江区城北乡　20元

竹西公园位于扬州古运河畔，此地原为古竹西寺遗址，取唐代大诗人杜牧的诗句“谁知竹西路，歌吹是扬州”命名。公园占地120亩，景点有竹西八景（竹西亭和月明桥等）、动物园、水上乐园、精品盆景园等。

扬州动物园

生态型动植物园

扬州市广陵区湾头镇，距市中心5千米

45元　www.yzzyw.com

乘4、12、66、26路公交到琼花观站下，或乘8路公交到世纪华联站下

扬州动物园原为茱萸湾公园，湾头镇因盛长茱萸树，故古时曾名茱萸村、茱萸湾。

扬州动物园是一座融自然风光、人文景观、花卉、植物动物观赏和现代游乐为一体的半岛生态型动植物园。

更多本旅游区景点

朱自清故居： 位于广陵区安乐巷27号，建于清代，是扬州典型的“三合院”民居。

吴道台宅第： 位于邗江区泰州路，号称“九十九间半”的大型私宅，雕工精致，保存完好。

瓜洲古渡风景区： 位于邗江区瓜洲镇，为国家水利风景区，景区内的古渡遗址、御碑亭、沉箱亭等已成为中外宾客寻幽探古的佳处。

二分明月楼： 建于清代，位于广陵路中段，园内几乎所有建筑和景物都与月亮有关，如月向西沉时可送月的夕照阁，月上东山时可迎月的迎月楼等。

文昌阁

景点推荐

扬州郊区景点

邵伯湖

湖水清澈、水草丰美

江都区邵伯镇

86780115

乘坐205路、308路可到

邵伯湖又名棠湖，古属三十六陂，素有“三十六陂帆落尽，只留一片好湖光”的美称。以保存完好的条石街、斗野亭（有300多年历史的镇水铁牛）和独特的湖光月色、美味佳肴而引人入胜。邵伯湖湖区面积0.98万公顷，湖水清澈，水草丰美，以“古”“水”为特色，是一处自然风光绝佳的地方。

玩家解说

邵伯湖紧邻大运河，这里盛产一种令人垂涎欲滴的美味佳肴——龙虾。邵伯湖龙虾的味道非常鲜美，是河沟里的龙虾所比不了的。而从外形来看，这里的龙虾个大饱满，肚皮发白，外壳青中带红，看着就勾人食欲，是来此地不能错过的美食。

江都水利枢纽风景区

南水北调东线工程的源头

扬州市江都区龙城路133号

它是国家南水北调东线工程的源头，其中江都抽水站规模和效益为远东之最，世界闻名。旅游区占地160公顷，集科普教育、观光游览、休闲健身于一身，以宏伟的水利工程、丰富的自然植被、秀美的江河水景著称。空中俯视，四面环水，站闸相连，气势磅礴，犹如水中巨龙；步入其中，佳木郁葱，鸟语花香，亭榭楼台，又似世外桃源。

登月湖风景区

风光秀美的人工湖

仪征市月塘乡街道东

32元。区内乘船10元/人　83844858

登月湖风景区是一处融观光、娱乐、休闲为一体的综合旅游度假区。景区内的登月湖是扬州地区最大的人工湖，水质清澈，生态环境优良，水产品丰富，野生鸟类众多。

景区由水上乐园、岛上观光茶园（包括吟月村）和雨花石寻赏区3部分组成，内设乐水湾、龙山探宝、半岛茶庄、雨花石一条街、铁坝冲农业观光示范园等景点。

龙山探宝

龙山是登月湖湖岸上地势最高，也是唯一有石矿资源的地方。“龙山探宝”以探寻雨花石为载体，共设置了“雨花石矿山”“雨花石矿井”“雨花女雕像”“雨花石当铺”“九龙壁”等项目。

玩家解说

雨花石是天下奇石之一，雨花石的主产地在仪征地区月塘乡，产品销往世界各地，南京市场上能够买到的好雨花石几乎都是从登月湖这里出去的。

雨花石寻赏区有专用沙石场供游人拾捡雨花石，可以亲身感受寻找雨花石的乐趣；雨花石一条街有各种各样多姿多彩的雨花石供游人购买，并可现场参观打磨、抛光、包装等工序；雨花石陈列室则供游人观赏五光十色的精品雨花石。

登月湖雨花石

沙滩浴场

沙滩浴场是省内最大的人工沙滩浴场，其中包括沙滩和卵石滩。沙滩可供游客游泳，作日光浴休息，卵石滩可供游客采集雨花石，同时还有足底按摩的作用。还可以参加水上赛艇、滑水、帆板等惊险刺激的水上运动。

岛上观光茶园

岛上观光茶园三面环水，空气洁净，气候湿润，所产“登月”牌茶叶无公害、无污染，色泽嫩绿、汤色清澈，清香爽口、滋味甘醇。在这里可参与现场采茶、制茶、泡茶，充分体验自采自饮的感觉。

茶园还推出了具有浓郁地方特色的茶道表演，让游客在品茶的同时，感受中华茶文化的深厚底蕴。

龙山风景区

感受自然山水的动人魅力

仪征市青山镇街道北100米左右

市区乘坐5路公交可到

龙山风景区是一片保存完好的原生态地区。区内景色优美，山势跌宕起伏，植被茂密丰富，有观赏林木园2.33公顷，怪石风景组合350多套。山顶还建有全省最大的养鹿基地。

景区内还有周太谷及盛成母子墓葬等人文景观。山脚下有龙山度假村和天然浴场，夏可游泳、冬可垂钓。

玩家解说

龙山的来历与“龙”有关。相传，明朝初建，为了力保皇帝朱元璋的江山，军师刘伯温遍访各山，看到哪里有“龙脉”凸现，就将它掐死。一次刘伯温发现隔江的龙潭一支山脉过江直通江北，俨然一条活龙，就命人将龙山头挖断。此后，两岸的山都停止生长了。与龙山相隔不远的红山土壤，大片都是红色的，当地群众称那是龙血染红的。

仪征西郊森林公园

天宁塔

傲然挺立的古塔

仪征市真州镇仓巷

建于唐代景龙三年（709年），毁于五代十国的战乱，宋代重建，又毁于宋元战火，明代洪武二十四年（1391年）又重建，现天宁塔是标准的明代初期建筑，但有唐宋建筑遗风。明代修成后历经战火，多次维修，光绪三年（1877年）再次蒙难，仅存塔身，仍为江苏境内最高之塔。此塔主要功能是烽火台，重点为战争报警服务，历来是僧人与兵营居于一体。

更多本旅游区景点

龙川广场：位于江都区小纪镇，是引江风景区的重要组成部分。广场充分体现了“龙川文化”的精髓，聚合“龙之魂”“川之韵”的丰富内涵。

真如寺：又叫真武庙，初名地藏庵，始建于唐代。明弘治八年（1495年）重建有前殿、大殿和藏经楼（两层），采用宋代的建筑风格。

东岳庙：位于仪征市真州镇东南，是扬州仅存的道教庙宇，占地20多亩。东岳宝殿气势壮观，堪称苏北第一。

地藏寺：始建于唐代，5建4毁。现址位于孔雀山公园处，占地30亩，建有大雄宝殿、天王殿、观音殿、藏经楼、灵塔等建筑。

扬州西郊森林公园：位于仪征市市区东北郊，又名白羊山风景旅游区，山上风光旖旎，鸟类众多，又因其大气澄净，远避喧闹，被誉为扬州西郊“天然大氧吧”。

石柱山风景区：位于仪征市谢集镇捺山茶场，自然风光优美，山体海拔146米，有极具科研和欣赏价值的石柱林和木骨化石，辟有奇景园。

扬州芍药园：位于仪征十五里墩（宁通公路北侧），以精品花木、特水养殖和赛鸽中心为主体，其中“扬州市花”芍药占地66.7公顷，堪称“中华芍药第一园”。

景点推荐 扬州北部旅游区

纵棹园

秀美的私家园林

扬州市宝应县安宜镇叶挺路安宜路口

纵棹园原为清代乔莱的私家园林，后曾改建为画川书院，成为当时宝应的最高学府。此园积土为山，植树为林，小中见大，颇多野逸之趣，并以荷景著称。现园内有八宝亭。纵棹园大门两侧，雄踞着一对洁白、威严的石狮，现为镇园之宝。

荷园

接天莲叶无穷碧

扬州市宝应县水泗乡新区的西侧

荷园中有荷藕1000公顷，是江苏省莲藕新品种引进和良种培育基地，所在的水泗乡也被命名为“中国荷藕之乡”，荷藕品种以本地“美人红”“大紫红”“雁来争”“水选1号”“野莲”为主。园区内河渠纵横，水网密布，东湖和西湖盛产鱼、虾、蟹、龟、鳖等水产品，遍长芦苇、蒲草，形成了较为独特的生态旅游景观，有“苏中沙家浜”之美称。

蝶园景区

秀美宁静的私人花园

高邮市高邮镇

蝶园景区前身是王永吉私人花园，由蝶园主广场、亲水广场、古城遗韵景区、商业休闲广场等组成。蝶园建筑精美，蔚为壮观。主建筑为聚星堂，斗拱的门厅，高大的厅堂，别致的花墙，在奎星阁的映衬下更显得古朴壮观。围墙外古木参天，垂柳依依，竹篱茅舍，小桥流水。

玩家 解说

王永吉，字修之，一字六谦，号铁山，高邮人。少时聪明好学，善于思考。明天启三年（1623年）中举，一直做到蓟辽总督。到了清代，他做过大理寺卿、工部侍郎、户部侍郎、兵部尚书，直至国史院大学士。

清王朝定都北京后，王永吉携其挚友——四川人陆永一起回到高邮，曾相约誓不出仕清朝。王永吉在奎星阁下兴建了蝶园，与友人终日饮酒、赋诗、对弈，十分潇洒自如。据说顺治皇帝曾派人到高邮，意欲请其出山。王永吉听到风声后，与陆永一起来到60里外的界首镇，藏在东岳观中。对于出山与否，王永吉内心十分矛盾，就在观中求签，得一上上签，签题是“伊尹受聘”，于是王永吉就进京出仕了。

对于王永吉的此次出山，其好友陆永是很为不满的。民间流传这样一个故事：一日时交谷雨，王永吉与陆永在园内对弈。王永吉棋下得顺手，随口说出一联：“志在一匡，今日几乎忘谷雨。”陆永稍加思索，从容说出下联：“恩荣两代，当年何不辨清明。”令王永吉无言以对。

北门当铺 ㊋

保存完好的古典当铺遗存

高邮城北门外人民路西侧

北门当铺是中国目前发现的保存较好、规模较大的古代典当铺遗存。它开设于清代中期，基本上呈五排五进，原有房屋80多间，其中处于当铺中心位置的存箱楼、东部的客房、号房保存基本完整。

王氏纪念馆

训诂大家研学之所

高邮市高邮镇

高邮王氏纪念馆坐落在高邮市区西南部西后街中段，馆门坐西朝东，占地约1000多平方米。王氏纪念馆是在王氏故居的基础上修建的，有王氏父子著作陈列。故居为青砖黛瓦的清式建筑，造型古朴，庭院幽静雅致。

玩家 解说

相传北门当铺为清代大贪官和珅的私产，到民国初年爱国绅士马士杰（曾任江苏省民政司司长）是当时当铺的最大股东，1927年当铺遭到军阀孙传芳部下的抢劫，后歇业。新中国成立后，当铺主要建筑归新巷搬运社和锚链社作为生产和生活用房，几十年来当铺房屋总体布局和框架结构未作大的变动。

北门当铺

链接

高邮王氏父子

王念孙（1744—1832），字怀祖，学界习称其号石月瞿先生。王念孙自幼聪颖好学，五六岁时即能诵读《尚书》，知解其义，有神童之称。后拜训诂学家戴震为师。他精通音韵学、文字学、训诂学、校勘学，著述既丰而严谨，有《广雅疏证》二十卷和《读书杂志》八十三卷，为世人所重，誉为“经学大师”。

王引之（1766—1834），字伯申，号曼卿，王念孙长子。王引之幼承家学，精研音韵、文字、训诂诸学，深得其父精粹，并拓展其父学术领域、推而广之，著有《经义述闻》三十二卷、《经传释词》十卷。在训诂学界，与其父并称“二王”。《经学历史》作者皮锡瑞曾有“经学训诂，以高邮王氏念孙、引之父子为最精”一说。

盂城驿 AAAA ㊋

感受古代水马驿站的风情

高邮市高邮镇馆驿巷13号

高邮市内乘坐2路公交车可到　30元

盂城驿始建于明代，是京杭大运河旁

盂城驿

一处重要的水马驿站。驿站规模宏大，由牌楼、照壁、鼓楼、厅房和秦邮公馆、驿丞宅等房屋组成，是目前中国现存最古老、规模最大、保存最完好的古代驿站。

链接

南门明清古街

南门明清古街长230米，兴建于宋代，繁盛于明清。两旁有独具明清风格的店铺民居，有驿丞旧宅、秦邮亭等建筑。

更多本旅游区景点

九里一千墩汉墓群：位于扬州市宝应县射阳湖集镇西南部，从射阳湖镇赵家村起，一直延伸到天平乡的天平庄附近，在此范围内墓墩数以千计，出土文物众多。

镇国寺塔：位于高邮城西南运河的河心岛上，亦称西塔。该塔始建于唐代僖宗时期（874—888年），为7层方形楼阁式砖塔。

东湖度假村：位于高邮市马棚镇，是精品生态旅游景区，建有森林公园、生态园区、度假村，有多种休闲娱乐项目。

周恩来少年读书处：位于扬州市宝应县城水巷口3号，原为周恩来外祖父陈沅的宅第。整个建筑为明清风格，共有房屋18间。

龙虬庄遗址博物苑：位于高邮市文游中路，是江淮东部地区新石器时代一处具有代表性的村落遗址，距今约7000—5000年。

文游台：筑在东山（亦称泰山）顶端的高台建筑，登高四望，东观禾田，西览湖天，水乡自然景观尽收眼底。

宝应湖：位于扬州市宝应县境内，属浅水、封闭型湖泊，风景如画，素有“小西湖”之称。古往今来，文人墨客慕名游览，留下了许多美丽的诗篇。

攻略资讯

- 交通
- 住宿
- 美食
- 购物
- 娱乐

交通

飞机

扬州与泰州合建扬州泰州国际机场，位于扬州市江都区丁沟镇机场路。机场已开通北京、广州、成都、重庆等多条航线。从扬州市内以及江都、宝应、高邮均有前往机场的大巴。

咨询电话：0514-86100777

南京禄口机场—扬州：每日10:30禄口机场到达厅出口处发车，终点站扬州文汇东路201号；每日12:00、14:30、17:30、20:30禄口机场到达厅出口处发车，终点站扬州市北门外街1号（友好会馆西侧）。此外，南京市内汉中门汽车站或汽车东站也有直达扬州的班车，平均每半小时一班。

火车

宁启铁路贯穿扬州境内，扬州火车站位于扬州新城区文昌西路北侧，距市中心7千米。车站有发往北京、上海、广州、武汉等5对黄金线列车以及前往南京、南通、重庆等地的动车组列车。市内乘22、26路等公交可达。

玩家 攻略

上海—扬州间的火车需绕行南京，费时较

花局里

久。来自上海、苏州等方向的游客可选择先乘火车到镇江，转乘汽车到扬州。扬州到镇江之间有扬镇班车，40分钟即可到达镇江高铁站。

轮船

扬州水运发达，沿大运河可到杭州，沿长江上可到武汉、重庆，下可到上海，沿大运河向北可去淮安，向南可至杭州。

扬州港位于京杭运河和长江交汇处，距离市区11.5千米，有发往南京、九江、武汉、杭州、南通、上海等地的客轮。

问讯处电话：87571994

玩家 攻略

扬州瓜洲渡口与镇江之间有汽渡往返，也可搭载行人。虽然通过润扬大桥过江更迅速舒适，但横渡长江的感觉还是相当不错的。

扬州火车站

汽车

宁通高速公路横贯东西，京沪高速公路纵贯南北。走高速公路从扬州到南京约70分钟；到镇江火车站约45分钟（需摆渡过长江，渡船5分钟一趟）；到上海约3个小时（上海客运总站、南站、浦东客运站、沪太路客运站都有车发往扬州，票价70~102元。购买回程票时注意选择方便的停靠站）。

扬州汽车客运总站位于邗江区文昌西路530号，1、9、13、33等多路公交可到达，咨询电话 87963658 ；扬州汽车东站位于运河东路800号，9、12、19等公交可到达，咨询电话80975207。

玩家攻略

1.扬州的公交很早就结束运营，8路末班车18:35。很多郊区的公交线路来回不在同一线路上（扬州市区也是这样，这和南京、上海等大城市不一样）。

2.市中心的文昌阁是公交线路最密集的地带，基本上可通达全市各处。如果您找不到直达目的地的公交，可先乘车到文昌阁，再换乘至目的地的车。

3.乘坐出租车时要谨慎付钱，以免被骗。汽车站打车到瘦西湖约15元。

住宿

扬州城虽然不大，但档次齐全，大到五星级饭店，小到二三十元一晚的旅馆，可依具体情况而选。扬州的酒店宾馆大多集中在扬州市区及各个景点附近。

● 扬州瘦西湖温泉度假村

度假村位于瘦西湖畔，宋夹城、大明寺、观音山等扬州著名景点环抱四周，位置得天独厚，环境清新自然。房间舒适温馨，温泉区有形态功能各异，分室内和室外温泉，是度假旅行的好去处。邗江区 长春路38号 82996666

● 长乐客栈

为文物保护建筑，分别由民国初年钱业经纪人李鹤生的逸圃、清末民初盐商华友梅的华氏园以及清代名将李长乐的将军府3处古宅及其他宅院翻建而成，是集历史风貌、传统特色、原生态与时尚休闲于一身的古建筑民居式主题精品酒店。客栈位于中国十大名街之一的“双东”历史街区之中，周边人文景点众多。广陵区东关街357号 87993333

● 扬州宾馆

东临史可法纪念馆，西侧紧依古刹天宁寺，是“瘦西湖乾隆水上游览线”的起点站，环境极佳。市区梅花岭畔（丰乐上街5号） 87805888

● 更多住宿去处

名称	位置	电话
扬州迎宾馆	广陵区瘦西湖路48号	87809888
扬州花园国际大酒店	江阳中路236号	87803333
扬州帝豪大酒店	江都区邵伯镇甘棠路甘棠广场	86789777
桔子水晶酒店文昌阁店	邗江区文昌中路571号	82839999
扬州二十四桥宾馆	邗江区 扬子江北路486号	87808999

美食

扬州厨刀是声播全国、享誉世界的淮扬菜的代名词。淮扬菜是汉族八大菜系之一，目前国宴中的大多数菜肴仍属于淮扬菜。

淮扬菜十分讲究刀工，刀工比较精细，尤以瓜雕享誉四方。菜品形态精致，滋味醇和；在烹饪上则善用火候，讲究火工，擅长炖、焖、煨、焐、蒸、烧、炒；原料多以水产为主，注重鲜活，口味平和，清鲜而略带甜味。著名菜肴有扬州炒饭、清炖蟹粉狮子头、大煮干丝、三套鸭、软兜长鱼、水晶肴肉、松鼠鳜鱼、梁溪脆鳝等。

扬州小吃也是淮扬菜的一个重要组成部分，三丁包、千层糕、双麻酥饼、笋肉锅贴、扬州饼、蟹壳黄、四喜汤团、生肉藕夹、鸡蛋火烧……这些风味小吃定能让您大饱口福。

扬州美食街有毓贤街、史可法路和四望亭。扬州的餐馆更是鳞次栉比，到处都有。从环境幽雅的星级饭店，到菜肴精致的私家小餐馆，随您挑选。

美食小吃

●蟹粉狮子头

为扬州地区久负盛名的传统名菜，据传，此菜始于隋朝。狮子头有多种烹调方法，既可红烧，亦可清蒸。因清炖嫩而肥鲜，比红烧出名。“蟹粉狮子头”成菜后蟹粉鲜香，入口而化，深受欢迎。

蟹粉狮子头

●大煮干丝

是淮扬菜系中的看家菜，又称鸡汁煮干丝，其风味之美，历来被推为席上美馔。大煮干丝的原料主要为淮扬方干，刀工要求极为精细，多种作料的鲜香味经过烹调，复合到豆腐干丝里，吃起来爽口开胃，异常珍美，百食不厌。

大煮干丝

●三套鸭

是扬州地区的传统名菜，有人赞美此菜具有“闻香下马，知味停车”的魅力。三套鸭以野鸭为主料，烹饪技巧以焖菜为主，口味咸鲜。“三套鸭”家鸭肥嫩，野鸭喷香，菜鸽细酥，滋味极佳。

三套鸭

●三丁包子

为扬州名点，以面粉发酵和馅心精细取胜。三丁又称三鲜，以鸡丁、肉丁、笋丁作馅，鲜、香、脆、嫩具备，肥而不腻。发酵所用面粉“洁白如雪”，所发面软而带韧，食不粘牙。

三丁包子

美食去处

●共和春饺面店

该店始创于1933年，是一家以经营虾子饺面为主的风味独特的面馆。制面精心讲究，饺子皮薄肉鲜。✉ 甘泉路81号 🚌 乘坐公交8路可到

●冶春茶社

茶社周边碧波荡漾，园林秀美，甚是清幽，此社有两百年以上的历史，相传为清高宗南巡时供沿途饮茶水而始。特色菜有四色锅饼、蟹黄汤包、大煮干丝等。✉ 扬州市丰乐下街 🚌 乘坐公交30路、游1线可到 ✆ 87368018

共和春饺面店

冶春茶社

●毓贤街美食街

是位于文昌商圈核心地段新建的美食街，粉墙黛瓦，古色古香。街上有一家颇有名气的吉兆楼，不仅淮扬菜做得不错，自创的菜也很有特色。

●四望亭路美食街

是一条集住宿、美食、娱乐休闲的名街。西式自助、传统中国餐等各色餐厅都有，位置上离瘦西湖不远处。

●更多美食去处

名称	位置	电话
菜根香饭店(百年老店)	广陵区东关街道南通东路128号	85555777
共和春酒家	甘泉路79号	87342551
京华大酒店（以全藕宴著名）	文昌西路1号	87322888
福满楼大酒店（文昌西路店）	邗江区莱茵苑沿河街52号	87862777

购物

扬州的传统工艺品有“扬州二绝”（玉器、漆器）、长毛绒玩具、剪纸、盆景、绒花、秦邮董糖等；土特产有牛皮糖、扬州酱菜、双黄鸭蛋、邵伯菱角等。

绒花

扬州最繁华的商业街在文昌路，汶河路和文昌路在文昌阁交汇，周围很热闹。金鹰国际（汶河南路120号，乘12、26等路公交可达）、百盛商业大厦都坐落在这里。此外，国庆路也是主要商业街。

扬州特产

●扬州漆器

扬州漆器

扬州漆器历史悠久，早在2000多年前的西汉时期，已有相当的工艺水平。扬州漆器主要分雕漆嵌玉、平磨螺细、骨石镶嵌、点螺、刻漆、彩绘钩刀、漆砂砚7个类别。产品有屏风、酒柜及各式桌、椅、凳、瓶等家具和陈设用品300多种。扬州漆器厂位于个园对面，是扬州漆器的生产销售点，厂内的展览厅展览并销售几十元到几千万元的漆器，精美无比。

●玉器

玉器

扬州是中国玉器重要产地之一。早在汉代，扬州琢玉技艺已有相当高的水平，至唐代已闻名全国，明、清两代，名匠辈出。现藏在中国工艺美术馆珍宝馆内的大型玉雕《大禹治水图》就是清代乾隆年间扬州玉雕艺人的传世珍品。扬州玉器厂是全国玉器生产的重点厂家。生产的玉器品种有炉瓶、花鸟、走兽、人物佛像及首饰珠串等，尤以山籽雕更富艺术特色。扬州市丰乐下街10号 公交8、30、游1、游2路公交车可到

扬州购物场所

●五亭龙国际玩具城

这里是扬州最大的毛绒玩具市场，价格低廉、种类齐全。分六大区域经营各种玩具、文具、礼品、金银饰物、时尚用品、工艺品等。邗江区扬子江北路828号

87184688

●扬州市工艺美术馆

是扬州工艺品购物的首选之地，是全国最大的专业性工艺美术展馆之一，馆内珍藏了闻名中外的漆器、玉器、刺绣、剪纸、通草花、微雕等稀世珍品，在此可以选购到称心如意的旅游工艺品。扬州市沿河街50号 公交游1线、游2线 8:30—17:30 87347127

●更多购物去处

名称	位置
漆器旅游工艺品商场	盐阜东路沿河街
玉龙工美艺术商厦	广储门外
万家福商城	汶河北路1号，文昌阁商业中心
扬州玉器厂（以山籽雕最为著名）	丰乐下街10号（乘游1、游2、8等路公交可达）
三和四美酱菜	东关街180号（乘8路公交可达）

娱乐

扬州人有两大享受：“早上皮包水，晚上水包皮。”清晨去喝一杯扬州早茶再品尝一下扬州特色点心；下午去扬州的澡堂泡个澡，当然还可以修脚、捶背、品茗、品小吃、理发、闭目养神……这种悠闲滋味已深深渗入“扬州”这二字中去。扬州还有著名的三把刀，即天下闻名的扬州厨刀、修脚刀、理发刀。由此可以看出扬州的特色，就是吃和娱乐。

扬州的现代娱乐场所也特别多，主要集中在文昌西路、汶河路、孙庄路步行街和国庆路，当然扬州大剧院、友好会馆剧场和工人文化宫影剧院也是不错的休闲娱乐好去处。

玩家 攻略

早上10点以后早茶基本就结束了，所以，要吃扬州著名的早茶得赶早；当然午饭、晚饭也有点儿菜可吃，但一些名点心可能就没了，虽然空了些，但也没早茶的气氛了。

●富春茶社

该店被公认为扬州茶点的正宗代表店，其中以三丁包子、千层油糕、翡翠烧卖最为出名。28元的套餐，有九道点心。广陵区得胜桥街路35号 乘8路公交可达 87930558

玩家 攻略

富春茶社在扬州某购物中心内开了家分店，如果打车去茶社的话，要和司机说清楚是去老茶社。因为老茶社的路不太好走，司机宁愿去新茶社。

●扬州理发刀

曾被乾隆皇帝封为“御赐一品刀”。乾隆皇帝六下江南、六游扬州时，剃头理辫用的就是扬州理发刀。每次剃头修面刮胡子，扬州理发师独到细腻的刀工，使他受用得“此身不知何处去，已随剃刀游九霄”。

节日和重大活动

节日	举办地	时间
大明寺钟声迎新年	大明寺	岁末年初
“烟花三月”国际经贸旅游节	扬州	4～5月
二分明月文化节	瘦西湖	9～10月

富春茶社

发现者旅行指南

苏北

（含徐州、连云港、宿迁、淮安、盐城）

概览

亮点

徐州汉文化景区

是融“两汉三绝”为一体、国内最大的汉文化主题公园，包括狮子山楚王陵、汉兵马俑博物馆等核心区。

连云港花果山

电视剧《西游记》的取材地，自古有“东海第一胜境”和“海内四大灵山之一”的美誉。

铁山寺森林公园

位于淮安，是江苏保存最好、面积最大的野生动植物王国。

中华麋鹿园

在盐城大丰区，是世界上第一个也是面积最大、种群数量最多的野生麋鹿园，全球唯一、中国仅有的以麋鹿文化为主题的国家4A级旅游景区。

必逛街道

泰隆商业街：是徐州第一条采用上海石库门风情的主题商业街，是融购物、餐饮和休闲娱乐为一体的综合商业街。

乐园步行街：淮安较为繁华的商业街，附近大型商场、超市较为集中，是休闲娱乐的理想场所。

浠沧商业街：目前盐城市区最大的商业街，位于市中心大铜马广场的西北角，商铺林立，人气很旺。

线路

徐州精华三日游

第一天参观徐州汉文化景区、淮海战役烈士纪念塔园林、彭祖园、龟山汉墓。第二天游览云龙山、云龙湖、泉山森林公园、徐州博物馆。第三天上午到沛县汉城景区观赏，下午去马陵山。

连云港二日游

第一天上午登孔望山，后去花果山，最后游览连岛旅游度假区。第二天参观墟沟海滨风景区、宿城、高公岛。

淮安二日游

第一天畅游铁山寺森林公园。第二天参观万人龙虾宴广场、中国龙虾博物馆、盱

苏公塔

眙小外滩、明祖陵、第一山等景点，最后游览洪泽湖。

盐城三日游

第一天上午参观盐城新四军纪念馆，下午拜谒宋曹故居。第二天游览丹顶鹤（珍禽）保护区。第三天拜访中华麋鹿园。

为何去

苏北风景名胜众多，国家历史文化名城徐州古称彭城，是淮海经济区中心城市，为华夏九州之一。海港山城连云港是新亚欧大陆桥的东端起点，素有“东海第一胜境”“东海名郡”之称。淮北明珠宿迁土地肥沃、平原辽阔、河湖交错，洪泽湖、骆马湖珍禽聚栖；乾隆行宫气势非凡；楚霸王项羽故里雄伟壮观；嶂山森林公园自然典雅。国家历史文化名城淮安（现楚州区）素有“壮丽东南第一州”的美誉。黄海之滨的盐城因盐得名，是江苏省第一海洋大市。

骆马湖

何时去

位于苏北的徐州、连云港、宿迁、淮安、盐城均属于季风性气候，四季分明，气候温和、日照充足、冷暖有常、雨量适中。

徐州最佳时间是3—11月，此时节气分明，适宜旅游；连云港依山傍海，旅游时间选在春季或秋季较好；宿迁气候温和宜人，每年5—10月是旅游最佳时节；到淮安旅游最好选择春秋两季。每年9月还有盱眙龙虾节；到盐城旅游的最佳时间为夏、秋季节。夏季，保护区内万物生机勃勃，秋天更是漫步芦苇荡的好时候。

云龙山

苏北旅游示意图

区域解读

区号：徐州0516
连云港0518
宿迁0527
淮安0517
盐城0515
面积：约54431 km²
人口：约3035万人

地理 GEOGRAPHY

地形

苏北地区东部濒临黄海，南部滨江，拥有大面积滩涂。历史上，苏北沿海是中国主要产盐区。除了滨海之外，苏北地区还有众多湖泊，包括骆马湖、洪泽湖、高邮湖、宝应湖等。在地势方面，苏北地区较为低平，为坦荡的平原，同时京杭运河沿扬州、淮安和徐州向山东延伸。

苏北地区的连云港市靠近东海，海岸线长162千米，其中基岩海岸为江苏独有，东西连岛为江苏第一大海岛。盐城东临黄海，海岸线总长582千米，沿海海域是中国唯一无赤潮的内海水域。

气候

全区处在北亚热带向暖温带过渡的湿润季风气候，水热资源充沛，雨量适中，雨热同期，四季分明，特别宜人。四季之中春、秋季短，冬、夏季长，春季天气多变，夏季高温多雨，秋季天高气爽，冬季寒潮频袭。

通常所说的南北分界线指的就是秦岭—淮河一线，其中淮河指的便是横贯淮安市境内的淮河—苏北灌溉总渠一线，它也是中国暖温带和亚热带的分界线，因此淮安市兼有南北气候特征。一般说来，苏北灌溉总渠以南地区属亚热带湿润季风气候，以北地区为北温带半湿润季风气候。

丢失下游的淮河

在中国，所谓的“南方人”“北方人”一说，大多以秦岭—淮河一线为界，特别是东部地区，这种说法尤为明显。

但真正意义上说，这只能算是一种“笼统”的说法，因为淮河本身就是一条丢失了下游的河流。在宋代以前，淮河跟中国其他大河一样，还是一条完整的河流，能够独自入海。但是金兵南侵，宋掘开黄河南岸放水，企图阻止金兵南下，结果金兵没有挡住，倒是黄河从泰山之南夺淮入海了。

后来虽然黄河重返北方，但黄河所携泥沙沉积，使淮河下游滞留成湖——洪泽湖，在湖的下游或随运河南流入长江，或分几支东流入海。明朝时，沿洪泽湖修固大堤，也使得淮河彻底失去了独流入海的可能。此后清朝、民国、新中国成立后都纷纷开挖人工渠道导淮入江入海。因此可以说，淮河流进洪泽湖后，就再也没有什么“淮河”了，只有大运河、苏北灌溉总渠等众多沿运河分出的人工渠道。

所以现在我们通常所说的中国南北分界线，就是秦岭—淮河—苏北灌溉总渠一线

海港之晨

了。在淮安，有个南北分界“球”形标志，提醒人们这里就是中国南北分界处。

生态自然的东方湿地

盐城临海，582千米的海岸线对应着广阔的黄海。地势较低的盐城成为众多河流的入海必经之处，加上从阜宁一直延伸至南通海安的通榆运河，境内俨然是一个湿地公园。

盐城西部地处里下河地区腹地，地势低平、河流纵横、湖泊众多，大纵湖、九龙口、马家荡等湖泊水域面积近百平方千米，是典型的潟湖型湖泊。这里物产丰饶，风景如画，民风淳朴，原始生态环境赋存较好，被誉为金滩银荡、鱼米之乡。

盐城境内沿海滩涂面积45.5万公顷，在滩涂湿地保护区内，拥有丰度和密度俱佳的河、海、滩、岛、泉、林、沙洲等自然资源。植物资源主要以芦苇、白茅、罗布麻、水飞蓟、大米草、水杉、刺杉等；动物资源有对虾、梭子蟹、文蛤、泥螺、竹蛏、海葵、黄鱼、鳗鱼以及野鸡、野兔、獐、丹顶鹤、黑嘴鸥等，独特的自然地理特色，已成为生物繁衍和栖息的天然良好场所。

东海县的水晶奇缘

50多年前，苏北一个叫柘塘的小村挖出一块重达3.5吨的“水晶大王”，震惊了所有人。随后，柘塘所在的东海县就与水晶结下了不解之缘。

东海县一带发现和利用水晶资源的历史可追溯到1万年前的旧石器时代，早在汉代就已形成初步加工规模。据勘测，现东海地下石英储量约3亿吨，水晶储量超30万吨，是个名副其实的“水晶之乡”。现存于北京地质博物馆的一块重约2吨多的“水晶大王”，就产于东海县。毛泽东主席的水晶棺，也是选用东海县的水晶所做。

水晶是在特殊的地质运动及水与火的交融中孕育成的宝石，是一种稀有珍贵的天然矿物，是生产石英玻璃、电子材料的重要原料。东海县的水晶，含硅量高，杂质少，晶莹剔透。除白色之外，也有烟、茶、黄、粉红和紫等色。

除众多自然天成的水晶观赏石以外，水晶制品也很出名，既有各种摆件，又有水晶酒具、眼镜等实用品。另外，还有女士们喜爱的水晶项链、胸花、戒指等装饰品。连云港海州水晶雕厂生产的水晶雕制品，有仕女、人物、花卉、鸟兽、熏炉等各种造型，玲珑剔透，栩栩如生，观赏价值极高。目前已远销日本、法国等国家以及中国香港和中国台湾等地。

水晶矿石

历史 HISTORY

徐州历史大事记

●原始、奴隶社会

4000多年前的尧帝时期，彭祖受尧赏识，受封于今徐州一带，是为大彭氏国。

夏商时期，成为五霸之一。

●封建社会

春秋时期，史料首见“彭城”之名，这也是江苏境内最早出现的城邑。

秦朝末年（公元前209年），下相（今宿迁市）人项羽、项梁，沛人刘邦起义反秦，于公元前206年推翻秦朝统治。随后成为楚汉相争的重要战地。

东汉末年，曹操迁徐州刺史部至彭城，始称徐州。

●现代

1938年1月至5月，中国第五战区部队在以江苏省徐州为中心的津浦（天津至浦口）、陇海（宝鸡至连云港）铁路地区对日军进行大规模的防御战役。史称“徐州会战”。

1948年11月至1949年1月，中国人民解放军华东、中原野战军在以徐州为中心，东起海州（今连云港海州区），西至商丘，北起临城（今枣庄薛城），南达淮河的广大地区，对国民党军进行第二次战略性进攻战役。史称“淮海战役”。

●当代

2001年，连霍国道主干线上东桥头堡的标志性建筑——京杭运河邳州特大桥合龙。

2002年6月，徐州九里山西端山顶发现一座汉墓（苏山2号汉墓），该墓迥异于横穴涯洞式的龟山汉墓，为石坑竖穴墓。7月，在苏山东山头，苏山4号汉墓、5号汉墓同时被发现。至此，九里山地区已发现5座汉墓。

连云港历史大事记

连云港境内云台山发现的藤花落遗址是当时东夷古民族祭祀海神的地方，不过，那时的云台山还在海中。

吴越争霸，越灭吴之后，海州（连云港古称）处于越国的最北部。为了更好地与中原大国争霸，古越国把国都从远离中原的会稽（今浙江绍兴）迁到了当时紧邻大海的连云港锦屏山，称都琅琊。越国衰落后又将都城迁回绍兴，琅琊国都见证了越国的兴衰。

秦朝时，秦始皇两次来连云港东游。传说，为给秦始皇取长生不老之药，连云港人徐福率三百童男女在今赣榆出海东渡日本。

唐代，连云港既是繁华的商港，又是海上补给粮饷的军港，商贸发达。

清朝，黄河改道入淮，整个江苏东部在

东海形成大面积冲积平原，云台山慢慢和大陆靠近，清康熙五十年（1711年）与大陆连为一体，也开启了连云港的另一个发展时期。

宿迁历史大事记

宿迁境内发现的长臂猿化石，距今1000多万年，是亚洲迄今发现最早的古猿化石之一。

在淮河岸边，5万年前便有先人临水而居，称为“下草湾人文化遗址”。

相传夏、商、周三代，古族徐夷在此生息。

秦二世元年（公元前209年）下相（今宿迁）籍的项羽继陈胜、吴广起义之后在关中（泛指今太湖流域一带）起义，成为中国历史上第一次农民起义中的杰出领袖，后于楚汉之争中败于刘邦。

元鼎四年（公元前113年），汉武帝封赏山宪王刘舜的小儿子刘商为泗水王，在今宿迁一带建立泗水王国，传五代六王，历时132年。

唐代宗宝应元年（762年），为避代宗李豫之讳，改宿豫县为宿迁县。

链接

连云港地名由来

连云港古称海州，1947年，改称连云市。因背靠云台山，面朝连岛，各取一字，故而得名。因靠近港口，1961年更名为连云港。

连岛海滨旅游度假区

淮安历史大事记

●先秦

春秋战国时期，淮安成为列强争夺的重要地区，先后为吴、越、楚所有。

●秦汉

秦统一六国后，推行郡县制。市境始置县邑有淮阴（含今清河、清浦、淮阴、淮安四区大部分）、盱眙（今盱眙县城北）、东阳（今盱眙县马坝）。

在秦末农民大起义中，淮安人民蜂起响应。著名军事家韩信即于此时仗剑从戎，立下赫赫战功。

西汉年间，市境又增置淮浦（今涟水县西）、射阳（今淮安市东南）、富陵（今洪泽湖中）等县。

东汉末年广陵太守陈登筑高家堰（今洪泽湖大堤）15千米，遏淮河洪水，保护农田，并修破釜塘灌溉农田。

汉代兴起家学和私学，并涌现出一批文学大家，如汉赋大家枚乘、枚皋父子，“建安七子”之一的陈琳。

●魏晋南北朝

南齐永明七年（489年），割直渎、破釜以东，淮阴镇下流杂100户置淮安县，“淮安”之名始见。

●隋唐五代

隋大业年间，自洛阳至扬州的漕运（供给皇粮的水上运输）要道——大运河凿成，境内则成为漕运重要通道。自隋至清末，朝廷一直在淮安设置官署，委派大员掌管、督办漕运。

唐初，涟水成为全国四大盐场之一。为运销淮盐，垂拱年间开运盐河，淮安盐运又兴。

●明清

明永乐帝迁都北京后，直至清中叶，运河对于国家的物资保障极为重要。淮安因黄淮运三水交汇的独特地理位置，成为漕运指挥、河道治理、漕船制造、漕粮储备、淮北盐集散之“五大中心”。

●现当代

中国共产党组织于1927年在淮安成立。

1948年12月，淮安市境全部解放。

盐城历史大事记

西汉武帝元狩四年（公元前119年）建立盐渎县，当时盐城境内遍地为煮盐亭场。

东晋安帝义熙七年（411年）盐渎更名为盐城县，以“环城皆盐场”而得名。

唐宝应元年（762年），盐城境内设有海陵监、盐城监，为东南沿海重要的盐业生产中心。

元至正十三年（1353年），盐民领袖张士诚率众起义，称诚王，国号周。

明嘉靖年间，盐城沿海一带倭寇横行，明廷组织抗倭活动。

1941年1月25日，中共中央在盐城重建新四军军部。

高寿彭祖的养生之道

徐州有个别名叫“彭城”。徐州建城史可以追溯到4000多年前尧帝时建立的大彭氏国。当时彭祖深受尧的赏识，受封于大彭（今徐州一带）。传说中的彭祖就是今天彭姓的祖先，相传他活了880岁。根据古时大彭氏国实行的“小花甲计岁法”推断，即60天

彭祖园

为一年，这样算起来，他也活到了146岁，着实高寿。也许这都得归功于他的养生之道。到了西汉，刘向《列仙传》干脆把彭祖列入仙界，并称为列仙，彭祖逐渐成为神话中的人物。

夏商时期，大彭氏国很强盛，曾为五霸之一。夏禹治水时，把全国疆域分为九州，徐州即为九州之一。只不过当时“徐州”还只是一个自然经济区域，彭城邑仍是这一区域的中心城市。“徐州”之称是东汉末年，曹操迁徐州刺史部于彭城时才开始称呼的。

彭祖在历史上影响很大，曾被孔子推崇备至，庄子、荀子、吕不韦等先秦思想家都有关于彭祖的言论。他还被道家奉为先驱和奠基人之一，许多道家典籍保存着彭祖养生遗论。彭祖的饮食养生之道，对以后汉文化的形成和发展起着重要的作用。

彭城与楚汉争霸的故事

秦末，刘邦、项羽等起兵反秦。公元前206年，鸿门宴后没几天，项羽亲率40万大军西进咸阳（今西安）。刘邦首先赶到，攻破秦都咸阳，项羽后到。

各路将领曾经约定，谁先进入咸阳，谁就在关中为王。但项羽却不乐意，他带领人马，冲入城内，当即杀了已经投降的秦王子婴，放纵士兵烧杀抢掠，传说富丽堂皇的阿房宫也是被他点火烧了3个月。项羽还搜刮了许多金银财物，掳掠了一批年轻妇女，准备东归彭城。

就在这时，有一位叫韩生的谋士劝说项羽定都关中地区——关中地区土地肥沃，有险可守，是建功立业的好地方。可是项羽看到眼前的关中到处是残垣断壁，又加之思念故乡，认为自己现在发达了，理应回乡，于是拒绝了韩生的建议。当年2月，项羽东归并定都彭城，自立为西楚霸王。

彭城也就是现在的徐州，这个地方处于南北的过渡地带，自古以来就是战火不断。

刘邦雕像

从地理环境讲，徐州虽然处于群山环抱之中，周围有泗水、汴水等河流。但周围山头不高，都属丘陵地带，在大部队强攻之下，要想守住徐州不是件容易的事情。处在这个兵家必争之地，后世的徐州会战以及淮海战役都选择了这里作为中心地带，所以徐州城经常被打得残破不堪。项羽定都彭城后不久，刘邦就乘项羽攻打田横之机，率领56万大军攻打彭城。虽然后来项羽重新夺回彭城，但几年后兵败乌江，自刎而死。

刘邦夺得天下后，没有选择定都家乡彭城，而是听从张良的建议，定都西安。也许，相对于西安、洛阳等城市而言，徐州真不是定都的首选之地。

徐州会战，那些年的战火纷飞

1937年七七事变之后，侵华日军占领了北平、天津、太原、张家口等大中城市，将中国军队压迫至黄河南岸；南线日军占据了沪、宁、杭长江三角洲，又将其重兵云集在津浦路南段，企图攻占徐州，打通津浦线，使南北日军联成一气，窥视中原。于是继淞沪会战、南京保卫战和华北地区几个战役之后，在苏北、鲁南、皖北、豫东广大地区，展开了一场大规模的民族自卫战——徐州会战。

日军为了南北会师，先后调集8个师5个旅约24万人，分别由华中派遣军司令官畑俊六和华北方面军司令官寺内寿一指挥，实行南北对进，首先攻占华东战略要地徐州，然后沿陇海铁路(兰州—连云港)西取郑州，再沿平汉铁路(北京—汉口)南夺武汉。中国军队由第五战区司令李宗仁指挥，先后调集64个师、3个旅约60万人，以主力集中于徐州以北地区，抗击北线日军南犯，一部分兵力部署于津浦铁路南段，阻止南线日军北进，以确保徐州。

中国军队广大官兵英勇奋战，首先在南线将日军阻止在淮河南岸，打破其与北线日军会合的企图；继而在北线将东路日军击败于临沂地区，又将西路日军之右翼阻止在嘉祥地区，粉碎日军在台儿庄会师的计划。

随后，最高军事当局不顾敌强我弱的总体形势，调集大军在徐州附近，企图与日军决战，因而使会战在后期陷于被动。尽管如此，这次会战钳制和消耗了日军的有生力量，迟滞了日军进攻速度，为部署武汉会战赢得了时间。

项羽雕像

霸王项羽，不以成败论英雄

在宿迁项羽故里，有一副楹联这样写道："威震江东历一代兴亡自有光辉标史册；歌传垓下定千秋功罪莫将成败论英雄。"是什么原因让项羽名垂青史？从这副楹联中就可以看出个大概。要知道，这位覆灭秦朝、加入楚汉之争的宿迁老乡当时还不到30岁，他比汉王刘邦小了整整24岁，真是不可多得的青年才俊。

当然，项羽除了卓著的功绩外，另一个让后人印象深刻的原因便是他的气节。在走到末路的时候，他不肯回江东卷土重来，舍弃了心爱的美人虞姬和天下第一骏马乌骓马，没有选择生，而是选择了死，这不经意间，却塑造了一个无比悲情的终极英雄形象。后世多少男儿仍为之血脉贲张，最为特别的就是宋代著名女词人李清照的《夏日绝句》："生当作人杰，死亦为鬼雄。至今思项羽，不肯过江东。"表达了对这位英雄的赞誉。

项羽赢得赞誉的同时，也给世人留下了种种遗憾，因为他毕竟是位"不成功"的英雄。唐朝杜牧有《题乌江亭》一诗："胜败兵家事不期，包羞忍耻是男儿。江东子弟多豪俊，卷土重来未可知。"可以看出诗人在这首诗中对项羽的行为抱有很深的遗憾。

名单 连云港历史名人

秦代著名方士徐福
项羽大将钟离昧
南唐奠基人徐温
南宋抗金名相胡松年
清代韵学家许桂林
清末民初实业家沈云霈

徐福雕像

名单 宿迁历史名人

西楚霸王项羽

东吴军事统帅鲁肃

南宋太尉刘世勋

新中国炮兵奠基人朱瑞

中国地理学先驱张相文

项羽

名单 淮安历史名人

西汉开国功臣韩信

西汉辞赋大家枚乘

南宋抗金女英雄梁红玉

明《西游记》作者吴承恩

“扬州八怪”之一边寿民

晚清著名爱国将领关天培

清《老残游记》作者刘鹗

京剧表演艺术家周信芳

无产阶级革命家周恩来

伟大的民主战士李公朴

吴承恩

文化 CULTURE

丝竹管弦，徐州琴书

徐州琴书原名丝弦，清代用扬琴伴奏，故又称扬琴。解放后改名称徐州琴书，享有盛名，并与苏州评弹、扬州评话并称为“江苏三书”。

徐州琴书是在明、清小曲的基础上，由“小曲儿”“小吹儿”“唱曲儿”“唱孩子”等一步步演变而成的乐曲系、联曲体的曲艺种类。民国年间，琴书与其他曲艺多在徐州奎东巷、张公祠、校场、菜市场等处演出，遇有庙会节庆，摆地摊唱琴书者比比皆是，深受徐州人民欢迎，“街头巷尾有琴声，大人小孩都哼哼”说的就是琴书的盛行，后来琴书扩展到以徐州为中心的苏、鲁、豫、皖四省交界的广大地区。

徐州琴书表演形式多样，有单人唱、对唱、三人坐唱和多人联唱等。演奏形式多是艺人坐中间打板击琴，伴奏者列左右，以扬琴、坠子、手板为主，配有三弦、软弓胡琴、古筝、瓷碟等。

名单

徐州历史名人

汉高祖刘邦

汉初政治家萧何

淮南王刘安

西晋“竹林七贤”之一刘伶

南唐后主李煜

唐代著名诗人刘禹锡

清雍正宰相李卫

现代著名国画大师李可染

萧何

徐州琴书唱腔丰富，除“四句腔”“剁子板”等板式外，尚有《叠断桥》《满江红》《上河下河调》《呀儿呦》《银纽丝》等数十个曲牌。演员演唱时，可以根据唱词的内容及语句格式不同而自由运用。

云台山，西游记的诞生之源

明朝，淮安人吴承恩来到离家乡不远的海州云台山岛，被这里的景色吸引，于是便以这里为原型创作出了中国四大名著之一的《西游记》，书中的水帘洞就位于今连云港云台山。

云台山特别的地理纬度造就了春催花果、波涌云台、真山真水、绚丽多姿的迷人景色，是一个“四季好花常开，八节鲜果不绝”的人间仙境。吴承恩于是把孙悟空的老家安排在这个美丽的地方。书中，孙悟空在这里自封齐天大圣，勇战天兵天将，戏弄猪八戒，过着好不快活的神仙日子。1982年10月，参加全国首届《西游记》学术研讨会的127名专家经考察一致认同，云台山的花果山是真正的孙悟空老家。

醇香浓厚的汪恕有滴醋

看到这个标题，您可不要念错了，它应该念成“汪恕有/滴醋”，很有意思的名字。300多年前，有不少安徽人来到海州（今连

名单

盐城历史名人

"建安七子"之一陈琳

南宋抗元名丞陆秀夫

元末农民起义领袖张士诚

张士诚雕像

云港海州区）谋生，汪恕有滴醋的创始人汪懿余在这里建了一个作坊，用简单的工具生产数量有限的"老糖"，后来改制成为生产食醋，并改店号为"恕有"，由于他做的醋醇美津香，每次只需几滴就醇香弥足，所以取名"滴醋"，就这样，滴醋成为正式产品一直流传到今天。

汪恕有滴醋以红高粱为主原料，在配方和制作上十分考究。醋的色泽鲜明，无浑浊，酸度浓醇，酸而不厌，含有多种有机酸和高级醇，有健脾开胃、增强食欲、帮助消化、消毒灭菌及舒筋活络的独特功效。

如今，汪恕有滴醋已经传承到汪恕有第十一代传人汪宗遂手中，他所经营的汪恕有滴醋厂又开发出了醒酒醋、姜汁醋、保健醋等各种系列产品，行销海内外。

宿迁好水，盛产佳酿

宿迁的水好，带来了馨香醇厚的人间佳酿，洋河大曲与双沟大曲跻身中国名酒的行列。一个地级市有两种白酒被评为国家级名酒，在全国是罕见的。

洋河大曲

宿迁、泗洪、泗阳三地交界处有座苏北古镇——洋河镇。这里产的洋河大曲闻名海内外。

据史载，洋河大曲早在唐代就已享有盛名。明末清初，曾有9个省的客商在此设立会馆，竞酿美酒，使洋河镇的酿酒业更加兴隆繁盛。清雍正年间，洋河大曲行销江淮一带，颇受欢迎，有"福泉酒海清香美，味占江淮第一家"之誉，并被列为清皇室贡品。清乾隆皇帝第二次南巡时，在宿迁建有行宫，留住7天，品尝洋河大曲后颇为喜爱，并挥毫留下了"酒味香醇，真佳酒也"的赞语。这种酒的特征可以总结为：入口甜、落口绵、酒性软、尾爽净、回味香。洋河酒极具代表的产品有10年窖藏洋河大曲、蓝瓷洋河大曲以及象耳洋河大曲。

现在市场上流行的是洋河蓝色经典系列。它定位于中高档商务、公务接待，同时满足礼品用酒，产品分为梦之蓝、天之蓝、海之蓝。

双沟大曲

1977年初夏，一个轰动国内外考古界的重大新闻在苏北古镇双沟发生。中国科学院古脊椎动物与古人类研究所的李传夔教授，在双沟镇附近的松林庄考古现场发掘出了一件在亚洲发现时代最早的长臂猿化石，距今已有1000万年的历史。因化石在双沟发现，故命名为"双沟醉猿"。意外的是，这件古猿化石居然都浸透着酒的印记。原来那时的古猿就已经在这片土地喝上最初的果酒了。随着"双沟醉猿"化石的揭秘，人们才将目光聚集到这里，千百年来，双沟一直都在演绎酝酿醇香美酒的故事。

双沟酒业始创于清雍正十年（1732年），距今已有近300年的历史。双沟大曲的特点是：色清透明、香气浓郁、风味纯正、入口绵甜、酒体醇厚、尾净余长。2001年，双沟大曲荣获"中国十大文化名酒"称号。

美味淡雅淮安菜

江苏以淮扬菜为主打，创造出了属于自己的独特味道。之前在江苏省篇幅里面也有介绍，其中淮扬菜中的"淮"便是淮安。

明万历年间，"淮安饮食华侈，制度精巧，市肆百品，夸视江表"。清康熙年间，"涉江以北，宴会珍错之盛，淮安（今淮安区）为最。民间或延贵客，陈设方丈，伎乐杂陈，珍

平桥豆腐

氏百味，一筵费数金”。以上这些文字都出自于两朝年间的《淮安府志》，这些文字很好地描述了当时淮安的饮食文化。可以说，在明清时期，淮扬宴席的发展形成一个高潮。

淮安菜选料严谨，制作精细，平和淡雅。淮安菜十分讲究刀工，刀工比较精细，尤以瓜雕享誉四方。另外，在烹饪上淮安菜善用火候，讲究火工，原料多以水产为主，注重鲜活，清鲜而略带甜味。著名菜肴有清炖蟹粉狮子头、大煮干丝、三套鸭、水晶肴肉、松鼠鳜鱼、梁溪脆鳝等。

西汉辞赋大家枚乘(今淮安市淮安区人)，曾在自己的代表作《七发》中大赞家乡江淮一带的食馔为“天下之至美”。

周恩来一生喜爱家乡淮安菜。新中国成立后，周恩来住进中南海西花厅，平时多以淮安素菜为主菜肴。平桥豆腐、青菜炒香菇、拌脆鳝(相当于软兜长鱼)、番茄鱼片、鲤鱼萝卜汤、红烧狮子头、芥菜春卷、淮安文楼汤包等都是他的最爱。

链接

淮扬名菜——平桥豆腐

平桥豆腐选用内酯豆腐，将其切成一致的菱形小块，配以鸡肉丁、香菇丁、香菜末，用鲫鱼脑起鲜，因其起锅时淋了一层明油看似不冒热气，其实很烫，一定要小心慢用。

平桥豆腐含有丰富的营养，具有补五脏、疗虚损的功效，在夏季食用功效更显著，许多中外顾客在当地品尝这道历史名菜后，对其滋味之鲜美均赞不绝口。

传说这道菜的来历，与乾隆南巡有关。相传乾隆皇帝下江南之时，乘龙舟路经这里。当地一个名叫林百万的大财主，直接把皇上迎接到了家里，并命家厨用鲫鱼脑子加老母鸡原汁烩当地的特色豆腐款待皇上。乾隆帝品尝以后，连连称好。就这样，平桥豆腐从此誉满江淮，成为淮扬菜系里的传统名菜。

风格独特的淮阳琴派

历史文化名城淮安，不但拥有丰厚幽深的历史文化，还孕育了中国著名的八大琴派

琴书表演

之一的淮阳琴派，又称淮安琴派。

淮阳琴派也叫山阳琴派，风格独特。在不同的历史时期和环境之下，淮安的古琴艺人博采众长，精心潜学，不断提高自身的琴艺素质，并逐步改进、创新和优化演奏技法，用独特的艺技演奏手法反映作品的实质，才让淮安的古琴演奏艺术、演唱技法成为流派，流传至今，成为中国古八大琴派之一。

早在唐、宋时期，淮安琴派流传甚广，明、清时期达到鼎盛。著名的扬州广陵琴派就出自淮安山阳。明朝淮安有位古琴大家吴归云，将众多乐府诗谱入琴中，为淮阳琴派技艺大家。近现代淮安琴派代表人物有乔子衡兄弟、杨子镛、夏一峰、凌其阵等人。

经典淮剧，诉悲欢离合

很多地方都有自己的地方戏剧，淮安也不例外。流行于苏北淮安、盐城一带的淮剧便是出自淮安这座古名城。

淮剧表演面对的观众，大部分都是生活在社会底层的穷苦农民和劳苦大众。因而淮剧的剧目不同于其他剧种，如国粹京剧主要以帝王将相等历史人物和宫廷生活为背景，安徽黄梅戏则以神话色彩的天上人间生活为背景，而浙江越剧则大多以才子佳人的爱情故事为主线。相比于它们，淮剧基本没有什么你侬我侬的爱情故事，而是以家庭悲欢离合构思出生动曲折的情节，以劝人为善的伦理道德为主题。

这和当时楚州地区的社会背景有着很深的关联。清朝后期的淮安一带，正是苏北人民遭受水、旱、蝗虫以及兵荒马乱等天灾人祸的时候，如此情形也奠定了淮剧悲苦的基调。有时候看淮剧，观众都被其中的悲苦感染，悲从心中来。

淮剧的传统剧目有“九莲十三英七十二记”，代表作有《金龙与蜉蝣》《千古韩非》《哑女告状》《九件衣》《牙痕记》《孟丽君》《奇婚记》《一江春水向东流》《太阳花》《诺言》等等。在这些剧目中，唱词中多

淮剧

次出现淮安的地名，从中也可以看出淮安既是淮剧的发源地，同时又是明清时期千里运河线上的水陆枢纽。

淮剧在近两百年的发展史上涌现了不少杰出的表演艺术家。筱文艳就是其中最具代表性的一个。筱文艳出生于苏北里下河地区，在广大戏剧爱好者的心目中，她的名字几乎是和淮剧联系在一起的。

盱眙龙虾，名扬四方

因为某种动物而拉动了一方经济，位于苏北洪泽湖畔的盱眙可以说是个佼佼者。盱眙这个小城以龙虾这种小动物而名扬全国。

如果您去盱眙，在通往这座小城的路上就能看到一只巨型的赤色龙虾雕塑，钢铁盔甲，魁梧身躯，鲜红色彩，霸气外露，它似乎在跟您说：虾的王国到了。龙虾文化已经深深融入这座县城的血液中。

原产于美国的龙虾，20世纪二三十年代传至南京一带，再进入盱眙境内的陡湖、洪泽湖等其他河湖水塘，在盱眙境内逐渐发展成为一道亮丽的风景线。盱眙龙虾，味道独特，具有麻、辣、鲜、香的特点，作为一种大众化、平民化的食品，市场占有率极高，男女老少都爱吃。

盱眙龙虾

在这座城市中，到处都是打着龙虾招牌的饭馆。龙虾的色彩本身就给人一种很强的食欲，加之阵阵香气，直勾得人垂涎欲滴。

要说龙虾这种小动物，中国很多城市都很常见，但盱眙龙虾之所以那么有名，这与它的烹制方法有很大的关系。它产自水产富饶的洪泽湖水，而它的配料十三香（数十种中草药组成）也是独一无二的。另外，在盱眙大小餐馆吃龙虾时，店家可不用碗、碟之类的餐具，而是直接以面盆、脸盆代替，大气自然。

建湖杂技，玩出绝活

盐城的建湖杂技有着悠久的历史，它跟河北吴桥、山东聊城并称为中国杂技艺术三个发祥地。

早在汉唐时期，“十八团”(今建湖庆丰乡)一带百戏艺人的角抵、冲狭、跳丸、寻橦、走索以及吞刀、吐火等技艺，就常在京城乐棚表演，有时还为宫廷演出。

明初，朱元璋实行移民垦殖，苏州有一部分杂技艺人被迁至“十八团”，加上原在京受戏曲排挤的本地杂技艺人，陆续回故乡安居。从此“十八团”即成为杂技家族聚居之地，时有高、吴、周、徐、陆、万、夏、董、廖、张十大姓，人丁兴盛，个个身手不凡，当时被称为“杂技十大家”。

明永乐年间，“杂技十大家”纷纷买马，增添马术、驯兽等新的表演项目，人称“马戏班”或“马戏团”，没有马的则称“把戏班”。

清康熙年间，每年重阳节前后“十八团”回乡举办马戏会，盛况空前。民国时期，军阀混战，民不聊生，“十八团”杂技艺人流落江湖，形同乞丐。

新中国成立后，很多“十八团”马戏班成员被有关省、市和军区杂技团所吸收。为了保护和传承这项技艺，2008年，建湖杂技入选《国家非物质文化遗产保护名录》。

近些年来，以“十八团”为基础的盐城市杂技团先后培养了大批优秀的杂技演员，活跃在全国各地的杂技舞台。其中《春江花月》获全国第四届杂技大赛银狮奖。

景点推荐 徐州旅游区

云龙山 AAAAA

苍松翠柏，云雾缭绕

徐州和平路（徐州博物馆对面）

乘坐47、63、游2等公交车可到

上山索道15元/人，下山滑车10元/人，汉画像石艺术馆30元

云龙山绵延3千米，由九节山头组成，因蜿蜒如龙、常有云雾缭绕而得名。山上苍松翠柏，蓊郁蔽日，殿宇楼台，掩映其间。山上有放鹤亭、金山塔、卧牛泉等景；东麓兴化寺内有北魏大石佛（与云岗和龙门石窟齐名），西麓大士岩有石造观音像，云龙书院内有东坡石床。

玩家攻略

交通：云龙山配备有索道和滑道。云龙山索道长1200米，滑道全长1000米，穿越于逶迤九节的云龙山脉，直达风光旖旎的云龙湖畔。二者配套运行，安全舒适又富刺激。电话为0516-85702448，全程20元、单程15元。

庙会：每年农历二月十九观音菩萨生日时，善男信女云集云龙山大士岩观音院，烧香膜拜，祈求平安，已形成一年一度的云龙山庙会。

兴化寺

兴化寺原名石佛寺，初建于唐朝开元年间（713—741年），以“三砖殿覆三丈佛”而闻名。

大雄宝殿内供奉着依山崖雕凿的北魏大石佛，佛像高11.52米，殿堂后墙利用岩崖构筑，后檐距石崖只砌有3行砖，故有“三砖殿覆三丈佛”的妙誉。寺内山崖之间还有保存完好的唐代摩崖石刻。

刘备泉·杏花村

刘备泉又名流碧泉，因泉水涌出的地方有一巨大的石壁，所以民间又称之为“流壁泉”。

杏花村位于云龙山脚下，春季杏花遍野，尽现芳菲春色，重现苏东坡“云龙山下试春衣，放鹤亭前送落辉；一色杏花三十里，新郎君去马如飞”的意境。

玩家攻略

位于刘备泉南侧的刘备泉茶苑，紧靠汉画像石馆，为一组背山面湖的清代风格单层建筑，利用山势形成富于变化的院落布局。此处可供游人休息、品茗。

苏公塔影

云龙山下临湖一丘名“金镫山”，海拔45米。山上有五层八角金琉璃塔一座，每层有观景护栏，内有旋转塔梯，扶摇可上，是为纪念原任徐州知事苏轼而建，取名“苏公塔”。苏公塔为仿宋建筑，高26.17米。登塔俯瞰全湖，小径蜿蜒曲折，湖畔水榭、曲桥、码头、方亭、虹桥错落有致，碧波塔影，荡漾诗情。夜间塔身霓虹反射，更是璀璨辉煌，倒映成金。

汉画像石艺术馆

汉画像石艺术馆位于云龙区云龙湖湖东路，是收藏、陈列、研究汉画像石的专题博物馆。该馆占地1万平方米，由一组仿汉唐式建筑群组成，漫步在一块块画像石中间，犹如置身于瑰丽的历史画廊，能给您带来知识的启迪，艺术的享受。

放鹤亭

放鹤亭为宋神宗元丰年间（1078—1085年）张天骥所建。张天骥自号云龙山人，又称张山人。他在山上建一亭，并养两只仙鹤，隐居山中。苏轼在徐州任太守时，与张天骥结为好友，并写了一篇脍炙人口的《放鹤亭记》，现已立碑置于放鹤亭南侧。

玩家攻略

徐州在老的汉画像石馆旁建了新馆，一共4层，分雕刻艺术、墓葬展示等6个主题，很多老馆没有展出的画像石都移到了新馆，同时，老馆继续对外开放。

云龙山观景台

小南湖

湖光山色，水乡人家

小南湖景区由一池二岛、三轩五园组成，整个景区水面精巧、环湖布景，以“江南园林”特色的会馆艺苑、水乡人家、小桥流水、名苑流香、荷塘鱼藕为主体景观，形成“静湖幽园”的中国古典人文及自然景观特色。

链接

小南湖的特色桥

解忧桥位于小南湖东南部，为单拱桥。一桥凌空，如霁日彩虹。登桥远眺，湖山尽收，心旷神怡，忧愁顿释。解忧桥以西汉时期徐州第二代楚王刘戊的孙女刘解忧命名。为了和亲，她作为汉家公主奉命远嫁乌孙国，为国家和人民的安宁献出自己的宝贵青春。

百米画廊的泛月桥为廊桥，位于南湖中部，东连鸣鹤洲，西接苏公岛，形如画船、弯月。站在泛月桥上，整个小南湖风景尽收眼底，充满了诗情画意。此外，这座桥最引人注目的地方是长廊顶上绘制的精美图画。长80米的长廊上共绘制了17幅画。沿着长廊从东向西依次为徐州的旧八景，中间一幅为南湖景观，向西依次为新八景。

石瓮倚月

石瓮倚月由中央美术学院设计，石瓮造型以新石器时代的陶瓮及徐州市出土的陶瓮为特点，结合两汉文化奔放、朴拙的精神面貌，融入三面景墙之中。泛舟在“石瓮倚月”的景点中，将可观赏到刻意设计成橄榄形横断面的景墙和虚拟的瓮形，给人一种移步景异的优美画面；细看之下，则可欣赏到雕刻在景墙和石瓮上富有两汉文化特点的吉祥纹饰。

湖南景观路

湖南路全长1680米，道宽10米，两侧与园林景观相结合，沿线建有双影桥和南湖长桥两座景观桥，以及湖堤春晓、石瓮倚月两座亲水平台，北侧建有生态景石护岸，道路两侧游步道蜿蜒相随，成为云龙湖风景区的一条生态景观大道。

云龙公园

徐州汉文化景区 AAAA

国内最大的汉文化主题公园

- 徐州市云龙区兵马俑路1号
- 8:30~17:00
- www.hwhjq.com
- 乘605、608等路公交到楚王陵站下
- 90元

徐州汉文化景区主要包括狮子山楚王陵、汉兵马俑博物馆两个核心，以及王后陵、水下兵马俑博物馆、汉文化交流中心（汉画像石馆）、汉文化广场、高祖祠、棋茶苑、考古模拟实验基地等景点，是融“两汉三绝”为一体、国内最大的汉文化主题公园，历史文化胜迹与山水美景交相辉映。

竹林寺

竹林寺是为了纪念中国第一个女出家人净检法师而建，已有1600余年的历史。后历朝屡废屡建，明清时期为徐州八大寺之一，直至20世纪50年代完全废毁。重建的竹林寺由南北山门、主院、西侧院及佛塔5部分组成。

玩家解说

净检法师俗名仲令仪，为西晋末年彭城人。童年随母迁居洛阳，经历丧父、亡夫之痛后，走入佛门，成为历史上第一个比丘尼，随后净检法师与信友一起在洛阳宫城西门建立了第一座众尼寺庙——竹林寺。净检法师圆寂后，故乡人为了纪念她，于东晋永和年间，在徐州市区东郊狮子山上修建竹林寺。狮子山竹林寺中原供奉一尊明代木制贴金的韦驮菩萨像，后为躲避战火埋于地下。1940年日军侵入徐州后，日军随军翻译中岛吉一在竹林寺后院中挖出了韦驮菩萨像，后带回日本供奉在家。1973年，中岛吉一病危，临终前嘱咐其女婿森秀敏将菩萨归还中国原竹林寺。1998年9月，森秀敏先生借旅游来徐州，到狮子山寻访竹林寺未果，深表遗憾。后经介绍见到徐州市佛协会会长国光法师，商谈后约定归还佛像。2000年4月17日，75岁的森秀敏先生按照约定，带着韦驮菩萨像从日本飞抵徐州，将国宝恭还徐州佛协，后复建竹林寺以供奉韦驮菩萨像。

汉兵马俑博物馆

汉兵马俑博物馆（含徐州西汉军事博物馆）位于狮子山西麓，共有6条俑坑，出土各类彩绘陶俑4000余件，分布于6条俑坑。俑坑开挖在距离地表4米以下的黏土层中，并

汉文化景区

随山坡走向呈东高西低之势。这支由步兵、车兵和骑兵组成的兵马俑军阵，是西汉早期楚国实战军队的地下缩影。

楚王陵地宫

狮子山楚王陵是西汉时第三代楚王刘戊的陵墓，是一座罕见的特大型西汉诸侯王崖洞墓葬。地宫凿山为葬，结构复杂，形制奇特，是一座地下文物宝库，出土珍贵文物近2000件，有金、银、铜、铁、玉、石、漆等质地。该墓的发掘被评为“1995年中国十大考古发现”之首，其雄浑博大的汉代特色令后人赞叹不已。

链接

王陵主人楚王刘戊

刘戊是西汉楚国第三位王。汉景帝二年，薄太后去世，举国服丧。而刘戊却在服丧期间饮酒享乐，被人告发。汉景帝鉴于与刘戊的堂兄弟之情，未诛杀刘戊，但决定缩减刘戊的封地。刘戊遂与吴王刘濞串通谋反，大败之后被迫自杀，被家人匆忙下葬于徐州狮子山的楚王陵。

汉画长廊

狮子潭水面东侧

汉画长廊是国内第一座以“汉画像石文化体验”为主旨的博物馆，其三个展馆依次连成一条长廊，全长约300米，典雅优美，与大气古拙的汉画像石刻风格统一。

作为汉文化最有代表的艺术作品，汉画像石刻以题材广博、内容丰富著名。小到舞乐杂技、男耕女织，大到神话传说、帝王将相，生动描绘了汉代人的衣食住行和精神世界。进入展馆，一幅宴饮图雕刻得雄浑有力：

下层为迎宾场面，热闹非凡，中间主人正在迎接宾客，上层则是宴饮场面，男女分席而坐，井然有序。简洁质朴的画风，彰显汉代艺术高超水准。

玩家 攻略

1.第一个艺术馆设有动漫展示与休闲区，可以观看以汉画像石图案为题材的动漫影片。

2.在第三个展馆模拟制作互动区，可以在特定节假日，比如徐州国际汉文化节期间，现场体验汉画像石雕刻、拓片、印章。

链接

独具特色的徐州汉画像石

汉画像石是汉代“形神不灭说”的产物，死者的后代为了尽“孝”道，用青石砌造仿照人间住宅的墓室，画像就刻在墓的四壁、顶部和祠堂的壁上。

细中求力的阴线刻和古朴凝重的浅浮雕是表现汉画像石的主要形式，飞动的线条表现立体的物象，灵动有神。在画面结构上，汉画像繁密复杂的布局，似乎有悖于中国传统绘画创作留白的特点。但是错落有致的安排，分明突出的主题，清晰明确的条理使得汉画像石没有丝毫压抑凌乱之感，一显汉代大气典雅、质朴古拙之风。

汉文化广场

广场的设计以突出两汉文化大气、质朴的特质，展现两汉文化精华为要旨。

水下兵马俑馆

是位于狮子潭中部的两个方形椭斗状建筑，借鉴汉代屋顶建筑，呈四坡面，曾出土过骑兵俑坑和马俑坑。

刘氏宗祠

地处景区北部，为仿古建筑。宗祠设计借鉴了汉代天子学宫明堂辟雍外圆内方的式样，其屋顶为仿汉重檐四坡顶。

竹林寺

龟山汉墓
历史悠久的汉代古墓

徐州市鼓楼区襄王北路龟山西麓

50元　8:30～17:30　85770107

乘37等路公交到龟山汉墓下

龟山汉墓为两座并列相通的夫妻合葬墓，其中南为楚襄王刘注墓，北为其夫人墓。汉墓为典型的崖洞墓，共有15间大小配套、主次分明的墓室，卧室、客厅、马厩也一应俱全。

龟山汉墓有南北二甬道，每条甬道含26块六七吨塞石，石间缝隙严密。甬道沿中心线开凿精度为10/1000，二甬道水平误差仅8毫米。

链接

圣旨博物馆

徐州圣旨博物馆与西汉楚襄王刘注墓毗临，是目前国内唯一一家陈列圣旨的展馆。馆内珍藏着明、清时期圣旨数十道，其中有从大清开国皇帝到末代皇帝溥仪等10代皇帝的圣旨，以及伪满洲国时期的指叙令等稀世珍品。此外，徐州圣旨博物馆内还陈列了清代状元书法、科举试卷和官吏使用的器物、饰品等。

在馆藏20余道诰命圣旨中，其中一件堪称孤品的圣旨跨越两代君王，是道光、咸丰二帝封爵奉恩将军奎定及其子玉纲世袭的，即袭罔替之说的圣旨。

淮海战役烈士纪念塔园林 AAAA
缅怀淮海战役中的烈士英魂

徐州市泉山区解放南路2号凤凰山下　免费

乘游1、游2、11路公交可到

淮海战役烈士纪念塔园林内有烈士纪念塔、战役纪念馆、总前委群雕、徐州国防园和碑林五大主体建筑及青年湖、粟裕墓等景，是光荣历史的见证，也是激励后人的丰碑。

龟山汉墓

淮海战役烈士纪念塔矗立在园林主轴纤细段，依山而建，面向朝阳。塔高38.15米，塔身正面镶嵌着毛泽东主席亲笔题写的“淮海战役烈士纪念塔”9个鎏金大字。

淮海战役纪念馆是世界上最大的陆战博物馆，通过声、光、电和现代化的多媒体展示手段，模拟和再现淮海战役的历史画卷。

玩家解说

1948年11月6日至1949年1月10日，中国人民解放军在以徐州为中心的广大地区进行了伟大的淮海战役，徐州人民全力以赴支援前线，与解放大军并肩浴血奋战，为解放全中国奠定了胜利的基础。

彭祖园 AAAA
探访彭祖文化的发源地

徐州市泉山区泰山路

乘53、69、82路公交可到

80802621

彭祖园是综合性园林，有彭祖祠、彭祖像、大彭阁。含动物园、不老湖、福寿山等五大景区30多处景点。是人们祭拜彭祖，寻访彭祖胜迹，探寻养生文化，祈福祈寿的最佳去处。每年春季举办樱花节。

玩家解说

彭祖园内南北两座松涛起伏、藓苔蔽路、峭石嶙峋的山头，即是当年彭祖修身和演绎长寿之道的福山和寿山。北山叫“福山”，南山叫“寿山”。

福山、寿山都是海拔60余米的低山丘陵，林木茂盛，郁郁葱葱。山林以松柏类为主，同时生长着三角枫、五角枫、槭树类、栾树、黄栌、乌桕、女贞、青桐，以及杏、桃，紫叶李、火棘、石榴、腊梅等观花观果树种。

彭祖祠

彭祖祠建于彭祖园福山丛林之中，是一座仿秦汉建筑，建筑风格古朴典雅，周围环

彭祖园

境幽静。祠前的祭坛是供举行祭祀礼仪的场地。祠门上方的“彭祖祠”匾额是中国儒学大师、北大教授冯亦吾先生题写。

大彭阁

大彭阁位于寿山山顶，共3层，高18米，是一座大型的古典式建筑。一层为彭祖寿堂，二层为彭祖仙室，三层为彭祖洞天。此阁每层用12根红柱支撑，阁周围以石栏遮挡，可凭栏远眺，登临顶端，可以俯览彭祖园的全景及徐州风貌。

不老湖

不老湖景区位于福山西侧，湖下有古泉常年喷涌。传说彭祖当年取此泉水，烹雉羹、熬草药，得以延年益寿，后人称此湖为“不老湖”。景区内有古朴典雅、气势恢宏的“山水天全”牌坊和势如彩虹的“虹桥”凌空飞架，有栖息水中的龙吟石舫，有碧峰凝翠水榭和观鼎桥、玉坝沟、锁云亭等众多景点建筑及彭祖文化珍存，有国内著名书法家沈鹏、潇娴、赵朴初的墨宝点缀其中。

徐州民俗博物馆

感受徐州的风物民俗

徐州市云龙区崔家巷2号　乘19、20、39路公交可到　9:00~16:30（周一闭馆）　25元

徐州民俗博物馆的展示分徐州古民居展示、生产和生活展示、婚嫁和生育展示、民间艺术和工艺展示、地方戏曲和曲艺展示以及民俗、民风、民间绝活演展等六大部分，是一座以收藏、展示、研究徐州地区民俗文物及民俗文化为主的专题性博物馆。

徐州民俗博物馆基本保持了明清古民居的原貌，有古民居150多间，其中鸳鸯楼建筑在全国独树一帜。

戏马台

徐州市楚汉文化中杰出的代表

徐州市云龙区项王路

乘19、20、39路公交戏马台站下

8:00~16:30　30元　83827740

戏马台前区为两组仿古建筑群；后区有百米长廊。景区内有霸业雄风鼎、重九台、乌骓槽、系马桩、项王武库、人杰鬼雄石等景。它与苏州园林、南京六朝石刻并列为“江苏三宝”。公元前206年，盖世英雄项羽灭秦后，自立为西楚霸王，定都彭城，于城南里许的南山上，构筑崇台，以观戏马，故名戏马台。

徐州市博物馆 AAAA

建于乾隆行宫之上的博物馆

徐州市云龙区和平路101号云龙山北麓

徐州市博物馆原址为乾隆行宫，由陈列楼、乾隆行宫、土山汉墓3大展区组成。陈列楼有8个展厅，陈列内容有“古彭之宝——徐州文物精华”“俑偶华彩”“邓永清收藏书画”“清式家具”等，陈列各类文物精品近千件。土山汉墓曾出土银缕玉衣、鎏金兽形砚等珍贵文物，为东汉时期分封在徐州的某代彭城王夫妇的陵墓，也是徐州市区发现的唯一东汉诸侯王墓。

李可染故居

典雅古朴的国画大师旧居

徐州市云龙区建国东路

乘游2、605、8路公交可到

李可染故居是中国画坛宗师、国画大师

李可染故居

李可染先生的旧居，由生平事迹陈列室、艺术作品陈列室等10个部分组成，西院是“旧居”部分，东院为“艺术陈列馆”。在这里既可以纵观大师的艺术道路，还可以领略到大师的广博学识和深厚的艺术造诣。大师生前的不朽之作令人叹为观止。

链接

李可染

李可染（1907—1989），江苏徐州人，中国现代著名中国画艺术家。他曾拜齐白石、黄宾虹先生为师，他将西画中的明暗处理方法引入中国画，将西画技法和谐地融化在深厚的传统笔墨和造型意象之中，取得了杰出的成就，曾在国内外多次举办个人画展。代表作品有《万山红遍》《漓江山水天下无》《杏花春雨江南》《山城朝雾》《看山图》等。

徐州汉城 AAAA

领略徐州汉文化的风貌

徐州市铜山区九里山古战场内

徐州汉城由汉宫、相府、钟室及藏书阁等23个建筑和28座雕塑精品所组成，内部分为皇宫区、皇城区、市井区、演武区4个景区，有未央宫、长乐宫等景点。每天定时表演汉代礼乐。它不仅是一座具有影视功能的拍摄基地，更是一座展现汉代社会风貌的旅游景点。

楚王山汉墓群遗址 ㊫

古迹众多的汉遗址公园

徐州市铜山区大彭镇

楚王山汉墓群遗址公园以4座西汉楚王家庭墓葬为核心，包含千佛洞、唐代古槐、诸佛宝塔、七垄庙、玉碑亭遗址及千佛古刹遗址等景点。

楚王山汉墓群的主人是汉高祖刘邦同父异母的兄弟刘交。楚王山汉墓群中大型的墓冢有4座，自西向东分别编为1至4号墓，其中1号墓为楚元王刘交之墓。刘交墓位于楚王山主峰的北坡下，它与楚王山主峰浑然一体，气势磅礴。

玩家解说

楚王山，原名赭土山、同孝山，楚王山之名与楚王刘交有着很深的渊源。刘交是汉高祖刘邦同父异母的兄弟，曾随刘邦南征北战，立下汗马功劳，西汉初年被封为楚王，都彭城，辖城、东海三郡63县，死谥元王，葬于此山阴，故名楚王山。

楚王山的周围有众多人文古迹和文化遗址，北麓是楚王刘交的汉墓群，北魏时期的千佛洞在山南，明代典型民居、千年唐槐位于山西，距楚王山西2千米处是古时大彭氏国的原址，彭祖就生于此地。

古唐槐

千年古槐位于楚王山西坡，树干围长4.5米，树主干高4米多，加树枝10多米高。该树主干已空，根系错结裸露地面，极为壮观苍雄，但树叶繁茂，落叶最迟。更为奇妙的是，在古树中自发寄生小槐树一株，每逢春发，青枝绿叶蔚为奇观，现长势尚好。

诸佛宝塔

诸佛宝塔位于楚王山西南坡下，传为明代所建。此塔为七层八面，高7米多，底宽4米多，每层浮雕内容不同，人物、龙凤、花鸟走兽栩栩如生，技艺精湛。

此塔一层为基座，四周力士托顶；五层为八面，每面雕刻内容不同，有“官清休论品、道衣不嫌贫”，“请佛宝塔”“一邦称书士，万国羡明君”等石佛像。最上两层为塔帽、塔顶。

千佛洞

千佛洞坐落于楚王山南侧山体的悬崖峭壁间，由前后两洞组成，清末云龙山兴华寺住持曾命人将后洞堵上。前洞洞口两侧各立一方石刻，字迹已不可辨读，洞深约12米，洞内有石刻大佛像一尊，十八罗汉石雕。岩壁之下，佛龛密布，大小不一，小者不盈尺，远望龛室犹似鸽舍蜂房，据传佛像超过千尊，故称千佛洞。

潘安湖湿地公园 AAAA

享受湿地自然清幽之美

徐州市贾汪区西南部

潘安湖湿地公园总规划面积52.87平方千米，是集“基本农田再造、采煤塌陷地复垦、生态环境修复、湿地景观开发”四位一体的全省首创项目。

公园分为北部生态休闲健身功能区、中部湿地景观区、西部民俗文化区、南部湿地酒店配套区、东侧生态保育及河道景观区五个部分。它是中央影视拍摄基地、中央国际微电影频道联盟拍摄基地、中国电视艺术家协会微视频（微电影）委员会拍摄基地，也是市级重点现代服务业聚集区。

蟠桃山佛教文化景区 AAAA

徐州市经济技术开发区蟠桃山麓

景区主体为宝莲寺，始建于南北朝时期刘宋永初年间，同为北魏永兴年间，原是中国第一座有印度风格的寺庙，其祖师法显大师也是历史上第一位西行取经归来的高僧。寺院于新中国成立前夕荒废，重建的宝莲寺有“八殿、两阁、一院”，建筑特色尽显盛唐风格的恢弘大气，其间宫塔交递、雅致经典。

沛县汉城 AAAA

领略汉文化的古典魅力

徐州市沛县汉城南路1号　8:30～17:00

89638811

从徐州客运汽车站乘客车直达县城

20元

沛县汉城是一座融古典建筑精华与现代造园艺术为一体的综合性公园。由汉城公园（含六景区）、汉街、汉高祖原庙、歌风台（即藏有大风歌碑的沛县博物馆）、沛公大酒店等大型仿汉建筑群组成。兼设餐饮、游乐、停车场等中小型配套设施，常有汉文化表演，是理想的旅游、购物场所。

微山湖湖滨湿地公园

湖光山色，美不胜收

徐州市沛县境内

微山湖湖滨湿地公园位于山东微山、江苏沛县之间，公园主体是全国著名的淡水湖之一——微山湖。微山湖湖面开阔，景色秀丽，帆影点点，芦苇交织，湖产资源丰富，是全国最大的淡水鱼产地和纯天然绿色食品基地。

地处"四面荷通天"的微山岛，是微山湖的中心岛，99座山头婀娜多姿。岛上有微子墓、张良墓、目夷墓、铁道游击队纪念碑、三览山庄等主要旅游景点。

玩家 解说

微山湖形成于明代，是北方最大的淡水湖。抗日战争时期，"铁道游击队"在湖面上与鬼子周旋、战斗，使得这个抗日水乡闻名遐迩，众所周知。微山岛地势西高东低，形似"山"字，最高处海拔91.7米。这里宜人的气候，形成了独具湖岛特色的幽雅环境，因此，岛上水果瓜菜品质优，长寿老人较多。

马陵山 AAAA

风景秀丽的"五姊妹山"

新沂市新安镇　乘坐107、108路公交车到马陵山站可达　50元　88721358

马陵山古称司吾山，由峰山、斗山、虎山、奶奶山和黄花菜岭五座山峰组成，当地人称"五姊妹山"。

马陵山景区以古老的文化遗存和革命纪念地为内容，集中了花厅古文化遗址、项梁

汉城

墓、乾隆行宫遗址、皇娘墓、三仙湖、古马陵道、抗日纪念碑亭、宿北大战纪念碑亭等60多处自然景观和人文景观。

链接

马陵道古战场

公元前341年春秋战国时期魏齐马陵之战古战场。1992年在临沂召开的海峡两岸孙膑兵法暨马陵之战学术研讨会，使魏齐马陵之战在郯城马陵山之说在史学界取得共识。

马陵道南起孙家塘，北到九道湾，全程达40余千米，分山顶道、山涧道、河谷道，道旁与马陵之战有关的地名、村名很多。如：马场，相传是喂养战马的地方；古寨，为驻扎军队的地方。在这里曾出土许多战国时期的兵器，有铜戈、铜矛、铜剑、铜簇等。在当地，有关魏齐马陵之战，孙膑和庞涓打仗的传说故事流传很广。

艾山九龙景区 AAAA

苏北三大名山之一

邳州市连防乡

艾山位居苏北三大名山之列，与花果山、云龙山齐名。它由小茅山、石屋山、长山、荷叶山、尖顶山、拉魂山、奶奶庙山、团头山、虎皮山组成，主峰海拔高度197米。古人称："国之颠泰山也，邳之颠艾山也。"此山为古徐国"镇国"之山，曾铸"艾"字鼎；又传说六十年生一次神艾，当地百姓为祈祥佑福，故称之为艾山。因九峰连属，如九条巨龙盘卧，又名九龙山。艾山有三奇一绝，有艾王城遗址、石洞沟、龙爪沟、七仙池、仙姑池、聚王台等数十处景点。

更多本旅游区景点

白塘河湿地公园：位于徐州市睢宁县城中北方向，景点内有约66.7公顷的湖面，湖面四周规划有养生宾馆区、养生垂钓园等景观娱乐设施。

茱萸寺：位于徐州市贾汪区。寺庙坐向东南，前面俯临万亩榴园，左右两泉常流不断，为风水宝地，佛之胜境。

汉皇祖陵：位于徐州市丰县赵庄镇金刘砦村，是以刘邦的曾祖刘清的墓为中心扩展而成的一座陵园陈列馆，俗称"皇林"，历来为当地汉里堂刘氏祭祀祖先的场所。

泉山森林公园：又称"五老峰"，位于徐州市泉山区。为彭城第一山，具有"绿、奇、秀、静"的特色，有鸟悦园、果老洞、多个植物专类园、龙吟阁、玫瑰宫、童趣园等景。

广化寺：原名地藏王堂，位于徐州市泉山区西关老博爱街，始建于清朝嘉庆年间，由广运法师创建。这座百年古刹历经风雨沧桑，屡毁屡修，至今仍保持着初建时的格局。

茅村汉画像石墓：位于徐州市铜山区茅村乡凤凰山西麓，全部用奇石砌成，由大小8个墓室组成，其设计构想，完全依照地面阳宅"前堂后室"制度。

邳州郊区风光

景点推荐 连云港旅游区

孔望山景区 AAAA 文

因“孔子望山”而著名

连云港市海州区朐阳镇孔望山村

¥30元 85116667

孔望山因孔子曾经登山望海而得名，是一座规模宏大的汉文化博物馆。2500多年前，著名的“孔子问官”（当年孔子曾在此山头向郯子请教官职制度方面的学问）的故事就发生在这里。景区有飘然亭、杯盘砚石、龙洞庵、龙洞古刹等景点，最负盛名的是位于孔望山南麓的孔望山摩崖造像。

玩家 解说

民间相传，当年孔子来郯子国，准备向东夷人传播“礼乐”，即关于礼貌的学问。

当时孔望山为大海所包围。孔子登上孔望山，看到山下海滩上有无数招潮蟹在不停地挥动大螯，向前爬行。孔子非常惊讶，以为这些螃蟹正在向他挥手致敬。他转过身，对身边的弟子说：这里连螃蟹都知道礼貌，我还有什么可讲的呢？于是便起身回鲁国去了。

东海庙遗址

东海庙遗址及东海庙碑，位于孔望山西南端。碑的内容为东海相桓君修缮东海庙的缘起、经过及“尊灵祇、敬鬼神”的宗旨。

摩崖造像

孔望山摩崖造像位于孔望山南麓西端。依山岩的自然形势，共雕刻出105个各种形态的造像。分成13个组体，刻在东西长17米、高8米的峭崖上。

玩家 解说

造像群的题材，历来说法不一。1980年中国历史博物馆研究员史树青首次指出有佛教内容。概括起来约有三方面内容：佛教造像。像群中有高肉髻、顶光、莲花、施无畏印、结伽趺坐等，并有表现佛本生故事的萨唾那太子舍身饲虎图。有表现佛传故事的“说法”和“涅“。有菩萨像、弟子像、力士像等，这些都是佛教造像的特征；道教造像。三尊各自独立存在的正面像，分别处于造像群的最高处，是摩崖中最大的造像，其衣冠同汉代常见的世俗服饰，有的像下有“莲座”“香炉”和“灯碗”等设置。当是道教在造像中的具体反映；世俗画。即汉画像石中常见的“进谒”“宴饮”等。

孔望山造像比人们认为最早的敦煌莫高窟佛教艺术（366年）还要早约200年。它是中国佛教艺术的早期雏形。

□ 孔望山石象

孔望山石象位于孔望山摩崖造像东约70米处，石象为主体圆雕，是依一块花岗岩巨石的自然形状雕凿而成，比一般真象的躯体还要大得多。象身西侧有一阴凿凹面，系未见刻铭的题榜。东侧以阴线刻一方框，内刻隶书体“象石”二字。

□ 孔望山杯盘刻石

孔望山杯盘刻石位于孔望山的最高处，是在一块天然大石上凿成。大石全形如砚，故称“砚石”，大石略呈长方形，东西320厘米，宽200厘米，厚70—120厘米，底部有3块小石支撑。孔望山杯盘刻石是东汉时期祭祀东海君之物。

□ 龙洞庵

龙洞庵位于孔望山东侧半山腰处，是江苏省连云港现存最早的古刹之一。它最早建于东汉，当时叫东海庙。北齐武平年间建成龙王庙，唐代重建成龙兴寺，明隆庆以后改成龙洞庵。龙洞庵内供有四大天王。大殿建在两米多高的台基上，殿中供奉释迦牟尼和他的两个弟子阿难和伽叶。

链接

龙洞石刻

龙洞石刻位于龙洞庵两侧“龙洞”的内外石壁上，题刻20多处，年代为宋至清，大字近3尺，小字寸余。龙洞石刻中，以明代石刻最为丰富。

石刻中有明代淮海安府知府陈文烛写的《孔望山铭》，明代嘉庆时期海州知州王同的榜书题刻“归云飞鸟”，还有明邵瑞良的“归云洞”题刻。明代林廷玉的诗刻：“看龙洞偶成，幻化成溟蒙，丹崖一洞空。地灵呼即应，应是讶相逢。”字体严谨，风格古拙，笔力遒劲，风格犹如宋篆，而且写景抒情，给人以很高的艺术享受。

云台山

云台山位于连云港市区东北部的山岭，主要由前云台山（南云台山）、中云台山、后云台山（北云台山）、鹰游山、锦屏山等互不连续的断块山脉组成。

云台山风景区以山水岩洞为特色，包括海滨、孔望山、宿城、花果山、世外桃源等景区。

石棚山
览怪石嶙峋之景

连云港市海州区朐阳镇 ¥25元

石棚山得于山上有一处天然石棚。山体掩映在几百亩桃园中，是宋代文学家石曼卿、苏东坡的宦游之地，自古闻名遐迩。山上怪石嶙峋，有万花岩、佛手岩、招头崖、石曼卿读书处、试剑石等景。

海州古城
历史悠久，人烟鼎盛

连云港市海州区

海州古城距今已有2000多年的历史，有秦东门、海州牌楼、镇远楼、百子庵、钟鼓楼、朐阳门等重要景点，有“苏北夫子庙”的美称。每年阳历4月8日，四周四乡八镇的人都来赶庙会做生意，人山人海，十分热闹。

玩家 解说

海州古城始建于梁武帝天监十一年（512年），一直是海、赣、沭、灌地区乃至周边更广阔区域的政治、经济、文化中心。明永乐十六年（1418年），加砌城墙，全长九里一百三十步。

古海州经济繁荣，商贸云集，风光秀丽，名胜众多，素以“淮口巨镇”“东海名郡”著称。

花果山景区 AAAA
花果不绝的人间仙境

连云港市海州区花果山镇，距市区7千米

石棚山

乘坐B11、游1、游2可达

¥ 门票100元、缆车50元

花果山自古有“东海第一胜境”和“海内四大灵山之一”的美誉，集山石、海景、古迹、神话于一身，具有很高的观赏、游览和历史科学研究价值。电视剧《西游记》曾在花果山取景，故而这里又被誉为“孙大圣故里”。景区内有水帘洞、老君堂、仙人桥、南天门、三元宫、唐僧家世碑、照海亭、美人松、一线天、九天桥等景点。

玩家 攻略

海清寺阿育王塔：位于花果山进山处不远的大村水库旁，自古是云台山的一个主要景点。明代叫“古塔穿云”，清代叫“塔影团圆”。可顺路游览。

表演：每年7—8月“连云港之夏”。《西游记》文化节期间（9月下旬）到花果山，不仅可以登山观景、以不同方式品味《西游记》，还可在山门广场和水帘洞广场观看“中华鼓王” 殷庄锣鼓队表演“威风锣鼓”以及歌舞表演等。

三元宫

三元宫是云台山区的主庙，也是花果山的主体建筑。三元宫内的三元殿祀奉三元大帝，另外还有义僧亭、屏竹禅院等建筑。其中屏竹禅院为明代谢淳出家开山时所建，现由邮票碑、金镶玉竹林、惠心泉和禅院建筑组成，非常幽静。

万佛洞

万佛洞位于花果山上的七十二洞处，传说是孙悟空降生的地方，景观妙趣横生。万佛洞不远有“云天深处”石鼓，敲而有声，为孙悟空召集众猴狲用。

水帘洞

水帘洞是一个天然裂隙洞穴，内有人工隧道可通下层平台。洞门前有许多珍贵的题刻。“印心石屋”是清代道光皇帝手书，赐给太子少保、兵部尚书、两江总督陶澍的。“灵

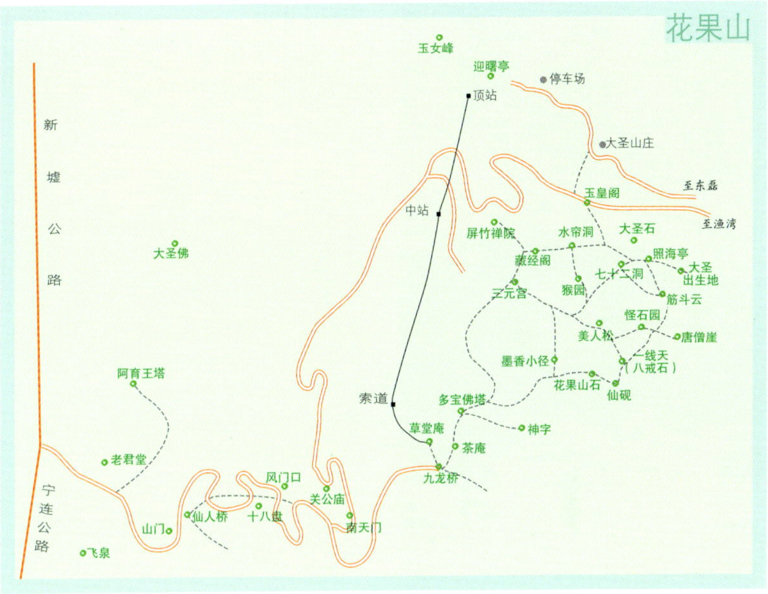

泉”二字是嘉庆年间知州师亮采的手笔。

玩家 解说

全国各地的水帘洞很多，但都是《西游记》流行以后起的名字，只有这里的水帘洞是在《西游记》风行以前便有了的。明代海州人张朝瑞在为三元宫写的一块碑记里，便记载着水帘洞是香客必游之处。石壁上“高山流水”4个大字，是海州知州王同题写的，时为明嘉靖二十三年（1544年），那时《西游记》还不曾出书。吴承恩就是受了这个水帘洞的启发，在《西游记》中给早期的孙悟空提供了一个神话色彩十分浓郁的活动场所。

一线天

从远处山腰远望一线天，这里就是闻名的八戒石，很像一个戴着僧帽的老猪在绿树丛中呼呼大睡。一线天下面是花果山山名摩崖石刻，还有天然碑、砚石等景观。

阿育王塔 文

海清寺阿育王塔位于花果山进山处的大村水库旁，自古就是云台山的一个主要景点，明代叫“古塔穿云”，清代叫“塔影团圆”。该塔兴建于宋代天圣元年（1023年）。塔高40余米，九级八面，是苏北地区现存最高和最古老的一座宝塔。

据建塔时嵌在塔内壁上的碑文记载，此地原先曾建过一座塔，在唐代时号称全国第二，可见此塔在中国的建塔史上有着重要的地位。

玉女峰

玉女峰是江苏省最高峰，海拔624.4米。站在峰顶，可以将大海尽收眼底。山顶生活着成群的野猴，十分有趣。登上玉女峰是花果山之游的高潮，玉女峰北侧还有北海观音寺遗址，并留有“崩云”石刻。

渔湾景区 AAAA

潭水潋滟，风景秀丽

连云港市海州区云台乡　新浦汽车站有中巴到

¥ 40元　0518-85941666

渔湾是一座自然景观十分美丽的小山，以瀑布、峭壁、怪石叠化而成，被人们誉为“苏北的九寨沟”，在云台山三十六景中叫做

"三潭汲浪"。以三龙潭、二龙潭、老龙潭、藏龙洞、绿水汪、清水汪、黄水汪形成三潭一洞三汪的景观。

玩家 攻略

游览佳期：渔湾以水见长，雨后游览更会有意想不到的收获。

餐饮：进入山谷最好准备干粮充饥，景区内可买的东西少，而且很贵，黄瓜卖到5元一根。

东磊景区

奇石、奇树、奇庙、奇色

连云港市海州区云台乡，距渔湾景区1000米

25元

东磊景区以"奇石、奇树、奇庙、奇色"享誉天下，俗称"石海"。有东磊石海（极品为"三磊石"）、延福观（有玉兰王、神仙洞等）、小蓬莱、5000多年历史的太阳石刻（在太阳石刻处，早上可观海上日出）等景。

玩家 攻略

每年约在4月10日至14日，玉兰花盛开，景区举办盛大的连云港玉兰花会，游人无数。花会以玉兰为主题，进行诗词、书画、摄影等艺术交流。景区内有4株古白玉兰树，其中两株有千年树龄，称"玉兰花王"。

宿城

景色秀美的世外桃源

连云港市连云区宿城乡

船山飞瀑20元、保驾山20元、枫树湾15元

新浦乘34、35路车可达

8:30～17:30 0518-82202976

宿城相传因李世民东征至此宿营而得名，被称为"世外桃源"。景区以幽取胜，集山野风情、自然景观于一身。有金刚石、留云亭、卧牛岭、龙湫等旧八景，还有保驾山（山顶有"四望亭"，登亭四望，宿城景色尽收眼底）、万寿山、臣龙松等新八景。

玩家 解说

船山，古为舟船避风之处，因而得名。山上有"阎王壁""帘洞""滴水崖"3处，形成三折瀑布，统称"船山飞瀑"。暴雨过后到船山，老远就可听到瀑布冲击山谷发出的轰轰巨响。登上半山腰红柱金瓦的观瀑亭，举目眺望，瀑布全景尽收眼底。飞瀑沿山谷奔流，半山的云烟随涧水浮沉，三级瀑布在涧谷中时隐时现。

海上云台山 AAAA

传说中的东海仙山

连云港市连云区后云台山

门票80元

海上云台山即传说中的东海仙山——瀛洲，由云山、围屏山、桅尖山、吕端山、宿城山等58座山峰组成。景区峰峦俊秀、沟壑深幽、林木繁茂、云蒸霞蔚、气象万千。它以"城中景、港边园、海上山、景融村"四大空间组合优势，极富"山水画、田园诗、梦约情"的意境，成为现实中的世外桃源、人间仙境。

连岛旅游度假区 AAAA

去海岛悠游，看滨海美景

连云港市连云区连岛镇　30元

www.lygld.cn

市中心新浦乘33路车（票价2元）可达，新浦华联、墟沟铁路海棠路道口、海州西门等处，夏、秋季都有旅游班车前往

东西连岛由东连岛和西连岛组成，有神州第一堤与大陆相连，是江苏省面积最大的岛。连岛海岸线长17.66千米，是“欧亚大陆桥东桥头堡”的天然屏障。该景区集山海、林石滩及人文景观于一身。有大沙湾游乐园（即连岛海滨，是江苏省最大的天然优质海滨浴场）、苏马湾生态园（高档，有琅琊石刻等景）等景点。

连岛

玩家攻略

活动：大沙湾游乐园每年7~8月的连云港之夏节日期间，有海上游泳比赛、帆板、快艇表演、沙滩歌舞晚会、海鲜美食节等活动，让您真切感受大海的神奇魅力与连岛旅游的快乐。

观光车：海滨栈道，西起大沙湾游乐园，东到苏马湾生态园，全长约2000米，沿线有森林乐园、孔雀园及钓鱼台等景点，景区观光车顺着此路往返于两个景区之间，途中无固定停车站点。您如需乘坐，招手示意即可。

沙滩：大沙湾与苏马湾相比较，大沙湾沙滩面积大，较平缓，还有一些沙雕，比较适合儿童玩耍；苏马湾人少，水质较好，沙滩坡度较陡。

美食：浴场周边有各种海鲜排档均可品尝连云港特色美食，价格较市区稍贵，一般人均50~100元。

住宿：连云港阅海楼（环岛路1号）档次高、功能全；连岛浴场外面，酒店式公寓，价格实惠（每晚约170元），其中21世纪度假公寓不错；私人开的旅馆也较多，一般约100元（可砍价），周末稍贵。

东海国际水晶珠宝城 AAAA

拜访“水晶之都”

连云港市东海县东

东海国际水晶珠宝城是融参观、旅游购物、餐饮娱乐、康乐健身、住宿为一体的总建筑达70 000平方米的大型现代化商城。

水晶珠宝城坐落于沿海高速与连徐高速的交汇处，地理位置非常优越，是水晶之都东海县城的东大门。致力于打造“中国水晶第一旅”。

玩家解说

水晶、花生、温泉澡是东海有名的“三宝”。东海素有“水晶之乡”之称，现在水晶的收购量占全国产量的1/2，有水晶加工企业300多家，有“水晶制品一条街”之称。世界水晶之王出自东海，毛主席水晶棺的原料也来自东海。

徐福祠

东渡日本第一人徐福的纪念地

连云港市赣榆区金山乡徐福村

徐福祠是为纪念秦代方士东渡日本第一人徐福而建的祠庙，内供奉着徐福塑像，建有徐福故里文物陈列室和汉画像石长廊。

徐福祠分门阙、院落和祠堂3部分，正配殿均为硬山式仿古砖木结构，正殿前有石柱栏杆祭台，东西两侧各有碑廊一座。

链接

徐福

徐福，秦代方士，受秦始皇派遣，带领三千童男童女下海求仙丹。他们历经险难，漂洋过海，到达日本，帮助日本先民实现了农耕生活，并传授了养蚕、缫丝等先进的科学技术，因而被日本人奉为“农耕之神”。

为纪念徐福远赴日本传授农耕，每年11月24—26日这里会举办徐福节，主要有祭祀大会、仿古乐舞表演、彩车游行、徐福研讨会、经贸洽谈等，甚为热闹。

抗日山风景区 AAAA

气势雄伟的革命纪念地

连云港市赣榆区夹山乡王洪村抗日山南坡

抗日山风景区总面积20余万平方米，上下分8个坡段，气势雄伟。是中国第一座也是唯一一座以抗日命名的山，素有“中国抗日第一山”及“中国第二雨花台”之美誉。内有小沙东海战烈士冢、国际共产主义战士希伯纪念碑、符竹庭墓、滨海军区抗战烈士纪念塔和纪念堂等景点。

玩家解说

抗日山原名马鞍山，主峰海拔173米，气势恢弘，景色秀丽，巍峨壮观。1941—1944年间，八路军一一五师教导二旅，以及滨海军区的广大军民曾四次兴工为死难烈士树碑建塔，抗日山由此

抗日山

而得名。目前，陵园墓区中有751座烈士墓，安葬着800余位烈士的忠骨，塔碑上铭刻着3576位烈士的英名。陵园内安葬的烈士既有八路军将士，又有新四军将士；陵园内既有国内革命烈士的墓碑，又有国际友人纪念碑；纪念馆里既有中共抗日将领事迹的展示，又有国民党爱国将领英勇抗日的事迹介绍。

二郎神庙 AAAA

文化遗址公园

连云港市灌南县

灌南二郎神庙坐落于灌南县五河交汇处的灌河河口，地处灌南武障河闸口处。作为灌南新兴的旅游项目景点，灌南人民充分利用《西游记》《二郎神》战略资源，总投资3800万元，占地13.33公顷，是集旅游、观光、饮食、商贸于一身的风景区。

更多本旅游区景点

东海温泉：原名羽山温泉，位于连云港市东海县李埝乡羽山脚下，含有多种微量元素，对各种皮肤病、动脉硬化、高血压、关节炎等有一定疗效，被誉为“华东第一温泉”。

曲阳古城：位于连云港市东海县曲阳乡。初建于西汉，现今高宽均约5米多，轮廓清晰。古城还是道教的发源地之一。近年来，这里还不断出土一些陶器、铜印、箭镞等汉代遗物。

秦山岛：位于连云港市赣榆区海头镇，相传秦始皇曾到这里登山祭海而得名。全岛狭长形，岛上名胜众多。

墟沟海滨风景区：位于连云港市连云区墟沟镇，包括海滨公园、龙门公园、西墅等景点。西墅位于墟沟镇西部，俗称西市，三面环海，一面向陆，是一个古老的渔村。

高公岛景区：位于连云港市连云区高公岛乡高公岛村，是一个半岛，以稀、奇、古、怪、美为特色的自然景观闻名。景区内谷壑幽幽，丛林茂密，翠绿如碧，古树参天。

黄窝景区：位于连云港市连云区高公岛乡黄窝村，南有吕端山，北有桅尖山，中通一洞，面海依山。山上有大洞，山下有沙滩，是海泳的理想环境。

景点推荐

宿迁旅游区

嶂山森林公园

景色秀美如同西双版纳

宿迁市宿豫区晓点镇，市北郊7千米处

乘1路公交可到 ¥5元

嶂山森林公园是自然与人文相结合的大型景区，树种丰富。境内峰峦起伏，沟壑纵横；碧水小湖，森林幽古，形成特异的风光带，有锅框山、三台山、白马涧、烟窝潭、八仙浴场、韩梁洞、青墩古文化遗址等景，被誉为“苏北的西双版纳”。

龙王庙行宫

被誉为“乾隆行宫”

宿迁市宿豫区皂河镇

汽车北站乘开往皂河镇的专线车可达 ¥60元

龙王庙行宫原名安澜龙王庙。该建筑群始建于清代顺治年间（1644—1661年），改建于康熙二十三年（1684年），是三院九进封闭式四合院的北方宫廷式建筑群。乾隆皇帝六次下江南，五次宿顿于此，并建亭立碑，移金修缮，故又俗称为“乾隆行宫”。

龙王庙行宫建筑群，布局严整，规模宏大，轴线分明，左右对称，气势磅礴。屋檐瓦当绘有图案800余种，极富民间特色，国内罕见。

玩家攻略

自清代以来，每年的农历正月初八、初九、初十这3天，为皂河安澜龙王庙庙会之日。届时众多善男信女纷纷前来烧香拜佛，祈福求祥。附近山东、河南、安徽几省的行商坐贾、民间艺人也纷至沓来，云集皂河。一时间逛庙的、敬神的、看景的、购物的热闹非凡，“木刀木剑红缨枪，桃猴玉兔青竹蟒，剪纸雕刻拨浪鼓，糖人泥哨小花棒”

项王故里霸王鼎

应有尽有。

最为光彩夺目的是皂河镇内三大香会的绕街巡游，朝山祭祀。花船、花车、舞龙、舞狮，所有逛庙会的人们一起参拜龙王，人山人海，盛况空前，被列为苏北地区36处香火盛会之首。数百年来，岁岁如此，可称得上中国民俗史上的一大奇观。

链接

大运河中河宿迁段

与龙王庙行宫一同面朝骆马湖的，便是大运河中河的宿迁段了，这是世界遗产中国大运河在江苏段的一部分，为一条秀美的风光带，环绕着悠悠运河水，孕育出淳朴善良的民风、富饶丰美的物产以及汇集天地灵气的美丽风景，成为宿迁的标志性遗产。

骆马湖生态旅游区

风光秀美，景色天然

宿迁市宿城区北郊

骆马湖生态旅游区包括陆地和水域两部分，是集生态保护、旅游观光、休闲度假、会议疗养、高档别墅于一身的省级风景名胜区，华东地区一流水平、独具特色的生态型旅游度假区。

骆马湖湖泊风光美丽，有湖滨浴场、戴场岛、林海莺梭、葡山醉月、梅村煮雪、翠堤浮岚、三山渔烟等景区。

项王故里 AAAA

西楚霸王项羽的诞生地

宿迁市宿城区南郊徐淮公路废黄河堤下（古为梧桐巷）

乘52、101、109路公交可到　80元

传说项王故里为秦时下相县的梧桐巷，是西楚霸王项羽的诞生地，前人曾立碑纪念。

项王故里主体建筑为三进院落。前为高大的汉式石阙，象征项羽故居为帝王规格。中院以英风阁为主体，阁内为项羽的高大塑像。英风阁前面有霸王鼎，鼎高2.6米，直径1.9米，重8吨，鼎上铸铭文，记叙了项羽不朽的历史功绩，古朴壮观，气势雄伟。英风阁东西建有碑廊，东廊为司马迁《史记·项羽本纪》巨幅石刻，为著名书法家戚庆隆所书。西廊为当代知名书法家书写的历史名人歌颂项羽的诗作。第三进院为花园式庭院，正面为故居纪念室，室内有虞姬像，室外有系马亭，亭内有石雕乌骓马，亭外有拴马槽。

玩家攻略

美食：甜果蜜语港式甜品（位于项王故里二期大食坊4号楼8－B，电话为0527－81180035）、梧桐老院子（位于项王故里大食坊五号楼，电话为0527－84358117）、舍得茶馆（位于项王故里大食坊2－3号楼，电话为0527－88990777）都是不错的休闲、餐饮去处。

住宿：巴里岛假日酒店宿迁店位于项王故里景区北门，酒店客房在格调设计、装修风格、家私配置上都体现巴里岛假日酒店的雍容华贵。咨询电话：13645247000。

链接

第一江山春好处

宿迁是世界生物进化中心之一，也是人类起源中心之一，被誉为地球上的“生命圣地”。境内发现的长臂猿化石，距今1000多万年，是亚洲迄今发现最早的古猿化石；在淮河岸边，5万年前便有先人临水而居，称为“下草湾人文化遗址”。相传夏、商、周三代，古族徐夷在此生息。公元前113年，泗水王国在此建都。秦代置下相县，东晋设宿豫县，唐代宗宝应元年改称宿迁至今。

西楚霸王项羽及其夫人虞姬、京剧表演艺术家宋

长荣等，都是宿迁人民的好儿女。北宋科学家沈括曾任沭阳主簿、代县令，清末诗人袁枚曾任沭阳知县。乾隆皇帝六下江南曾五次驻跸宿迁，赞叹宿迁为“第一江山春好处”。

孔庙

宿迁的祭孔之地

宿迁市宿城区河清街南

宿迁孔庙是仿曲阜孔庙而建，周围红墙环抱，建筑精美宏大，布局严谨。据同治《宿迁县志》学宫图记载，宿迁孔庙以大成殿为中心，南北主体建筑为中轴线，轴线左右建筑，对称排列。中轴线自南向北的建筑主要有照壁（宫墙数仞）、泮池、棂星门、大成门、大成殿、明伦堂、尊经阁等。厢房对称于两侧，组成三进院落。主要建筑均覆琉璃瓦，正脊饰宝顶、蟠龙。大成殿为孔庙的主体建筑。现存大成殿为明代建筑风格，砖木结构，展角飞檐，斗拱巨大。

古黄河水景公园

游公园、享惬意休闲之乐

发展大道、环城西路、环城北路和骆马湖路的围合区

古黄河水景公园占地面积约85公顷。该公园是中心城市河湖（骆马湖、古黄河、民便河）水系沟通工程的先导性工程，是一座集滨水旅游、体育休闲、应急避难和商务接待等功能于一身的市民公园。

公园主要景点有水景园广场、十六大纪念林、黄河观景台、24座景观桥梁、7座亭阁、5座岛屿、3条沿河栈道、3个游船码头等。园内栽植各类乔木8800余棵、花灌木82万余株，铺植草坪35万平方米。园内景点环绕古黄河两岸进行布局，或亭台楼阁相望，或小桥流水依依。夜晚华灯齐放，园内五彩斑斓。

雪枫公园 AAAA

缅怀抗日英魂

泗洪县半城镇　乘3路公交可到

雪枫公园是为纪念以彭雪枫将军为代表的抗日民族英雄而建，是宿迁市规模最大的爱国主义教育基地。分为纪念瞻仰、水景游览、励志教育和配套服务等四大功能区。

公园有一馆、一塔（彭雪枫纪念塔）、一湖（九月湖，雪枫公园的英雄之魂）、二桥、三座雕塑（有雪枫公园标志性之一彭雪枫将军铜像等）、四个广场等景。其中，雪枫纪念馆是整个公园的核心，位于公园最高处。

雪枫公园

泗洪烈士陵园

泗洪烈士陵园

纪念泗洪光辉的革命史

泗洪县青阳镇南郊

泗洪烈士陵园建于1957年，园内秀木成林。陵园的布局以“泗洪县烈士纪念碑亭”为中心，为仿古建筑，六角飞檐，亭顶用绿色琉璃瓦苫盖，六根圆柱以石鼓为基。碑的正面为张爱萍同志手书的“泗洪县烈士纪念碑”，背面为泗洪县人民政府敬撰的碑记。园内还有2座纪念馆、烈士纪念塔、江上青等130多位烈士的墓茔。

陈毅纪念馆

纪念杰出的政治家陈毅同志

泗洪县双沟镇　8:00～18:00　10元

陈毅纪念馆是为了纪念杰出的军事家、政治家、喜爱饮酒、才华横溢的诗人陈毅同志，在陈毅转战两淮地区经常驻足的“贺全德槽坊”原址上修建的。纪念馆有4个展厅，分别展出了陈毅同志不同时期的照片，以及新四军战士作战时用过的武器、生活娱乐用品和缴获的日本指挥刀、钢盔等实物。

玩家 解说

陈毅同志平生喜爱饮酒。双沟酒业集团的前身“贺全德槽坊”的老板贺子谋是陈毅同志在战争时期的挚友，因此双沟地区流传着许多关于陈毅同志的动人故事。

馆内最吸引人的还是那半旧不新的围棋，棋盘上摆着还未下完的棋局。据说，1943年，陈毅同志来到洪泽湖畔、淮河下游的皖东北双沟镇，驻足于双沟集团的前身“贺全德槽坊”，指挥两淮军民与敌方展开斗争。在此期间，他和双沟“贺全德槽坊”老板、淮北苏皖边区参议会参议员、泗南县参议会驻会参议员贺子谋相交甚悦，因此常到酒坊与贺老板对弈。酒坊每每酿出好酒，贺子谋也必定请陈毅同志品评。他们时常对酒论诗，品酒对弈，留下了不少关于诗、酒、棋的佳话。

双沟古镇

双沟大曲的产地

泗阳县双沟镇

双沟古镇是著名的酒乡。产自于双沟

镇的中国名酒双沟大曲享誉中外，被誉为中国酒源头。镇内还有双沟惨案纪念馆（有公墓、碑亭和陈列室）、陈毅纪念馆（在“贺全德槽坊”原址上修建）、酒文化展览馆（记载了双沟酒业的辉煌）等景。古镇内还发现有江苏最早的人类遗存下草湾猿人，距今已有5万余年。

玩家解说

双沟古镇特产众多，其中双沟空心挂面是江苏省著名土特产，它外表光滑圆润，内有银丝般细孔。信手拣出一根，插入水中，能吹出串串气泡；用火柴在下面点燃，可从细孔的上端冒出缕缕烟丝。采用特殊配料可配成鸡汤面、虾子面、鸡蛋面等10多种品种，各具风味，香而不腻，鲜美无比，易于消化。

朱家岗烈士陵园

庄严肃穆的现代陵园

泗洪县曹庙乡朱家岗村

朱家岗烈士陵园是为纪念1942年朱家岗战斗中牺牲的新四军4师9旅26团73名烈士而建。新四军4师师长彭雪枫将军亲自撰写碑文。

朱家岗烈士陵园

陵园的周围是青砖砌的花墙。园外的墙上是22幅壁画，壁画展示了朱家岗战斗经过，园内墙上壁画还绘有活捉韩德勤、击毙王光夏的山子头战斗经过图。大门两侧是泗阳县参议长、书法家周华青亲笔手书的对联。大门两侧的石灰白壁上书写新四军4师9旅26团宣传股长叶英所作的《血战朱家岗》长篇叙事诗104首。

闽商会馆天后宫

闽南风格的古建筑群

泗阳县众兴镇西骡马街

闽商会馆天后宫是一处古老的建筑群。天后宫整体建筑原前后两幢，临街面（骡马街）的叫前庙。前庙东壁砖雕“河清”，西壁砖雕“海晏”；“河清”“海晏”，乃预祝“天下太平”之意。主体建筑后殿，规模宏大，殿宇辉煌。建造时，设计、用料、施工一应皆为外地人，特别是建筑艺术，雕梁画栋，砖雕石刻，小瓦飞檐，都融入了闽南文化的因素。

三庄汉墓群

古老的汉代古墓

泗阳县三庄乡东部的刑西支渠与新邢码河之间

三庄汉墓群是古泗水国的重要遗址，计40余座。古墓坐落有序，并处南北同一轴线，具有一定的规律性。其规模不一，高低起伏，逶迤连绵。

距泗水国王陵墓区南端5000米为汉代城址——凌城遗址。到目前为止，已出土600多件文物，有玉器、漆器、金器、陶器、木俑等，在外藏椁原木上的“泗水王冢”4个字，初步断定大青墩汉墓为王墓。

爱园烈士陵园

缅怀革命烈士之地

泗阳县爱园镇果园区

爱园烈士陵园原是地主康少达的园林，

占地64亩，园内有大片松林，并有多种树木花草，风景秀丽。园内建有“昭忠祠”，祠后建花厅，北端设讲台。东北角安葬抗日烈士遗体，墓旁栽植松竹。

中国杨树博物馆

展现植物文化

泗阳县南外环线

中国杨树博物馆占地面积8760平方米，展馆内主要展示杨树引种暨良种繁育资料和实物、杨树文化资料、杨树培育成果以及杨树制品等。馆内有1976年1月定植现仍存活的4株品种对比试验意杨，其中最大一株目前树高45米、胸径106厘米、单株立木材积16.3立方米，是名副其实的“中国意杨王”。

洋河古镇

美酒醇香，古镇悠长

泗阳县洋河镇

洋河古镇位于江苏省宿迁市宿城区中南部，它依傍古黄河，明清时期，洋河分属徐州府宿迁县和淮安府桃源（今泗阳）县，交界处立有栅栏和石碑，碑额勒有“东临淮郡，西障彭城”字样。

洋河古镇盛产美酒，是闻名全国的酒都。特产洋河大曲以其“甜、绵、软、净、香”之独特风格饮誉中外。镇西首的白洋河转弯处有美人泉，远近闻名。

洋河基地

景点推荐

洪泽湖

走进洪泽湖湿地公园，渔村泊舟，芦苇荷花，浓郁的水乡气息扑面而来；珍禽聚栖，鸟鸣四起，丰富的生物资源令人目不暇接；原野广袤，烟波浩渺，醉人的自然风光令人流连忘返。

洪泽湖湿地自然保护区在中国五大淡水湖之一——洪泽湖境内，是整个洪泽湖地区中湿地生态系统保存最为完整的区域。

保护区由原杨毛嘴湿地为中心的天然湿地生态系统、湖滨珍禽鸟类保护区、生态森林公园、生物多样化科普区、万亩水产养殖生态示范区和万亩无公害稻蟹立体养殖示范区六大功能区组合而成，区内水域、滩涂广阔，湿地生态系统保存完好，是江苏省面积最大的淡水湿地自然保护区。

泗洪县东南部

旺季60元，淡季30元

9:00～17:00

泗洪汽车站乘坐旅游专线可到

玩家解说

洪泽湖湿地自然保护区及周边地区地形复杂多样，地貌大体可分为湖区和湖滨平原两种类型，植被以水杉、池杉、速生杨等无性系为主。

洪泽湖湿地自然保护区内物种极为多样，动植物资源也极为丰富，有浮游动物35科63属91种，其中有较高经济价值的田园螺、秀丽白虾、中华绒螯蟹等共计12种；有鱼类67种，有鸟类15目44科194种，最近还发现了世界濒危鸟类震旦雅雀。

洪泽湖湿地公园 AAAA

享受湿地上的休闲与娱乐

泗洪县人民南路15号

洪泽湖湿地公园位于洪泽湖西畔，是湿地生态资源保护与开发利用相结合的生态景区。景区拥有湿地生态芦苇迷宫、湿地博物馆、千荷苑、湿地古今文化展、卡丁车运动场、高尔夫练习场、鱼类展示馆、水上网球场、水上游乐场等60多个景点，景区内还配套有金水山庄、金水宾馆、游客服务中心等旅游服务设施。

玩家 攻略

住宿：景区内有金水山庄度假村，度假村风景优美，是集住宿、餐饮、会务、休闲、娱乐、运动、游览于一身的综合性度假村。现有水上别墅套间、单间、豪华标间等，可供120人住宿。

购物：景区内可以买到不少当地的特产，有野生虾米、菱角米、野生土特产、金水甲鱼、金水龙虾、金水大闸蟹等。

水车体验区

水车体验区共有水车10辆，其中大型脚踏式2辆，小型脚踏式5辆，风式3辆。在这里可以亲身体验和感受农耕文明时期的水车灌溉和中国古代人民的高超智慧，领略到水乡农趣。

洪泽湖鱼类展示馆

洪泽湖鱼类展示馆共建有96个水族箱，重点展示了泗洪县近年来引进的名特优水产品种及洪泽湖原生鱼种84个，基本囊括了洪泽湖内所有鱼类品种，是全省目前品系最全、种类最多的淡水鱼类展示馆。

洪泽湖湿地生态博物馆

洪泽湖湿地生态博物馆是目前全省第一家湿地博物馆，该馆采用仿真生态技术，运用生态材料建筑屋面、外墙以及地坪、栈道等，与湿地自然风光有机结合起来。主要有湿地独特自然资源展示厅、珍稀动植物标本厅、图片多媒体演示厅和湿地及地质生态科普厅。

演艺广场

演艺广场由4个部分组成：半月湖、水中悬浮式舞台、凭栏观鱼和月牙形观众台。半月湖中央位置是悬浮式舞台，长30米，宽20米，可承载200名演员同时演出。舞台为荷花所环抱，演出时，演员们恰似在水面上行走，花中穿行，充分体现了人与水的亲情交融。

牡丹园

洪泽湖湿地牡丹园占地60亩，共有366个牡丹品种。其最大特色是将“中国牡丹之都”河南洛阳最好的160个牡丹品种和“中国牡丹之乡”山东菏泽最好的206个牡丹品种一起引进到湿地公园内栽培和成长。因此，在这里不但能欣赏到“雍容华贵、国色天香”的洛阳牡丹，还能欣赏到“花大色艳、品种繁多”的菏泽牡丹，这在其他地方是非常少见的。

穆墩岛

景色秀美的“湖上明珠”

泗洪县半城镇

穆墩岛是洪泽湖西北部唯一的岛屿，以传奇的人文景观，旖旎的洪泽湖风光，被人们称为“湖上明珠”。该岛四面环水，冬暖夏凉，气候独特，景色秀美，有湖色与轻舟相伴，是亲近自然、放飞心情的理想之所，令人心驰神往、流连忘返。

玩家 解说

相传水漫泗州前，穆墩岛是宋代抗辽名将、巾帼英雄穆桂英的故里穆柯寨。这里有穆家军操

穆墩岛荷花盛开

练的“演兵场”；有穆桂英生擒杨宗宝、两人一见钟情的“钟情处”；有穆桂英兵发虹塘关、兵救杨延昭的“点将台”；有穆桂英产杨金花的红草滩。

杨毛嘴湿地生态自然保护区

秀美自然的原始湿地

泗洪县城头乡城头林场

杨毛嘴湿地保护区是洪泽湖湿地自然保护区的中心，也是洪泽湖唯一的一片天然湿地分布区。杨毛嘴湿地生态自然保护区核心区内有纯天然湿地面积约2万亩，天然芦苇荡成片分布。区内水生动植物有210多种，其中生长的羊肚菌药草在全省还是首次发现。保护区风景优美秀丽，是一处别具特色的考察、观光、游览胜地。

城头鸟类自然保护区

看水禽捕鱼，听林鸟啁啾

泗洪县东南部

城头鸟类自然保护区位于洪泽湖西岸，是林鸟、水禽和越冬候鸟的理想栖息地。这里有国家重点保护鸟类10种以上，包括大鸨、天鹅、灰鹤、鹭等。其中国家一级保护动物大鸨数量在300—500只，是中国大鸨最大的越冬栖息地，具有一定的国际影响。灰鹤约400只。区内建有一个18米的圆形观鸟台，作为观鸟和考察之用。

第一山风景名胜区 AAAA

山水城相依

盱眙县淮河北路　乘1、2、4路公交可达

¥ 30元

第一山原名南山，景区内有翠屏堂、春昼堂、玻璃泉亭、明伦堂、摩崖石刻保护廊等。沿淮风光带（主题是淮河文化）是第一山景区的重要组成部分，充分展现了盱眙“城在山中立，水在城边绕，山水城相依”的绝妙特色。

都梁公园

都梁公园位于第一山风景名胜区的南部，是历届中国龙虾节的主会场。公园内的杨大山、半笠山和磨盘山多苍松翠柏，四季如春，是当地人最喜爱的休闲场所之一。登上园区观景台，整个县城尽收眼底。

敬一书院

秀岩对面的淮山堂与翠屏堂是敬一书院的建筑遗存。汉朝，孔子的第十一世孙孔安国任临淮太守时，在此建先圣宴居殿，后建崇圣书院，元朝改建淮山书院，从南部的瑞岩，经过会景亭、杏坛，一直到北部的西域寺，占据了公园的核心区域。明代改建登瀛书院，瀛为仙山，意谓学子云集而登仙。乾隆至道光时又扩建为敬一书院。

明祖陵（文）

规模宏大的明代第一陵

盱眙县明祖陵镇　盱眙汽车站坐至小南庄的中巴到明祖陵路口下，步行约1000米入内　¥ 50元

明祖陵又称明代第一陵，是朱元璋高祖、曾祖、祖父3代衣冠冢，规模宏大。有21对高达丈余的大型石刻整齐地屹立在神道两旁，规模之宏大，刻工之精细，造型之优美，线条之流畅，堪称中华瑰宝。

第一山

玩家 攻略

1.游客中心为残疾人提供轮椅、拐杖等部分专用设备，并为残疾人专门服务。

2.景区内有精品购物中心（景区大门广场西侧）、朱家老店（陈列馆西侧）等旅游商店为您提供丰富充足的旅游商品。

清口枢纽

历史悠久的水利枢纽

淮安市淮阴区码头镇

清口枢纽是世界遗产大运河沿线两大水利枢纽之一，作为京杭大运河的中枢，清口也是漕运的咽喉。历史上，康、乾二帝为保漕运畅通，都曾多次亲自深入清口等治河第一线调查研究，现场指挥。

从古至今，经历两三千年的沧桑巨变，清口仍然是国家的重要水利枢纽，特别是南水北调东线第三级控制工程，其枢纽地位的确立仍然与淮河、洪泽湖、运河关系密切。

惠济祠

惠济祠位于码头镇二闸村附近。历史上这里曾经是黄、淮、运交汇之地，为清口水利枢纽的核心地域，道教、佛教等宗教活动场所为代表的寺庙文化在此聚集。惠济祠就是其中最著名的一座。

惠济祠民国年间规模恢宏，香火旺盛。到了战乱年代，惠济祠的一部分在战火中被摧毁。如今，遗址上仍残存着砖石和瓦砾，以及孑然孤立在惠济祠遗址上的“御制重修惠济祠碑”。惠济祠碑的顶部和底座都有龙纹浮雕，碑上乾隆皇帝的题字已经变得模糊。近1000字的碑记，讲述着运河之都的沧桑历史。

天妃坝

天妃坝是康熙年间为抵挡越来越大的黄淮合流而重新建筑的石工，其为明清时期清口治水的最重要实物见证。天妃坝的发现对于研究明清时期古运河变迁、运口位置、黄淮交汇形势等都具有重要的价值。

洪泽湖大堤

技艺高超的古代水利工程

北起淮阴区码头镇，南迄洪泽区蒋坝镇

洪泽湖大堤始建于东汉建安五年（200年）。由广陵太守陈登主持建筑，初为15千米，始称“高家堰”。明永乐年间，河漕督运陈宣在武墩至周桥之间兴工修堤，明万历年间，总理河漕的潘季驯将大堤延筑至蒋坝，至此，洪泽湖大堤基本建成。

从明万历八年（1580年）起，洪泽湖大堤的迎水坡就开始增筑直立式条石墙护面，时称“石工墙”，历经明清两代171年形成规模。石工墙使用千斤重的条石及糯米石灰浆砌筑，共用条石6万多块，且规格统一，筑工精细，洪泽湖大堤的筑堤成库规划和直立条式防浪墙坝工程技术代表了当时世界的最高水平，充分显示了中国古代水利建设的高超技艺。

洪泽湖浴场

绿树掩翳、三岛相望

淮安市洪泽区高良涧镇滨湖路2号，洪泽湖大堤旁

乘92路公交可达

洪泽湖浴场现有设施主要包括人工沙滩、3600平方米的水底平台、悬湖竹寨、冲淋更衣房、豪华小居、快艇、摩托飞艇、碰碰船、游轮、水上垂钓等。洪泽湖浴场绿树掩翳、古堰环弧，蓬莱、瀛洲、方丈3岛隔水相望，相映成趣。

洪泽湖大堤

景点推荐

淮安旅游区

楚秀园

水影涟漪、叠翠秀美

淮安市清江浦区淮海南路

乘11、26、31路公交可到　83945871

楚秀园原为老清江城外的一片湖泊沼泽地。明朝武宗皇帝南巡时，曾驾小船在此捕鱼取乐，不慎落水，回京后染病，第二年身亡，故留下了脍炙人口的"跃龙池"典故。

楚秀园园内水面开阔多变，有四大景区，设有动物园、月季园和儿童乐园等专题园区，形成园中有园、景中套景的格局。

清晏园

秀美古朴的古典园林

淮安市清江浦区人民南路92号

乘2、7路公交可到

清晏园是中国漕运史上唯一留存的官宦园林，有淮香堂、蕉吟馆、今来雨轩、水榭、船楼和谦豫斋等建筑。其中荷芳书院是园内最具特色的建筑，院周围建有碑亭和碑廊，可了解到治水的艰辛和漕运的情况。

苏皖边区政府旧址纪念馆 (文)

四大解放区联合政府

淮安市清江浦区淮海南路30号

乘1、6、10路公交可达

1945年11月1日，苏皖边区政府于淮安成立，它是中国共产党领导下的苏中、苏北、淮南、淮北四大解放区的人民民主联合政府。苏皖边区政府旧址纪念馆占地6100平方米。现存两个院落，保存砖木结构、古色古香的平房48间。

淮安市博物馆 AAAA

观赏珍宝文物

淮安清江浦区健康西路146-1号

淮安市博物馆创建于1959年，是文物收藏、陈列和考古研究中心。博物馆馆藏文物丰富，分陶瓷器、玉石器、青铜器、钱币、书画等诸多门类。其中尤以1978年高庄战国墓出土

的刻纹青铜器、青铜马车饰件、双囱原始瓷带盖熏炉等战国重器为馆藏特色。

里运河文化长廊 AAAA ⓧ

运河文化中的一颗明珠

淮安市清江浦区清江浦大闸口历史文化风貌区

里运河文化长廊具有浓厚的运河文化特征、浓烈的地方文化气息和浓郁的生态园林特点。其总面积约16.2公顷，包括里运河中洲岛、清江闸以东的航道及两岸区域，主要有陈潘二公祠、清江浦、御龙园、名人故园（程莘农故居、“三范”故居纪念馆）、御码头、济安水龙局、水渡口、清江大闸等景点。游客可选择河边步行或乘游船的方式，白天或夜晚一览景区风光。

玩家 攻略

里运河文化长廊里的清江大闸为明朝永乐年间所建，至今仍保存完好，岿然屹立。它是中国运河史上极为罕见的一大工程，反映了古代劳动人民的智慧和才能。

周恩来纪念馆

一代伟人周恩来的生平展览

淮安市淮安区淮城街道桃花垠

7:30~18:30　0517-85912365

周恩来纪念馆坐落在一个三面环水的湖心半岛上，是为纪念开国总理而建的大型纪念馆，由一组气势恢弘的纪念性建筑、一座纪念岛、三个人工湖以及四周环形绿地所组成。

玩家 解说

1904年秋，6岁的周恩来随父母、嗣母移居清江浦（今淮安市）外祖父的万公馆，并在万府家塾馆继续读书。外祖父万青选遗留下的丰富藏书，成了周恩来童年获取知识的宝库。1905年9月，因万府家塾馆办得不理想，周恩来随嗣母、生母迁居到万府南面的陈家花园。嗣母请来塾师，自立家塾馆。学生一共4人：周恩来和他的弟弟恩溥，还有他的两个妹妹。1907年春，生母（万氏）病故，家塾馆因无力维持而关闭。周恩来带着弟弟恩溥、恩寿返回老家淮安驸马巷居住。

链接

周恩来童年读书处

周恩来童年读书处位于淮安市清江浦区河北西路174号，是周恩来嗣母陈氏祖辈的府邸，青砖青瓦，典雅古朴。

院门向左是周恩来童年就读的私塾馆，后拆毁。院内原有假山、亭榭、水池、私塾馆。陈列室分3部分。室内有一尊童年周恩来塑像。

主馆

主馆形似公字，四面门窗近似周字，寓意周公馆，屋顶很像江淮平原上用于灌溉的牛车棚，寓意周总理似老黄牛，一生为人民辛勤工作。主馆高26米，由4根花岗岩石柱支撑，寓意周总理首先提出四个现代化的宏伟蓝图。主馆两侧有2根烛状建筑物，寓意周总理一生在燃烧自己，照亮别人。

周恩来故居

周恩来铜像

位于周恩来纪念馆附馆北侧。铜像坐北面南，底座基台为花岗石贴面，高3.4米，基台正面镌刻着江泽民亲笔题词“周恩来同志”五个鎏金大字。铜像身高4.2米，身着中山装，面带微笑，神态细腻而逼真，摄取了周总理50年代末60年代初与群众亲切交谈的瞬间姿态。

周恩来故居 ⓦ

青砖灰瓦、古朴典雅

淮安市淮安区淮城街道驸马巷7号

9:00～18:00 85912517

周恩来故居由东西相连的两个普通的老式宅院组成，西院为周恩来同志生平陈列室。整个建筑青砖灰瓦、古朴典雅，是典型的苏北民居建筑风格，周恩来从出生至12岁就生活在这里。

玩家解说

故居为周恩来祖父与二伯父从浙江祖籍迁居淮安后，共同买下的东西两个宅院。原来有房屋31间，其中东院共三进12间，西院三进19间。1898年3月5日，周恩来在西院北屋靠西的第三间屋诞生，并在这里度过了他的童年、少年时代，西院北屋靠东两间是周恩来读书之处，在这里受到最初的启蒙教育。1910年，12岁的周恩来离开淮安去东北求学。

驸马巷历史街区

周恩来故居坐落之处

淮安城区镇淮楼西北隅

淮安市历史街区——驸马巷原名望仙巷，后因明惠帝朱允炆在此巷内为驸马都尉黄琛建造了一座驸马祠，故改名为驸马巷，一直沿用到今天。周恩来同志的故居就坐落在这条巷内。

链接

驸马巷的奇特之处

为确保冬暖夏凉，北半球的住房大多采取坐北朝南的方位，因而南北纵向的巷子两侧总免不了以山墙连着围墙的外观。尽管驸马巷也是南北纵向，却根本见不到沿着巷道的山墙，而是毫无例外地让房屋的后檐墙面临巷道，从外面看，除了间隔着的一户户大门，全是封闭的实体墙。这不能不说是一个特别之处。

之所以形成这一特征，很可能跟历史上这里是征战方激烈争夺的军事重镇有关。在强烈防御意识的作用下，城池营造师们考虑的是：万一城池被突破而发生巷战，人地生疏的外敌也很难从街巷房屋的朝向上判别方向（若在农村，仅凭茅屋朝向就能轻易判别），犹如陷入棋盘阵。如此看来，这种貌似有悖常理的规整外观，还是先辈们因地制宜、深谋远虑的一种智慧的反映。

河下古镇

底蕴深厚的明清古镇

淮安市淮安区西北隅

河下古镇曾名北辰镇，这里曾诞生巾帼英雄梁红玉、大文学家吴承恩等历史名人。明清两代，这里曾出过67名进士、123名举人、12名翰林，有“进士之乡”之称，文化底蕴十分深厚。文化重镇、军事重镇、盐商重镇、中医重镇、美食重镇、佛学文化是河下古镇的六大特色。

河下是楚州古城保存最完好的历史街区，整个街区至今仍保持着明清时的建筑风格，清代以前的建筑占70%以上，石板路面占90%，历史风貌基本保存完好。

周恩来纪念馆

镇淮楼

巍峨耸立的淮安鼓楼

淮安市淮安区镇淮楼东路1号

登楼5元，联票20元

乘10、20、60路公交可到　7:30~18:30

镇淮楼是古城淮安的象征，俗称鼓楼。始建于北宋，明朝修筑淮安城的时候把它改建为谯楼，即用来打更、报时、报警的钟鼓楼。现存木构楼是清光绪七年（1881年）重建的。

吴承恩故居 AAAA

文学大师吴承恩的旧居

淮安市淮安区打铜巷12号

乘游2路公交可到　40元

吴承恩故居是按明代建筑风格复制而成，为古朴典雅的青砖小院。故居布局分为4个院落，由门房、客房、轩厅、书斋等26间房屋和庭院及后花园组成，辅以回环曲幽的抱廊、假山、亭轩舫桥及竹木花卉，内有书房等建筑。现为江苏爱国主义教育基地。

总督漕运公署遗址 AAAA

规模宏大的官署建筑群

淮安市淮安区镇淮楼北侧

总督漕运公署遗址是明、清两代统管全国漕运事务的漕运总督的官署建筑群，规模宏大，保存完好，布局严谨。

遗址占地约2万平方米，与楚州标志性建筑镇淮楼、淮安府衙大堂在同一条中轴线上。有房213间，依中轴线设大门、二门、大堂、二堂、大观楼、淮河节楼、后院等；东侧有官厅、书吏办公处、东林书屋、正值堂、水土祠、一览亭等；西侧有官厅、百录堂、师竹斋、来鹤轩等。

镇淮楼

总督漕运公署遗址

刘鹗故居
清末著名小说家故居

淮安市淮安区高公桥西街　10元

85912815

刘鹗故居，系刘鹗父亲刘成忠所购买，由东边的花园、当中的正宅，以及西边三个可以自成院落的部分所组成，有房屋142间。现辟有展厅。

链接

刘鹗

刘鹗（1857—1909年），清末小说家。誉名震远，原名孟鹏，后更名鹗，字铁云，又字公约，号老残。署名"鸿都百炼生"。

淮安水利枢纽风景区
感受水利工程文化的奇秀博大

淮安市淮安区南郊

淮安水利枢纽风景区是国家水利风景区。景区景色秀丽，花木葱茏，曲廊迂回，水鸟翻飞，行船如织。京杭运河、苏北灌溉总渠及淮河入海水道这3条人工河道在这里立体交汇，建有大型电力抽水站、节制闸、船闸、地涵等水利工程20多座。众多的水工建筑犹如一座水利工程博物馆，构成了淮安水利枢纽风景区奇特的水利景观。

韩信故里
淮阴侯荣辱的一生

淮安市淮阴区码头镇官巷

乘5路公交可到　60元

韩信故里与张福河旁的御码头为邻，是"汉初三杰"之一的韩信出生和成长的地方，有韩侯故里牌坊、韩侯钓台、漂母祠、胯下桥等景。几处遗址记载了韩信荣辱的一生。

能仁寺
历史悠久的佛寺

淮安市涟水县中山路西

能仁寺南濒碧波荡漾的古黄河，东依风光旖旎的涟漪湖，西临通贯南北的宁连高速公路，昔日为"涟水八大景点"之一。该寺始建于唐初，距今至少有1300多年历史，主要

玩家解说

据《辞海》释：漕运者，水道运粮也。水是人类的起源，漕运是王朝兴衰的命脉。因此，历代统治者都开凿运河，以通漕运。可以说，水治好，漕运通，国富强。反之，则国衰败。综观历史，南北大运河的漕运畅通与否，对历代封建王朝的政治局势有举足轻重的作用。尤其是隋唐以后，运河的开凿，漕运畅通，无不是围绕着巩固和强化皇朝统治而展开的。每一代皇朝统治者都想借运河漕运畅通，总揽大局，驾驭全国。特别是元朝实现全国统一后，直至明清，再没出现大的分裂。

京杭运河

铁山寺森林公园

建筑有天王殿、妙通塔、大雄宝殿、卧佛殿、藏经楼、方丈楼。

五岛公园

湖水清澈、景色天然

淮安市涟水县城中心

五岛公园由涟漪湖和五个岛组成，公园风景优美，独具特色。涟漪湖形成于清乾隆五十一年（1786年）的大水灾，新中国成立前后，通过多次整修，将湖上的五个不规则、不相连的小岛建成了逶迤相连、风景秀美的五岛公园。

铁山寺森林公园 AAAA

观赏野生动植物的佳地

盱眙县王店乡　公园免费，游船30元

88761588　南京中央门汽车站乘车至盱眙，搭铁山寺旅游专线车直抵景区

铁山寺森林公园是江苏保存最好、面积最大的野生动植物王国。有铁山禅寺、跑马山顶的紫金山天文台盱眙观测站（亚洲第一、世界第二）、孔雀园、百岁亭、天泉湖等景点。还有焦赞大营、沈文獒园（中国第一家纯种藏獒观赏基地）等娱乐设施。

八仙台风景区

传说中八仙修道之处

盱眙县穆店乡西南部

盱眙汽车站有到八仙台的旅游公交专线

10元

八仙台旅游风景区是一处集山、水、岛、林、石、泉、洞、人文于一身的自然景观。相传八仙曾在八仙台风景区修仙论道，故名。又传说宋朝巾帼英雄穆桂英带兵在此山驻扎训练过，穆店地名由此得来。

白马湖度假村

湖水清澈、水产丰富

淮安市金湖县前锋镇白马湖村　游船10元/人

白马湖生态旅游度假村拥有的2000多公顷白马湖水面，天然水域辽阔，湖水清澈透明，盛产的螃蟹、甲鱼、青虾、鳜鱼、乌龟等上万吨特种水产品，以其生态养殖、绿色食品之优势而畅销海内外。

白马湖中分布着99座岛屿，每个岛都有一个独特的名字和美丽的传说，唐庄岛等还留下了古代和近代的战争痕迹。

景点推荐

盐城旅游区

盐城新四军纪念馆 AAAA 文

全国唯一的专业性新四军纪念馆

盐城市亭湖区，主馆区在建军东路

乘3、5路公交可达 www.n4a.org.cn

盐城新四军纪念馆由主馆区、建军广场（以重建军部纪念塔为主体，是盐城的城市标志）和重建军部旧址（泰山庙）三部分组成，为全国规模最大、资料最全、特色最明显的新四军纪念设施。主馆区由绿化广场、群雕区、碑林区、展览馆、国防园等景点组成。

玩家 解说

新四军皖南事变后，中央决定在盐城城西泰山庙重建新四军军部。此后盐城逐步成为苏北抗日的军事指挥中心，曾有“西有延安，东有盐城”之说。

串场河海盐文化风貌区 AAAA

领略地方文化风韵

盐城市亭湖区串场河

串场河海盐文化风貌区主要由中国海盐博物馆、盐镇水街、东进路文化休闲美食街、盐渎公园和串场河景观带五大板块组成。区内仿古建筑随处可见，其中盐镇水街是文化区的主体，在这里可以观赏民间绝活和文艺表演，品尝地方小吃，还可以买到旅游文化商品和地方名特优小商品。

水街

水街是海盐历史文化风貌区的重要组成部分，位于串场河东侧。整个建筑风格为仿古建筑，包含大宅门、天水广场和驿水酒家三大片区，建有水云阁、漂舟戏苑、瀚墨阁等特色景点，并安排有水上游船和陆上游览线路，集中展示地方戏曲、杂技、老行当和民间艺术等民俗文化。

盐渎公园

黄海公园于2005年更名为盐渎公园，该园与古老的运盐河—串场河水脉相连相通，占地729亩，是市区最大的综合性水绿生态公园。建有曲水流觞、湿地野趣、鹤舞琴音、玩水苑等景点和设施。园内还有造型别致、各具情趣的桥43座，形成了风格独具的桥博览园。

中国海盐博物馆

中国海盐博物馆是全国唯一一座反映悠久的中国海盐历史文明的大型专题博物馆。

博物馆系统展示了中国海盐发展史，介绍海盐文化的研究成果，收藏陈列中国海盐历史的文物和资料。

中国海盐博物馆采用蜡像、雕塑、沙盘等演示手法，展现古代“炼卤煎盐”“晒海为盐”等海盐生产和盐民生活的多层文化场景。

华都森林公园

盐城市最大的果品生产基地

盐城市盐都区龙冈镇北首

华都森林公园总面积330余公顷，果树面积240余公顷，以生产桃、梨、苹果、板栗等果品为主，是盐城市最大的果品生产基地。内建有民俗博物馆、风车园、弥陀律寺等景点，一年一度桃花盛开时节，游人较多。

盐城市民俗动态博物馆

盐城市民俗动态博物馆是全国最大的民俗动态博物馆，位于森林公园西南边，初步建成风格独异、已失传的四种大风车，已有大型民俗物品1000多件，馆内设生育、寿仪、婚庆、生活、丧葬、休闲、商贸、岁时八大展区和大批自然生态园林、民间传统工艺，集中展示了盐阜地区的民俗文化遗产，是青少年民俗文化教育基地。

弥陀律寺

弥陀律寺设有玉佛殿、三门殿、天王殿、钟楼观音殿、鼓楼地藏殿，各殿飞檐碧瓦，画栋雕梁，雄伟壮观。弥陀律寺鼎盛的香火、古典的建筑、优雅的环境成为华都森林公园的一道独特风景。

十里观光长廊

从华都森林公园冈南管理区入口进入中心支道观光长廊到冈北管理区出口，长廊内设有石凳、石椅，供游客休息，长廊西两侧是梨花园、桃花园。每年5～10月，桃、梨、苹果、板栗等干鲜果品相继成熟时，果香四溢，果满枝头，可自采自购，品尝美味。

枯枝牡丹园

以奇、特、怪、灵而闻名

盐城市盐都区便仓镇

枯枝牡丹园建有八角回廊、天香亭等9景，有76种珍品牡丹，以奇、特、怪、灵的枯枝牡丹最有名，此花灵根乃原主人——卞济之，宋末任陕西参知政事时所植。古典小说《镜花缘》及明、清《盐城县志》均有描述和记载。

链接

枯枝牡丹

枯枝牡丹每年都是谷雨前后3日内开花。花分紫红、粉红两种，花蕊金黄。花开时姹紫嫣红，衬托着花朵的叶片，繁茂厚实，青翠欲滴；主干却似饱经风霜、憔悴欲朽，如干柴一般。正常年份，每朵花多为12瓣；闰年，每朵花多为13瓣。

大纵湖风景区 AAAA

享有“苏北第一湖”的美誉

盐城市盐都区大纵湖镇　100元

盐都汽车站乘开往大纵湖的班车可达

88681121

大纵湖风景区建有水上风情、佛教文化、芦苇迷宫等功能区，形成湿地生态、兴湖晚照、仙岛琼阁8大景观，其中芦苇迷宫为全国之最，获吉尼斯世界纪录。

大纵湖东北角建有龙兴寺，始建于明代天启四年（1625年），有前后大殿、普善堂、一心堂、东西锁马居、东西厢房、魁星楼、文昌阁等，共有房屋35间，均为雕梁画栋、飞檐翘角古建筑风格。

玩家 解说

大纵湖虽然地方偏僻，可历史上却出了不少名人。相传“二十四孝”中的王祥，为使病中的老父食到鲜鱼，寒冬腊月卧于冰上，孝感动天，得以偿愿，至今，湖畔仍存有王祥卧冰处的遗址。

东汉时的陈琳，也出生在这里。他与阮瑀、孔融、王粲、徐干、应玚、刘祯一起，被称为“建安七子”。他初为古射阳（即盐渎）地方官，董卓之乱时，避居冀州，为袁绍所重用。其后，袁绍与曹操两军相争，陈琳为袁绍作讨伐曹操的檄文。建安二十二年（217年），陈琳病卒，归葬古射阳堤畔射阳村（今流均沟西四里，原盐渎境）。唐代著名词人温庭筠曾到坟前凭吊。

明朝朱元璋的谋臣朱升也隐居在大纵湖畔。他的“高筑墙、广积粮、缓称王”的名谏，曾被毛泽东所借鉴，作出“深挖洞、广积粮、不称霸”的战略决策。朱升的后裔至今还住在这里，并保存着他的画像。

中华麋鹿园 AAAAA

世界上最大的麋鹿野生种群

大丰区黄海之滨的湿地滩涂，入口在川东农场附近　55元　8:00~18:00

盐城汽车站乘长途班车，约2.5小时车程

www.chinamlw.org

中华麋鹿园是世界上第一个也是面积最大、种群数量最多的野生麋鹿园。它集生态旅游、休闲度假、科普教育、科研保护于一身，是全球唯一、中国仅有的以麋鹿文化为主题的国家级旅游景区。园内有金滩鹿鸣、封神台、观鹿台等景点。被列入国际重要湿地的中华麋鹿园以其旅游资源的世界性、独特性和神秘性吸引着来自五湖四海的宾朋。

大纵湖

麋鹿

链接

麋鹿

麋鹿又称“四不像”，是中国特有的动物，也是世界珍稀动物。它善于游泳，再加上宽大的四蹄，非常适合在泥泞的树林沼泽地带寻觅青草、树叶和水生植物等，栖息，活动范围在今天的长江流域一带。长江流域是人类繁衍之地，生息于此的麋鹿自然成了人们为获得食物而大肆猎取的对象，致使这一珍稀动物的数量急剧减少，其野生种群很快便不复存在了。中华麋鹿园对保护麋鹿遗传多样性、拯救珍稀濒危物种有着不可磨灭的功绩。

鹿王展示区——麋鹿王府

在中华麋鹿园内，每年春季都有一场鹿

王争霸赛，每个鹿群都会产生一头鹿王。新建成的“麋鹿王府”内，安排了曾经“不可一世”的四头麋鹿王，它们经过一个月生死决斗，最终赢得胜利，成为当年数个麋鹿群中“妻妾成群”的麋鹿王之一。

观鹿台

模仿北京南郊的观鹿台而建。观鹿台共有台阶39层，并被分成三个组成部分，象征了大丰麋鹿种群发展的三个阶段：引种扩群、行为再塑、野生放养。

封神台

封神台是一座八层砖木中式宝塔，塔高39米，是为了纪念由英国无偿赠送的39头麋鹿。此塔多用，封闭的第五层是为储水而设，使此塔兼备了饮水和观赏的功能。

麋鹿本纪

世界上最长的以麋鹿文化为题材的石刻书法长廊。它以《史记》中记载皇家历史的体裁形式“本纪”，用文言文记述了麋鹿物种起源、与先民共存、千百成群、溃不成群、深居园囿、飘零异乡、绝处逢生、回归故土、种群复兴的曲折历史。

知青农场

寻觅知青的回忆

盐城大丰区海丰农场场部

大丰知青农场·知青文化影视基地由大丰区政府和上海市海丰农场联合建设。占地88亩，集中展示了当年知青生活、生产的实物资料2万多件。包括主馆、知青会所、元华浴室、老虎灶、护馆河、稻香村、渔家坳、桃花源、知青劳动体验区、老树、老井、西池塘、伙食房、野菜圃、职工俱乐部等16个景点。

荷兰花海

荷兰花海

浪漫唯美的荷兰田园风光

大丰区新丰镇

荷兰花海是一座集婚纱摄影、健康养生、观光旅游于一身的新型生态田园。

荷兰花海主要依托天然湖泊湿地资源，以“田园、木屋、风车、花海”为设计元素，建设了迪福尔小镇、羊角村、马肯村、凡·高印象岛、库肯霍夫花园、鲜花港等景点。

东沙岛

海上的“天然牧场”

大丰区和东台市的海域交界处，距大丰陆地海岸最近距离12千米

东沙岛是国内涨没落差最大的岛屿，因特殊地域构成了丰富的海洋生物链，被誉为海上的“天然牧场”，生产鱼类、贝类、鸟类等，在此可拾贝、冲浪、扬帆、垂钓、野炊等，是赶海拾趣的好地方。

斗龙庄园

独具原始古朴风光的庄园

大丰区三龙镇渔业斗龙闸　¥ 6元

斗龙庄园结合了当地古文化、民俗农情，是一个融生态保护、农业发展、旅游度假为一体的多文化发展的庄园体系。目前，庄园建有花卉园林区、动物观赏区、水上活动区、休闲娱乐区、生活居住区等五大区域。

施耐庵纪念馆

施耐庵纪念馆

解开百年“施耐庵之谜”

大丰区白驹镇北街

施耐庵纪念馆是依仿清代“施氏宗祠”原样、以展出文物史料为主要内容来纪念古典文学巨匠施耐庵先生的专题人文纪念馆。内部陈设着《水浒》研究和施耐庵家谱等重要资料。纪念馆建筑风格独异，古色古香，前后三进，以偏殿、半亭环绕相连。当年“施氏宗祠”的中厅为书坊，供艺人说《水浒》，后厅为福荫堂，供奉迁兴化始祖施耐庵及其后裔的灵牌。

吴王张士诚文化带

古盐运集散地

大丰区草堰镇

吴王张士诚文化带位于大丰区草堰镇，草堰镇有古“盐城”之称，为江苏省古盐运集散地保护区。吴王张士诚文化带是古镇独具代表性的文化带之一，主要有张士诚揭竿起义的北极殿遗址、王姑墓、御墓、张王墓等景点。

北极殿遗址

北极殿遗址曾是元末盐民起义领袖张士诚聚义之处，雄姿傲然，跨朝越代，遗址尚存石鼓、石磉、石门槛、旗管石座和地下部分古墙基。

王姑墓

王姑墓是农民起义领袖张士诚妹妹之墓，在今草堰中学西侧，草堰北闸以南数百公尺处。上盖6块大条石，石上覆土为坟。

张王墓

张王墓是元末盐民起义领袖张士诚父亲之墓，因张士诚称王之后，上尊其父为王，尊其母为太妃，故其父亲之墓被尊称为张王墓。

小海温泉

享受“泡温泉”之乐

大丰区小海镇东郊小海温泉村小海河畔

小海温泉有“苏北第一泉”之称。这里景色秀丽，风光宜人，是一园林式的建筑群，四周围是琉璃瓦封顶的高大围墙。这里舒适的客房、高档的洗浴游泳设施、特色菜餐厅、功能齐全的会议厅、器械多样的活动场地，与奇树异花、曲折木桥、六角凉亭、溪流、鱼塘等组合而成会务、休闲、赏景、疗养、度假的好去处。

镇海寺

祈福镇海之地

大丰区海镇镇海村

镇海寺原为公侯庙。相传明末某一日，海水泛涨至防倭寇及避潮的小海万盈烟墩，随潮漂来一尊木雕公侯像，潮退后群众见木像，认为是神灵保佑，便筹资在烟墩上建立一座庙，取名为公侯庙。清乾隆四十九年（1784年），“公侯庙”更名为“镇海禅寺”，以示海不扬波。

中华鲟自然保护区

远古物种的栖息地

盐城市东台海域

东台中华鲟自然保护区是江苏省级保护区。这里滩清水秀，环境优美，气候温和，资源丰饶。远古以来，中华鲟作为中国特有物种，一到春、夏季节，就游集在这块水域，栖息育肥。

玩家解说

中华鲟属世界濒危物种，为海河洄游性大型鱼类，成年鱼体长4米左右，体重500多千克，居鲟属鱼类之冠。它是古棘鱼类的后裔，距今有1.4亿年，素有鱼类活化石之称，享有"水中大熊猫"之誉。

海春轩塔 文

见证了黄海的东迁

东台市东台镇西郊

海春轩塔俗称定海针，中空直立，不能登攀。该塔为7层8角砖结构密檐塔，塔高20.80米。

海春轩塔面向西北，2层及以上各层塔壁十分简洁，无斗拱、角柱，每层八面各设圭形佛龛一座，6层共48座佛龛。塔刹由铜葫芦相接，铁覆盆组合而成。塔内无光线，可能为海湾船只导航用，它矗立在此，见证了黄海的东迁。

永丰林农业生态园

观赏性和实用性有机结合

东台市弶港镇

永丰林农业生态园以"千宝湖"为核心，有中华鲟观赏区、生态酒坊、风车水车群、渔村人家农具展览馆等30多个景观及水上高尔夫、农趣园等娱乐项目，并建有由长堤木屋村、水上茶吧、宾馆组成的商务会议区，是倡导健康生活、回归自然的大型生态旅游园区。

泰山寺

誉称苏北第一大寺

东台市东台镇西郊

泰山寺又称护国禅寺。寺院建筑宏伟，誉称苏北第一大寺，居中有天、东岳、地藏3座正殿，两厢有十殿阎王、关岳、华佗、神农、鲁班诸庙，故有"一寺五庙"之说。寺内的汉刀、唐戟为镇寺之宝。

黄海森林公园

江苏沿海唯一的大规模生态林园

东台市弶新线

黄海森林公园是江苏沿海唯一的一座规模较大的生态林园。全境地势平坦，四季分明，是一处观光旅游的休闲胜地。

公园森林景观景色独特，其中水杉林有较高观赏性，竹林清秀文雅，银杏林诗情画意，杨树林苍翠雄健，梨林桃林在盛花盛果季节景色尤为亮丽。

安丰古镇 AAAA 镇

安康丰乐之镇

东台市安丰镇 68000888

盐城到海安的车都经过安丰。东台到安丰的车平均5分钟一趟，车票5元。扬州、泰州方向的游客可坐车到海安再倒车前往

安丰成陆于汉代，繁荣于明清，是泰州

学派的诞生地。明清时安丰大街两侧有店铺120多家。有鲍氏大楼（王家巷1号）、袁承业故居、安丰古街、净土庵、安丰天主教堂等古迹。200多位90岁以上的老人让这里长寿村的美名流传。

玩家 解说

安丰镇早在唐开元年间（713—741年）就建镇；在明代是闻名天下的“淮南中十场”盐场之一，青石板铺就七里长街，四方商贾云集。新发现的这些古建筑群就位于七里长街遗址上。这里的许多古民居都有二三百年以上的历史，最早的建于明初甚至更早。安丰古街是苏北地区规模最大、保存最为完好的古民居建筑群，在全省、甚至全国也十分罕见。吴氏家祠、万氏古宅、郝氏古宅、朱家大院、曹家大院、钱维翔故居、袁承业故居则星罗棋布于明清古街九坝十三巷之中。沿着古街街西串场河边北行还有古庙遗存，有东岳宫、北极殿、观音堂、地藏庵、育婴堂、天主教堂六七处之多，同时，还有明清安丰盐运集散极盛时期的盐商会馆、临水河房、运盐码头、小憩凉棚，这在淮盐场中是很难找到的。尤其是安丰古街的西侧惊现唐初的古水系八卦遗址，为中国独有。

冯道立故居

古朴的清代民居

东台市时埝镇北堂巷2号

冯道立故居是一幢清乾隆年间（1736—1795年）建造的民居，砖木结构，古朴典雅，为冯氏出生地和长期生活之处。故居内陈列《冯道立生平业绩展》，介绍了冯道立毕生为民治水的事迹，还有冯道立当年的一些手稿以及当年读书用的方桌、书箧、著作刻板和诰命箱等文物。

链接

冯道立

冯道立，字务堂，号西园。时埝地势特低，洪水骤至。田庐尽没，人民深受水患之害。因此，冯道立在青年时代发愤专攻水利，多次雇船至长江、淮河、废黄河、白马湖、高宝湖、洪泽湖以及范公堤东广大海滨地区进行实地勘察，访问当地的农夫、渔民，查阅有关水利、水文资料，描绘下数以百计的水利图。

茧丝绸旅游景区

以蚕家乐、茧丝绸历史文化为特色

东台市富安镇　40元（其中文化馆15元）

东台市区往富安镇约1小时车程，沿海高速下东台出口下至景区，约40分钟车程

茧丝绸旅游景区以蚕家乐、茧丝绸历史文化为特色，现有采桑问茶园、染整园、茧都花园、丝腺园、丝绸园、科技园、富安大厦等8个景点。其中茧丝绸文化馆是一个系统介绍茧丝绸历史、文化知识和富安茧丝绸产业化发展历程，展示古、今丝绸实物、制品的大观园。

范公堤

旧时盐场的重要屏障

大丰区草堰镇

范公堤是范仲淹出任西溪盐官时所建，有挡潮作用。范公堤建成时有90多千米长、堤底宽10米、高5米，垒土护坡，成为当时盐场挡潮的重要屏障。民国年间范公堤已变为公路，新中国成立后多次修筑，裁弯取直，大部公路已不再是范公堤原基了，唯有草堰一段老公路2千米长，还保持原貌。

丹顶鹤（珍禽）自然保护区

观赏美丽的丹顶鹤

盐城北部的沿海滩涂，核心区入口在射阳县新洋港　45元

盐城汽车站乘至新洋港的长途班车可达。中巴路过门口在鹤乐园站下，票价13元，约1.5小时车程

丹顶鹤（珍禽）自然保护区又名鹤乐园，核心区面积26万亩，是丹顶鹤的主要越冬地。区内可以观赏到珍禽丹顶鹤优雅的身影及平时的生活状态。

玩家 攻略

游览：进入景区，首先是天鹅湖，然后是圈养的丹顶鹤、灰鹤。一般游客只是看看圈养的丹顶鹤，您若有兴趣看野生态的丹顶鹤，则需深入

丹顶鹤

保护区几十千米。园区有车，建议结伴包车，当然也可选择徒步，漫步芦苇荡，寻觅野生态的丹顶鹤及野生动物，总有意外的惊喜。

住宿：旅游服务中心有星级宾馆设施，可为您提供温馨舒适的居住环境。

朦胧塔

密檐楼阁式古塔

建湖县辛庄乡宝塔村朦胧庄

朦胧塔是密檐楼阁式砖塔，塔身残存三级，古朴雅致。塔内有藏舍利的石函。此塔是盐阜平原上现存的两座古塔之一。塔后建有净慧寺，塔的东北方还有一条洗泥河，据说是唐太宗当年马陷淤泥河，脱险后洗马的地方。

玩家 解说

相传，唐太宗李世民率师东征时，兵驻盐城一带海滩上。在一个月色朦胧的夜晚，李世民单人匹马夜巡大营，不慎闯入了临近敌营的一片滩涂，被敌方巡营的主帅盖苏文发现，立即策马挥刀追来，李世民急催战马，落荒而走。可是马不择路，陷于淤泥河中。他只得跳下马来，徒步逃命。当他见有一口枯井时，便跳入井中藏身。盖苏文追到枯井处，却不见人影，只看到那眼井井口上结着一张完整的蜘蛛网，料定井里不会有人，便策马回营去了。后来李世民做了皇帝，为感激蜘蛛结网的救命之恩，即派尉迟恭在这口井处建了一座塔。鉴于李世民是“真龙天子”，又被蒙在井口的蜘蛛网掩护逃生，因此有了“朦胧”一词，所以此塔取名为“朦胧宝塔”。

射阳河口风景区

景色秀美、植被丰茂

射阳县海通镇 ¥ 息心寺5元，联票10元

射阳河口风景区总面积约1333.33公顷，两岸景色秀美，植物资源丰富，不仅是各种

动物的理想家园，也是人们休憩度假的佳境。景区内河面开阔、两岸湿地宽广、生态原始，尤其是明湖，因射阳河裁湾而成，全长17.5千米，平均水深10米。

境内拥有息心寺（被誉为江淮第一寺，集佛教文化、园林艺术、人文景观于一身的多元文化基地）、射阳河闸、近海度假村、射阳河沙滩浴场、水上运动训练基地、射阳岛公园（占地73公顷）等景点。

开山岛

怪石嶙峋的山与岛

响水县东北灌河入海口处

开山岛是盐城市唯一的山和岛，海拔高度为30.4米，目前岛上建有房屋六七十间及小型发电站、餐厅、会堂、篮球场等公共设施。开山岛上无树林，亦无淡水资源，全岛由黑褐色的岸石组成，怪石嶙峋，陡峭险峻。虽属弹丸之地，但因位于灌河入海口处，开山岛地势险要，具有重要的战略位置，堪称“一夫当关，万夫莫入”之咽喉，历来为兵家必争之地。据说当年日本侵略军从灌河登陆，先占领了开山岛，并曾在海口筑一炮楼，至今楼址犹存。

十里菊香园

看花开，嗅花香

射阳县洋马镇

十里菊香园是全国最大的菊花生产基地、华东最大的药材种植基地。景区内有万亩菊花基地、百药园、问药品茗、中药材文化馆、民俗表演、农家乐园等旅游项目，小桥流水、亭台楼阁、曲径通幽，并陈设有中药材标本近千种。

玩家解说

洋马镇具有悠久的中药材种植历史，全镇药材种植面积已达6666.67公顷，是华东地区最大的中药材种植基地，其中菊花种植面积4万亩，为全国之最。每年的11月份是菊花盛开的季节，绵延数十里的菊花竞相开放，黄白相间，景色蔚为壮观。

每年此时，洋马都会举办“菊花节”。可观赏万亩菊香飘云彩，仿佛置身花的海洋；还可享新洋河垂钓、品药膳、洗药浴、观民风享农家之乐，更可感悟时代新潮。

阜宁真武庙

寺庙与古城的完美组合

阜宁县老城区核心

真武庙景区占地2.82公顷，由兴国寺和庙湾古城两大块构成。

开山岛

真武庙

兴国寺现占地1.082公顷，经统一规划，保留原正殿三间，新建天王殿、大雄宝殿、观音殿、文殊殿、普贤殿、地藏殿、藏经楼、法堂、宝塔及客堂、斋堂、僧寮等设施。

庙湾古城由古城门楼、县衙、夫子殿、却金亭、通济桥、古街等构成，秉承明清时期的徽派风格，融入江南园林建筑，粉墙黛瓦，木门格窗，结构严谨，古色古香，雕梁画栋中充满传统风格，木雕回纹里渗透着古典气息。

通榆河枢纽风景区

碧水蓝天、草木丰茂

盐城市滨海、响水两县境内

古老的废黄河、新兴的通榆河、苏北灌溉总渠以及淮河入海水道贯穿整个通榆河枢纽风景区。这里春有花，夏有荫，秋有果，冬有青，2005年8月被评为“国家水利风景区”。

风景区以碧水蓝天、草盛树茂、鸟语花香、水榭亭台、曲桥长廊、喷泉雕塑为依托，以游览通榆河滨海至响水段水利工程景观和沿途风光为主线，兼观黄海波澜及海堤达标工程等水利设施。壮美的工程景观、优美的人文景观与奇丽的生态环境构成了一幅美丽的画卷。

更多本旅游区景点

陆公祠：位于盐城市亭湖区儒学街的陆公祠，建于明代，是为纪念南宋丞相、爱国民族英雄陆秀夫而设的祠堂，为“三进两厢”式，庄严素雅，古朴大方。

永宁寺：位于盐城市亭湖区环城村，建于唐武德六年（623年），至今已逾1300年。古有“淮东首刹，江北名蓝”之称，为当时三十六名刹之一。

宋曹故居：位于盐城市亭湖区儒学街。宋曹是古盐城唯见史册的著名书法家，其庭院内奇石抱水拥竹，屋宇亭廊古朴典雅，更有书碑墨迹之古今大观，是别具明清风貌的人文景观。

攻略资讯

- 交通
- 住宿
- 美食
- 购物
- 娱乐

交通

飞机

●徐州

徐州观音国际机场是淮海经济区最大的民用机场，现已开通北京、上海、香港、台北、深圳、广州、昆明、海口、成都、大连、太原、厦门、温州等城市的航班，并可以直飞台湾。它位于睢宁县双沟镇，距市中心42千米。徐州汽车客运总站、城西客运站等可乘坐机场大巴，票价25~30元。乘坐出租车约需120元，电话为0516-83068113。

●连云港

白塔埠机场位于连云港市的东海县，距市区约30千米。目前已开通了北京、上海、广州、深圳、武汉等大部分城市的航班。民航售票处（赣榆区海连路明珠酒店东50米处）有巴士（经停站点有民航售票处、华联、苏欣快客站等）前往机场，约1小时车程，票价20元。或乘4路公交车到机场，票价3元，电话为0518-85521666。

●淮安

淮安境内现有涟水机场，位于淮安市空港路1号（涟水蒋庵），现已开通北京、上海虹桥、上海浦东、厦门、广州、宁波、西安、武汉、重庆等部分地区的航线。市区有机场大巴可到机场，乘车地点分别为淮安汽车南站、淮安汽车总站、淮安汽车北站。汽车总站班车较多，电话为0517-81666666。

●盐城

南洋机场位于盐城市亭湖区南洋镇迎宾大道，距市中心直线距离约8.3千米，现已开通了到北京、广州、温州、南通、台北、香港、韩国首尔等地的航线。建军中路34号民航售票处有免费民航班车前往。发车时间为10:00、12:00、17:00。电话为0515-88888088。

火车

●徐州

徐州“东襟淮海，西接中原，南屏江淮，北扼齐鲁”，素有“五省通衢”之称。京沪铁路、陇海铁路、京沪高铁、新长铁路相交会，是全国重要的铁路枢纽之一，“中国铁路之咽喉”，有“徐州通，则全国通”之说。

徐州火车站：在云龙区津浦西路西、复兴路东位于京沪铁路、陇海铁路、新长铁路交点处，南来北往的列车多数都经停徐州站，东至江苏连云港码头，西至新疆乌鲁木齐，北至黑龙江哈尔滨，南至广东广州。乘坐1、10、102、106等路公交车可到。

徐州东站：在经济技术开发区东贺村东南，是京沪高速铁路的七大客运站点之一，主要有开往北京、天津、上海、青岛、杭州的

洪泽湖湿地

高速列车，和开往济南、郑州、南京、福州等地的动车组列车。乘坐10、26、32、112等路公交车可到。

玩家攻略

由于徐州火车站当地人习惯称为“东站”，因而公交车站牌为“徐州火车东站”，并不是高铁徐州东站。而高铁徐州东站的公交站牌为“徐州高铁站”，要注意区分。此外，徐州站每天有大量列车经过。但从徐州返程多为过路车，建议您及早订票。

●连云港

连云港是铁路陇海线的最东端，并通过京沪线、京九线、陇海线等连接中国各地。市内主要有连云港站、连云港东站、东海县站3个火车站客运站，同为陇海线上的车站。

连云港火车站：连云港火车站在连云港市海州区人民东路，是连云港市主要的客运站。但所经车次多为由连云港东站开来的过路车，始发车次较少，不过多数人仍从这里上车。现有直通北京、上海、南京、杭州、成都、武汉、西安、宝鸡、乌鲁木齐等地的列车。乘坐1、22、27等路公交车可到。

连云港东站：连云港东站为几乎所有列车的始发站，但一般从这里上车的人较少。它位于连云港市开发区五羊路。乘坐33、106路公交车可到。

●宿迁

宿迁铁路交通不是十分发达，境内仅有新长铁路，是宿迁市南北走向的一条铁路通道，目前铁路仅经过沭阳县和泗阳县境内，市区内并无火车站。

沭阳站：位于沭阳县北京南路南首，无始发列车。现有开往扬州、成都、青岛、泰州、兰州、南通、哈尔滨等地的列车。

●淮安

淮安境内有新长铁路经过。市区内的火车客运站主要是淮安火车站。

淮安火车站：位于淮安市淮阴区淮海北路与珠江路交叉处，发往国内北京、哈尔滨、兰州、成都、青岛、太原、扬州、泰州、南通的列车都经过淮安站。市区可以乘坐2、7、11、12等路公交车到达火车站。

●盐城

新长铁路纵贯盐城全境，可以直达北京、南京、哈尔滨、兰州、太原、成都、青岛以及泰州、南通、淮安等省内城市。

盐城火车站：位于江苏省盐城市亭湖城区东南青年东路与范公路交界处，距盐城市中心约4千米，与盐城汽车客运站隔街相望。市区可以乘坐3、19、22、38、55路公交车到达火车站。

汽车

●徐州

徐州公路网络发达，有全国地级市罕见的22条主干、四环线和90条县乡公路格局，现主要有连霍高速、京沪高速、京福高速、徐宁高速、济徐高速等高速公路和104、205、206、310、311等国道线路。

徐州长途客运站：位于徐州火车站南侧的青年东路3号，是徐州最主要的长途客运站，省际、市际长途班车多在这里始发，在该站的南面还有铜山汽车站，往铜山县各乡镇流水发车。乘坐1、102、103等路公交车可到，电话为0516-83724118。

徐州汽车中心站：发往市郊线路和苏北腹地为主，位于徐州市中山北路29号（古彭广场北侧），电话为0516-85744294。

徐州客运西站：发往苏、鲁、豫、皖边区的商丘、临沂、淮北等市辖各县，往沛、丰两县各乡镇、大屯煤矿流水发车，位于徐州市淮海西路三环西路口（火车站乘1路到底），电话为0516-85765855。

●连云港

连云港是中国五大交通枢纽之一，公路对外交通已全部实现高速化，国家重点建设的同三、连霍两条高速公路在境内交汇。市区现有连云港市长途汽车总站、新浦苏欣快客站、新浦汽车总站3个长途汽车站。

连云港市长途汽车总站：多数为发往京、沪、浙、皖、鲁等地的省际班车以及苏北地区班车。位于连云港市人民路19号，电话为0518-85681076。

盐城火车站

新浦苏欣快客站：主要有发往省内各市（主要为苏中、苏南地区）以及少数上海、安徽等地的班车。位于连云港市瀛洲路26号，电话为0518-85632222。

●宿迁

宿迁公路运输较为发达。境内有京沪高速公路、宁宿徐高速公路、宿新一级公路、徐宿淮盐高速公路等公路交通要道。

宿迁长途汽车站：有往北京、上海等地的班车。省内班次以往徐州、淮安方向居多，需1.5—2小时车程。宿迁经泗洪、盱眙、六合到南京，车行约4小时。位于宿迁市黄运西路51号，电话为0527-84212027。

●淮安

淮安是长三角地区迅速崛起的交通枢纽城市。已经建成和即将建成的京沪、宁宿徐、淮盐、宿淮、宁淮等五条高速公路在境内交汇，公路运输比较发达。境内现有淮安汽车南站、淮安汽车总站和淮安汽车北站3个主要长途客运站。

淮安汽车总站：地处淮安市中心，是苏北地区公路客运的枢纽，目前已开通营运线路130余条，通达全国13个省（市），包括北京、上海、南京等各大城市。它位于淮安市淮海北路67号。乘坐1、11、12、16等路公交车可到，电话为0517-83902872。

淮安汽车北站：位于淮阴区淮海北路620号，主要有往北方向的班线，包括北京、天津、石家庄、郑州以及山东、安徽、苏北等地。乘坐1、11、12、37路公交车可到，电话为0517-89082666。

淮安汽车南站：始发班线主要是往南方向的班线，主要为上海、浙江、福建、广东等地以及苏南大部分地区。它位于淮海南路和枚皋路交叉路口。乘坐1、9、17、20、21路公交车可到，电话为0517-83786528。

●盐城

盐城境内204国道贯穿南北，另有宁靖盐高速公路、沿海高速公路、盐徐高速公路，三条高速公路相互贯穿，构成了环盐城城区的高速圈。

盐城长途汽车站：在黄海中路27号，走盐靖高速公路再转宁通高速或京沪高速，现有开往北京、沈阳、天津、哈尔滨、石家庄、济南、西安、太原、郑州以及省内各市及地区的班车。在此乘坐到南京、上海快客只需4小时。市内乘坐3、55等路公交车可到，电话为0515-88334973。

住宿

徐州

徐州是苏北最大的城市，旅游住宿业相对较为发达。宾馆酒店多集中在市区，尤其是商业中心附近以及云龙湖景区和汉文化景区周边。

●金港大酒店

地处徐州市主干道淮海西路，南临云龙湖风景区，环境幽雅清静，可提供客房、餐饮、娱乐、购物、商务、旅游等全方位服务，并以独特的菜肴文化、礼仪文化及典雅的装饰构筑浓郁的文化氛围，塑造完美的酒店形象。淮海西路263号 0516-85626133

●嘉利国际酒店

坐落在徐州淮海广场，是一家具有浓郁西式风格的酒店，设计新颖，建筑独特，装饰典雅，有交通之便利又无闹市之喧嚣，是目前徐州市酒店业中设施规模较大、标准较高、服务项目齐全的星级酒店。位于酒店顶层的旋转餐厅是徐州目前最高的旋转餐厅，可鸟瞰徐州全貌。浦津西路202号 0516-69858888

连云港

连云港市的宾馆酒店业发展迅速，在繁华的市中心随处可找到合意的高、中、低档次宾馆。追求实惠的游客在市区各大街小巷也能找到中小型旅馆或招待所。一般消费在50—150元不等。

里运河夜色

●天然居宾馆

地处繁华中心，交通便利，是一座融住、食、游、购、娱为一体的国际三星级涉外旅游饭店。宾馆主楼高18层，装潢豪华典雅，风格独特。宾馆设施先进，功能齐全，设有淮扬餐厅、川味餐厅、西餐厅、宴会厅、旋转多功能厅以及齐全的康乐设施和配套服务。连云港市海州区海昌南路 0518-15151253689

●连云港明珠开君国际酒店

拥有超豪华客房及套房，包括空中楼阁在内的三间帝王豪华套房及私人会所，并拥有时尚典雅的西餐厅，全天候供应西餐点菜服务和中西式自助早餐。连云港市连云区中山中路588号 82328888

●更多住宿去处

名称	位置	电话
国信云台大酒店	苍梧路27号	0518-85689999
明珠香榭尔国际酒店	海棠中路36号	0518-82235888
阅海楼	连岛海滨旅游度假区	0518-82601888
明珠大酒店	海连中路	0518-85519888
东方大酒店	海昌北路	0518-85426888
如家连云港火车站店	海州区人民路19号	0518-85688877

新世界大酒店

宿迁

宿迁住宿很方便，中低档酒店旅馆较多。宿迁市不大，主要住宿地方多集中在市区。

●新世界大酒店

酒店整体为欧式风格，外观宏伟、壮观、气派，中庭式大堂豪华、典雅又不失清新自然，巧妙的借景设计堪称一绝。酒店拥有800余餐位，另有大、中、小不同规格的接待厅、会议室、多功能厅等10余间，规模和档次均为一流，可以满足不同层次宾客的食宿及娱乐休闲消费需求。✉ 泗阳县北京中路23号 ✆ 0527-85288888

淮安

淮安住宿多集中在市区及景区附近，高中低档次齐全，方便舒适。

●淮安国信大酒店

位于古黄河风光带，商业中心万达广场、国际会展中心近在咫尺，步行10分钟可达市中心。酒店拥有各类豪华客房280多间，同时拥有一系列健康及休闲设施，包括健身中心、网球场、桌球室、乒乓球室、棋牌室、美容美发中心和KTV，设备完善先进。✉ 淮安市淮阴区翔宇北道1号 ✆ 0517-84818888

●淮安迎宾馆

是一家体现淮安历史文化与自然完美结合的花园宾馆，豪华气派、古朴典雅。馆内花木扶疏，草坪如茵，拥有各类风格各异的客房，餐位1000余个，各种会议室10余个。✉ 淮安市清江浦区淮海北路121号 ✆ 0517-83180888

盐城

盐城旅游住宿业在苏中地区较为发达，住宿多集中在市区一带，住宿条件多为中高档，普通实惠的小旅店也随处可见。

●驿都金陵大酒店

拥有800平方米宴会大厅及9间会议室组成的国际会议中心，14个时尚餐厅、健身娱乐中心、绿化休闲广场等堪为一流的服务设施，另外，可免费使用室内游泳池及健身设施。✉ 盐城市盐都新区世纪大道603号 ✆ 0515-88888888

●盐城水城度假酒店

位于海盐文化景区内，邻东进路美食娱乐街，与盐渎公园隔街相望，是独具盐埠人文环境的城市花园酒店。酒店设有宴会大厅，空间宽大气度奢华。✉ 盐城市东进中路1号 ✆ 0515-69668888

●东台国际大酒店

地处东台市政治、经济、文化中心，步行可至国贸大厦。酒店客房风格迥异，标准间、大床间宽敞舒适，豪华套房格调高雅，行政楼层清静雅致。此外，酒店还提供健身设备、乒乓球室、棋牌室、室内游泳池等高档康乐设施。✉ 东台市城区金海中路2号 ✆ 0515-89566666

●盐城原乡温泉度假酒店

酒店主要由温泉酒店主体建筑、温泉别墅、温泉房三部分组成，是一座集休闲、温汤、理疗、疗养、娱乐、食宿为一体的养生酒店，风

驿都金陵大酒店

景优美、服务周到，旅游度假的好去处。✉ 大丰区恒北村 ☎ 0515-83739777

美食

徐州

徐州著名的菜肴有雉羹、霸王别姬、沛公狗肉、鼋汁狗肉、羊方藏鱼等。特色小吃有烙馍、龟打、壮馍等。徐州菜具有鲜咸醇厚、味道适中、清而不淡的独特风味。解放南路和复兴路是徐州著名的美食街。

●羊方藏鱼

被称为中国第一名菜，至今已有4300年历史。"羊方藏鱼"现代也叫套菜、二套菜，其做法是将鱼置于割开的大块羊肉中，加上调料同烹，蒸炖皆可，其味鲜美无比。因为鱼鲜羊鲜合成一体，其味更鲜。

羊方藏鱼

●霸王别姬

原名龙凤烩。项羽称霸王都彭城举行开国大典时，为盛典备有"龙凤宴"。相传是虞姬娘娘亲自设计的。"龙凤烩"即"龙凤宴"中的主要大件。其料用"乌龟"（龟属水族，龙系水族之长）与雉（雉属羽族，凤系羽族之长），故引申为龙凤相会得名。现以鳖、鸡取代龟、雉。

霸王别姬

●鼋汁狗肉

鼋汁狗肉是沛县最有名的传统特色食品，沛县因而有"狗肉之乡"之称。鼋汁狗肉呈酱红色，色泽鲜亮，味美醇香，肉质韧而不挺，烂而不腻。尽管争议较大，但这一饮食习俗一直得以延续。

●烙馍

源自徐州的面食，已有2000多年的历史，郑州、洛阳、安徽更有多种变形。韩信转述妇人的"捋捋摸摸就成啦"的典故是读音正统。

烙馍

连云港

连云港菜肴以淮扬菜和海鲜为主。在这里一年四季都有海鲜名菜，鲜美、奇异的佛手鱼，长达数尺的银刀鱼，肥硕如盘的"盖柿"，均可令人一朝品尝；东方对虾和羊毛虾，味道也很鲜美；梭子蟹满壳蟹黄，味香嫩鲜。还有身黄尾红、外酥里嫩的凤尾虾；色、香、味、型俱佳的美容套蟹；气味芳香、肉嫩可口的酒醉螃蟹等等。

●奶汤鱼皮

选用连云港海口白河鱼皮，配以火腿、冬菇、虾仁、兰笋等料，加鸡汤烧制而成。此

奶汤鱼皮

菜汤浓肉嫩，十分可口。

● 豆制凉粉

用各种豆类制成，绿豆粉、豌豆粉、小豆粉、蚕豆粉，各有特色。外加作料香油、醋、蒜泥、辣椒酱，吃起来爽口，酸香咸辣各味俱全，是夏日消暑的佳品。

● 沙光鱼

学名“予尾复虾虎鱼”，是一年生暖温性近海底层鱼类，适应温度和盐度的能力较强，连云港市沿海的分布尤广，在连云港本地俗称“沙光鱼”。沙光鱼肉细嫩，味道鲜美，既可红烧，又可做汤，已列入《中国名菜谱》。连云港有“十月沙光赛羊汤”的民谚，可见冬季是食沙光鱼的黄金季节。

沙光鱼

● 酒醉螃蟹

由海螃蟹辅以熟制花椒、酒等制成，气味芳香，肉嫩可口，加醋、生姜米，为佐酒佳品。

● 美味斋龙虾城

连云港较出名的龙虾餐馆，主打菜品

酒醉螃蟹

为十三香龙虾。龙虾个大味美，吃起来十分过瘾。另外，这里的原味锅贴和黄鱼地锅也是主打菜品之一。✉ 海州区解放中路128号 ✆ 0518-85469797

● 小武凉皮

连云港的特色小吃店，风味独特，价格实惠。所做的凉皮、凉面等与北方、西北等地的差异很大，酸甜咸辣，别有一番滋味。小武凉皮分店很多，在市中街道或是学校附近随处可见。

宿迁

宿迁的特色美食很多，干丝、“黄狗”猪头肉、芥末粉皮、霸王别姬、泗洪子鱼锅贴、乾隆贡酥、皂河烧饼等都值得一尝。竹竿街是宿迁极具特色的龙虾城美食一条街。在这里可以品尝到十三青龙虾、骆马龙虾等各种风味菜肴。

● 埠子车轮饼

埠子车轮饼是乾隆皇帝下江南时较为欣赏的一种食品，香甜酥脆，口味独特，被列为江苏省“老字号”食品，享誉省内外。有荤馅、素馅、豆沙馅。

埠子车轮饼

● “黄狗”猪头肉

“黄狗”猪头肉是由民间名师黄德（诨名叫黄小狗）始创，已有200多年历史。其肉色泽红润，香味浓郁，肥肉酥烂，精肉鲜香，味纯而正。乾隆皇帝下江南曾品尝此肉，大为赞赏。又有“乾隆老汤”之雅称。

“黄狗”猪头肉

●骆马湖银鱼

银鱼形体纤细，明莹如银，无鳞软骨，肉嫩味美，具色、香、味于一体，实属鱼中极品。冷冻保鲜银鱼远销各省市。“金梅牌”“太湖牌”冷冻保鲜银鱼获江苏省优质产品称号，并远销日本、东南亚各国。

骆马湖银鱼

淮安

淮安是淮扬菜的发源地，其菜品细致精美，格调高雅，善用炖、焖、煨、焐等烹调方法，口味平和，清鲜而略带甜味。著名菜肴有清炖蟹粉狮子头、大煮干丝、三套鸭、水晶肴肉、松鼠鳜鱼、梁溪脆鳝等。朱坝锅贴城（洪泽区高良涧镇）是全国有名的鱼虾美食城，拥有48家店面，公共设施齐全。

●文楼汤包

文楼汤包因淮安古镇文楼而得名。由店主陈海仙的武楼酵面串汤包改制成水调面汤

文楼汤包

包，皮面筱薄，点火就着；包内馅心以多种配料混合而成，用嘴吸入，汤鲜美可口，驰名京都，流传百载。

●长鱼宴

淮安河塘盛产长鱼，长鱼又称鳝鱼。用长鱼做菜摆宴席，名叫“长鱼宴”。传统长鱼菜谱每席8大碗、8小碗、16碟子、4个点心。

软炸鳝鱼

盐城

盐城的餐馆主要以苏菜的淮扬菜为主，名菜众多，东台鱼汤面、建湖藕粉圆子、烩素鱼皮、奇园蟹黄包等菜品，味道出众。此外，因东临黄海，这里海产、河产丰富，咸香适口的生炝条虾、肉肥香嫩的白炖鲻鱼、曾为贡品的四鳃鲈鱼等菜品，色、香、味俱全。

美食主要在市区美食一条街、市区剧场路小吃一条街、市区农民路小吃一条街。此外，在盐城师范总部也有一条街里面有很多小摊，美食众多，可与市区美食一条街媲美。

●东台鱼汤面

东台鱼汤面原系宫廷食品，其汤浓稠如乳，点滴成珠，面白细匀，鲜而不腻，为传统

东台鱼汤面

名点。1924年曾获巴拿马博览会金奖。

●建湖藕粉圆子

建湖藕粉圆子已有百年历史。以上等藕粉为原料，用白糖、枣泥、芝麻粉拌以荤素油脂及桂花为馅丸，在开水中多次氽制而成。形如弹丸，呈淡紫色，娇嫩肥泽，柔软丰满，甜而不腻，桂香满口，享誉中外。

建湖藕粉圆子

●生炝条虾

条虾是盐城沿海地区的特产。制法独特：将生虾先加盐、曲酒杀菌去腥后，再加入腐乳汁、白酱油、白糖等辅料，即可食用。此菜尤以清明前食用最佳。

生炝条虾

●白炖鲻鱼

鲻鱼是盐城名特海产，肉肥味美，配以猪油丁、火腿片、香菇片、笋片等，上笼以旺火蒸熟。炖熟的鲻鱼肉呈蒜瓣状，汤清味浓，色泽美观，鲜嫩可口。

白炖鲻鱼

购物

徐州

徐州的传统工艺品有睢宁儿童画、邳州的民间剪纸、草编、布艺、皮毛兽等。土特产有丰县的大沙河富士苹果、沛县的冬桃和狗肉、邳州的银杏等。

淮海路、中山南路是徐州市内最繁华的地方。另外，“中心时尚大道”过街通道已起用，并兼有步行街的功能，里面的特色小铺

万达广场

子颇多。

●徐州剪纸

徐州剪纸广泛分布于邳州、新沂、沛县等地，其形式大致可分为装饰剪纸（窗花、顶棚花、盆花、枕花、帐花、灯花等）、绣花纹样（鞋花样）、特种剪纸等。徐州剪纸取材丰富，内容广泛，既有历史故事、民间传说、戏剧人物等类型的作品，也有以现实生活为主题、反映新时代精神风貌的剪纸作品。画面朴实，简洁明快，保持了原生艺术的纯正品格。

徐州剪纸

●邳州年画

邳州年画源于邳州民间绘画、雕刻画的发展，兴于唐代，清代中后期发展至鼎盛时期。邳州年画的绘画形式和技法多种多样，有手绘、半印半绘、木版手工印刷、机器印刷、刻纸彩绘等。邳州年画吸取了传统民间雕刻画的精华，构图大胆、泼辣、简练、夸张；色彩艳丽，对比强烈，风格多种多样，没有固定模式；具有浓郁的乡土气息和强烈的时代感。

连云港

连云港土特产有水晶雕制品、贝雕画、云雾茶、紫菜、东方对虾、乌干、海参、海蜇等。商业区集中在海州区解放中路一带，有东方大厦（解放中路37号）、市百货大楼（解放中路56号）等购物好去处。

●东海水晶

连云港市东海县是中国的“水晶之乡”。这里水晶以白色为主，也有烟、茶、黄、粉红和紫等诸色。还有晶体内含有毛发状的“发晶”，含草木状的“草木晶”，含水珠的“水胆晶”。还有众多水晶制品，如“精卫填海”“送子观音”等摆件以及装饰品。

●云雾茶

连云港市特产，历史悠久，品质优良。《金史·食货志》就有金章宗承安四年（1199年）三月于海州（今连云港市）“置一坊造新茶”的记载。清光绪二十四年（1898年），所产茶叶曾获南洋劝业会奖。与南京雨花茶、苏州碧螺春并列为江苏省三大名茶。

●汪恕有滴醋

为清朝醋师汪恕有所创，始产于康熙十四年（1675年）。该醋香味浓醇，风味独佳，一问世即声名远扬，300多年来，盛誉不衰。汪恕有滴醋含有多种有机酸和高级醇，有健脾开胃，增强食欲，帮助消化，消毒灭菌及舒筋活络的独特功效。

●汤沟酒

成名于明朝末年，“南国汤沟酒，开坛十里香”，这是古人对汤沟酒的赞誉。汤沟酒无色透明、醇香浓郁、回味持久。1984年，汤沟酒还被中国首次赴南极考察队选中，带到南极饮用。

宿迁

金针菜、大闸蟹、白果、板栗、双沟大曲、洋河大曲是宿迁的主要特产，宿迁的商业中心在幸福中路一带。

●宿迁铁球山楂

宿迁铁球山楂又名麻球，产于黄河故道沿线、马陵山麓的支口、蔡集、皂河乡一带，1570年前后(明代)即有栽培。果实圆，色红，味酸甜。

●宿迁五香大头菜

因放有小茴香、花椒、丁香、八角、桂皮5种香料，故称“宿迁五香大头菜”。明代末年开始生产。

●水晶山楂糕

水晶山楂糕呈玫瑰色，晶莹透亮，口感细腻，酸甜适口，放于手上有弹性。它能开胃消食，活血化淤，对心血管系统的疾病也有一定疗效。相传约2000年前宿迁人民为怀念西楚霸王项羽而创制，初名“霸王糕”。

山楂糕

●双沟大曲

双沟大曲产于泗洪县双沟镇，以色清透明、香气浓郁、风味纯正、入口绵甜、酒体醇厚、尾净余长等特点著称。新中国成立后，在历届全国评酒会上，均被评为国家名酒，荣获金质奖。

淮安

茶馓与蒲菜是淮安的主要土特产，特别是淮安的蒲菜，清香甘甜，酥脆可口，似有嫩笋之味。

淮安市的购物场所主要集中在淮海广场商业圈内，如时代超级购物中心、淮海购物广场、清江商场、中央新亚百货等地都是集购物、饮食、娱乐于一身的大型商场，也是购买旅游产品的放心场所。

●淮安茶馓

淮安土特产之一，是用上白精面，拉出像麻线一样的细面丝绕成4寸多长、1寸多宽的套环，环环相连，呈梳状、菊花形等网状图案，放入麻油锅中泡炸而成，质地酥脆，味道香美。相传淮安茶馓于清朝晚期就产生了，已有100多年的历史。

●蒲菜

蒲菜是淮安城里仅有的土特产，生长在淮城的勺湖、月湖，如移植到郊外或江南、两广，蒲叶在水中的部分如一根纤细的玉管。把这洁白肥嫩的蒲根茎，放入鸡汤或肉汤内，外加作料烩制。如跟猪肉一起烩制则更好。这种菜味鲜爽口，营养丰富，为淮安佳肴。

盐城

盐城“淮盐”闻名遐迩，从西汉至清代中叶，淮盐一直是封建王朝的主要财源之一。在盐城的手工业也颇为发达，东台曹氏木雕、东台发绣、唐氏羽扇以及滨海的泥彩塑，大丰的西团发绣和东台安丰的木芙蓉织品等，在江淮之间负有盛名。

此外，盐城特色小吃制品盐城糖麻花、杨五香肠、阜宁大糕、葛武嫩姜片等也可在旅游时依爱好捎带。

购物特色街主要有市区建军中路购物一条街、盐城中学对面步行街时尚一条街。此外，“中茵海华”既有物美价廉的衣服，又有品牌服装专卖店。

●盐城糖麻花

盐城糖麻花又名油绳，相传已有2000多年历史。特点是香、甜、酥、脆，油而不腻，美味可口。被载入《中国风味特产指南》。

●大纵湖醉蟹

大纵湖醉蟹外观似活、肉质细嫩、味醇浓郁、醉气惹人、佐酒品鲜、营养丰富、不需烹调、携带方便。洗净后，配以盐城曲酒、米酒、淮盐、花椒等原料制成，为宴席、旅游、馈赠的佳品。

大纵湖醉蟹

●杨五香肠

东台市传统名食，有100多年的历史。相传为一姓杨排行老五的巧厨在东台城专售熏烧肉制品，尤以香肠为著名，人们称为“杨五香肠”。东台肉制品厂保持“杨五香肠”的传统制作方法，以精、肥肉8：2配料，加入多种作料，经腌、灌、烘、晾而成，色泽鲜艳，美味可口。

●阜宁大糕

阜宁大糕已有2000多年历史，糕片白如雪，柔如云，上口香甜、滋润。主要以糯米粉精制而成。

娱乐

徐州

●户部山不夜城

徐州的户部山有“千古繁华地，徐州不夜城”之称。当夜幕降临、霓虹灯闪烁的时候，年轻人去泡吧，到KTV听音乐，娱乐心情，张扬个性成为时尚；中老年人去咖啡馆、老茶馆，在昏黄的灯光下叙旧共度美好时光。

●南湖水街

南湖水街位于小南湖景区内的半岛上，北临风光秀丽的云龙湖，东望蜿蜒起伏的云龙山。古朴典雅的白墙黛瓦与碧水环绕的自然景观相依相映，与小南湖景区浑然一体，是融文化性、娱乐性、观赏性为一体的高档度假、餐饮、休闲娱乐消费街区。

节日和重大活动

节日	举办地	时间
汉文化国际旅游节	徐州城区	9月至10月
云龙山庙会	徐州云龙山	农历二月十九日
彭祖伏羊节	徐州城区	初伏日始，持续一月
刘邦文化节	徐州沛县	逢双年5月
东海水晶节	连云港东海县（东海水晶城）	5月
《西游记》文化节	连云港花果山风景区	9月下旬
宿迁西楚文化节	宿迁市区	9月中旬，每2年一届
洪泽湖生态旅游节	宿迁泗洪县洪泽湖	7月中旬
淮扬菜美食文化节	淮安市区	9月下旬至10月下旬
盱眙中国龙虾节	淮安市盱眙县	6月至7月
中国涟水白鹭节	淮安市涟水县	8月至9月
盐城枯枝牡丹节	盐城盐都县便仓镇枯枝牡丹园	4月20日谷雨前后
丹顶鹤湿地旅游节	盐城丹顶鹤（珍禽）保护区	5月中旬
大丰麋鹿文化节	盐城大丰麋鹿保护区	逢单年10月

户部山

索引

J

K

L

M

W

X

Y

Z

我们的理念

做发现者，才能走得更远。发现秀美景色、探寻历史痕迹、体验文化脉络、寻找地理起源等深层次的旅行知识，是我们不停脚步的动力。我们不仅是在做一本旅行指南，能为旅途上的行者做出一部内容丰富、态度严谨、值得边走边读的行囊书，是我们永恒不变的追求。

《发现者旅行指南》编辑部

总 策 划 丁海秀
执行策划 李荣强 安颖侠

项目统筹 周国宝 龚道军
内容编辑 刘 挺 王叶青 方明杨 刘秀红 丁天丰 张文齐 商子微 张亚飞 苏雪莹 沈 皓 魏建飞 张灵燕 许晨晨 杨康健 张 鑫 刘晓璐 刘慧慧 王春雪 刘智勇 李荣强
美术总监 左小文
美术编辑 侯心如 王春晓
图片编辑 朱盼盼 马志鹏
插图绘制 尚祖山 李秋红
排　　版 水长流 赵媛媛

图片提供 微图网 汇图网 中国图库网 全景网 锐景创意 集成图像 站酷海洛 shutterstock fotoe dreamstime 孙西国 马林宏 徐 行 高应胜 薛 冬 西部老马 钱多多

出炉过程

在编辑部成员的共同努力下，这套耗时两年有余的旅行指南终得以付梓。其间，我们亲历景点，翻遍资料，只为确保撰写的内容准确有效；我们实地考察，联系景区，只求绘得一幅精美的景区图；我们花尽心思，几易版式，只为呈现出前所未有的阅读体验。如今，这套精心打造的旅行指南，能放到您的行囊或书架，我们深感荣幸。我们期待与您一起走向远方，重新发现旅行的价值。

联系我们

我们的成长需要您的支持。您对本书的每一条意见我们都会珍视。同时也欢迎您与我们一起分享旅游体验，稿件一旦被采用，您将会获取相应稿酬。您可以将意见和稿件投递到我们的邮箱（tepfx@163.com）。

丛书策划　丁海秀
责任编辑　陈凤玲

图书在版编目（CIP）数据

江苏 /《发现者旅行指南》编辑部编. -- 北京：旅游教育出版社，2016. 6（2019.8）
（发现者旅行指南）
ISBN 978-7-5637-3377-4
Ⅰ. ①江…　Ⅱ. ①发…　Ⅲ. ①旅游指南—江苏省　Ⅳ. ①K928.953
中国版本图书馆CIP数据核字（2016）第082712号

江　苏（第2版）

《发现者旅行指南》编辑部 / 编

出版单位　旅游教育出版社
地　　址　北京市朝阳区定福庄南里1号
邮　　编　100024
发行电话　（010）65778403　65728372　65767462（传真）
本社网址　www.tepcb.com
E-mail　tepfx@163.com
印刷单位　北京华联印刷有限公司
经销单位　新华书店
开　　本　905毫米×1100毫米　1/32
印　　张　14
字　　数　512千字
版　　次　2019年8月第2版
印　　次　2019年8月第1次印刷
定　　价　78.00元

特别提醒

本书信息在出版前已经认真核实过。但由于现实发展太快，旅游信息随时可能发生变化，我们无法承诺保证本书信息的准确性和完整性，并只能在法律规定范围内承担责任。如因此给读者带来不便，我们深表遗憾。

中国地图

审图号：GS(2016)1582号

如何使用本书

1 多角度解读 全书从地理、历史、文化等多个角度解读江苏。包括主题地图、分类景观、精美图片等形式，力图给读者呈现出一个更直观、丰富的江苏。

主题地图 精美而实用的地图，是了解江苏的最好窗口。书中还有大量的区域旅游地图、景区导览图。

分色标签 每个城市都有一个特定的检索色，便于翻阅。

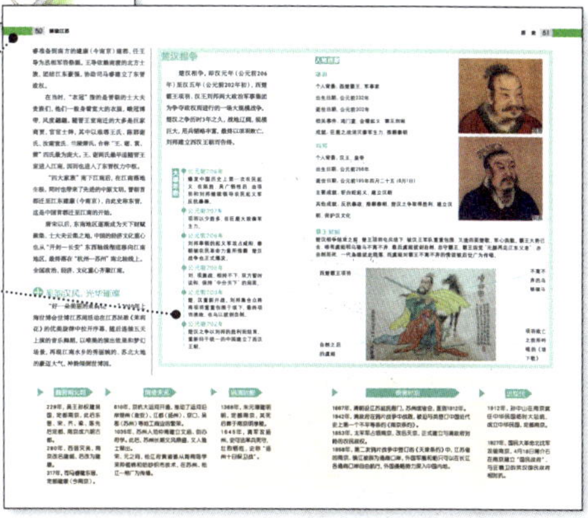

2 专题知识 对于认识江苏具有重要意义的关键词条，书中特设专题，图文并茂，让读者迅速读懂词条。

3 精华景点 三维立体图更深度地引导读者鉴赏那些特别重要的必游的景点。

4 攻略 大部分景点配有位置、交通、门票、链接等丰富的实用攻略。

5 资讯 每个城市都包括交通、美食、住宿、购物、娱乐等资讯。

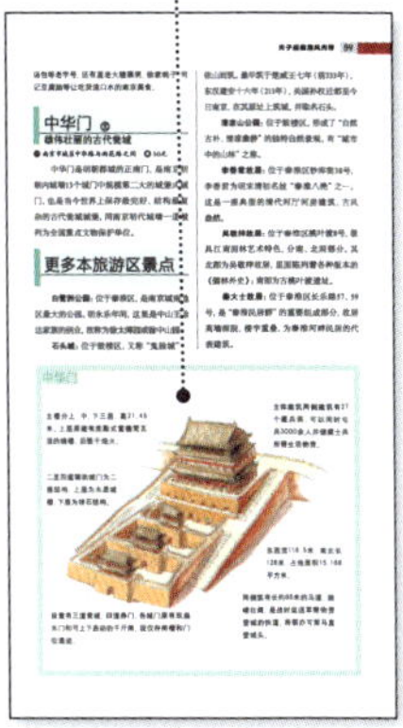

旅游城市

每个城市都包括城市解读、旅游片区、旅游资讯三大版块。

旅游片区

每个城市划分为若干旅游片区，全面介绍。同时突出重要旅游景点。

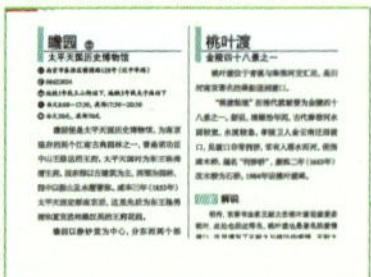

旅游景点

每个旅游景点包括介绍、攻略、链接等版块。力求景点收录全面。

旅游资讯

每个城市旅游资讯版块，包括住宿、就餐、购物、娱乐等内容。